主编 苗德宏 蔡光荣
副主编 谢晓冲 袁年英 罗萍文

XIANDAI QIYE GUANLI

现代企业管理

广东高等教育出版社
Guangdong Higher Education Press
·广州·

图书在版编目（CIP）数据

现代企业管理/苗德宏，蔡光荣主编．—广州：广东高等教育出版社，2016.3

ISBN 978－7－5361－5577－0

Ⅰ.①现…　Ⅱ.①苗…　②蔡…　Ⅲ.①企业管理－高等职业教育－教材
Ⅳ.①F270

中国版本图书馆 CIP 数据核字（2016）第 042830 号

出版发行	广东高等教育出版社
	地址：广州市天河区林和西横路
	邮政编码：510500　电话：（020）87554152　87551163
	http://www.gdgjs.com.cn
印　　刷	广州桐鑫印刷有限公司
开　　本	787 毫米×1 092 毫米　1/16
印　　张	21
字　　数	485 千
版　　次	2016 年 3 月第 1 版
印　　次	2016 年 3 月第 1 次印刷
定　　价	40.00 元

前　言

现代企业管理是工商管理类及教育财经管理类专业的一门专业必修主干课，也是部分非工商财经管理类专业的一门必开的专业基础课。该课程是系统研究现代企业基本特征、运作规律、管理方法的一门学科，是横跨自然科学和社会科学两大学科的综合性学科。随着经济的高速发展，企业正逐步由传统型向现代型转变。企业作为建设创新型国家和发展循环经济、构建和谐社会的重要载体，迫切需要一批适应新形势的人才进行行之有效的管理。

为了更好地适应高职高专教育教学的特点，我们在总结多年来企业管理教学实践经验的基础上，根据现代企业管理人员从业的实际需要，从“实用、应用、发展”出发，并考虑高等职业教育相关专业课程体系改革的实际，编写了本教材。本教材共有13章：现代企业管理概述、现代企业的战略管理、现代企业经营决策与控制、现代企业营销管理、现代企业人力资源开发与管理、现代企业财务管理、现代企业生产运营管理、现代企业质量管理、现代企业物流管理、现代企业企业文化、现代企业法律法规管理、现代企业信息资源管理、管理创新与国际化管理。每章均配有案例、思考题和实训要求，以加深学生对所学内容的理解，便于学生对企业管理实践的理解，激发学生的思考，增强学生解决实践问题的能力。本教材旨在使学生了解和掌握现代企业管理的基本原理和概念、现状及趋势，系统掌握企业管理的各个方面的工作内容，并初步具备企业管理能力，从而为学习基础知识、熟悉和贴近企业、毕业后能为企业所用奠定良好的基础。

现代企业管理是一门应用性很强的学科，因此本教材在编写过程中除了借鉴国内外企业管理的科学方法和吸取先进经验外，还注重理论与实践的有机结合，尽可能做到概念描述生动化、原理阐述具体化。教材中适当地插入了源于现实的典型案例，把概念、原理融于案例之中，使学生能够更好地理解相关理论知识。在编排结构上，本教材每章的开始都明确本章的学习目标，帮助学生将注意力集中到主要问题上；在一些章节中穿插相关案例，旨在了解多方管理经验，拓宽学生的知识面，帮助学生明确应该理解和掌握的主要内容，培养学生的实践技能，以利于学生综合素质的形成和管理技能的提高。

本教材在强调实用性、实践性和应用性的基础上，还特别突出了以下特色：

（1）图精。本教材从学生角度出发，努力在庞大的管理学体系中提炼出精华，构建了一个内容简明的理论体系。

（2）生动。为使教材通俗易懂，引入了大量与企业息息相关的案例，使学生能更好地理解和掌握知识点。

（3）重实。以就业为导向，以培养高技能人才为目标。本教材在章节设计、内容取舍和讲述方式上均注重培养学生的实践能力。

（4）前沿。从经济全球一体化和我国当前的相关政策、法规、制度的要求出发，在广泛参阅国内外有关论著的基础上，融入国内外最新的企业管理理论和实践成果，保证了内容的前沿性。

本教材由苗德宏和蔡光荣任主编，谢晓冲、袁年英、罗萍文任副主编。蔡光荣负责全书的构想设计与编排，具体的编写分工如下：蔡光荣编写教材的第一、三、五、十二、十三章，苗德宏编写第四、七、八章，袁年英编写第十、十一章，谢晓冲编写第二、九章，罗萍文编写第六章。

本教材在编写过程中参阅了国内外同行编著的有关论著，书后所列的参考文献只是编者所参考文献的一部分，在此向在书后已标注和未标注参考文献的作者致以诚挚的谢意。

由于编者水平有限，书中难免有错误或疏漏之处，恳请同行和读者批评指正。

编者

2016年1月

目　录

第一章
现代企业管理概述

学习目标

通过本章的学习，能够正确理解企业的概念，把握企业的特征，可以根据不同标志区分现代企业类型；熟悉现代企业制度的内涵及其相互关系；掌握现代企业的组织结构形式及其建立原则；理解企业管理的含义，掌握管理的一些基本原理及其特征并能在案例中灵活运用。

引导案例

奇瑞公司

1997—2004 年，在奇瑞公司的第一次创业中，奇瑞人一直在书写中国汽车行业的奇迹，年产销超过 10 万辆，并初步形成完整的产品线，具备整车、发动机、变速箱三大核心技术，进军中国汽车行业第一军团。2005—2010 年是奇瑞公司的第二次创业阶段，企业从“品质、科技、我的时尚”转向更具人文关怀的“更安全、更节能、更环保”的造车理念，优化管理使人力资本成为企业的核心竞争力，掌握世界汽车核心技术的主动权，研发并生产更具国际市场竞争力的产品，力争 2010 年实现年产销 100 万辆，向着成为世界一流汽车企业的明天迈进！奇瑞人仍将一如既往地大胆探索，积极整合国际、国内资源，进一步深化管理，朝着以人为本、永续经营的目标进发。奇瑞公司将以“更好的产品、更好的质量、更好的服务”来构建奇瑞汽车未来的市场架构，给客户和社会更多的回馈。

奇瑞公司是汽车界的奇迹，也是中国民族品牌的骄傲。奇瑞公司的发展说明，一个企业若能积极整合资源，不断深化管理，有序经营，为用户提供更好的产品、更高的质量、更多的服务，就能不断发展。

第一节 现代企业概述

一、现代企业的概念、性质和目标

（一）现代企业的概念

现代企业，是指在市场经济条件下，以赢利为目的，从事独立的商品生产、商品流通和服务等经营活动的经济组织。企业是一个历史性概念，是商品经济发展到一定阶段，机器大工业代替了工场手工业之后而产生并逐步发展起来的，是现代社会的基本经济细胞。

现代企业既是一个封闭系统，又是一个开放系统。企业主要由人、财、物、信息、目标五个要素组成。这五个要素组成的企业系统，可以抽象地看作一个转换机构。这个转换机构的功能是将输入转换为输出。

（二）现代企业的性质

企业作为满足社会需求并获取赢利的市场经济的具有法人资格的基本经济单位，具有以下属性。

（1）经济性。企业是从事经济活动的组织，这是企业的首要特性。作为企业，它或者从事商品生产，或者充当商品生产和流通的媒介（期货、金融、经纪），或者提供商业性劳务。总之，通过商品生产和流通为商品消费者（个人或组织）提供使用价值，借以实现企业自身价值（取得企业合理的利润）的活动即称为企业的经济性，也称为企业的商业性。

（2）赢利性。企业不同于事业单位、公益组织和政府部门，它必须追求经济效益和社会效益并获得赢利。企业是要赢利的经济组织。正如美国学者凡勃仑所说："企业的动机是金钱上的利益，它的方法实质上是买和卖，它的目的和通常的结果是财富的积累。"人们必须看到资本主义国家企业的赢利和中国社会主义国家企业赢利的本质区别。

（3）独立性。企业以赢利为目的，但并非一切以赢利为目的的经济组织都是企业。企业必须具有独立性，也就是说企业必须是自主经营、自负盈亏、独立核算，具有法人资格的、独立的经济组织。企业与工厂不是同一个概念。企业可以是工厂，但工厂不一定都是企业。工厂是工人从事工业（或其他行业）生产活动的场所。有些工厂虽然以赢利为目的（如工业公司内部的成员工厂），有的虽然也从事经济活动（如政府机关附属的印刷厂），但不具备独立性，也就不能称为企业。

由企业的独立性所决定，企业不是行政机关的附属物，企业的拓展也没有行政边界。企业只要办理好有关工商行政手续，就可以根据自身需要跨省、跨地区甚至跨国经营。

（4）社会性。企业既是经济组织也是社会组织。而且在现代社会中，企业的社会性功能已不是单纯地从属于其经济性功能，不是简单地反映为"取之于社会，需用之于社会"的道义方面的要求。现代企业已是一个向社会全面开放的系统，它所承担的社会责任与政治责任有时甚至会对其经济行为产生决定性影响。所以企业概念中的“为满足社会需要”，不仅是指满足用户和市场的需要，还包括满足企业股东和一切相关者的需要。这些相关者都在不同方面、不同程度上与企业发生着联系，影响、帮助或制约着企业的行为。企业的社会性责任与其经济性责任有时会相互矛盾，结果往往是迫使企业在经济方面妥协，因此企业利润最大化的目标一般是很难实现的。企业的社会性要求其管理者不仅要有经济头脑，还必须会解决社会、政治问题。

（5）企业必须是法人。所谓法人是指具有一定的组织机构和独立财产，能以自己的名义进行民事活动，享有民事权利和民事义务，依法定程序成立的组织。具有法人资格的组织一般应具备以下几个条件：①必须在国家工商行政管理部门正式注册登记；②有专门的名称、固定的工作地点和组织章程；③具有一定的组织机构和独立财产，实行独立核算；④能独立对外。

（三）现代企业的目标

美国著名的经济管理学家彼得·德鲁克曾指出“企业目标的唯一有效定义就是要创造顾客”。德鲁克的本意不是说企业只关心创造顾客及服务用户，而可以不管成本或不赢利。他主要是想告诫经营者及管理者：存在着一种更好的经营思想，即一刻也不要忽视顾客，不要“只顾赢利而不顾服务”，若不管用户需求，服务不佳，企业在竞争中必然受挫，自然也难以赢利；而采用追求“创造顾客”的模式，赢利是必然的结果。

总之，企业的使命归根结底是创造对社会有使用价值的财富，使得国家乃至全人类的经济繁荣起来。与此同时，社会以合理的利润给予企业回报，形成企业与社会的协调统一。

二、现代企业的特征和作用

（一）现代企业的特征

企业作为国民经济的重要组成部分，具有一些共同的特征，具体表现在以下几个方面，如图 1－1 所示。

1. 目标特征

企业是营利性的组织。

2. 功能特征

企业是从事商品生产、流通等经济活动的经济组织。

3. 行为特征

企业是自主经营、自负盈亏、独立核算的经济实体。

4. 系统特征

企业是一个由人、财、物、信息、目标等构成的有机系统。

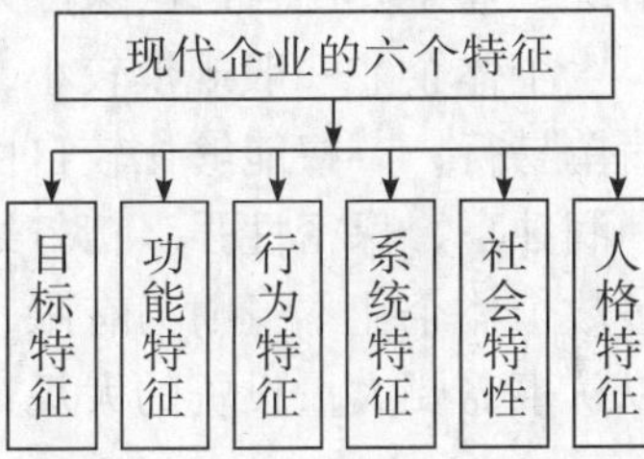

图 1－1　现代企业的六个特征

5. 社会特征

企业必须承担一定的社会责任。

6. 人格特征

现代企业是应具有法人资格的经济实体。也就是说，企业是依法成立的，具有民事权利能力和民事行为能力。但也应注意，并不是所有的企业都具有法人资格。

（二）现代企业的作用

1. 企业是市场经济活动的主要参加者

市场经济活动的顺利进行离不开企业的生产和销售活动。离开了企业的生产和销售活动，市场就成了无源之水、无本之木。因此，企业的生产和销售活动直接关系着整个市场经济的发展。

2. 企业是社会生产和流通的直接承担者

社会经济活动的主要过程即生产和流通，这些都是由企业来承担和完成的。离开了企业，社会经济活动就会中断或停止。企业的生产状况和经济效益可直接影响国家经济实力的增长、人民物质生活水平的提高。

3. 企业是社会经济技术进步的主要力量

企业在经济活动中进行生产和经营活动，不仅创造和实现社会财富，还是先进技术和先进生产工具的积极采用者和制造者，这在客观上推动了整个社会经济技术的进步。

从企业在社会经济活动中的作用不难看出，企业就好比国民经济的细胞。我国的国民经济体系就是由数以百万计的不同形式的企业组成的。千千万万个企业的生产和经营活动，不仅决定着市场经济的发展状况，而且决定着我国社会经济活动的生机和活力。因此，企业是最重要的市场主体，在社会经济生活中发挥着巨大作用。

三、企业的类型

企业作为一个生态有机体，有着多种属性与复杂形态。因此，可以按照不同的标准，将企业划分为多种类型。

（一）个人独资企业

个人独资企业又称个体企业，它是由业主个人出资、自主经营的企业。业主享有企业的全部经营所得，同时对企业的债务负有完全责任。如果经营失败，出现资不抵债的情况，业主要用自己的家产来抵偿。

个体企业一般规模较小，内部管理机构简单。它的优点是：建立和歇业的程序十分简单易行，产权能够比较自由地转让，经营者与所有者合一，经营方式灵活，决策迅速，利润独享，保密性强。精打细算、勤劳节俭是这类企业普遍具有的优点。它的缺点是：多数个体企业本身财力有限，而且由于受到偿债能力的限制，取得贷款的能力较差，难以从事需要大量投资的大规模工商业活动；企业的生命力弱。

（二）合伙制企业

合伙制企业是指依照法律在中国境内设立的，由各合伙人订立合伙协议，共同出资、合伙经营、共享收益、共担风险，并对合伙企业债务承担无限连带责任的营利性组织。

合伙制企业的特征：须有两个以上的合伙人，合伙人为自然人；全体合伙人须订立书面的合伙协议；各合伙人须共同出资、合伙经营、共享收益、共担风险；各合伙人对合伙企业债务承担无限连带责任。对于合伙制企业的法律地位，英美法系认为合伙制企业不具有独立的法人资格，不是法人，而某些大陆法系国家，如法国、荷兰等则认为合伙制企业是法人。

与独资企业相比，合伙制企业在一定程度上适应了不同层次生产力水平和企业规模扩大的需要，增加了企业发展的可能性。而且合伙制企业由于参加的人数较多，共同出资、共同管理、共担风检，因此其经营风险比独资企业小。但由于所有合伙人都有权代表企业从事经济活动，重大决策都需要得到所有合伙人的同意，因而容易造成决策上的延误。合伙人中有一人退出或加入都会引起企业的解散和重组，企业存续相对不稳定，由于企业的合伙人需承担无限责任，且每个合伙人不能对企业的经营活动单独行使完全的控制权，这就徒增了合伙人的风险，使企业规模的扩大受阻。

合伙制企业一般适用于生产规模较小，管理不太复杂，不需要设立专门管理机构的生产经营行业或服务行业。常见的主要行业有广告事务所、会计师事务所、股票经纪行等。

（三）公司

公司是指依照《公司法》设立的、以赢利为目的的企业法人。公司具有法人资格，享有法人的权利，承担法人的义务。公司制是企业发展的高级形式。我国《公司法》规定的公司为有限责任公司和股份有限公司两种类型。

1. 有限责任公司

有限责任公司，简称有限公司，是指由一定数量的股东依法设立，股东以其出资额为限对公司债务承担责任，公司以其全部资产对其债务承担责任的企业法人。

有限责任公司的特征是：有限责任公司一般由 2 个以上 50 个以下股东共同出资设立，但现在我国允许成立一人有限责任公司；股东仅以其出资额为限对公司债务承担有限责任，如果公司财产不足以清偿其债务时，股东没有另行出资偿还的义务；公司的全部资产不分为等额股份；有限责任公司不能发行股票及募集股份，股东所持的证明其出资额的权利证书不是股票而是股单，它属于非有价证券，不得在市场上买卖；股东出资的转让有严格的限制，股东向股东以外的人转让出资时，必须经全体股东过半数同意而且本公司股东具有对所转让股份的优先购买权；财务状况和许多信息资料可以不公开，其保密性要比股份公司好；有限责任公司的设立较为简便，注册资本额起点低。

有限责任公司解除了投资者的后顾之忧，鼓励和刺激了投资者的投资欲望和积极性；资本所有者可在一定的条件下将自己所拥有的股权转让出去，较方便地转移所有权；企业管理制度化、科学化，管理效率高，企业寿命长。但是有限责任公司的最大缺陷在于筹资渠道较为狭窄，无法利用股票市场积聚大量资本，在公司业务发展到一定规模后，要想继续扩大规模，通常都要改制为股份有限公司。

有限责任公司特别适合于中小工商企业的发展，在西方国家中，其数量已超过股份有限公司居首位。

2. 股份有限公司

股份有限公司是指由一定人数以上的股东组成，公司全部资本分为等额股份，股东以其所持股份为有限公司承担责任，公司以全部资产对公司的债务承担责任的企业法人。

我国的股份有限公司具有以下特征：设立股份有限公司，应当有 2 人以上 200 人以下为发起人，注册资本的最低限额为人民币 500 万元；资本划分为等额股份并体现为股票形式，公司公开出售股票募集资本；股票可依法自由转让；股东只就其所持有的股份对公司债务负清偿责任；财务公开。

第二节 企业管理的性质与职能

一、管理与企业管理的概念

人类关于管理的实践和思想由来已久，但对管理的概念，理论界至今还没有一种统一的解释。按照《世界百科全书》的解释："管理就是对工商企业、政府机关、人民团体，以及其他各种组织的一切活动的指导。它的目的是使每一行为或决策有助于实现既定的目标。"这就是说，管理的概念涉及广泛的领域，政府机关、企事业单位、科研机构、学校、军队等，凡是人群共同活动的组织都需要管理，以指导人们完成和达到共同的目标。

西方各管理学派对管理概念的理解也是千差万别。古典管理学派代表人物美国的泰勒（Taylor）认为，管理就是"确切地知道你要别人去干什么，并使他们用最好的方法去干"。法国的法约尔（Fayol）认为，管理就是实行计划、组织、指挥、协调和控制。美国的行为科学学派代表人物梅奥（Mayo）则认为，管理就是做人的工作，其主要内容是以研究人的心理、生理、社会环境影响为中心，激励职工的行为动机，调动人的积极性。决策理论学派的代表人物西蒙（Simon）认为，"管理就是决策"，决策贯穿于管理的全过程。管理就是用数学模式与程序来表示计划、组织、控制、决策等合乎逻辑的程序，求出最优的解答，以达到企业的目标。而管理过程学派的代表人物孔茨（Koontz）则认为，管理就是通过别人来促使事情做成的一种职能等。

以上观点都有其合理和可取之处，他们从不同的侧面丰富和发展了管理理论，对管理实践也发挥了积极的指导作用。尽管众说纷纭，但目的都是一致的。本书将管理的含义表述为：管理是管理者为了有效地实现组织目标、个人发展和社会责任，运用管理职能进行协调的过程。

企业管理是根据企业的特性及生产经营规律，对企业的资源进行有效配置，实现企业既定目标的活动过程。

二、企业管理的性质与原则

（一）企业管理的性质

管理是协作劳动的需要。在个体手工业劳动条件下，个体劳动者是自己指挥自己。许多人在一起为了实现共同的目标，就需要协同动作，于是产生了管理。企业管理是在人类发展史上有了企业这个事物后才出现的，是随着家庭个体手工业发展为工场手工业，再发展到机器大工业，即以个体劳动生产发展为简单协作生产，再发展到机器协作生产而逐步形成并发展起来的。企业管理的产生与发展既是生产力进步的结果，也是不断调节人与劳动资料关系、人与人之间关系的结果。企业管理就是适应生产力进步、生产关系调节的需要而存在和发展的。因此，管理的性质具有两重性：一是自然属性，二是社会属性。因为生产过程包括物质资料的生产和生产关系的再生产、与生产力相联系的自然属性、与生产关系相联系的社会属性。管理的两重性是马克思主义关于管理问题的基本观点。也就是说，管理是生产过程中固有的属性，是有效地组织劳动所必需的，这就是管理的自然属性；但同时管理又直接或间接地同生产资料所有制有关，管理是为统治阶级服务的，受一定生产关系、政治制度和意识形态的影响和制约，这就是管理的社会属性。

（二）企业管理的基本原则

1. 经济效益原则

讲求经济效益是社会主义经济规律的客观要求，是一切经济组织和经济工作都应遵循的一项基本原则。提高企业经济效益，就是要以尽量少的劳动和物质消耗，生产出更多适合社会需要的产品，为国家提供更多的税收，为企业的自我发展提供更多的资金积累，为企业的员工提供更多的报酬。这是衡量一个企业经营管理水平高低、经济行为是否正确的一个重要标准。

企业管理要贯彻经济效益的原则，就是要努力做到以市场为导向，合理配置企业的资源，搞好经营决策，从品种、质量、服务、信誉上求效益，从技术进步中求效益，从加速资金周转中求效益，从增收节支中求效益，从降低劳动消耗中求效益。

2. 优化劳动组合原则

所谓优化劳动组合，是指企业采用双向选择、平等竞争、工作满负荷、科学定员定额和全面的经济责任制等一系列方法和手段，使企业的劳动组合达到最优化。它的一个明显特点就是双向选择，自愿结合，不仅部门和领导要选择职工，职工也要选择部门和领导。这对提高企业职工的业务素质、合理配置劳动力、提高劳动效率具有重要的作用。

实现优化劳动组合，首先，要求职工树立竞争意识，努力提高自己的业务素质；其次，要用合同的形式明确规定职工的责、权、利，使岗位责任制进一步得到完善，让职工在责任、竞争压力和利益劳动的多重作用下，充分发挥其积极性和创造性；最后，要求实行科学的劳动定员和劳动定额，使企业以此为依据合理地组织劳动，有效地利用人力资源并提高劳动效率。

3. 系统性原则

所谓系统，是指由若干相互联系、相互制约、相互影响的因素组成的一个有机整体。在企业管理中，系统性原则是指将企业作为一个有机整体，把各项管理业务看成相互联系的网络的一种管理思想。

为了贯彻系统性原则，首先，要树立综合观念。企业是一个由人、财、物、科技、信息等组成的综合体。各组成部分之间相互影响、相互作用。管理人员需要力求保持各部分之间的动态平衡、相对稳定和一定的连续性，以适应环境的变化。其次，要树立开放的观念，把企业看成是一个与外界环境密切联系的开放系统。企业本身是一个系统，它存在于更大的系统中。最后，要树立投入与产出观念。企业是一个投入与产出系统，投入的是物资、资金、劳动力和各种信息，产出的是各种产品（包括服务）和利润（或亏损）。

4. 民主管理原则

现代企业管理必须以人为本，实行民主管理，即保障职工参与企业重大事项管理的权利，依靠职工共同管理好企业，这是社会主义企业管理的本质特征，也是由现代企业的性质所决定的。

5. 责、权、能、利相结合原则

责、权、能、利相结合的原则，是企业管理的一个基本原则。该原则要求在管理过程中，始终将责、权、能、利紧密地结合在一起，以经济责任为核心，以经济权利为保证，以能力素质为基础，以经济利益为动力。首先，明确企业对国家和社会承担的经济责任以及企业内部各部门和个人向企业承担的经济责任，然后授予企业、企业内部各部门和职工完成经济责任的相应权力，并将企业、企业内部各部门和企业职工的经济利益与他们承担的经济责任和实现的经营成果挂钩，使他们有职有责、有权有利，责大权大、责大利大，使企业、企业内部各部门和职工个人，外有压力、内有动力，充分调动其积极性和创造性，为实现企业目标创造条件。

6. 权威性原则

所谓管理的权威性原则，简单地说，就是在企业管理中，讲纪律、讲服从、讲集中，这是现代化大生产的客观要求。随着现代科学技术的迅速发展，劳动社会化的程度在不断提高，生产过程的连续性、时间性和准确性的要求加强。这要求企业管理必须实行高度集中，发挥权威的作用，以保证令行禁止，使企业的生产经营活动得以顺利进行。

在企业管理工作中贯彻权威性原则时应注意：首先，要正确认识和处理企业领导者权威同劳动者的主人翁地位的统一关系，在实行集中领导和严明纪律的同时，确保职工民主管理的权利；其次，要有一个得力的领导班子，建立有权威的生产经营指挥系统和各项严格的责任制度和规章制度，把权威建立在严密的组织和严明的纪律上，以保证企业的各项工作有序开展；最后，要使管理具有权威性，保证指挥正确，管理者自身素质必须提高，要能在群众中树立威信。

7. 塑造企业精神原则

国家昌盛需要奋发向上的国民精神，民族振兴需要勇于进取的民族精神。同样，一个企业的兴旺与发达，必须要有独具特色的企业精神。何谓企业精神，一般是指企业在生产经营管理活动中，为谋求自身的生存与发展，长期形成并为职工所认可的一种群体意识。它是企业生存的基础、发展的动力、行为的准则、成功的核心。它具有鲜明的民族特点、时代特点和企业个性。企业精神就其实质而言，是对人的管理，是相信人及尊重人，使企业产生凝聚力及吸引力，使职工产生责任感、光荣感和自豪感。

三、企业管理的职能

（一）管理职能

管理职能是人们对管理工作应有的一般过程和基本内容所作的理论概括。现在最被广泛接受的观点是将管理的基本职能分为四项，即计划、组织、领导、控制。在此基础上，人们将激励、决策、协调、创新也纳入管理的职能，如图 1－2 所示。

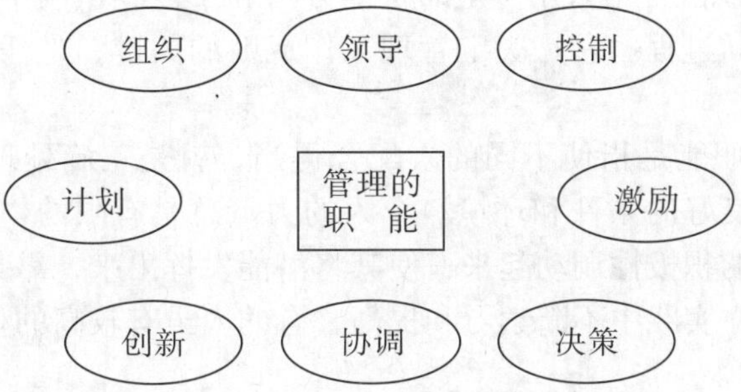

图 1－2　管理的职能

（1）计划。计划职能是企业在从现在到未来的发展过程中对实现目标的途径以及时间的选择和规定。计划集中于未来，是企业从现状向未来发展的桥梁。一个企业的计划能力如何，在很大程度上也决定了其能否有效地实施企业战略管理。因为计划不仅是制定有效战略的基础，而且是成功实施和评价企业战略的根本。企业计划工作的关键在于计划要在了解环境变化的基础上制定。计划职能是企业的一项重要工作，一方面是指计划职能在工作顺序上是处于首要位置的；另一方面是指计划职能对整个管理活动过程具有指导性的作用。

（2）组织。组织职能是通过对企业各种活动和各种职位按照某种合理的结构加以安排，以提高企业的有效性和效率，也是对企业活动及其各种资源生产要素进行的分派和组合，使企业有秩序地、协调地使用企业的各种资源。组织工作的有效性在于企业是否合理地把计划中的各种活动和任务分配到每一个岗位，按照岗位的相似性将各个岗位组合成若干个部门，同时把完成任务所需的职权和责任分配到各个岗位。只有明确了每一个岗位的工作任务、工作要求和岗位之间的分工与合作关系，企业战略的实施才有了保障，企业战略的评价才有了依据。组织工作的有效性不仅要求尊重一般的组织原则，而且要从企业的实际情况出发，处理好分工与协作、管理跨度的宽与窄、集权与分权等之间的关系。组织职能服从计划职能，并反映着组织计划达成目标的方式。

（3）领导。领导职能是领导者为实现组织的目标而运用权力向其下属施加影响力，使其完成工作任务的职责和功能。它包括决策、选人用人、指挥协调、激励和思想工作等。领导职能的“职”代表职责，“能”代表能力。作为一个领导，其主要的责任是激发下属人员的潜能。有效地激励员工潜能关系到企业各方面利益关系的协调，主要涉及职工的任用、评价、奖罚等方面。

（4）控制。控制职能包括使实际活动与计划相一致的活动。控制职能与计划职能紧密相关，它包括：制定各种控制标准；检查工作是否按计划进行，是否符合既定的标准；若工作发生偏差要及时发出信号，然后分析偏差产生的原因，纠正偏差或制订新的企业计划；管理者必须保障企业计划和目标的有效实现，减少可能出现的偏差给企业造成的损失。

（5）激励。激励职能是指激发员工的工作动机，也就是说用各种有效的方法去调动员工的积极性和创造性，使员工努力去完成组织的任务。有效的激励可以成为组织发展的动力保证，它以组织成员的需要为基础点，以需求理论为指导。

（6）决策。决策职能是指采用一定的科学方法和手段，从两个以上的方案中选择一个满意方案的分析判断过程。它是决定管理工作成败的关键，是任何有目的的活动发生之前必不可少的一步。

（7）协调。协调职能是指使不同的人配合得当，就是正确处理组织内外各种关系，为组织正常运转创造良好的条件和环境。个人的力量总是有限的，领导者要履行好自己的职责，把下属人员的积极性调动起来，使其将潜能发挥出来，靠集体的力量攻克难关。然而，协调能力需要在实践中不断学习和提高，有的人虽有较高的业务水平和敬业精神，但却缺少协调能力。

（8）创新。迄今为止，很多研究者仍然没有把创新列为一种管理职能。最近几十年来，由于科学技术迅猛发展，社会经济活动空前活跃，市场需求瞬息万变，社会关系也日益复杂，管理者每天都会遇到新情况、新问题，如果因循守旧、墨守成规，就无法应对新形势的挑战，也就无法完成所肩负的任务。许多成功的管理者成功的关键就在于创新。要做好任何一项事业，大到国家的改革，小到办实业、办学校、办医院，乃至推销一种产品，都要敢于走新的路，开辟新的天地。因此，创新自然地成为管理过程不可或缺的重要职能。

案例分析

一滴智慧

有一位青年在美国某石油公司工作，他所做的工作连小孩都能胜任，就是巡视并确认石油罐盖有没有自动焊接好。石油罐在输送带上移动至旋转台上，焊接剂便自动滴下，沿着盖子回转一周，作业就算结束。他每天如此，反复好几百次地注视着这种作业，枯燥无味，厌烦极了。他想创业，可又无其他本事。他发现罐子旋转一次，焊接剂滴落39滴，焊接工作便结束了。他想，在这一连串的工作中，有没有什么可以改善的地方呢？一天，他突然想到：如果能将焊接剂减少一两滴，是不是能节省点成本？于是，他经过一番研究，终于研制出“37滴型”焊接机。但是，利用这种机器焊接出来的石油罐，偶尔会漏油，并不理想。但他不灰心，又研制出“38滴型”焊接机。这次的发明非常完美，公司对他的评价很高。不久便生产出这种机器，改用新的焊接方式。虽然节省的只是一滴焊接剂，但这“一滴”却给公司带来了每年5亿美元的新利润。这位青年，就是后来掌握全美制油95%实权的石油大王——约翰·D·洛克菲勒。

分析：人生的改变总是从小的方面开始的，“改良焊接机”改变了洛克菲勒的人生。洛克菲勒成功的关键在于：他特别注意普通人往往会忽略的平凡小事。能见别人所未见，才能做别人所不能做。企业有了这种基础，必定能够做到“人无我有，人有我新，人新我变”。

（二）管理职能之间的关系

各项管理职能的相互关系如图1－3所示。每一项管理工作一般都是从计划开始，经过组织、领导，到控制结束。各职能之间同时相互交叉渗透，控制的结果可能又导致新的计划，开始又一轮新的管理循环。如此循环不息，把工作不断推向前进。创新在这一管理循环之中处于轴心的位置，成为推动管理循环的原动力。

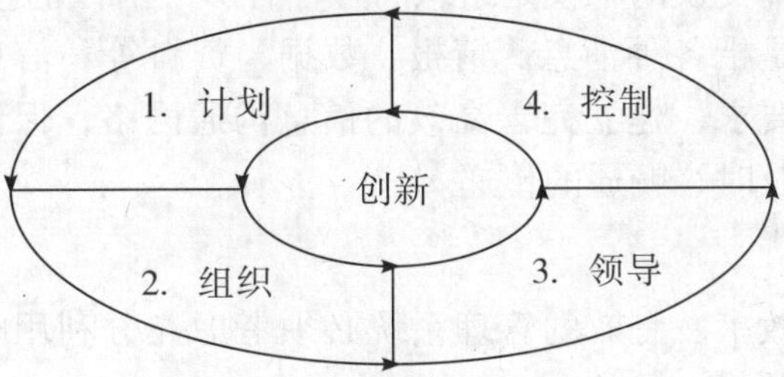

图 1－3　管理职能相互关系图

第三节　企业管理的对象与方法

一、企业管理的对象

（一）人力资源

在管理系统中，人是最重要的管理对象。现代管理倡导管理要以人为本，即以人为中心。在一个组织中，人力资源管理的效率如何，组织成员热情是否高涨，直接决定着组织的目标能否实现。管理的首要任务就是要充分开发、利用组织内的人力资源，争取组织外的人力资源。这里要指出的是，人力资源的开发与管理并不仅仅指对人的劳动能力的简单运用，而是有着较广泛的内涵。

（二）物力资源

物力资源是人们从事社会实践活动的物质基础。物力资源管理的基本任务是：遵循客观事物发展规律的要求，根据组织目标和组织的实际情况，对各种物力资源进行最优配置和最佳利用，开源节流，物尽其用。

（三）财力资源

在市场经济中，财力是各种经济资源的价值表现。人类自进入文明社会以来，无论从事哪一类实践活动，都离不开对所使用的物质资源价值的正确认识与合理使用。财力的使用和分配是否合理，直接影响甚至决定着物力资源、人力资源的使用效果。因此，任何一个组织的效率，都可以从其财力资源的运用效率上来考察、衡量。在经济组织中，财力资源的管理尤为重要，管好财力资源就是要做到财尽其用，通过聚财、用财而不断生财。

（四）信息资源

信息是物质属性和关系的表征。宇宙中的万事万物都是通过各自的信息来显示其固有特征的。在一个社会组织中，信息更是不可缺少的构成要素。没有信息的传递，组织就无法生存。在管理过程中，管理者的决策、计划、指令都要以种种形式把信息传递给被管理者，被管理者执行决策、计划的情况也要借助于各种信息形式和传递渠道反馈给管理者。一个组织同外部交换的不仅是组织的各种有形产出，也包括各种形式的信息。

组织中的信息资源是指各种消息、情报、数据、资料等。信息资源管理的主要任务就是要按照管理目标的要求，建立完善高效的信息沟通网络，保证管理所必需的各种信息能得到准确、完整、及时、畅通的传递。

（五）时间资源

时间反映为速度和效率。有效的管理系统必须考虑充分利用时间，力争在尽可能短的时间内获得较好的效益。

二、现代企业管理的基本方法

管理方法是在管理活动中为实现管理目标、保证管理活动顺利进行所采取的工作方式。管理原理必须通过管理方法才能在管理实践中发挥作用。管理方法是管理理论、原理的自然延伸和具体化、实际化，是管理原理指导管理活动的必要中介和桥梁，是实现管理目标的途径和手段。管理方法一般可分为法律方法、行政方法、经济方法、教育方法、技术方法和数学方法。

（一）法律方法

法律方法是指运用法律规范以及类似法律规范性质的各种行为规则来管理企业的一种方法。法律方法的主要形式有：国家法律、法规，企业内部的规章制度，司法和仲裁等。

法律方法的实质是实现全体人民的意志，并维护他们的根本利益，代表他们对社会经济、政治、文化活动实行强制性的、统一的管理。法律方法既要反映广大人民的利益，又要反映事物的客观规律，调动各个企业、单位和群众的积极性和创造性。

法律方法具有严肃性、规范性、强制性的特点。严肃性是指法律和法规的制定必须严格按照法律程序和规定进行，司法工作必须通过严格的执法活动来维护法律的尊严。规范性是规定该做什么、不该做什么，同时又以这种指引作为评价人们行为的标准。强制性是指法律、法规一经制定就要强制执行，任何企业、单位和个人都必须毫无例外地遵守，否则将受到严惩。

法律方法适宜于处理共性的一般问题，便于集权与统一领导，权利与义务分明，同时还能自动调节。但法律方法缺少灵活性和弹性，不便处理特殊问题和及时处理管理体制中出现的新问题。

（二）行政方法

行政方法是指依靠行政组织的权威，运用命令、规定、指示、条例等行政手段，按照行政系统和层次，以权威和服从为前提，直接指挥下属工作的管理方法。

行政方法的实质是通过行政组织中的职务和职位来进行管理。它特别强调职责、职权、职位，而非个人的能力或特权。下级服从上级是对上级所拥有的管理权限的服从。

行政方法具有权威性、强制性、垂直性、具体性、无偿性等特点。企业所有成员对上级所采用的行政手段都必须服从和执行。行政方法是管理企业必不可少的方法，是执行管理职能的一种重要手段。

行政方法便于管理职能的发挥，是实施各种管理方法的必要手段，能处理特殊问题，灵活性强。但行政方法的管理效果受领导水平的影响，不便于分权，不利于子系统发挥积极性，容易使一些领导过分迷信行政方法的力量，从而助长某些领导者的独断专行。

（三）经济方法

经济方法是指按照客观经济规律的要求，正确运用价格、税收、信贷、利润、工资、奖金、罚款以及经济合同等经济手段来管理企业的方法。

经济方法的实质是围绕着物质利益，运用各种经济手段正确处理好国家、集体和劳动者个人三者之间的经济关系，最大限度地调动各方面的积极性、主动性、创造性和责任感。

经济方法具有利益性、普遍性、灵活性、平等性的特点。利益性是指经济方法是通过利益机制引导被管理者去追求某种利益。普遍性是指经济方法被整个社会所广泛采用，特别是在经济管理领域，它是最为重要的管理方法。灵活性是指经济方法针对不同的管理对象，可以采用不同的经济手段，对同一管理对象，在不同情况下，可以采用不同方式来进行管理。平等性是指经济方法承认被管理的组织或个人在获取自己的经济利益上是平等的。

经济方法易于被管理对象所接受，能充分调动各级机构和人员的积极性。但也容易产生讨价还价的现象，易诱发拜金主义思想。因此，既要注意将经济方法与教育方法等其他方法有机地结合起来运用，也要注意经济方法的不断完善。

（四）教育方法

教育方法是指对职工进行思想政治教育和文化科学技术知识教育，提高企业职工素质，开发企业职工潜能的一系列有组织的活动。

教育方法的主要内容有：人生观及道德教育，爱国主义和集体主义教育，民主、法制、纪律教育，科学文化教育，组织文化建设等。

企业管理活动的主体是人，企业职工的聪明才智和积极性的最大发挥，是企业发展的根本源泉。教育方法能够激发职工的工作热情，使职工自觉地认识和接受法律方法、行政方法、经济方法的执行和监督，树立自我管理的主人翁态度。它是法律约束、行政命令、经济奖惩等所不能替代的。

（五）技术方法

技术方法是指组织中各个层次的管理者（包括高层管理者、中层管理者和基层管理者）根据管理活动的需要，自觉运用自己或他人所掌握的各类技术，以提高管理的效率和效果的管理方法。这里所说的各类技术，主要包括信息技术、决策技术、计划技术、组织技术和控制技术等。技术方法的实质是把技术融入管理中，利用技术来辅助管理。善于使用技术方法的管理者通常能把技术与管理很好地结合起来。技术方法具有以下特点：

（1）客观性。技术是客观存在的，它不依赖于人的意识，并且不以人的意识为转移。此外，技术方法产生的结果也是客观的。

（2）规律性。技术方法的规律性源自客观性，主要体现在两个方面：技术脱胎于现实世界中普遍存在的客观规律；技术的方法是有规律的，每种技术方法都有章可循、步骤特定，无论是何种组织，也无论面临什么样的环境，只要是采取同一种技术方法，就必须遵循同样的步骤。

（3）精确性。技术方法的精确性是指只要基础数据是正确无误的，由技术方法产生的结果就是精确的。正是因为其精确性，技术方法才日益受到人们的青睐。

（4）动态性。管理者在管理过程中时时会遇到新情况、新问题，这就要求管理者必须紧密追踪技术的发展，不断更新自己手中掌握的技术武器，防止用过时、落后的技术方法来解决新问题。

技术方法并不是万能的。因此，管理者在解决管理问题时，不能仅仅依靠技术方法，而应该把各种管理方法结合起来使用，以取得良好的管理效果。

（六）数学方法

数学方法是指对企业生产经营活动，用科学的理论及数学模型或系统模型来寻求优化方案的定量分析方法。数学方法能使企业管理进一步定量化、合理化、精密化。

企业管理常用的数学模型主要有：盈亏平衡点模型、线性规划模型、存储模型、网络模型、排队模型、模拟模型等。

数学方法在企业管理中具有非常重要的作用。但由于人的因素难以用数学模型来描述，企业生产经营活动复杂多变，因此数学方法也有局限性。只有各种方法综合运用，相互补充，才能更好地发挥每一种方法的作用。

三、现代企业的经营与管理

（一）企业的经营与管理

从一般意义上讲，经营与管理既有一致性，又有所区别。从生产的过程来讲，管理是劳动社会化的产物，而经营则是商品经济的产物。从它们的应用范围来看，管理适用于一切组织，而经营只适用于企业。从它们要达到的目的来看，管理旨在提高作业效率，而经营则以提高经营效益为目标。

当商品经济高度发展，市场由卖方市场转变为买方市场后，企业管理也就从以生产为中心转变为以交换和流通过程为中心，经营的功能日显重要，也日益为人们所重视。企业管理的职能自然要延伸到研究市场需要、开发适销产品、制定市场经营战略等方面，从而使企业管理从我国计划经济时代的以生产管理为核心合乎逻辑地、历史地转变到目前社会主义市场经济时代的企业经营管理。

（二）企业管理的要素

国外一些学者将企业管理的基本要素概括为“7 个 M”：

（1）人事（men）。人事要素包括职工的招聘、培训、考核、奖惩、升降、任免。

（2）金钱（money）。金钱要素包括筹资、预算控制、成本分析、财务分析、资本营运等。

（3）方法（methods）。方法要素包括战略经营、计划、决策、质量管理、作业研究、工作设计。

（4）机器（machines）。机器要素包括工厂布局、工作环境、工艺装备、设施等。

（5）物料（material）。物料要素包括材料的采购、运输、储存、验收等。

(6) 市场 (market)。市场要素包括市场需求预测、生产决策，以及价格和销售策略制定等。

(7) 工作精神 (morale)。工作精神要素包括提高工作效率，把职工的热情、兴趣、志向引导到生产或工作上，发挥人的积极性、创造性。

管理小知识

小企业经营需要积累什么样的资源

小企业除了要生存，一般还要“攒本钱”。想要发展，还得完成“积累”，这不仅指纯粹的“资本积累”。

(1) 企业家素质培养锻炼。在经营中磨炼打拼，不断成熟，对环境、市场、企业各方面的认识不断检验和校正，从而不断提高，性格毅力得到磨炼，知识不断丰富，处事能力不断增强。企业家的素质不提高，企业发展就没有后劲，因此，不能忽略经营中的不断总结、学习。

(2) 资本积累。企业通过不断的投入产出获得价值增长，不断增强资本能力，因此，小企业家要善于理财。

(3) 市场积累。苦心经营，获得或占领或不断开拓一方市场，逐渐形成自己的信誉、品牌、市场影响。除了利润、赚钱以外，这是企业长远发展需要认真考虑的问题。

(4) 技术水平和管理经验积累。企业的技术水平、管理水平在以后更加严酷的竞争中发挥着不可忽略的作用，因此，技术的不断进步、管理水平的不断提高是必需的。创业时你可以是“镰刀加锄头、剪刀加锤子、壮胆子加拍脑子”，但是你必须明确，这样的企业没有强的生存能力。

(5) 人力资源积累。必须注意到，小企业普遍忽略人力资源，实际上，小企业的经营过程也是一个厉兵秣马的过程，非常锻炼人、培养人。

(6) 社会关系发展。在经营过程中与客户、媒体、政府部门、社会团体等或多或少有一些接触，利用这些机会，不断培养关系资源，为企业的发展营造一个良好的环境。

第四节　企业管理的流程与框架

一、管理流程的概念和特点

流程 (process) 是指一系列连续的、有规律的行动，这种行动以确定的方式进行，并实现特定的结果。建立先进、有效的管理流程，有利于企业建立正常的工作秩序，促进管理人员素质的提高，规范决策程序，加快管理科学化进程。

管理流程具有系统化、规范化、条理化等特点。应以现行程序为依据和出发点，必须与考核奖惩措施相联系，充分体现管理的系统性、科学性与艺术性，不宜将每一个环节规定得过死、过细。

二、企业管理流程与框架

企业管理流程是一个系统，由决策指挥、执行控制和监督保障3个子系统组成。企业经营过程中，3个子系统相互影响，缺一不可，应整体有效地运行，如图1－4所示。

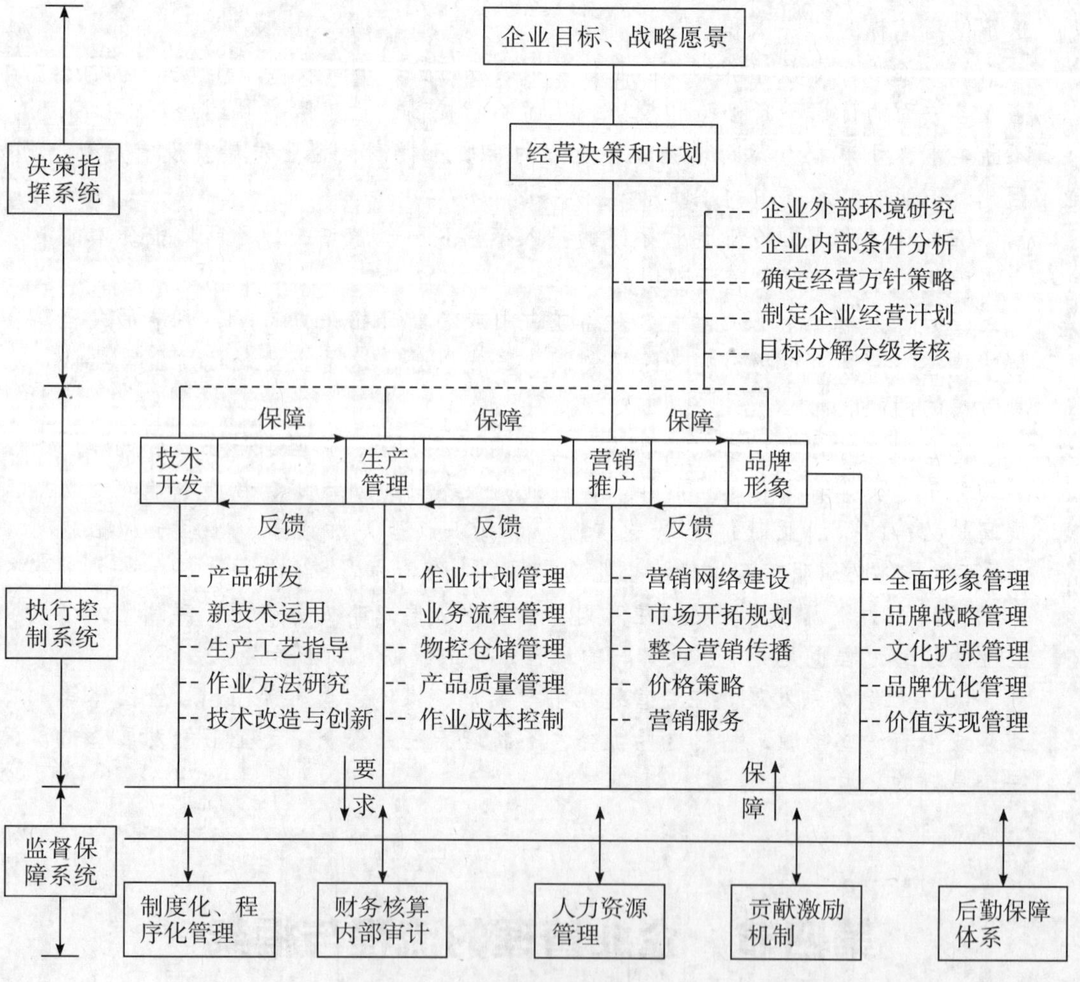

图1－4　企业管理流程示意图

（资料来源：戴文龙．现代企业管理流程体系［M］．广州：广东经济出版社，2003.）

（一）企业目标、战略愿景

企业目标是指企业希望在一个时期内通过努力而获得的成果，是企业全体员工的共同追求和共同价值的集中体现。战略愿景是对企业未来状况的美好憧憬，是企业努力追求的理想和抱负。

（二）经营决策和计划

企业的经营决策和经营计划关系着企业的发展前途，它是由企业最高领导层承担的两项紧密相连的管理职能。经营决策是对企业总体活动和各种重要经营活动的目标、方针、策略进行抉择的工作，它决定的经营方案是经营计划的依据。经营计划是按照经营决策所规定的方案对企业重大经营活动及其所需的各种资源从时间和空间上做出具体统筹安排的工作。

企业经营决策和经营计划工作的目的，从总体上看，是谋取企业外部环境、企业内部条件、企业经营目标三者的动态平衡。这三个综合因素相互促进、相互制约，互为因果，而且它们是经常变化的。其中企业外部环境是首要而又最活跃的。企业支配外部环境的力量很小，企业经营归根到底要适应和服从外部环境。企业要根据外部环境变化来调整企业内部的条件和工作，必要时还要调整自己的经营目标，以达到三者的平衡。

（三）技术开发

技术开发包括以下内容：

（1）通过新产品的研究与开发，使企业的产品开发战略得到具体的实现。

（2）做好新产品的样式与批试及工艺技术准备和鉴定、审核工作，使产品的研发迅速转换为生产力。

（3）做好生产过程中的工艺技术规程监控与作业技术指导，确保企业生产活动的正常进行。

（4）加强对新技术、新材料、新工艺、新设备的研究开发，促进企业技术的不断进步。

（5）向相关部门提供技术方面的服务，并接受各方有关技术方面的信息反馈，使企业经营活动得到技术方面的保障。

（四）生产管理

生产管理是工业企业非常重要的管理环节。企业必须要有能够赢得顾客信赖的高质量产品，才能在激烈的产品竞争中立于不败之地。生产管理是指为实现企业经营目标，有效地利用生产资源，对企业生产过程进行计划、组织、控制，生产出满足市场需要的产品或提供服务的管理活动的总称。生产管理包括以下内容：

（1）通过计划管理，将企业的经营目标任务具体地作出实施，并通过综合平衡，使计划尽可能做到切实可行。

（2）通过生产的调度管理，把企业的人力、设备、材料物资等各种资源进行有效整合，充分利用，使资源在转换过程中达到高效率、高效益。

（3）通过作业控制（质量、数量、安全、物资定额、劳动定额等方面），使产品（服务）按照市场消费所需，在时间、数量、质量、成本等方面努力达到最佳状态。

(4) 通过作业运行过程中的信息反馈，发现偏差和问题，及时地纠正处理，使企业生产正常进行。

(5) 通过有关辅助工具（坐标图、条形图、平衡线等）对生产进度计划执行的情况及变动趋势进行描述并做出倾向分析，为决策指挥层提供决策依据。

（五）营销推广

在市场经济条件下，企业必须十分重视市场营销管理，根据市场需求的现状与趋势制定计划、配置资金。市场营销的基本任务，就是为了促进企业目标的实现而调节需求的水平、时机和性质。市场营销管理的实质是需求管理。在营销计划的制定与执行中，管理者必须对目标市场、市场定位、产品开发定价、分销渠道、信息沟通与促销等做出决策，以保证营销管理任务的实现。营销管理包括以下内容。

(1) 通过加强对营销组织的建设，形成一个牢固可靠的销售网络机构，使企业的销售工作得到组织的保障。

(2) 通过加强对营销人员的管理，培养一支素质高、能力强、精明善战的营销队伍，使销售工作得到人力资源方面的保障。

(3) 通过对营销环境、条件的分析，确定合适的营销策略、方针、计划，使销售工作有一个明确的方向和具体的措施。

(4) 通过整合营销传播，促使营销目标的实现。

(5) 通过营销战略目标的规划和管理，使企业的营销工作不断创新，提高竞争实力。

（六）品牌形象

品牌形象是指产品外部形象和内在的品牌竞争力，它包括产品的标识、包装、品牌宣传及企业总体形象等内容。品牌形象是消费者对产品的总体印象，它对于产品的总体购买人数有着最为直接的影响作用，也是消费者了解产品的首要信息。因此，建立良好的品牌形象对企业的成长与产品的销售有着长期而稳定的影响。品牌形象管理主要包括全面形象管理、品牌战略管理、文化扩张管理、品牌优化管理、价值实现管理五个方面。

（七）财务管理

在商品生产和商品交换的条件下，企业的生产经营过程与财务活动有密切关系。企业在生产制造产品的过程中，将消耗掉的生产资料的价值转移到了自己的产品中，同时创造了新的价值，并通过销售环节使产品的价值得到实现。所以，企业的生产经营活动，一方面表现为实物形态的物资运动，另一方面表现为价值形态的资金运动。

企业财务管理就是利用价值形式组织财务活动。而财务活动就是企业在生产经营过程中与资金筹集、使用、分配等有关的各种经济活动，它是企业生产经营的重要组成部分。

(1) 编制和执行财务预算，拟定财务计划，做好资金的调度工作，使企业能合理地、有效地使用好资金。

(2) 通过财务资金筹措，开辟财源，保障企业经营过程中的资金需求。

(3) 加强核算工作，考核资金使用效果，促进企业不断挖掘增收节支的潜力。

(4) 加强对资产和资金的监督控制，防止往来业务过程和资金使用过程中的各种资金流失和资产的各种损失。

(5) 做好会计账务处理，利用财务会计资料进行经济活动分析，定期提供财务报表和分析报告，为领导提供决策依据。

(6) 合理分配企业收入，严格遵守财经纪律，保证企业经营过程的合法性，使企业稳健发展。

(八) 人力资源管理

管理的实质就是管人。所谓人力资源管理，是指运用现代的科学管理方法和管理职能，创造有利的环境和条件，积极地协调和控制人的思想、心理和行为，使人力资源充分发挥作用，从而提高人力资源的效益，有效地实现组织目标。人力资源管理同样也是贯穿于整个企业管理的过程。

(1) 根据企业经营对人才资源的需求，引进、培养相适应的专业人才，使企业的经营活动得到人力资源的保障。

(2) 建立人才激励机制，有效地激发和调动人才的积极性，实现企业与人才自身的协调发展。

(3) 设置人才考核机制与竞争机制，使人才在相对稳定中又有合理的流动，通过流动选拔人才，实现优上劣下。

(4) 做好企业人力资源的培训教育，使企业拥有一支岗位称职、业务精明、工作胜任、素质较高的员工队伍。

(5) 建立职能部门与直线部门有效配合、彼此协调的人事管理体系，保障企业各项工作的顺利进行。

(6) 通过对现有人才资源的功能状态、能动状态和精神状态的分析，结合企业的经营战略，确定企业人力资源发展战略及规划，实现人力资源管理的有效性和科学性。

在企业管理体系中，制度的建设与执行，激励、约束机制的建立与完善，后勤保障体系的科学与规范，都是企业取得良好经济效益的保证。

第五节　现代企业制度概述

一、现代企业制度的概念及特征

(一) 现代企业制度的概念

现代企业制度是指以完善的企业法人制度为基础，以有限责任制度为保证，以公司制为企业的主要形式，以产权制度为核心，以产权清晰、权责明确、政企分开、管理科学为条件而展开的各项具体制度所组成的，用来处理企业基本经济关系的企业软件系统，称为新型企业制度。这种新型企业制度要求企业成为一个独立的经济实体，能够自主经营、自负盈亏、自我发展、自我约束。从法律方面看，现代企业应当依法成立、依法独立享有民事权利和承担民事义务，是法人组织。所以说，现代企业制度从法律上看就是企业法人制度。

（二）现代企业制度的特征

现代企业制度的基本特征是产权明晰、权责明确、政企分开、管理科学。产权清晰就是要用法律手段来界定企业的出资人与企业组织的基本财产关系。权责明确是指在产权关系清晰的基础上，企业通过法律来确立出资人与企业法人各自应履行的义务和承担的责任。政企分开是指在产权明晰的基础上，实行企业与政府的职能分离，理顺政府与企业的关系。管理科学是指企业内部的管理制度既能体现市场经济的客观要求，又能体现社会化大生产的客观要求。

二、现代企业制度的内容

现代企业制度的基本内容由三部分组成，即现代企业产权制度、现代企业组织制度和现代企业管理制度。

（一）现代企业产权制度

1. 产权

产权实质上是一种财产权，即支配财产的权利。它是法定的主体对财产所拥有的各项权能的总和，其中权能包括所有权、使用权、收益权和处置权。产权的基础和核心是所有权，它是法律规定的主体（所有者）对于客体（财产）的最高的、排它的独立权。产权包含的各项权能既可以统一也可以分离，即人们对财产没有所有权，却可拥有一定时间和一定程度内的使用、收益、转让和处置的权利。产权本质上是一定社会阶段人们之间社会经济关系的反映，产权的内容和权利约束结构是一个动态的变化过程。

2. 产权制度

产权制度是指以产权为依托，对财产关系进行合理有效的组合、调节的制度安排。具体表现为在一定的所有制基础上，对财产占有、支配、使用、收益和处置过程中所形成的各类产权主体的地位、行为、权利、责任、相互关系加以规范的法律制度。

产权制度的确立和完善可以使所有者约束经营者，保证资产增值，可以自主经营和激励自己，可以提高资源配置效率，可以规范市场交易行为。

3. 现代企业产权制度

现代企业产权制度，即企业法人制度，其关键在于确立法人财产权，理顺国家与企业之间的财产关系，实行出资者所有权与法人财产权的分离。现代企业产权制度与原始产权制度相比，最大的差别是：现代企业产权制度把经济学意义上完整的财产所有权分解为最终所有权和法人财产权两部分，实现了“两权分离”，使企业享有独立的法人财产权，而原始产权制度下这“两权”是合二为一的。

法人财产是指由出资者依法向企业注入的本金及其增值和企业在经营中负债所形成的财产。企业的总资产就是企业的法人财产，它包括所有者权益和企业负债。

企业的总资产 = 企业负债 + 所有者权益

法人财产权是指企业法人支配法人财产的权利。法人财产权是现代企业制度的基石，出资者所有权表现为出资者拥有股权，即以出资者的身份依法享有资产受益、选择管理者、决定公司章程和财产处置等权利。法人财产权表现为公司依法享有法人财产的占有、使用、收益和处置权，以独立的财产对自己的生产经营活动负责。同时，企业法人行使法人财产权，受出资人所有权的约束和限制，必须对出资人履行义务，依法维护出资人的权益，对所有者承担资产保值增值的责任。企业拥有独立的法人财产权，是现代企业产权制度的核心。

（二）现代企业组织制度

在市场经济的发展中，公司企业已经形成了一套完整的组织制度，其基本特征是：所有者、经营者和生产者之间通过公司的决策机构、执行机构、监督机构，形成各自独立、权责分明、相互制约的关系，再以法律和公司章程的形式加以确定和实现。

公司组织制度坚决支持和维护决策权、执行权、监督权三权分离的原则，由此形成了股东大会、董事会和监事会并存的组织架构，如图 1－5 所示。

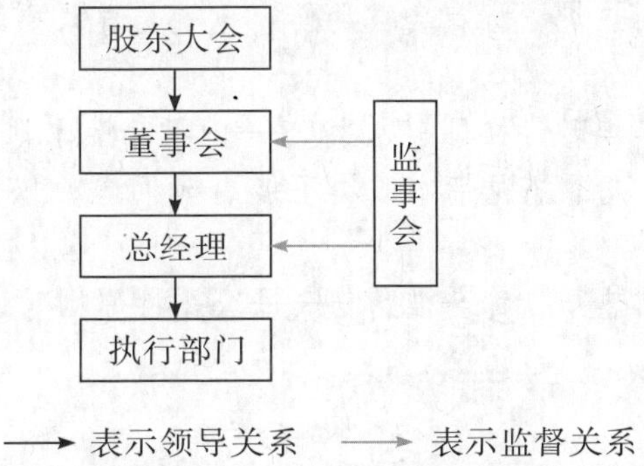

图 1－5　现代企业组织制度

公司的组织机构通常包括股东大会、董事会、监事会及经理人员四大部分，按其职能分别形成决策机构、监督机构和执行机构。股东大会及其选出的董事会是公司的决策机构，股东大会是公司的最高权力机构；董事会是股东大会闭会期间的最高权力机构；监事会是由股东大会选举产生的，对董事会及经理人员的活动进行监督的机构；经理人员是董事会领导下的公司管理和执行机构。

（三）现代企业管理制度

现代企业管理制度是一种高效率的科学管理制度，它包括人、财、物、供、产、销，以及安全、质量等全方位的管理。同时，还要改革企业的用工制度、工资制度和财务会计制度；重视选好企业经营者、重视职工培训、提高职工之间的协作精神、重视领导和员工的关系、重视奖惩、重视科技人员的作用、不断开发新产品。通过上述各方面来调节所有者、经营者和职工之间的关系，形成激励和约束相结合的经营机制。

现代企业产权制度、现代企业组织制度和现代企业管理制度三者相辅相成，共同构成了现代企业制度的总体框架。此外，还有现代企业破产制度。破产制度是用来处理企业在生产经营过程中形成的各种债权债务关系，维护经济运行秩序的法律制度。它不是以行政命令的方式来决定企业的存亡，而是以法律保障的经济运行方式“自动”筛选和淘汰一些落后的企业，为整个经济运行提供优胜劣汰的途径。

管理小知识

“热炉”法则

每个单位都有自己的规章制度，单位中的任何人触犯了都要受到惩罚。“热炉”法则形象地阐述了惩处原则：

（1）热炉火红，不用手去摸也知道炉子是热的，是会灼伤人的——警告性原则。领导者要经常对下属进行规章制度教育，以警告或劝诫其不要触犯规章制度，否则会受到惩处。

（2）每当你碰到热炉，肯定会被灼伤。也就是说只要触犯单位的规章制度，就一定会受到惩处。

（3）当你碰到热炉时，立即就被灼伤——即时性原则。惩处必须在错误行为发生后立即进行，决不拖泥带水，决不能有时间差，以便达到使当事人及时改正错误行为的目的。

（4）不管谁碰到热炉，都会被灼伤——公平性原则。

三、现代企业管理法则

（一）刺猬法则

两只困倦的刺猬由于寒冷而拥抱在一起，可因为各自身上都长着刺，于是它们离开了一段距离，但又冷得受不了，于是又凑到一起。几经折腾，两只刺猬终于找到一个合适的距离，既能互相获得对方的温暖而又不至于被扎。刺猬法则是人际交往中的心理距离效应，领导者要搞好工作，应该与下属保持亲密关系，这样做可以获得下属的尊重。与此同时又要与下属保持适当的心理距离，避免在工作中丧失原则。

（二）南风法则

南风法则也称温暖法则，源于法国作家拉封丹写的一则寓言：北风和南风比威力，看谁能把行人身上的大衣脱掉。北风首先吹一阵冷风，结果行人把大衣裹得紧紧的；南风则徐徐吹动，顿时风和日丽，行人觉得暖意上身，开始解开钮扣，继而脱掉大衣。南风获得了胜利。这则寓言形象地说明了一个道理：温暖胜于严寒，领导者在管理中运用南风法则，就是要尊重和关心下属，以下属为本，多点人情味，使下属真正感觉到领导者给予的温暖，从而去掉包袱，激发工作的积极性。

（三）霍桑法则

在美国芝加哥郊外的霍桑工厂是一家制造电话交换机的工厂，有较完善的娱乐设施和非常健全的社会福利，但工人仍愤愤不平，生产效率也不高。后来，由哈佛大学教授梅奥专门对其进行了一项试验：用两年的时间，专家找两万余工人个别谈话，并且在谈话过程中耐心倾听工人对厂方的各种意见和不满。这一“谈话试验”取得了意想不到的效果，工厂的产值大幅度提高。

霍桑试验的研究结果否定了传统管理理论对人的假设，表明了工人不是被动的、孤立的个体，他们的行为也不仅仅受工资的刺激。影响生产效率最重要的因素不是待遇和工作条件，而是工作中的人际关系。由于工人对工厂的各种管理制度和方法有诸多不满，无处发泄，“谈话试验”使他们把这些不满都发泄出来，从而感到心情舒畅、干劲倍增。

（四）金鱼缸法则

金鱼缸是玻璃做的，透明度很高，不论从哪个角度观察，里面的情况都一清二楚。将金鱼缸法则运用到管理中，就是要求领导者增加单位各项工作的透明度。单位的各项工作有了透明度，领导者的行为就会被置于全体下属的监督之下，有效地防止领导者享受特权、滥用权力，从而强化领导者的自我约束机制，增强单位的向心力和凝聚力。

（五）互惠关系定律法则

“给予就会被给予，剥夺就会被剥夺。信任就会被信任，猜疑就会被猜疑。爱就会被爱，恨就会被恨。”这就是心理学上的互惠关系定律。当管理者真诚地帮助员工时，员工才能真心地拥戴管理者。

（六）手表定理法则

一个人同时拥有两只手表时，他会无法确定时间。你要做的就是选择其中较信赖的一只，尽量校准它，并以此作为你的标准，听从它的指引行事。

手表定理在企业经营管理方面给人们一种非常直观的启发，就是对同一个人或同一个组织的管理不能同时采用两种不同的方法，不能同时设置两个不同的目标，甚至每个人不能由两个人来同时指挥，否则将使这个组织或这个人无所适从。

（七）酒与污水定律法则

酒与污水定律是：一匙酒倒进一桶污水，得到的是一桶污水；把一匙污水倒进一桶酒里，得到的还是一桶污水。几乎在任何组织里都存在几个“难弄”的人物，他们到处搬弄是非、传播谣言，破坏组织内部的和谐。一个正直能干的人进入一个混乱的部门可能被吞没，而一个无德无才者能很快将一个高效的部门变成一盘散沙。组织系统往往是脆弱的，它很容易被侵害、被毒化。破坏总比建设容易。一个能工巧匠花费时日精心制作的陶瓷器具，一头驴子一秒钟就能把它毁坏。如果你的组织里有这样一头“驴子”，你应该马上把他清除掉。如果你无力这样做，就应该把他“拴”起来。

综合练习与实践

一、复习思考题

1. 什么是现代企业？简述现代企业的特征。
2. 企业的类型主要有哪些？
3. 简述管理的含义及企业管理的含义。
4. 企业管理的职能有哪些？试分析各职能之间的关系。

5. 企业是由哪些基本要素构成的？

6. 你对现代企业管理法则的理解是什么？请举例说明。

二、案例分析

耐克公司的虚拟化战略

在美国俄勒冈州的比弗顿市，四层楼高的耐克公司总部里看不见一双鞋。员工们只忙着做两件事：一件事是建立全球营销网络，另一件事是管理遍布全球的公司。不用一台生产设备，耐克总公司缔造了一个遍及全球的帝国。一双耐克鞋，生产者只能获得很少的收益，而凭借其在全球的销量，耐克总公司却能获得几十甚至上百美元的利润。

耐克公司在生产上采取了一种虚拟化策略，所有产品都不由自己生产制造，而是全部外包给其他的生产厂商加工，将公司的所有人力、物力、财力等资源集中起来，集中投入到产品设计和市场营销中去，培植公司的产品设计和市场营销能力。

虚拟公司的优点是“用最大的组织来实现最大的权能”。一家企业自身资源有限，组织结构功能有限，为实现某一市场战略而组成的虚拟企业中，每个成员只充当其中某部分的结构功能，通过信息网络，支持着为虚拟企业依空间分布的生产而设立的复杂的后勤保障工作，这样的企业结构和传统的组织结构相比，有较大的结构成本优势，大大提高了企业的竞争力。

耐克公司的这一战略，节约了大量的生产投资以及设备购置费用，将产品的生产加工外包给东南亚等地的许多发展中国家的企业，利用当地廉价的劳动力，极大地节约了人工费用，从而能获得丰厚的利润。

思考：

1. 如此庞大的耐克帝国是怎样将设计、生产、销售等众多环节有效地整合在一起，从而成为一家著名的世界工厂呢？

2. 耐克公司的成功说明了什么？

3. 耐克公司的案例给我们进行目标管理带来哪些启示？

三、实践训练

1. 组织全班同学或分成若干小组，以座谈会或深度面谈形式调查某一企业管理创新活动。每位同学撰写访问报告及心得体会，优秀者在全班进行交流。

2. 选择学校附近的一家企业，了解企业创办和企业申报的有关知识。

第二章
现代企业的战略管理

学习目标

通过本章的学习，了解企业战略的概念和层次、企业战略管理的概念和过程；掌握企业战略分析的内容及方法、企业战略的选择与制定过程；理解企业战略实施过程中要注意的问题；掌握企业战略控制的过程和方法。

引导案例

《隆中对》中诸葛亮的战略思想

“自董卓已来，豪杰并起，跨州连郡者不可胜数。曹操比于袁绍，则名微而众寡。然操遂能克绍，以弱为强者，非惟天时，抑亦人谋也。今操已拥百万之众，挟天子而令诸侯，此诚不可与争锋。孙权据有江东，已历三世，国险而民附，贤能为之用，此可以为援而不可图也。荆州北据汉、沔，利尽南海，东连吴会，西通巴、蜀，此用武之国，而其主不能守，此殆天所以资将军，将军岂有意乎？益州险塞，沃野千里，天府之土，高祖因之以成帝业。刘璋暗弱，张鲁在北，民殷国富而不知存恤，智能之士思得明君。将军既帝室之胄，信义著于四海，总揽英雄，思贤如渴，若跨有荆、益，保其岩阻，西和诸戎，南抚夷越，外结好孙权，内修政理；天下有变，则命一上将将荆州之军以向宛、洛，将军身率益州之众出于秦川，百姓孰敢不箪食壶浆以迎将军者乎？诚如是，则霸业可成，汉室可兴矣。”

第一节　企业战略管理概述

一、战略的概念

"战略"最早是军事方面的概念，与"战术"相对，是指指导战争全局的计划和谋略，后来用于比喻在一定历史时期指导全局的方略。

战略具有全局性、长远性、纲领性、相对稳定性、风险性等特征。

二、企业战略

（一）企业战略的概念

企业战略是指企业为了适应未来环境的变化，对企业生产经营和持续发展中的重大问题进行全局性、长远性、纲领性的谋划和决策。

（二）企业战略的构成要素

企业战略一般由四个要素构成：

（1）产品与市场范围。产品与市场范围表明企业的特定行业和领域，企业在所处行业中其产品与市场的地位是否占有优势。为了清楚地表达企业的共同经营主线，产品与市场范围常常需要分行业来描述。分行业是指大行业内具有相同特征的产品、市场、使命和技术的小行业。如饮料行业中的果汁饮料分行业、机械行业中的机床行业等。

（2）增长向量，也称成长向量。它说明企业从现有产品与市场组合向未来产品与市场组合移动的方向，即企业经营运行的方向，而不涉及企业目前产品与试场的态势。增长向量按照产品与市场组合的方式形成市场渗透、产品开发、市场开发和多种经营四种。

（3）竞争优势。它表明了企业某一产品与市场组合的特殊属性，凭借这种属性可以给企业带来强有力的竞争地位。企业通过寻求兼并，或者设置并保持防止竞争对手进入的障碍与壁垒，或者进行产品技术开发，生产具有突破性的产品，以替代旧产品等方式取得并保持竞争优势。

（4）协同作用。协同作用是一种联合作用的效果。在管理文献中，协同作用常常被描述为 1 +1 >2 的效果，这意味着企业内各经营单位联合起来所产生的效益要大于各个经营单位各自努力所创造的效益总和。

（三）企业战略的层次

企业战略可以分为三个层次。

1. 公司战略

公司战略是指企业整体的战略，是最高管理层指导和控制企业一切行为的最高行动纲领。公司战略强调两个方面的问题：一是我们应该做什么业务，即根据企业的远景和目标，确定企业的活动范围和重点。二是我们怎样去发展这些业务，即如何合理地配置资源，取得并保持竞争优势。

2．经营单位战略

经营单位战略又称事业部战略，是在总体性的公司战略指导下的某一个特定的战略经营单位的战略计划，主要涉及如何在特定的细分市场中竞争。

3．职能战略

职能战略是为贯彻、实施和支持公司战略与经营单位战略而在企业特定的职能管理部门内制定的战略。企业职能战略的重点是提高企业的资源利用效率，使企业资源的利用效率最大化和成本最小化。它是由一系列详细的方案和计划构成的，涉及企业经营管理的所有领域，包括市场营销战略、人力资源战略、财务战略、生产战略以及研究与开发战略等。

三、企业战略管理

（一）企业战略管理的概念

企业战略管理是企业根据外部环境和内部环境设定企业的战略目标，为保证目标的正确落实和实现进行谋划，并依靠企业内部能力将这种谋划和决策付诸实施，以及在实施过程中进行控制的一个动态管理过程。

（二）企业战略管理的过程

一个规范性的、全面的战略管理过程可大体分为三个阶段。

1．战略分析

战略分析是指对企业的战略环境进行分析、评价，并预测这些环境未来发展的趋势，以及这些趋势可能对企业造成的影响及影响的方向。一般说来，战略分析包括企业外部环境分析和企业内部环境分析两个部分。

2．战略选择及评价

战略选择及评价过程实质就是战略决策过程，即对战略进行探索、制定以及选择。一个企业可能会制定出达成战略目标的多种战略方案，这就需要对每种方案进行鉴别和评价，以选出适合企业自身的方案。

3．战略实施及控制

战略方案确定后，必须有具体化的实际行动，才能实现战略目标。一般来说，可以从三个方面来推进一个战略的实施：一是确定企业资源的规划和配置方式，包括公司级和战略经营单位级的资源规划与配置；二是对企业的组织机构进行构建，使组织机构适应所采取的战略；三是要使领导者的素质及能力与所执行的战略相匹配，即挑选合适的企业高层管理者来贯彻既定的战略方案。

在战略的具体化和实施过程中，为了达成预期的战略目标，需要对战略的实施进行控制。在战略实施过程中，可能会出现实际成效与预定的战略目标不相符的情况，这就需要采取有效的措施进行纠正。

第二节　企业战略分析

一、企业外部环境分析

外部环境是指企业不能够加以控制的因素，主要包括宏观环境和产业环境两个方面。

（一）宏观环境分析

宏观环境包括政治和法律因素、经济因素、社会因素、科学技术因素等。这些因素都会间接或直接对企业发生作用和影响。

1．政治和法律因素

政治和法律因素是指对企业经营活动具有影响作用的政治力量，以及对企业经营活动加以限制和要求的法律法规等。具体来说，政治因素主要包括国家和企业所在地区的政局稳定状况、执政党所要推行的基本政策及这些政策的连续性和稳定性。这些基本政策主要包括产业政策、税收政策、政府采购政策及补贴政策等。影响企业活动的法律主要有《经济合同法》《企业破产法》《商标法》《质量法》《专利法》等。

2．经济因素

经济因素是指一个国家或地区的经济总体情况，包括所处的经济周期、国内生产总值的增长速度、物价总水平、就业率、利率、汇率、国际收支情况等因素。一般来讲，在宏观经济大发展的情况下，市场扩大，需求增加，企业发展机会就多。反之，在宏观经济低速发展或停滞、倒退的情况下，市场需求增长很少甚至不增加，这样企业发展机会也就少。

3．社会因素

社会因素包括社会文化、社会习俗、社会道德观念、社会公众的价值观念、职工的工作态度以及人口统计特征等。社会因素影响社会对企业产品或劳务的需求，从而影响企业的战略选择。

4．技术因素

技术因素不但指那些引起时代革命性变化的发明，而且还包括与企业生产有关的新技术、新工艺、新材料的出现，发展趋势及应用前景。技术力量主要从两个方面影响企业的战略选择：一方面技术革新为企业创造了机遇，例如产品需求增加、产品质量的提高或是成本的降低。另一方面，新技术的出现也使企业面临挑战。技术进步对于某一个产业形成了机遇，可能会对另一个产业构成威胁。例如塑料制品业的发展在一定程度上对钢铁业形成了威胁。

（二）产业环境分析

一个特定的企业总是存在于某一产业环境之内，这个产业环境直接地影响企业的生产经营活动。产业环境分析的内容主要包括本行业中的企业竞争格局以及本行业和其他行业的关系。按照美国学者波特的观点，一个行业中存在着五种基本的竞争力量：现有竞争者之间的竞争、潜在的进入者的威胁、替代品的威胁、购买商讨价还价的能力、供应商讨价还价的能力。这五种基本竞争力量的状况及其综合程度，决定着行业竞争的激烈程度，从而决定着行业中获利的最终潜力。

1. **现有竞争者之间的竞争**

竞争的产生是由于一个或多个竞争者感受到了竞争的压力，或看到了改善其地位的机会。如果一个企业的竞争行动对其对手有显著影响，就会招致报复或抵制。如果竞争行动和反击行动逐步升级，则行业中所有企业都可能遭受损失，使处境更糟。

2. **潜在的进入者的威胁**

新加入该行业的竞争者一方面会带来生产能力的扩大，带来对市场占有率的要求，这必然引起与现有企业进行激烈竞争，使产品价格下降；另一方面新加入者要获得资源进行生产，从而可能使得行业生产成本提高。这两方面都会导致行业的获利能力下降。

3. **替代品的威胁**

替代品是指那些与本行业的产品有同样功能的其他产品。替代品的价格如果比较低，它投入市场就会使本行业产品的价格上限只能处于较低的水平，这就限制了本行业的收益。替代品的价格越是有吸引力，这种限制作用就越明显，对本行业构成的竞争压力就越大。

4. **购买商讨价还价的能力**

购买者可能要求降低价格，要求高质量的产品和更多的优质服务，其结果是使得行业的竞争者们互相竞争，导致行业利润下降。

5. **供应商讨价还价的能力**

供应商如果提高供应价格，或是降低产品或服务的质量，会使下游行业利润下降。

二、企业内部环境分析

企业内部环境是指企业能够加以控制的因素，主要包括对企业所具备的资源、能力的分析，特别是对其核心能力的分析。

（一）企业资源分析

企业资源主要包括：

1. **财务资源**

财务资源包括企业的融资能力、投资能力。

2. **实体资源**

实体资源包括企业装置的设备的规模、技术及灵活性，企业土地和建筑的地理位置和用途等。

3. **人力资源**

人力资源指员工的专业知识、技能、态度等。

4. **组织资源**

组织资源包括企业的组织结构类型及各种规章制度。

5. **技术资源**

技术资源包括企业的专利、经营决窍、专有技术、专有知识和技术储备、创新开发能力等。

6. 商誉

商誉是指社会对企业的整体评价。

企业资源分析旨在确定企业资源状态、企业在资源上表现出的优势和劣势，以及相对未来战略目标存在的资源缺口等，进而确定形成企业核心能力和竞争优势的战略性资源，围绕战略性资源进行持续投入。

（二）企业能力分析

企业能力是指整合企业资源，使价值不断增加的技能。企业可持续性的竞争优势是由企业在长期运行中，将具有战略价值的资源和能力进行特殊的整合、升华而形成的核心竞争力所产生的。我们在判定一个企业的核心竞争力之前，首先要弄清该企业的基本能力状况。企业基本能力一般包括以下几个方面：

1. 财务能力

对财务能力的分析可以通过查阅企业的财务报表等资源，计算财务比率来衡量。财务比率分析评价体系主要有五类指标，即收益性指标、安全性指标、流动性指标、生产性指标、成长性指标。分析收益性指标的目的在于观察企业一定时期的收益及获利能力；分析安全性指标的目的在于观察企业在一定时期内的偿债能力；分析流动性指标的目的在于观察企业在一定时期内的资金周转情况；分析生产性指标的目的在于观察企业在一定时期内的生产经营能力、生产经营水平和生产成果的分配等；分析成长性指标的目的在于观察企业在一定时期内经营能力的发展变化趋势。

2. 营销能力

营销能力分析通常可以从产品竞争能力、销售活动能力、新产品开发能力、市场决策能力等几个方面来展开。产品竞争能力分析是对企业当前销售的各种产品的市场地位、收益性、成长性、竞争性等方面进行分析；销售活动能力分析是在产品竞争能力分析的基础上，以重点发展产品和销路不畅产品为对象，对其销售组织、销售绩效、销售渠道、促销活动等方面进行分析；新产品开发能力分析着重从新产品开发计划、新产品开发组织、新产品开发过程、新产品开发效果四个方面进行分析；市场决策能力分析是以产品竞争能力分析、销售活动能力分析、新产品开发能力分析的结果为依据，对照企业当前实施的经营方针和经营战略，发现企业在市场决策中的不当之处，评估判断企业领导者的市场决策能力。

3. 生产管理能力

美国学者罗杰·施罗德认为，生产管理主要包括五种功能或决策领域：生产过程、生产能力、库存、劳动力、质量。因此，生产管理能力分析也应从这五个方面入手。生产过程分析主要涉及整个生产系统的设计。生产能力分析主要涉及确定企业的最佳生产能力。库存分析主要分析原材料、在制品及产成品的存量管理。劳动力分析主要分析对熟练及非熟练工人及管理人员的管理。质量分析主要分析质量控制、质量检验、质量保证和成本控制。

4. 组织效能

组织是实现目标的工具，是进行有效管理的手段。进行组织效能分析，必须明确评价组织效能的一般标准。良好的组织应符合以下基本原则：目标明确、组织有效、统一指挥、责权对等、分工合理、协作明确、信息畅通、有效沟通、管理幅度与管理层次有机结合、有利于人才成长和合理使用、有良好的组织氛围。

5. **企业文化**

企业文化是基于共同价值观之上，企业全体职工共同遵循的目标、行为规范和思维方式的总称。一般可以从以下几个方面进行分析：企业文化现状、企业文化建设过程、企业文化特色、企业文化形成机制等。

（三）企业核心能力分析

核心能力是一种将知识、技能、资产、运行机制等企业资源有机结合的整合能力。它以企业的技术创新能力为核心，通过其与企业的反应能力、生产能力、营销能力和企业文化等资源或能力的交互作用，最终生成能够使企业保持持续竞争优势的能力。企业核心能力分析的内容一般包括以下几个方面：

1. **主营业务分析**

主营业务分析即分析企业是否有明确的主营业务、企业优势是否体现在主营业务上、该主营业务是否有稳定的市场前景，以及本企业在该领域中与竞争对手相比的竞争地位如何。

2. **核心产品分析**

核心产品是核心能力与最终产品之间的有形联结，是决定最终产品价值的部件或组件。对核心产品的分析具体应包括分析是否有明确的核心产品，分析核心产品的销售现状、竞争地位、市场前景、产品的差异性和延展性、扩大虚拟份额的可能性和具体思路等。

3. **核心能力分析**

核心能力分析主要从以下几个方面进行：支持企业主营业务和核心产品的核心技术和专长是什么？企业管理人员是否对此达成共识？这些核心技术和专长的价值性、独特性、对于模仿性和不可替代性如何？这些核心技术和专长是否得到了充分的发挥，为企业带来了何种竞争优势，强度如何？保护、保持和发展这些核心技术和专长的现时做法、方案和未来计划是什么？

第三节　企业战略的选择与制定

一、企业总体战略和竞争战略

（一）企业总体战略

总体战略是企业最高层次的战略。一般来说，可以分为以下三类：

1. **稳定型战略**

稳定型战略是指限于经营环境和内部条件，企业在特定时期所期望达到的经营状况基本保持在战略起点的范围和水平上的战略。稳定型战略不是不发展或不增长，而是稳定地、非快速地发展。

稳定型战略的风险比较小，对于处于稳定增长中的行业或稳定环境中的企业来说，是比较有效的战略选择。在公用事业、运输、银行、保险等部门的企业，大多都采取稳定型战略。

2. 增长型战略

增长型战略也叫发展型战略。企业增长型战略要求企业在现有的战略基础水平上向更高一级的方向发展。增长型战略是一个整体概念，包括集中型发展战略、一体化发展战略、多样化发展战略。

（1）集中型发展战略。集中型发展战略指集中企业的资源，以快于过去的增长速度来增加某种产品的销售额或市场占有率。具体做法包括三种：一是产品开发，即扩充现有的产品线，或在现有的产品线内开发新产品；二是市场开发，即扩大销售范围，向国内外新地区扩张；三是市场渗透，即利用产品差别化、价格策略、促销策略向竞争对手的市场渗透。

（2）一体化发展战略。一体化发展战略是指企业沿着其产品（业务）生产经营链条的纵向或横向方向，扩大业务经营的深度和广度，最终提高利润的战略。一体化发展战略包括纵向一体化战略和横向一体化战略。

①纵向一体化可以是前向一体化，也可以是后向一体化。前向一体化使企业能够控制销售和销售渠道，有利于企业掌握市场信息和发展趋势，更迅速地了解顾客的意见和要求，更好地提高市场适应性。后向一体化能够使企业对其所需的原材料的成本、质量及供应情况进行有效的控制，以便降低成本、减少风险，使生产稳定、正常地运行。

②横向一体化是指企业通过购买与自己有竞争关系的企业或者与之联合兼并来扩大营业，并获得最大利润的战略。横向一体化可以减少竞争对手，提高自身的竞争实力，取得规模经济效益，但也可能造成管理难度加大和管理效率下降。

（3）多样化发展战略。多样化发展战略是指企业以现有的设备和技术能力为基础，发展与现有产品或劳务不同的新产品或新劳务。多样化发展战略又分为相关多样化和非相关多样化。

①相关多样化是指公司增加或生产与现有产品或服务相类似的新产品或新服务。企业实行相关多样化战略，能够在技术、生产、销售渠道等方面取得范围经济的益处而使成本降低。所谓范围经济是指当两种或更多的经营业务在一个公司的集中管理下动作的总成本比作为独立的业务进行运作所发生的成本更低的经济现象。

②非相关多样化是指公司增加与现有的产品或服务、技术或市场都没有直接或间接联系的新产品或新服务。非相关多样化可能会给企业创造价值，但是也会造成管理成本的上升和投资的增加。

3. 紧缩型战略

紧缩型战略也叫收缩型战略，是指企业从目前的战略经营领域和基础水平收缩和撤退的一种经营战略。一般来讲，企业实施紧缩型战略只是短期的，其根本目的是使企业躲过风暴后转向其他的战略选择。因此，紧缩型战略是一种以退为进的战略。紧缩型战略包括抽资转向战略、调整战略、放弃战略、清算战略。

（1）抽资转向战略。即企业减少在特定领域内的投资，以控制成本、改善现金流为其他业务领域提供资金的一种战略。

（2）调整战略。即企业试图扭转财务状况欠佳的局面，提高运营效率，而对企业组织结构、管理体制、产品和市场、人员和资源等进行调整，使企业渡过危机，以便将来有机会再图发展的一种战略。

（3）放弃战略。这种战略是指企业卖掉一个主要部门，它可能是一个战略经营单位、一条生产线，或者是一个事业部。企业通常在抽资转向战略或调整战略失效时采用放弃战略。

（4）清算战略。这种战略是通过拍卖资产或停止全部经营业务来结束公司的存在。一般是在其他战略全部失灵之后才采用清算战略。

（二）企业竞争战略

相对于企业总体战略而言，企业竞争战略是经营单位层面的战略。所涉及的问题是在给定的一个业务或行业内，经营单位如何竞争取胜的问题，即在什么基础上取得竞争优势。在竞争环境中，有以下三种提供成功机会的基本战略方法：

1. 成本领先战略

成本领先战略也叫低成本战略，其核心在于在追求产量规模经济效益的基础上，通过降低产品的全部成本，用低于竞争对手的成本优势战胜竞争对手的一种战略。

2. 差异化战略

差异化战略是指企业向市场提供与众不同的产品或服务，用以满足顾客特殊的需要，从而形成竞争优势的一种战略。

3. 集中化战略

集中化战略又称目标集聚战略，指企业把经营战略的重点放在一个特定的目标市场上，并为这个特定的目标市场提供特定的产品或服务。企业一旦选定了目标市场，就可以通过产品差异化或成本领先的方法形成集中化战略。

二、战略的评价与选择

战略评价与选择的过程就是战略决策的过程。

（一）战略评价及选择过程

战略评价就是评价各战略方案对企业及所属经营单元未来的经营将会带来什么影响，比较各方案的优缺点、风险及效果。其评价及选择过程分为以下几个阶段：

（1）分析各战略方案是否与国际环境、宏观环境、行业环境未来发展趋势相适应。

（2）各种战略方案的有效性如何，能否达到企业的战略目标，差距何在。

（3）各种战略方案对企业资源的要求。

（4）各种战略方案对企业组织与管理等方面的要求。

（5）各种战略方案内部一致性分析，即分析每个经营战略方案对企业内部的研究开发、生产运营、市场营销、人力资源、财务资金等各方面要求是否协调一致，有无相互矛盾。

（6）在每种战略方案中各战略阶段划分是否恰当，企业在各阶段中承受能力如何。

（7）比较各种战略方案的优缺点、风险及效果，提出战略性的补充措施。

（8）预估在企业战略实施中将会遇到的困难和阻力，以及克服困难的可能性。

（二）影响战略选择的因素

一般认为，在战略决策者选择某一特定战略的过程中，有下列几个主要的影响因素：公司过去的战略、管理者对待风险的态度、企业中的权力关系、企业文化、企业对外部环境的依赖程度等。

1. 公司过去的战略

对大多数公司而言，过去的战略是新战略的起点，新战略是过去的战略的延续。只有在特殊情况下，才会否定原有的战略而选择一种全新的战略。

2. 管理者对待风险的态度

战略选择中的风险因素不可避免。管理者对待风险的态度影响着战略选择的决策。战略决策者对于风险的态度一般分为两种：一种是回避风险，只能在较为狭窄的范围内进行战略选择；另一种是乐于承担风险，可以在较为广泛的范围内进行战略选择。

3. 企业中的权力关系

在大多数企业中，如果一个权力很大的高层管理者支持某一战略方案，它往往就成为企业所选择的战略，并且会得到一致意见的拥护。

4. 企业文化

企业文化体现企业的价值观、经营宗旨和行为准则，在很大程度上决定了企业的运行模式。战略选择一般要适应企业文化。

5. 企业对外部环境的依赖程度

任何企业都存在于一定的外部环境之中，必然要受所有者、供应商、顾客、竞争对手、政府和社区等外部因素的影响。企业的生存对这些因素的依赖程度影响着战略选择过程。

三、企业战略的制定

战略制定是企业最高决策机构按照一定的程序和方法，为企业选择合适的经营战略的过程。制定战略的一般过程如下：

（1）企业环境分析。包括企业外部环境分析和内部环境分析。

（2）明晰企业使命和价值观。因为企业的使命和价值观不同，即使处于相同的环境并具有相似的资源，他们的战略选择也会不同。

（3）设定企业目标。战略制定者在充分理解内外部环境的基础上确定符合企业价值观的目标。

（4）定义经营单元。通过明确产品、顾客群体、技术、成本结构、竞争地域等五个因素定义经营单元。

（5）设计备选战略方案。即根据企业的使命和目标，结合内外部环境因素，列出所有可能达到目标的备选战略方案。

(6) 评价和比较战略方案。

(7) 确定战略方案。

第四节　企业战略的实施与控制

一、企业战略实施

企业一旦选择了合适的战略方案，战略管理活动的重点就从战略选择转移到了战略实施阶段。所谓战略实施就是将战略方案付诸于实际行动的过程。

如何有效地实施一项战略？人们已从实践中认识到，只有当企业的各种因素互相适应和互相匹配时，战略实施才有可能取得成功。因此，应对战略实施所需的资源进行规划和优化配置，并根据战略方案对组织结构进行调整。同时，应处理好战略与企业文化的关系，对各方面进行统筹考虑。

（一）资源规划和配置与战略的匹配

资源规划是战略实施的一个重要方面，对于多数企业而言，可以分为公司层和经营层两个层次的规划。

1. 公司层的资源规划

公司层的资源规划重点是在公司的不同组成部分之间进行资源分配，以支持企业的整体战略。这些组成部分可能是职能，如营销、财务等，也可能是业务分部或地区性分部。

2. 经营层的资源规划

经营层的资源规划是比较详细的资源规划，通常是通过价值链分析的结果制定资源需求的清单，并根据这个清单来确定那些对战略非常重要的价值活动，以及相关的一致性问题——既包括与现有资源的一致性，也包括各独立的资源和活动之间的一致性。所谓一致性，是指相互匹配。

（二）组织结构调整与战略的匹配

组织结构要与战略相互匹配。要有效地实施战略，就要建立适合于所选战略方案的组织结构。与企业战略相适应的组织结构调整工作包括以下三个方面的内容：

(1) 正确分析企业目前组织的优势和劣势，设计开发出能适应战略需求的组织结构模式。

(2) 通过企业内部管理层次的划分、相应的责权利匹配和适当的管理方法与手段，确保战略的实现。

(3) 为企业组织结构中的关键战略岗位选择最合适的人才，保证战略的顺利实施。

（三）企业文化与战略的匹配

企业文化一旦形成便很难变革，它对企业战略的制定和实施具有引导和制约作用。因此，企业战略的实施必须与企业文化建设相匹配。在战略管理过程中，企业内部新旧文化的协调和更替是战略实施获得成功的重要保证。

二、企业战略控制

所谓战略控制，是指将预定的战略目标与实际效果进行比较，检测偏差程度，评价其是否符合预期目标要求，发现问题并及时采取措施借以实现企业战略目标的动态调节过程。具体体现在两个方面：一是保证战略方案的正确实施；二是检验、修订、优化原定战略方案。

（一）战略控制的过程

战略控制过程可以分为三个步骤：确定评价标准、评价工作成绩、反馈。

1．确定评价标准

评价标准是企业工作成绩的规范，用来确定战略措施或计划是否达到战略目标。选择合适的评价标准体系主要取决于企业所确定的战略目标及其战略。例如奉行发展战略与采取紧缩战略的企业，其评价标准是不同的。然而大多数企业通常采用以下因素确定定量的评价标准：股息支付，每股平均收益，雇员的跳槽、旷工、迟到和不满，销售增长率，市场占有率，净利润额或增长率，销售利润率，投资收益率，股票价格。在上述9个定量标准中，最常用的工作评价标准是投资收益率，即以税前净收益除以投资总额。

2．评价工作成绩

评价工作成绩是指将实际工作成绩与确立的评价标准相比较，找出差距及其产生的原因。这是发现战略实施过程中是否存在问题和存在什么问题，以及为什么存在这些问题的重要阶段。在评价工作成绩时，企业不仅应该将实际工作成绩与评价标准或目标相比较，而且也应当将自己的实际工作成绩与竞争对手相比较。这样的比较更能发现自身的长处或短处，以采取适当的纠正措施。对于竞争对手以及同行业平均的绩效水平，可以从统计年鉴或行业协会所发表的季度或年度报告中获取。在评价工作成绩时，还要注意确定合理的评价频度。过于频繁的工作评价，会造成评价费用过高，也会引起员工的反感；过低的频度又不能提供充分而及时的信息。

3．反馈

一般来讲，控制论中的反馈概念，是指将系统的输出返回到输入端并以某种方式改变输入，进而影响系统功能的过程。对通过评价工作成绩所发现的问题，必须针对其产生的原因采取纠正措施，这是战略控制的目的所在。

（二）战略控制的方法

为了实施有效的控制，可以采取下列几种常用的控制方法。

1．预算

预算是以财务指标或数量指标表示的有关预期成果或要求的文件。预算一方面起到指导企业在各单位之间分配资源的作用。另一方面，它也是企业战略控制的一种方法。预算准备完成后，会计部门定期做出预算与实际支出之间差额的报表，并送达负责人手中。负责人分析偏差产生的原因，并采取必要的纠正措施。

2．审计

审计是客观地获取企业有关经济活动的结果，评价结果与预期标准之间的符合程度，并将结果报知有关方面的过程。审计过程着重于对企业的财务结果进行审核，以及判断这些论断是否符合实际。在我国执行审计的人员可有两类：一类是独立的审计人员或注册会计师，主要职责是检查委托人的财务报表。另一类是企业内部审计人员，主要职责是确认企业的方针和程序是否正确地执行，保护企业的资产。

3. 个人现场观察

个人现场观察是指企业的各层管理人员（尤其是高层管理人员）深入到各种生产经营现场，进行直接观察，从中发现问题，并采取相应的解决措施。

综合练习与实践

一、复习思考题

1. 战略有什么特征？
2. 企业战略的构成要素有哪些？
3. 简述企业战略管理的过程。
4. 企业的总体战略和竞争战略各有哪些类型？
5. 企业战略实施要注意哪些问题？
6. 企业战略控制有哪些方法？

二、案例分析

特斯拉的中国教训

2015 年 1 月，特斯拉在中国的电动汽车销售数量仅有 120 辆。这个数字与人们对特斯拉的厚望之间有很大的距离。

作为纯电动汽车的特斯拉一向被认为最环保的汽车之一，是解决城市空气污染的利器和希望。特斯拉为什么止步不前？是售价太高，还是油价狂跌？

60 多万元的起步价要比许多中级汽油轿车的价格要高，但对一款特立独行并加持大量科技装备的特斯拉而言，开价不算太离谱。过去半年多国际油价被腰斩，确实挡了特斯拉的财路，但许多人明白，低油价不可能是新常态。那原因是什么？结果很明显，充电桩的数量稀少是特斯拉马失前蹄的重要原因。

建立充电网络不是一件容易完成的任务，涉及用地、用电等问题，这些问题解决起来难度都非常大。中国的许多大城市，人口众多，寸土尺金，很难有充电桩的立足之地。再加上中国的用电环境还不稳定，政府也没有明确的扶持建设充电桩的政策，这些原因都造成了充电桩的数量增长缓慢，直接影响了潜在顾客的购买热情。

怎么办？还是应该看到，特斯拉是属于未来的汽车，它的环保特性又跟中国当下亟待解决的问题相关。近两三年来，以北京为代表的城市饱受空气污染之苦，各地政府也把解决空气污染作为工作的重头戏。厉害的企业要把自己的产品与社会、政府、个人强烈的需求结合起来。而特斯拉就是缓解空气污染的一剂良药，但我们并没有看到特斯拉跟中国各级政府有太多的互动。从急政府所急的角度看，这是特斯拉在中国市场的重要教训。

毋庸讳言，特斯拉若要快速换挡提速，必须赢得中国政府的大力支持。有了政策，建设充电桩的诸多障碍有望得以解决。

科技虽然不是解决任何问题的灵丹妙药，但却是最有效的药方。既然特斯拉是属于未来的，相信在未来一定有解决方案。比如随着无线充电技术的成熟，那时城市的电线杆和公路、高速公路上的电线杆都可以成为电动汽车充电的装置，现在充电桩的问题将不是问题。

思考：

1. 特斯拉在中国遇到了什么问题？

2. 从战略管理的角度来看，特斯拉在中国受到了教训，其问题的根源在哪？如何避免出现这样的问题？

三、实践训练

1. 组织全班同学或分成若干小组，每一小组各调研一家当地的企业，对被调查企业的内部环境、外部环境进行分析，并了解企业的战略目标，根据环境分析的结果评估其战略目标实现的可能性。

2. 根据调研的结果判断该企业采用的是什么战略类型，了解其战略实施过程中所遇到的问题和障碍，并提出解决方案。

第三章
现代企业经营决策与控制

学习目标

通过本章的学习，了解企业经营决策、计划在企业管理中的地位及重要性，了解经营决策的种类及各种决策的特点，掌握企业经营决策和组织的概念、内容、程序和方法；熟悉有关科学决策案例，计划的编制、实施和控制手段，组织变革；能够运用所学知识进行初步的科学决策、经营计划编制。

引导案例

美国福特公司的“野马”决策

1960 年，刚被美国福特公司升为副总裁兼总经理的李·艾柯夫观察到 20 世纪 60 年代一股以年轻人为代表的社会革新力量正式形成，它将对美国社会、经济产生难以估量的影响。李·艾柯夫认为，设计新车型时，应该把青年人的需求放在第一位。在他的精心组织下，经过多次改进，1962 年底，这种新车最后定型。它看起来像一部运动车，鼻子长、尾部短，满足了年轻人喜欢运动和刺激的心理。更重要的是，这种车的售价相当便宜，只有 2 500 美元左右，一般青年人都能买得起。最后这种车还取了一个令青年人遐想的名字——“野马”。1964 年 4 月纽约世界博览会期间，“野马”正式在市场上露面。在此之前，福特公司大造了一番舆论，掀起了一股“野马”热。在头一年的销售活动中，顾客买走了 41.9 万辆“野马”，创下全美汽车制造业的最高纪录。“野马”的问世和巨大成功显示了李·艾柯夫杰出的经营决策才能。从此，他便扬名美国企业界，并荣任福特汽车公司总裁。此例说明，决策成功，可以扩大销售额，降低成本，提高利润，进而占领市场。

第一节　企业经营决策

美国决策理论学派代表人西蒙认为："管理就是决策。"正确决策对于一个企业的生存与发展有着至关重要的作用。现代管理的重心在于经营，经营的重心在于决策。

一、经营决策概述

（一）决策的概念及特性

决策是指在明确问题的前提下，为未来的行动确定目标，并在多个可供选择的行动方案中，选择一个合理方案的分析判断过程。科学的决策应有以下基本特性：

1. 决策要有明确的目标

任何决策都包含着目标的确定。目标体现的是企业想要获得的结果。目标确定以后，方案的拟订、比较、选择及实施效果的检查就有了标准与依据。

2. 决策应有若干个可供选择的可行方案

方案的实施需要利用一定的资源，缺乏必要的人力、物力、财力，理论上十分完善的方案也只能是空中楼阁。因此，在决策过程中，决策者不仅要考虑采取某种行动的必要性，而且要注意实施条件的限制。

3. 决策是一个分析判断过程

决策的关键是选择，没有选择就没有决策。而要能有所选择，就必须提供可以相互替代的多种可行方案。事实上，为了实现同样的目标，企业可以从事多种不同的活动，这些活动在资源要求、可能结果及风险程度等方面存在或多或少的差异。因此，不仅有选择的可能，而且有选择的必要。

4. 决策的结果是选择一个满意的方案

决策最后所选择的方案只能是比较满意的方案，不可能是最优方案。现代决策理论认为，最优化决策是不可能实现的，它只是一种理想而已。另外，受人力、物力、财力及时间等因素的影响，备选方案不可能有很多，只能从这些备选方案中选择比较满意的方案。

5. 决策不仅是一个过程

经营决策是一个系统的过程，而不是一个瞬间做出的决定。决策中，决策者需要做大量的调查、分析和预测工作，然后确定行动目标，找出可行方案，并进行判断、权衡，选择最终方案。当令人满意的行动方案被选出后，决策者还要就其他一些问题（如资金筹集、结构调整和人员安排等）做出决策，以保证该方案的顺利实施。在这个过程中，每一个阶段都相互影响，外部环境的变化和信息的取得都会影响决策的过程。

6. 决策是动态性的

决策的动态性与过程性有关。决策不仅是一个过程，而且是一个不断循环的过程。决策是动态的，没有真正的起点，也没有真正的终点。组织的外部环境处在不断变化中。

这就要求决策者密切监视并研究外部环境及其变化，从中发现问题或找到机会，及时调整组织的活动，以实现组织与环境的动态平衡。

7. 决策应是一项有组织的集体活动

企业的决策问题具有信息量大、涉及面广、变化快的特点，这就增加了决策的复杂性和艰巨性，从而使个人决策成功的可能性大为减少。因此，科学决策不能是领导者的个人行为。决策的民主性是决策成功的重要条件。

（二）经营决策的概念

所谓企业的经营决策就是在对企业的外部环境、内部条件分析的基础上，依据客观规律和实际情况，对企业的总体发展和各种重要经营活动的经营目标、方针和策略，做好正确的选择工作。它是一个过程，是一种寻找问题、制订方案、选择评价方案的活动。

经营决策的目的是通过实现企业外部环境、企业内部条件、企业经营目标三者的动态平衡，以求得企业的最佳经济效益。决策是企业管理的核心。可以说整个企业管理过程都是围绕着决策的制定和实施而展开的。决策贯穿于企业生产经营活动的全过程，在这一过程的每一个环节上都离不开决策。对于企业来讲，涉及的经营决策问题主要有：经营战略与目标决策、市场营销决策、新产品开发与老产品淘汰决策、技术开发与投资决策、成本决策、生产计划决策、价格决策、经营方式选择及人事决策等。

（三）经营决策的分类

1. 按照决策所要解决的问题在企业经营中地位的不同分类

（1）战略决策。战略决策是指对直接关系到企业生存发展的全局性、长远性问题的决策。如企业经营方针与经营目标的确定等。战略决策一般考虑的是企业如何与外部环境适应的问题，属于企业高层管理者的职责范围。

（2）管理决策。管理决策是指企业为实现战略决策对企业资源做出合理安排的策略性决策。如生产经营计划的确定、能源与原材料的合理使用、工作业绩的评价等。管理决策一般属于企业各职能管理部门的职责范围。

（3）业务决策。业务决策是指在管理决策的指导下，为了提高企业各种具体业务工作的质量或效率的决策。如工作任务的日常安排等。业务决策属于常规性、技术性的决策，一般属于基层管理人员的职责范围。

2. 按照决策问题出现的重复程度的不同分类

（1）程序性决策。程序性决策是指对经常出现的重复性问题，并已有处理经验、程序和方法的决策。如质量管理、成本控制等。由于程序性决策在企业中大量重复出现，涉及的主要是例行性的活动，因此在决策的管理上应重视对决策程序、方法和规章的制定，以便于人们碰到此类问题时，能够有法可依、照章办事，从而提高决策的科学性和准确性。程序性决策一般是中下级企业管理人员经常要解决的问题。

（2）非程序性决策。非程序性决策是指对不经常出现的偶然性问题，并没有处理经验，完全靠决策者个人的判断和信念来进行的决策。如经营方向的调整、新产品的开发、重大的投资项目等，一般无章法可循。非程序性决策虽然所占比重较小，但通常是关系到企业全局和长远发展的重要问题，因而一般属于企业高层管理者的决策范畴。

3. 按照决策问题所处客观条件的不同分类

企业决策可分为确定型决策、风险型决策与非确定型决策。

（1）确定型决策。确定型决策是指决策条件明确，方案的结果是确定的，只要经过直接比较即可作出方案选择的决策。由于未来的结果是肯定的，因此决策相对比较容易。

（2）风险型决策。风险型决策是指决策条件存在不可控因素，可供选择的方案存在多种结果，各种结果出现的可能性可以事先做出估计的决策。

（3）非确定型决策。非确定型决策是指决策条件存在不可控因素，可供选择的方案存在多种结果，各种结果出现的可能性无法事先做出估计的决策。

二、企业经营决策的基本原则与程序

（一）企业经营决策的基本原则

1. 信息准确原则

信息准确原则是指为进行决策所搜集的信息，必须全面准确地反映决策对象的内在规律与外部联系。信息的准确性是指信息要能够真实地反映经济发展的客观规律；信息的全面性是指要从多渠道搜集各种信息并对其进行必要的综合整理和筛选，以便能够全面地反映所要研究的问题。此外，还须注意信息有效性与经济性的问题。

2. 可行性原则

可行性原则是指决策方案必须与企业现实的资源条件相适应。必须认真研究方案的可行性，采取定性与定量相结合的方法，对每个方案进行可行性分析，以保证决策方案行之有效。

3. 对比优化原则

决策总是在若干个有价值的备选方案中进行比较并选择一个，选择的最优方案应力求以投入少、收益大为上。

4. 系统性原则

系统性原则是指决策过程中，要运用系统分析的理论方法，对决策对象进行全面的分析和论证，在决策过程中兼顾各种利益关系，协调各种矛盾，以获得整体功能最优的效果。

5. 科学性原则

企业的决策必须建立在科学性原则的基础上，必须有科学的依据，要遵循科学的决策程序，确定科学有效的决策标准，采取科学的决策方法，建立科学的决策控制系统，做好决策工作。

6. 利用“外脑”原则

决策方案要在民主的基础上制订，要充分发挥职工和“专家”智慧，广泛利用“智囊团”在决策过程中的作用，实行民主化决策。

7. 创新性原则

决策与企业的生存和发展密切相关，涉及诸多情况与问题，进行决策时，既要有技术经济分析能力，又要有创新精神和创新观念，勇于开拓，这样才能制定和选出合理方案。

8. 追踪监控原则

追踪监控原则是指在决策方案付诸实施过程中，必须及时进行信息反馈，密切注视环境变化，采取措施及时有效地纠正发生的各种偏差。

（二）企业经营决策的程序

决策是一项复杂的活动，为了提高决策的有效性，应遵循一定的程序。一般情况下，决策过程有以下 6 个步骤，如图 3－1 所示。

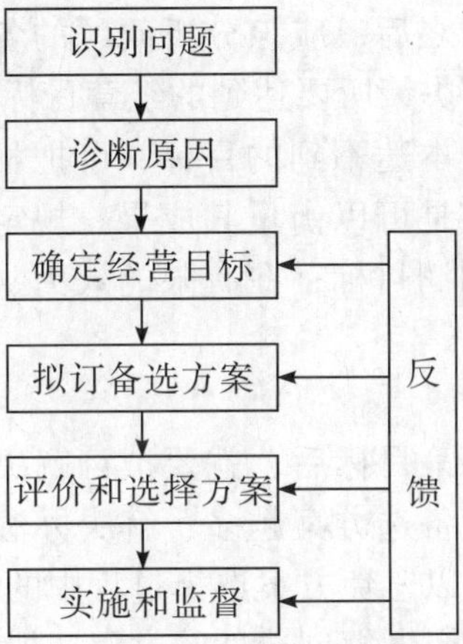

图 3－1　企业经营决策程序图

1. 识别问题

识别的问题是指企业在经营活动中现实和标准之间的差距。识别问题的目的是鉴别出那些与预期结果产生偏离的问题，也就是说需要确定决策的对象（即针对什么进行决策）。管理者所面临的问题是多种多样的，有危机型问题（即需要立即采取行动的重大问题）、非危机型问题（即需要解决但没有危机型问题重要和紧迫）、机会型问题（即如何适时采取行动能为企业提供获利的机会）。识别问题是决策过程的开始，以后各个阶段的活动都将围绕所识别的问题展开，如果识别问题不当，所作出的决策将无助于解决真正的问题，因而将直接影响决策效果。

识别问题可以从以下几个方面考虑：

（1）偏离过去的绩效，即企业以前建立的绩效模式遭到破坏或发生变化，如员工流动比率高、销售额下降、成本费用突然上升或废品率上升等。

（2）偏离既定的计划，即没有达到决策者的期望水平，如新产品推出后没有达到预期的市场占有率水平、利润水平低于计划水平等。

（3）其他人可能给决策者带来的问题，如有关顾客对于延迟交货的抱怨甚至投诉等。

（4）竞争者的绩效水平，当竞争对手改进或形成了新的生产工艺时，决策者必须对本企业的生产工艺重新进行评价。

2. 诊断原因

识别问题并不是目的，关键还要根据各种现象分析出问题产生的原因，这样才能考虑采取什么措施、选择哪种行动方案。否则，只能是乱开药，或是头痛医头、脚痛医脚，造成资源浪费。在诊断原因时，切勿将问题的表象视为问题的本身，导致针对问题的细枝末节寻找解决的办法。比如，销售额本月下降了 5%，这个问题表现为销售人员没有完成任务，诊断的原因很可能是销售人员积极性问题，给销售人员压力和激励似乎是提高销售额的解决之道。而实际上，这个问题的根本原因很可能是产品品种已经过时，或是广告费用投入不足。因此，发现问题，找出问题产生的原因是正确决策的基础。可以通过调查分析找出问题产生的主要原因，如是企业内外的什么变化导致了问题的产生，哪一类人与问题有关等，也可以利用相关的诊断分析工具逐步发现原因并分清主次。

3. **确定经营目标**

决策者在找到问题及其原因之后，应该分析问题的各个构成要素，明确各构成要素的相互关系并确定重点，以找到决策所要达到的经营目标。企业的经营目标要有可行性，尽量减少目标个数，放弃那些根本达不到的目标，可把相似的目标、次要的目标合并为一个目标。合理的决策目标应该是可以衡量其成果、规定其时间和责任的，如在一定产量和销量价格的限制下，确定利润目标；在有限的人力、物力、财力条件下，确定最佳工期等。

4. **拟定备选方案**

在收集了相关资料和确定决策目标后，就要拟订解决这些问题的方案。决策者应尽可能地拟订多种备选方案，因为备选方案越多，解决办法就越趋完善。备选方案应是整体详尽性与相互排斥性相结合，以避免方案选择过程中的偏差。

制定备选方案的过程就是一个发挥创造性的过程，拟订的备选方案应是可行的方案。只有这样，在评价和选择方案时才能保证最终选定方案的最优性。在企业实际运作中，由于决策条件的复杂性，要把所有的可行方案都设计出来是不可能的，因为不可能全部掌握决策时所需要的信息，所以很难考虑到所有的可行方案，就现有的条件和能力，设计出来的备选方案越详尽，就越能保证备选方案的质量。每个方案的总体设计、主要措施应该是有区别的，所以必须坚持相互排斥性。只有这样，在选择时才便于从众多备选方案中选择一个。如果各个备选方案的内容几乎是相同的，就失去了选择的意义。

5. **评价和选择方案**

方案评价就是根据确立的决策目标、各备选方案的预期结果等对各方案的可用性和有效性进行衡量。决策者通常从以下 3 个方面评价和选择方案：

（1）方案的可行性，即企业是否拥有实施这一方案所要求的资金和其他资源，包括人力、财力、物力、时间、信息和其他自然资源。该方案是否符合法律要求或企业伦理、是否同企业的战略保持一致、能否使员工全身心地投入到决策的实施中去等。

（2）方案的有效性和满意度，即方案能够在多大程度上满足决策目标，是否同企业文化和风险偏好一致等。要强调的是，在实际工作中，某一方案在实现预期目标时很可能会对其他目标产生积极或消极的影响。因此，目标的多样性在一定程度上增加了决策的难度，这又从另一角度反映出决策者分清决策目标主次的必要性。

（3）方案产生的结果，即方案本身的可能结果及其对企业其他部门或竞争对手现在和未来可能造成的影响。

比较各可行方案，不仅要对积极结果进行比较，也要对其产生的消极结果进行比较。不仅要把每个行动方案同决策目标进行比较，而且要把它同其他方案进行比较。首先，决策者应当对两个可行方案进行比较，选出其中较好的一个；其次，选择完全不同的另外两个可行方案重复上述的比较过程；再次，将已经选出的两个较好的方案进行比较；最后，在众多的可行方案中找出最理想的行动方案。

运用科学的方法评估和选择方案，有利于决策的正确性与及时性。这些将在决策方法中具体讲述。

6. 实施和监督

通过多方案比较，选出最佳的决策方案之后，就进入了实施执行的阶段，也就是决策的最后阶段。决策的目的是为了付诸实施，如果不能有效地组织决策的实施，整个决策就失去了意义。方案在实施之前，要保证实施的条件和资源。同时，决策方案的实施过程也是一个不断反馈的过程。在实施的过程中要发现制订时所忽视的地方和方案本身的不足，这就需要边实施、边检查、边改进。如果是环境发生变化，那就需要重新制定新的决策，而这一步骤又成为下一轮决策的起点。

在这个阶段，职能部门应对各层次、各岗位履行职责情况进行检查监督，及时掌握执行进度，检查有无偏离目标的现象存在，并将信息反馈到决策机构。决策者应依据职能部门反馈的信息，及时追踪决策实施情况，对局部与既定目标相偏离的应采取措施，保证目标的实现；对客观条件发生重大变化，原决策目标确实无法实现的，则要重新寻找问题，确定新的目标，重新制定可行方案进行评估和选择。

三、企业经营决策的方法

（一）定性决策方法

1. 头脑风暴法

头脑风暴法（Brain Storming）原意为神经病患者的胡思乱想，这里借以形容参加会议的人可以无拘无束、自由奔放地思考问题，无所顾忌地畅所欲言。这一方法是由美国创造工程学家奥斯本于 1939 年首先提出来的。

在具体操作上，头脑风暴法是通过一种小型会议的形式进行的。在会议上，与会者围绕某个决策问题相互发言、相互启发，让创造性设想产生“连锁反应”从而引发更多的创造性设想的灵感火花。为了能达到这样的会议目的，要规定一些特殊会议原则：

（1）对别人的建议不作任何评价，将相互讨论限制在最低限度内。

（2）参与会议者不分高低贵贱，随意自由想象，想法越多越好，与会者不要考虑自己的建议质量，想到什么就说出来。

（3）对所有与会者提出的所有建议和设想进行记录，但在会议上不作判断性结论。

（4）鼓励个人独立思考，广开思路，想法越新颖、奇异越好。

（5）对已有的建议可以补充和完善，使它更具说服力。

头脑风暴法的目的在于创造一种畅所欲言、自由思考的氛围，诱发创造性思维的共振和连锁反应，产生更多的创造性构想。

2. 哥顿法

哥顿法是美国人哥顿（W·J·Gordon）为了解决技术问题而拟定的一种方法，它是以会议形式请专家提出完成工作任务和实践目标的方案，但要完成什么工作、目标是什么，只有会议主持人知道，不直接告诉与会者，以免他们受到完成特定工作和目标以及思维方式的束缚。因此，参加决策的专家们互不见面，意见的交流采用书信方式进行。

具体操作是：主持人先向有关专家提出问题，请专家分别写出书面意见；随后，主持人把各个专家的意见相互交换一下，作出分析后再收集起来，进行综合、整理，再反馈给各个专家；各个专家修改后再次寄给主持人；如此反复进行多次，直到各个专家的意见大体趋于一致为止。

3. **德尔菲法**

德尔菲是古希腊阿波罗神宣布神谕所在地。20 世纪 50 年代，美国兰德公司与道格拉斯公司协作研究出了通过有控制的反馈更可靠地收集专家意见的方法，最后用“德尔菲”（其含义是“聪明、智慧”）命名这种方法。至今，德尔菲法占各类预测的 24% 以上。德尔菲法依靠专家单独发表意见，各抒己见，管理小组对专家们的意见进行统计处理和信息反馈，经过几轮循环，使分散的意见逐步集中，最后达到较高的预测精度。具体做法如下：

（1）通过精心设计的问卷，要求专家提供可能解决问题的方案。

（2）专家们“背靠背”，不发生任何形式的联系。每位专家匿名、独立地完成问卷。

（3）主持人对收集的问卷集中归纳、编辑，向专家发出本轮问卷结果的复印件，请专家进一步提出方案。第一轮的结果常常能够激发出新的方案或改变某些专家原来的观点。

（4）重复以上步骤，不断相互启发，提出新的可行方案，排除不切实际的方案，缩小分析范围，直至得到满意方案。

运用该技术的关键是：选择合适的专家，这主要取决于决策所涉及的问题或机会的性质；确定适当的专家人数，一般 10 ~ 50 人较好；拟定好调查问卷，因为它的质量直接关系到决策的有效性。

德尔菲法无须专家到场，节约了召集费用，但耗时较长，需要进行快速决策时不适用此法。

4. **名义小组技术**

在集体决策中，如果对问题的性质不完全了解且意见分歧严重，则可采用名义小组技术。这种方法要求小组的成员互不通气，也不在一起讨论、协商，因而小组只是名义上的。这种名义上的小组可以有效地激发个人的创造力和想象力。具体做法是：管理者先召集一些有知识的人，把要解决的问题的关键内容告诉他们，并请他们独立思考，要求每个人尽可能地把自己的备选方案和意见写下来。然后再让他们按次序一个接一个地陈述自己的方案和意见。在此基础上，由小组成员对提出的全部备选方案进行投票，根据投票结果，赞成人数最多的备选方案即为所选择的方案。当然，管理者最后仍有权决定是接受还是拒绝这一方案。

5. **电子会议法**

电子会议法是群体预测与计算机技术相结合的预测方法。在使用这种方法时，先将群体成员集中起来，每人面前有一个与中心计算机相连接的终端。群体成员将自己有关解决问题的方案输入计算机终端，然后再将它投影在大型屏幕上。

电子会议法有三个特点：一是匿名，参与决策咨询的专家采取匿名的方式将自己的方案提出来，参与者只需把个人的想法输入键盘就行了；二是可靠，每个人作出的有关解决问题的建议都能如实地、不会被改动地反映在大屏幕上；三是快速，在使用计算机进行决策咨询时，不但没有闲聊，而且人们可以在同一时间互不干扰地交换见解，它要比传统的面对面的决策咨询效率高出许多。

但这种方法也有其局限性：一是对那些善于口头表达，而运用计算机的技能却相对较差的专家来说，电子会议会影响他们的决策思维；二是在运用这种预测方法时，由于是匿名，因而无法对提出好建议的人进行奖励；三是人们只是通过计算机来进行决策咨询，是“人—机对话”，其沟通程度不如“人—人对话”那么丰富。

（二）定量决策方法

定量决策方法是建立在数学（模型）计算基础上的决策方法。它运用统计学、运筹学、计算机等科学技术，把与决策有关的变量与变量之间、变量与目标之间的关系用数学模型表示出来，通过数学模型的求解，选择决策方案。

1. 确定型决策

确定型决策是指决策条件非常明确，通过对各种备选方案的分析就能知道其明确结果的决策。它必须具备4个条件：①具有决策者希望达到的目标；②客观条件相对稳定；③有两个以上可供选择的方案；④各方案执行的结果是明确的。确定型决策一般用于程序化的管理性或业务性的决策。此时决策的任务就是借助一定的计算分析把每个可行方案的结果计算出来，然后通过比较，把结果最好的方案优选出来，作为决策的行动方案。

确定型决策的分析方法有很多，最常见的有盈亏平衡分析法（量本利分析法）和线性规划法。

（1）盈亏平衡分析法（量本利分析法）。

盈亏平衡分析法是企业经营决策常用的有效方法，其基本方法是根据产品销售量、成本和利润三者之间的关系，分析决策方案对企业盈亏的影响，评价和选择决策方案。

①盈亏平衡分析原理。

盈亏平衡分析是根据产品的销售量、成本和利润三者之间的关系，建立数学模型，分析企业的赢利或亏损状况，据此评价和选择决策方案。该方法的前提是假设所生产的产品均能卖出（产量等于销量）。

该方法分为两个步骤：

第一步，根据成本习性把成本分成固定成本和变动成本两部分。成本习性即成本对业务量（产量、销量）总数的依存关系，也就是业务量变动与其相应的成本之间的内在联系。

固定成本是指在一定的相关范围内，不受业务量变化影响而保持固定不变的成本。例如，固定资产的折旧、设备租金等。单位产品的固定成本与业务量的增减成反比。

变动成本是指成本总额与业务量的变化成正比变动的成本，如原材料费用、直接人工费用等。在一定的生产技术条件下，单位产品的变动成本应是一个常数。

第二步，假设：销售收入—S，固定成本—F，单位产品变动成本—V，产量—Q，单位产品价格—P，总成本—C，利润—I。

则有：

$$S = Q \times P \qquad C = F + QV \qquad I = S - C$$

②找盈亏平衡点（如图3－2所示）：

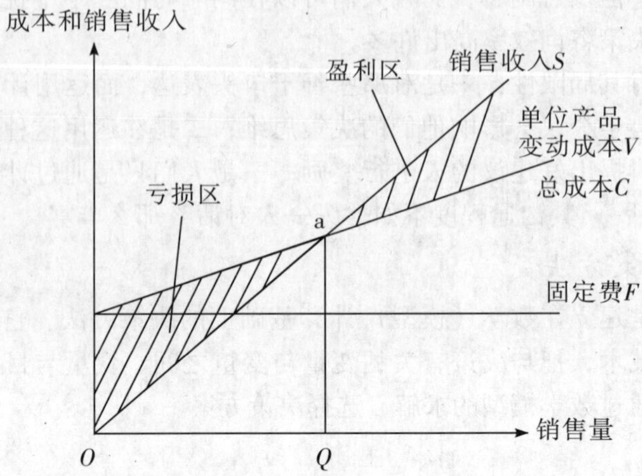

图 3-2　盈亏平衡分析图

盈亏平衡时：$S-C=0$，$QP-(F+QV)=0$。

得到盈亏平衡时对应的产量为：$Q_0=F/(P-V)$。

③进行经营安全率分析。经营安全率是反映企业经营状况的一个指标，其计算公式为：

$$H=(Q-Q_0)/Q\times100\%$$

其值越大，说明企业经营安全状况越好；反之，则反映企业经营安全状况差，亏损的风险大，如表 3-1 所示。

表 3-1　经营安全状况表

经营安全状况	安全	较安全	一般	须警惕	危险
经营安全率/%	30 以上	25～30	25～15	15～10	10 以下

【例 3-1】某企业固定成本为 80 万元，单位产品售价为 2 000 元，单位产品变动成本为1 200元。

计算：①盈亏平衡点的销售量。②目标利润为 40 万元时的销售量。③经营安全率在 30% 以上时的销售量。

解：①$Q_0=F/(P-V)=800\ 000/(2\ 000-1\ 200)=1\ 000$（台）

②$I=S-C=QP-(F+QV)$

$400\ 000=Q\times2\ 000-(800\ 000+Q\times1\ 200)$

$Q=1\ 500$（台）

③$H=(Q-Q_0)/Q\times100\%=30\%$

$Q=1\ 429$（台）

可见，该企业盈亏平衡点的销售量为 1 000 台；目标利润为 40 万元时的销售量为 1 500 台；当销售量超过 1 429 台时，经营安全率达到 30% 以上。

（2）线性规划法。

线性规划是在一些线性等式或不等式的约束条件下，求解线性目标函数的最大值或最小值的方法。运用线性规划建立数学模型的步骤是：确定影响目标大小的变量，列出目标函数方程；找出实现目标的约束条件；找出使目标函数达到最优的可行解，即为该线性规划的最优解。

【例 3-2】 某企业生产两种产品：桌子和椅子。它们都要经过制造和装配两道工序。有关资料如表 3-2 所示。假设市场状况良好，企业生产出来的产品都能卖出去，试问何种组合的产品使企业利润最大？

表 3-2 某企业的有关资料

	桌子	椅子	工序可利用时间/h
在制造工序上的时间/h	2	4	48
在装配工序上的时间/h	4	2	60
单位产品利润/元	8	6	—

这是一个典型的线性规划问题。

第一步，确定影响目标大小的变量。在本例中，目标是利润，影响利润的变量是桌子数量 T 和椅子数量 C。

第二步，列出目标函数方程：$\pi = 8T + 6C$。

第三步，找出约束条件。在本例中，两种产品在一道工序上的总时间不能超过该道工序的可利用时间，即：

制造工序：$2T + 4C \leqslant 48$

装配工序：$4T + 2C \leqslant 60$

除此之外，还有两个约束条件，即非负约束：$T \geqslant 0$，$C \geqslant 0$。

从而线性规划问题成为如何选取 T 和 C，使 π 在上述 4 个约束条件下达到最大。

第四步，求出最优解——最优产品组合。通过图解法（如图 3-3 所示），求出上述线性规划问题的解为 $T^* = 12$ 和 $C^* = 6$，即生产 12 张桌子和 6 把椅子使企业的利润最大。

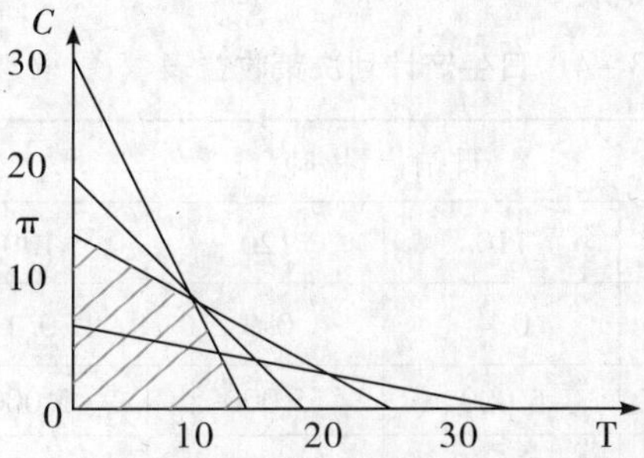

图 3-3 线性规划的图解法

（资料来源：周三多，等．管理学：原理与方法［M］．5 版．上海：复旦大学出版社，2010：224-225.）

2. 风险型决策

风险型决策也叫概率型决策或随机型决策。它需要具备下列条件：

（1）有一个明确的决策目标，如最大利润、最低成本、最短的投资回收期等。

（2）存在着决策者可以选择的两个以上的可行方案。

（3）存在着决策者无法控制的两个以上的客观自然状态，如市场销售情况好、不好或中等。

（4）不同方案在不同自然状态下的损益值可以计算出来。

（5）各种自然状态发生的概率可以预测。

风险型决策主要用于远期目标的战略决策或随机因素较多的非程序化决策，如技术改造、新产品研制和投资决策等方面。风险型决策的方法有很多，此处介绍决策收益表法和决策树法。

（1）决策收益表法。

决策收益表就是一张数表，主要包括决策方案、各方案所面临的自然状态、自然状态出现的概率和各方案在各种自然状态下的收益值。决策标准是收益期望值。

$$收益期望值=\sum（收益值\times状态概率）$$

【例 3-3】 某水产加工厂去年 6—8 月水产日销量统计资料如下：日销 100 吨有 18 天，110 吨有 36 天，120 吨有 27 天，130 吨有 9 天，如表 3-3 所示。预测今年 6—8 月需求量与去年相同。每销售一吨可获利 50 元，每剩余一吨要增加 30 元费用，该厂日生产计划应如何决策？

表 3-3　自然状态统计概率

自然状态	日数	概率
100 吨	18	0.2
110 吨	36	0.4
120 吨	27	0.3
130 吨	9	1.0
Σ	90	1.0

根据条件计算决策收益表，如表 3-4 所示。

表 3-4　日生产计划决策收益表

收益值 \ 自然状态 方案（日产量/吨）	日销售量/吨				期望利润/元
	100	110	120	130	
	0.2	0.4	0.3	0.1	
100	5 000	5 000	5 000	5 000	5 000
110	4 700	5 500	5 500	5 500	5 340
120	4 400	5 200	6 000	6 000	5 360
130	4 100	4 900	5 700	6 500	5 140

从计算结果看，日产 120 吨时，期望利润为 5 360 元，大于其他方案，应选日产 120 吨的方案。

收益值的计算方法，以日产 120 吨为例：

在日销量为 100 吨的情况下：收益值 = （100×50） – （20×30） =4 400（元）

在日销量为 110 吨的情况下：收益值 = （110×50） – （10×30） =5 200（元）

在日销量为 120 吨的情况下：收益值 =120×50 =6 000（元）

在日销量为 130 吨的情况下：收益值 =130×50 =6 500（元）

期望利润的计算方法，也以日产 120 吨为例：

期望利润 =（4 400×0.2）+（5 200×0.4）+（6 000×0.3）+（6 500×0.1）= 5 410(元)

（2）决策树法。

决策树法是以决策损益值为依据，通过计算比较各个方案的损益值，绘制树枝图形，再根据决策目标，利用修枝寻求最优方案的决策方法。该方法最大的优点是能够形象地显示出整个决策问题在不同时间和不同阶段的决策过程，逻辑思维清晰，层次分明，特别是对复杂的多级决策尤为适用。

①决策树的结构要素（如图 3 –4 所示）。

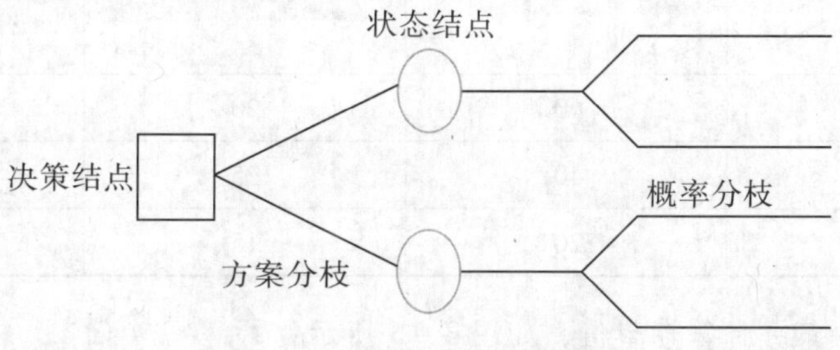

图 3 –4　决策树的结构要素

决策结点：通常用“□”表示。决策结点是要选择的点，从它引出的分枝叫方案分枝，有几条分枝就有几个方案。

状态结点：通常用“○”表示。状态结点表示一个方案可能获得的损益值，从它引出的分枝叫概率分枝，每一条分枝代表一个自然状态。

②决策树的特点。决策树的基本原理也是以决策收益为依据，通过计算作出择优决策。不同的是，决策树是一种图解方式，对分析较为复杂的问题非常适用，其优点是：可以明确比较各可行方案的优劣；对与某一方案有关的事件一目了然；可以表明每一方案实现的概率；对每一方案的执行结果能算出预期的盈亏；适合多级决策。

③决策树的结构。构成决策树的要素有 4 个：决策结点、方案分枝、状态结点、概率分枝。决策树是以决策结点为出发点，引出若干方案分枝，每条方案分枝代表一个方案，方案分枝的末端有一个状态结点，从状态结点引出若干概率分枝，每条概率分枝代表一种自然状态，概率分枝上标明每种自然状态的概率和收益值。这样层层展开，形如树状，故称决策树。

④决策树的绘制步骤，包括以下 3 个方面：

绘制树形图。绘图程序自左向右逐级展开。绘制决策树的前提是对决策条件进行细致分析，确定有哪些方案可供决策时选用，以及各种方案的实施会发生哪几种自然状态。如遇多级决策，则可确定是几级决策，并逐级展开其方案分枝、状态结点和概率分枝。

计算期望值。期望值的计算要自右向左逐级计算出同一方案在不同自然状态下的损益值，进而计算出方案期望值，并标在状态结点上。

剪枝决策。逐个比较不同方案期望值的大小，然后修枝，并剪去（在舍去的方案分枝上画上"//"符号）期望值较小的方案分枝，如果是期望损失值，则剪去较大的方案分枝。

【例3-4】某工厂准备生产一种新产品，对未来五年销售情况进行预测：出现高需求的概率为0.3，中需求的概率为0.5，低需求的概率为0.2。企业有两个方案可供选择：新建一个车间，需要投资110万元；扩建改造一个车间，需要投资50万元。对各种自然状态下年度销售利润的预测如表3-5所示，该企业应选择哪个方案比较合适？

表3-5　各方案预测收益表

单位：元

方案＼收益值＼自然状态	高需求	中需求	低需求
新建	60	20	-25
扩建	40	25	0
改建	20	15	10

按步骤绘制决策并计算期望值，如图3-5所示：

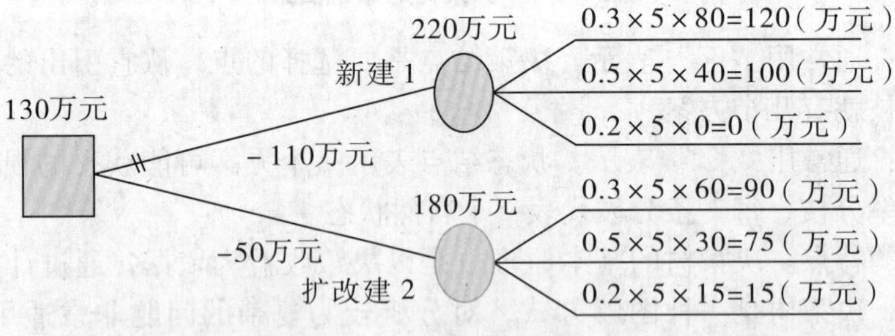

图3-5　单级决策树

比较两个方案5年中的净效益：新建方案为110万元，扩改建方案为130万元。因此，扩改建方案是较优方案，应将新建方案枝剪去。

【例3-5】某企业准备生产某种产品，预计该产品的销售有两种可能：销路好，其概率为0.7；销路差，其概率为0.3。可采用的方案有两个：一个是新建一条流水线，需投资220万元；另一个是对原有的设备进行技术改造，需投资70万元。两个方案的使用期均为10年，损益资料如表3-6所示，试对方案进行决策。

表 3－6　损益资料

方案	投资/万元	年收益/万元		使用期/年
		销路好（0.7）	销路差（0.3）	
1. 新建流水线路	220	90	－30	10
2. 技术改造	70	50	10	10

绘制决策树，如图 3－6 所示。

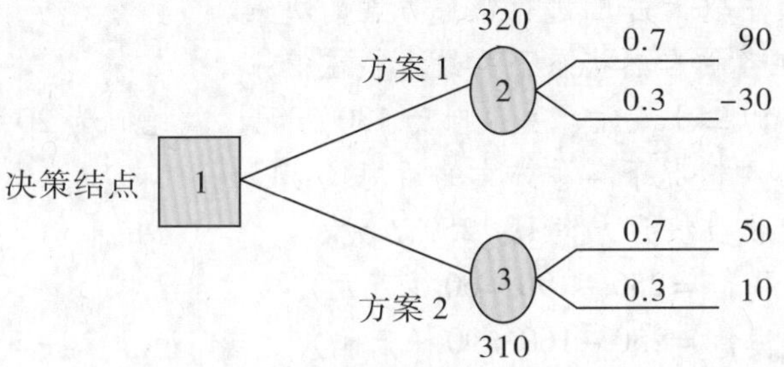

图 3－6　决策树

然后计算期望值。

结点②的期望值为：［90 ×0.7 +（－30）×0.3］×10－220 =320（万元）

结点③的期望值为：［50 ×0.7 +10 ×0.3］×10－70 =310（万元）

从期望收益值来看，方案 1 较高。因此，应采用方案 1。

3. 非确定型决策

非确定型决策的条件与风险型决策基本相同，只是无法测算各种状态出现的概率。这时的决策主要取决于决策者的经验、智力和思维判断。由于决策者面临哪一种自然状态是完全不确定的，因而决策的结果也是完全不确定的，所以称为非确定型决策。

非确定型决策的方法有乐观准则、悲观准则、乐观系数准则、机会均等准则、后悔准则。

（1）乐观准则（也叫大中取大原则）。这是决策者对客观情况抱乐观态度。它是先找出各种行动方案在各种自然状态下的最大收益值，并选取最大收益中的最大值所对应的行动方案作为决策方案。这种方法的特点是：决策者对决策事件未来前景的估计乐观并有成功的把握，因此愿意以承担风险的代价去获得最大收益。

【例 3－6】某公司为了进一步扩大其 X 产品的销售，根据当前和未来市场情况，结合公司实际，拟定了 A、B、C、D 等 4 种不同的销售方案。公司预计未来销售市场有良好、一般和较差三种可能。销售人员经过分析，对 4 个销售方案在不同的市场预期下可能的损益进行了估算，有关数据如表 3－7 所示（金额单位：万元）。

表 3－7 损益资料

销售方案	良好	一般	较差
A 方案	190	110	20
B 方案	160	130	－80
C 方案	120	80	－30
D 方案	250	100	－50

要求：利用“大中取大法”进行销售方案的决策。

解：(1) 列出在各种自然状态下的最大收益值：

市场良好时为 250 万元，一般时为 130 万元，较差时为 20 万元。

(2) 计算各种情况下各种方案的后悔值：

良好时最大收益值为方案 D：250 万元

A 方案的后悔值＝250－190＝60（万元）

B 方案的后悔值＝250－160＝90（万元）

C 方案的后悔值＝250－120＝130（万元）

D 方案的后悔值＝250－250＝0（万元）

一般时最大收益值为方案 B：130 万元

A 方案的后悔值＝130－110＝20（万元）

B 方案的后悔值＝130－130＝0（万元）

C 方案的后悔值＝130－80＝50（万元）

D 方案的后悔值＝130－100＝30（万元）

较差时最大收益值为方案 A：20 万元

A 方案的后悔值＝20－20＝0（万元）

B 方案的后悔值＝20－（－80）＝100（万元）

C 方案的后悔值＝20－（－30）＝50（万元）

D 方案的后悔值＝20－（－50）＝70（万元）

为了方便决策，将上述结果列表如表 3－8 所示（金额单位：万元）：

表 3－8

方案	自然状态下的后悔值			各方案中的最大后悔值
	良好	一般	较差	
A 方案	60	20	0	60
B 方案	90	0	100	100
C 方案	130	50	50	130
D 方案	0	30	70	70

(2) 悲观准则（小中取大）。这种决策方案与乐观准则正相反，它要先算出各种许

多方案在各种自然状态下可能有的收益值，再找出各种自然状态下的最小收益值，把最小收益值中的最大值对应的方案作为决策方案。采用这种方法是非常保守的，决策者唯恐决策失误造成较大的经济损失。因此在进行决策分析时，比较小心谨慎，从最不利的客观条件出发来考虑问题，力求损失最小。

【例3－7】 仍采用上述案例，要求：利用“小中取大法”进行销售方案的决策。

解：列出在各方案的最小收益值：

A 方案的最小收益值为 20 万元，B 方案的最小收益值为－80 万元，

C 方案的最小收益值为－30 万元，D 方案的最小收益值为－50 万元。

由于 4 个方案中 A 方案的最小收益值最大，所以应选择 A 方案。

（3）后悔值准则。这是因为决策的失误造成机会损失而后悔。我们的目的是使后悔值减少到最低程度，故以各个方案机会损失大小来判定方案的优劣。决策过程是在计算出各个方案在各种自然状态下的后悔值以后，从中选择每个方案的最大后悔值，然后从最大后悔值中选取最小者为决策方案。

第二节　企业经营计划

一、计划的概念与作用

（一）计划的概念

计划是指用文字和指标等形式所表述的，组织以及组织内不同部门和不同成员在未来一定时期内关于行动方向、内容和方式安排的管理文件。计划既是决策所确定的组织在未来一定时期内，行动目标和方式在时间和空间上的进一步展开，又是组织、领导、控制和创新等管理活动的基础。从动词意义上说，计划是指为了实现决策所确定的目标，预先进行的行动安排。这项行动安排工作包括：在时间和空间两个维度上进一步分解任务和目标、选择任务和目标实现方式、规定进度、检查与控制行动结果等。

计划内容包括以下 6 个方面：明确做什么（What），明确为什么做（Why），明确由谁做（Who），明确在何地做（Where），明确何时做（When），明确用什么方式、手段做（How）。这 6 个方面简称“5W1H”。

（二）计划的作用

1. 计划是管理活动的依据

计划为管理工作提供了基础，是管理活动的依据。计划使得管理者的各项管理工作更加有效，使得管理工作的监督、检查和纠正工作有了明确的依据。

2. 计划是合理配置资源的手段

计划是将组织资源在时间和空间上进行分解，通过规定组织中不同部门在不同时间应从事何种活动，明确所需资源的时间、数量、种类等，从而为组织配置资源提供依据。

3. **计划是降低风险、掌握主动权的依据**

组织面临的未来是不断变化的，一个组织如果对未来的变化没有明确的预计，必然会导致组织行为的失败。而计划作为一种未来行动的筹划，对未来的情况进行预测，并针对各种变化因素制定应对措施，以最合理的方案安排组织的各项活动，从而降低组织未来的风险。

4. **计划是实施控制的依据**

由于各种主观因素的变化，组织在决策实施中，可能会产生与目标要求不太相符的情况，从而出现偏差。这种偏差如不及时找出原因，采取措施，就会导致组织活动的失败，甚至会危及组织的生存。因此，必须对组织活动进行控制。

二、计划与决策

计划与决策是何种关系？两者中谁的内容更为广泛，或者说哪一个概念是被另一个所包容的？管理理论研究中对这个问题有着不同的认识，目前主要有以下 3 种不同的观点：

（1）计划作为管理的首要职能，是一个广泛的概念。计划包括分析环境、确定目标、评价方案、选定方案等内容，决策只是这一过程中的一个环节。

（2）管理就是决策，决策是管理的核心，贯穿于整个管理过程。因此，决策不仅包含了计划，而且包含整个管理。管理中有关确定目标、制订计划、选择方案等属于计划决策；有关机构设置人员配置等属于组织决策；有关计划执行的检查、检查手段的选择等属于控制决策。

（3）计划与决策是两个既相互联系又有区别的概念。两者的相互联系主要体现在两个方面：第一，决策是计划的前提，计划是决策的延续。决策为计划的任务安排提供了依据，计划为决策目标的实施提供了保障。第二，计划与决策是相互渗透，甚至是无法分割的。因为在决策的制定过程中，实际上已孕育着决策的实施计划，而计划的编制过程，实际上是决策的组织落实过程，也就是对决策进行更为详细的检查修订的过程。同时，两者又有区别。决策是关于组织活动方向、活动内容和活动方式的选择或调整。任何一个组织，都因一定的社会需要而存在。因此，在从事这项活动之前，必然要对活动方向、内容和活动方式进行选择。可见决策是管理的核心职能。而计划是对组织内部一定时期内不同成员行动任务的具体安排，是在决策的基础上进行的工作。

本章采用第三种观点，认为计划与决策是两个既相互联系又相互区别的概念。

课堂讨论

你能简单说明计划与决策在管理中的地位和作用吗？

三、计划的层次及分类

（一）计划的层次体系

一个计划包含组织将来行动的目标和方式。计划与未来有关，是面向未来的，而不是过去的总结，也不是现状的描述。计划与行动有关，是面向行动的，而不是空泛的议论，也不是学术的见解。面向未来和面向行动是计划的两大显著特征。认识了这一点，我们就能够理解计划是多种多样的。计划可以分为从抽象到具体的层次体系（如图3－7所示）。

1. 目的或使命

目的或使命指明一定的组织机构在社会上应起的作用、所处的地位，决定组织的性质，决定该组织区别于其他组织的标志。如大学的使命是教书育人和科学研究；研究院所的使命是科学研究；医院的使命是治病救人。

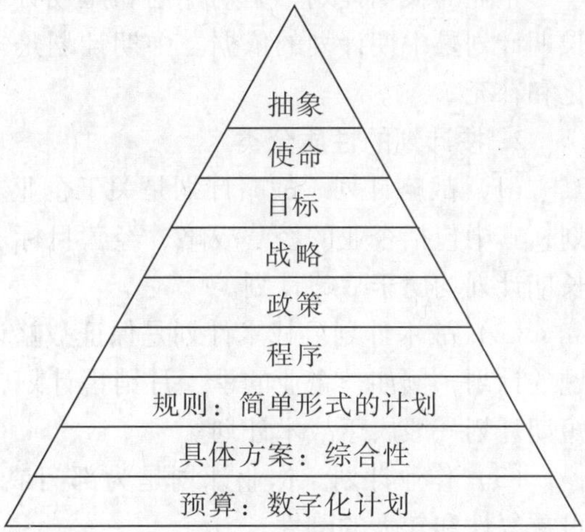

图3－7 计划的层次体系

2. 目标

组织的使命和目标往往太抽象、太原则化，它需要进一步具体分解为组织一定时期的目标和各部门的目标。

3. 战略

战略是为了达到组织的总体目标而采取的行动和利用资源的总体计划，其目的是通过一系列的主要目标和政策去决定和传达一个组织对自身的期望。

4. 政策

政策是指导或沟通决策思想的全面陈述或理解书。政策有助于事先决定问题处理方法，既减少了处理的成本，也把其他计划统一起来了。政策支持了分权，同时也支持上级主管对该项分权的控制。

5. 程序

程序是制订处理未来活动的一种必需方法的计划。

6. 规则

规则详细、明确地阐明必须行动或无需行动，其本质是一种管理决策。规则没有酌情处理的余地。

7. 方案

方案是一个综合性的计划，它包括目标、政策、程序、规则、任务分配、要采取的步骤、要使用的资源以及完成既定方针所需的其他因素。

8. 预算

预算是一份用数字表示预期结果的报表，其本身可能也是一项规则。

（二）计划的分类

计划可以依据不同的标准进行分类。值得指出的是，这些分类方法所划分出的计划类型很难孑然独立。

1. 按计划的期限分类

（1）长期计划。长期计划又称企业长远发展规划，一般指3年以上的计划。它是企业的战略计划，规定了企业的长期目标以及为实现目标所应采取的措施和步骤。

（2）中期计划。中期计划的年限一般为 1 ~3 年，它是企业近期的发展计划。

（3）短期计划。短期计划通常是指年度计划、季度计划或月度计划。它是企业的业务活动计划或作业计划，是组织日常生产经营活动的依据。

企业的长期计划、中期计划和短期计划相互衔接，反映了事物在时间上的连续性。长期计划是中期计划的依据。中期计划是短期计划的依据。短期计划是中期计划的具体化和补充。

2. 按计划的性质分类

（1）战略计划。战略计划是关于企业未来发展的规划，对企业发展起关键作用的计划，其中包括企业的经营战略、经营目标、产品开发战略及市场开拓等内容。企业的中长期计划均属于战略计划。

（2）战术计划。战术计划是保证战略计划实现的计划，也是解决局部问题或短期问题的计划，例如，企业的季、月销售计划，工程的施工计划及生产作业计划等。企业的短期计划一般属于战术计划。

（3）作业计划。作业计划是为部门或个人制订的具体行动计划，通常具有个体性、可重复性和较大的刚性。

3. 按计划的内容分类

（1）综合计划。综合计划是指对组织活动所作的整体安排，它是指导企业生产经营活动的纲领。

（2）专项计划。专项计划是指为完成某一特定任务而制订的计划，如销售计划、新产品开发计划、成本计划等。企业职能部门的相关计划多是专项计划。

综合计划与专项计划之间是整体与局部的关系。专项计划必须以综合计划为指导，避免与综合计划脱节。

四、企业经营计划的编制程序

计划是一个连续工作的过程，它包括计划的编制、执行和控制的全过程。

（一）经营计划的编制

1. 计划的编制要求

（1）明确企业目标和计划性质。如明确该计划是为了促进销售还是为了营造企业文化氛围。

（2）预测环境的变化。研究某段时间内，环境对某项销售计划的有利和不利的影响，保持企业对环境的适应性。

（3）制订计划方案及协调企业活动。应拟订实现该目标的各种可行性方案，并对各方案进行论证和综合评价，选择合理方案进行实施。在方案实施过程中，协调各部门各环节的活动，做到协调和平衡。

（4）合理分配资源，保证计划落实。根据目标要求和资源约束，按目标的重要程度和先后顺序，合理有效地分配资源和安排组织的现有资源，保证重点需要，发挥资源的最大效率，经济有效地实现组织的目标。

（5）强调制订计划的参与性。为了保证计划工作的科学性，需要集中广大员工的智慧，要动员和依靠组织内全体成员参与计划管理，保证计划的完成。

2. 计划的编制步骤

经营计划的编制步骤与经营决策步骤基本相同。由于经营计划的编制是在经营决策之后进行的，所以经营计划的编制步骤可以简化。编制经营计划的重点是进行各项计划和任务之间的综合平衡。编制经营计划的一般步骤如下：

（1）调查研究。调查研究是编制计划的前提条件。通过调查研究，了解企业外部环境的状况及变化和企业的内部条件，寻找市场所提供的机会和存在的威胁，特别是要掌握计划的限制条件，如资源、环境、法规及地理位置等，对它们进行认真研究，将有助于提高所编制计划的可行性。

（2）确定具体目标。确定具体目标是编制计划的关键。没有目标或目标不明确，就没有决策。目标如果不恰当，决策就可能失误，必然影响到计划的质量。因此，编制经营计划应全面考虑各个目标、各种条件之间的相互影响，要考虑它受各有关条件的限制情况，处理好当前与长远的关系。

（3）拟订方案，比较选择。为实现同一目标，可以有多种可行性计划方案。一般来说，每个方案的优势都是相对的，也都有它的局限性和不足，对各种条件的利用或限制来说，也都各有侧重。要通过反复比较，逐步淘汰，将最接近目标而又最适应关键的限制性条件、利多弊少的计划方案选择出来。

（4）综合平衡，确定正式计划草案。这是计划编制工作的最后步骤，其重点在于综合平衡具体落实。首先，侧重企业的外部环境与目标之间的相互平衡。其次，进行综合平衡，即侧重于目标与企业内部条件的平衡，主要包括产、供、销三方面的平衡，生产与组织之间的平衡，资金需要与资金筹措之间的平衡以及各生产环节生产能力的平衡等。

（二）经营计划的执行

经营计划的贯彻与执行，主要是以方针落实及目标管理的方式进行的。方针落实是指按照经营目标和经营方针的要求，对一切与执行有关的部门和单位提出进一步的具体要求，使之形成一个系统，确保方针和目标的实现。

目标管理是指企业管理者和广大职工都来参加经营目标的制定，在实施过程中，通过分解目标，落实措施，并达到自我控制的一种管理方法。企业最高管理层将企业的目的和任务转化成为目标，然后进行目标分解，经过上下民主协商，定出下层及个人的分目标。总目标指导分目标，分目标保证总目标。最终企业上下、每个部门、每个人都有各自的目标，形成一个目标体系。

（三）经营计划的控制

经营计划的控制是指企业在动态变化的环境中，为了确保实现既定的目标而进行的检查、监督和纠正偏差等管理活动。控制是实现当前阶段企业目标和计划的有力保证，也是企业修正发展目标和制订下一轮计划的前提和基础。

1. 事先控制

事先控制又称预先控制，它是指通过观察和收集信息，掌握规律，预测趋势，提前采取措施，将可能发生的问题（事故、偏差）消除在萌芽状态，这是一种“防患于未然”的控制，是控制的最高境界。

2. 事中控制

事中控制又称现场控制或即时控制，是指在某项活动或者生产经营过程中，管理者采用纠正措施，以保证目标或计划的顺利实现。它主要通过管理人员深入现场进行有效的控制。

3. 事后控制

事后控制主要是分析工作的执行结果，与控制标准相比较，发现差异并找出原因，拟定纠正措施以防止问题继续发生。例如，财务分析报告、产品销售状况分析报告及销售人员业绩评定报告等。

案例分析

扁鹊的医术

魏文王问名医扁鹊：“你家兄弟三人，都精于医术，到底哪一位最好呢？”

扁鹊回答说：“长兄最好，中兄次之，我最差。”

文王再问：“为什么你最出名呢？”

扁鹊答说：“长兄治病，是治病于病情发作之前。由于一般人不知道他事先能铲除病因，所以他的名气无法传出去，只有我们家人才知道。我中兄治病，是治病于病情初起之时。一般人以为他只能治轻微的小病，所以他的名气只及于本乡里。而我扁鹊治病，是治病于病情严重之时。一般人都看到我在经脉上穿针管来放血、在皮肤上敷药等大手术，所以以为我的医术高明，名气因此响遍全国。”

文王说：“说得好极了。”

分析：事后控制不如事中控制，事中控制不如事前控制。如果经营者体会不到这一点，等到错误的决策造成了重大的损失才寻求弥补，就为时已晚了。

第三节　企业组织

一、组织的概念

组织是为了达到某种特定的目标，由分工与合作及不同层次的权力和责任制度而构成的人的集合。具体理解如下：①组织必须有一定的目标；②组织必须有分工与合作；③组织要有不同层次的权力和责任制度。

一个完整的组织应具有以下要素：

（1）共同目标。有了共同的目标，才能统一指挥、统一意志、统一行动。这种共同目标应该既为宏观所要求，又能被各个成员所接受。应尽量消除组织中成员的个人目标和组织目标之间的背离。

（2）人员与职责。为了实现共同目标，就必须建立组织机构，并对机构中全体人员指定职位、明确职责。

（3）协调关系。协调关系就是把组织成员中愿意合作、为共同目标做出贡献的意志进行统一。否则，共同目标再好也无法实现。

（4）交流信息。交流信息就是将组织的共同目标和各成员的协作意愿联系起来，它是进行协调关系的必要途径。

二、组织协调

组织协调是指解决组织的各种矛盾，使组织平衡、有效地运行和稳定发展的工作过程。组织的不平衡现象及其矛盾的产生是必然的。只有解决这些矛盾，实现平衡与协调，组织才能有效运行，才能实现组织的功能。所以，组织协调是保证组织运行、发挥组织功能的关键环节。

造成组织不平衡的因素极其复杂，但大致可以分为组织结构的横向协调和纵向协调两大类。

（一）纵向协调

纵向协调是指对组织内不同管理层次之间的职权、职能所进行的协调。由于纵向协调是在上下级之间进行的，可以借助权威进行，协调较为容易。纵向协调的要领是：维护统一指挥、保证权责一致、保证职权的稳定性和确定性、保证参谋机构的参与性。

（二）横向协调

横向协调是指组织结构中相同管理层次，不同业务部门之间的职权、职能所进行的协调。

影响组织横向协调的因素主要有：①组织结构因素，即组织结构不完善，机构设置、职权关系等存在缺陷，妨碍了正常的横向关系；②组织运行因素，即组织的动态工作过程有缺陷，如工作流程不科学、管理标准不合理等；③人际关系不和谐，如互相存在成见和误解等。

针对以上影响横向协调的三类因素，加强横向协调的方式有三种：

一是制度方式。即通过改变、完善组织运行的规则与形式，实现各种管理的科学化与合理化，包括管理工作标准化制度、例会制度、工序服从制度、跨部门直接沟通、联合办公和现场调度。

二是结构性方式。即在组织结构的设置出现缺陷时采取的协调办法，主要有设置联络员、组织临时性的任务小组或委员会、建立永久性的任务小组或委员会、设立专职协调部门、建立职能部门。

三是人际关系方式。即针对人际关系存在的问题和矛盾导致的协调问题而采取的办法，主要有合署办公制、职工联谊组织、建立基层管理运营组织、建立走访制。

三、组织变革

组织变革是指运用行为科学和相关管理方法，对组织的权力结构、组织规模、沟通渠道、角色设定、组织与其他组织之间的关系，以及组织成员的观念、态度和行为，成员之间的合作精神等进行有目的、系统的调整和革新，以适应组织所处的内外环境、技术特征和组织任务等方面的变化，提高组织效能。

（一）组织结构变革的原因

1. 企业经营环境的变化

例如国民经济增长速度的变化、产业结构的调整、政府经济政策的调整、科学技术的发展引起产品和工艺的变革等。企业组织结构是实现企业战略目标的手段，企业外部环境的变化要求企业组织结构必须做出适应性的调整。

2. 企业内部条件的变化

企业内部条件的变化主要包括：①技术条件的变化，如企业实行技术改造，引进新设备要求技术服务部门的加强以及技术、生产、营销等部门的调整；②人员条件的变化，如人员结构和人员素质的提高等；③管理条件的变化，如实行计算机辅助管理，实行优化组合等。

3. 企业本身成长的要求

企业处于不同的生命周期时对组织结构的要求也各不相同，如小企业成长为中型或大型企业，单一品种企业成长为多品种企业，单厂企业成长为企业集团等。

（二）组织结构变革的方式

组织结构的变革，从变革的时间和方式来说，有三种基本方式。

1. 改良式的变革

改良式的变革方式一般属于修修补补、小改小革。例如，为了协调某几个职能部门的关系，新成立一个委员会。这是企业中经常采用的一种方式。它的优点是能够根据企业当前的实际需要，局部地进行变革，阻力较小。其缺点主要是缺乏总体规划，头痛医头，脚痛医脚，带有权宜性措施的性质。

2. 爆破式的变革

爆破式的变革方式是指公司组织结构重大的乃至根本性的变革，而且宣布改革在较短时间期限内完成。这是一种特殊的方式。例如，两家公司合并，上层领导机构重新改组等。这种爆破式的变革方式的使用必须十分慎重。这不仅是因为仓促改革常常会考虑不周，而且会使许多员工丧失安全感，造成士气低落，影响生产和经营，甚至引起员工对变革的强烈反对。

3. 计划式变革

计划式的变革方式就是通过对企业组织结构的系统研究，制定较理想的改革方案，然后结合各个时间的工作重点，有计划、有步骤地加以实施。这种方式的特点是：有战略目光，适合组织长期发展要求；组织结构的变革可以同人员培训、管理方法改进同步进行；职工有较长时间的准备，阻力较小。因此，这种方式是比较理想的方式。企业要进行较大规模的组织变革，应当尽量采用这种方式，而避免采用爆破式。

（三）组织结构的变化趋势

当前，组织面临的环境日益动态化和复杂化，传统的层级制组织已经无法适应环境要求，这就使得组织的管理者必须依据灵活性、创造性的原则来重新构建和安排组织结构。具体地说主要呈现出下列发展趋势：

1. **团队结构组织**

团队结构是指整个组织由执行各项任务的工作小组或团队组成，不存在从高层到基层的管理职权链。通过对员工进行充分授权，使员工团队可以自由地以其认为最好的方式安排工作，并对工作结果负责。同时，在一些大型组织中，为了既保持总体的稳定性，又获得一定的灵活性，还可以根据组织任务的需要，将团队结构与原有的职能制或事业部制组织结构相结合。例如，摩托罗拉公司设立了自我管理团队，惠普公司则采用了跨职能团队。

2. **无边界组织**

美国通用汽车公司前任董事会主席杰克·韦尔奇首先使用了“无边界组织”这一术语。无边界组织是相对于有边界组织而言的。有边界组织要保留边界，完全是为了保证组织的稳定与秩序。但无边界组织也需要稳定和呈现度，所以它绝不是要完全否定企业组织必有的控制手段，包括工作分析、岗位定级、职责权力等的设定，只是不能把它们僵死化。所谓无边界组织是指边界不由某种预先设定的结构所限定或定义的组织结构。边界通常有横向、纵向和外部边界三种。横向边界是由工作专门化和部门化形成的；纵向边界是由组织层级所产生的；外部边界是组织与其顾客、供应商等之间形成的隔墙。在今天动态的外部环境下，组织为了更有效地运营，必须保持灵活性和非结构化。为此，无边界组织力图取消指挥链，保持合适的管理幅度，以授权的团队取代部门。

3. **网络型组织**

网络型组织结构是利用现代信息技术手段发展起来的一种新型的组织机构。它是目前正在流行的一种新形式的组织设计。它能使管理当局对于新技术、时尚，或者来自海外的低成本竞争具有更大的适应性和应变能力。网络结构是一种很小的中心组织，依靠其他组织以合同为基础进行制造、分销、营销或其他关键业务的经营活动的结构。在网络型组织结构中，组织的大部分职能从组织外“购买”，这给管理当局提供了高度的灵活性，并使组织集中精力做它们最擅长的事。网络型组织结构极大地促进了企业经济效益实现质的飞跃：一是降低管理成本，提高管理效益；二是实现了全世界范围内供应链与销售环节的整合；三是简化了机构和管理层次，实现了企业充分授权式的管理。但网络型组织并不是对所有的企业都适用的，它比较适用于玩具和服装制造企业。这类企业需要相当大的灵活性以对时常发生的变化做出迅速反应。网络型组织也适用于需要低廉劳动力从事制造活动的企业。

4. **学习型组织**

美国学者彼得·圣吉在《第五项修炼》一书中提出的管理观念是企业应建立学习型组织，其含义为：面临剧烈变化的外在环境，组织应力求精简、扁平化、弹性因应、终生学习、不断自我组织再造，以维持竞争力。知识管理是建设学习型组织最重要的手段之一。学习型组织不存在单一的模型，它是关于组织的概念和雇员作用的一种态度或理念，是用一种新的思维方式对组织的思考。在学习型组织中，每个人都要参与识别和解决问题，使组织能够不断地进行尝试、改善和提高它的能力。学习型组织的基本价值在于解决问题，与之相对的传统组织设计的着眼点是效率。在学习型组织内，雇员参加问题的识别，这意味着要懂得顾客的需要。雇员还要解决问题，这意味着要以一种独特的方式将一切综合起来考虑，以满足顾客的需要。组织因此通过确定新的需要并满足这些需要来提高其价值。它常常是通过新的观念和信息而不是物质的产品来实现价值的提高。

学习型组织应包括以下要素：

（1）建立共同愿景。愿景可以凝聚公司上下的意志力，通过组织共识使大家努力的方向一致，个人也乐于奉献，为组织目标奋斗。

（2）团队学习。团队智慧应大于个人智慧的平均值，以做出正确的组织决策，通过集体思考和分析，找出个人弱点，强化团队向心力。

（3）改变心智模式。组织的障碍大多来自于个人的旧思维，如固执己见、本位主义，唯有透过团队学习，以及标杆学习，才能改变心智模式，有所创新。

（4）自我超越。个人有意愿投入工作、专精工作技巧的专业，个人与愿景之间有种“创造性的张力”，正是自我超越的来源。

（5）系统思考。通过资讯搜集，掌握事件的全貌，以避免只见树不见森林，培养综观全局的思考能力，看清楚问题的本质，有助于清楚了解因果关系。

学习是心灵在正向转换，企业如果能够顺利导入学习型组织，不只能够达至更高的组织绩效，更能够激发组织的生命力。

综合练习与实践

一、复习思考题

1. 什么是决策？决策理论学派代表人物西蒙认为“管理就是决策”，你是如何理解的？

2. 经营决策的特性和原则是什么？

3. 确定型决策、风险型决策和不确定型决策的方法有哪些？

4. 如何看待定性决策方法与定量决策方法在生产管理中的作用？

5. 什么是计划？简述企业计划的分类。

6. 简述怎样进行组织的横向协调。

二、案例分析

由马来西亚国营重工业公司和日本三菱汽车公司合资2.8亿美元生产的新款汽车“沙格型”面世。马来西亚政府视之为马来西亚工业的“光荣产品”，产品在推出后，销售量很快跌至低谷。请你从计划原理的角度分析其失败的原因。

三、实践训练

某厂为生产某种产品列出了两个方案。方案一是建大厂，需要投资300万元，建成后如果产品销路好，每年可获利100万元，如果销路差，每年亏损20万元；方案二是建小厂，需投资180万元，小厂建成后如果产品销路好，每年可获利40万元，如果销路差，每年亏损30万元，若产品销路好再扩建。扩建需要投资100万元，扩建后如果产品销路好，则每年获利可增至95万元。方案的使用期限为10年。根据市场预测，产品销路好的概率为0.7，销路差的概率为0.3。试用决策树进行决策。

第四章
现代企业营销管理

学习目标

通过本章的学习，能够正确了解市场营销观念的演变、市场营销管理的过程，掌握市场细分、市场定位、产品策略、价格策略、渠道策略、促销策略，明确市场营销管理在企业生存和发展中的重要作用；能够树立现代市场营销观念，运用市场营销管理的基本原理和基本策略来管理企业，初步具备市场营销管理的素质与能力。

引导案例

朵唯女性手机营销

随着智能手机行业的竞争越来越激烈，为了挖掘更广阔的市场，近年来部分厂商将目光转向了细分领域。一方面，这些细分领域的发展空间还很大，市场前景不容小觑；另一方面，专注于做细分市场可以有效弱化商业竞争，迅速建立自己的优势地位。以女性手机为例，实际上，包括朵唯、小米、酷派等厂商已经在积极布局这一细分行业，小米推出“女神手机”，酷派成立IVVI品牌主推时尚手机，IUNI 2015年年初甚至直接提出做女性手机。但做得最成功的就是朵唯手机。其成功背后有以下几点因素：

1. 打造过硬的产品品质

首先是产品品质，这是手机厂商做大做强的关键。朵唯公司从一开始就非常重视产品品质，成立之初就与夏普公司、高通公司、三星公司、索尼公司等一线国际厂商建立合作，电子元器件只使用国际前三名供应商的产品。为达到最好的拍照效果，朵唯公司2009年就与全球知名的专业影像和多媒体软件技术公司美国虹软进行合作，成为全国首家与虹软公司合作的手机厂商。

2. 树立差异化的产品理念

在产品品质得到保证之后，朵唯开始谋求差异化的竞争路线，在外形设计方面，朵唯紧跟时尚潮流，选取当年流行元素来打造产品，使产品气质独树一帜。

同时，朵唯基于女性用户的习惯及需求打造了 super UI 手机操作系统，并开发了如爱的蜜次方、贴心闹钟、生理日历、美容闹钟、电子画报等一系列系统级应用。

2010 年起，朵唯和全球顶尖水晶品牌施华洛世奇建立战略合作，推出了一系列带有宝石元素的女性手机。2013 年起朵唯提出了“第六代自拍神器”概念，结合“魔镜 cam”，将“美颜自拍”定义为核心竞争力之一，并与索尼公司、虹软公司建立战略合作，推出一系列自拍效果领先的手机，引领行业潮流。

此外，2014 年，朵唯还和土豆网建立战略合作，推出全球首款影像手机——逆客影像手机。该手机具备可翻转摄像头和视频美颜功能，深得女性用户的青睐。2015 年 8 月，朵唯再次携手施华洛世奇打造了一款轻奢女性时尚智能腕表——MISD 时尚智能腕表。

3. 品牌营销守正出奇

对女性手机这一迅速崛起的市场来说，品牌营销是非常关键的问题，因为只有快速建立品牌知名度，才能在最短的时间内扩大市场优势。而朵唯在品牌的打造方面可谓出奇、任性，具体来说就是“敢尝新、敢创新、敢投入”。

朵唯在 2009 年品牌刚成立时便邀请到国际级影星舒淇为其代言，这对于大多数创业型公司来说是不可想像的。随即，朵唯便步入品牌营销的暴走模式，比如与湖南卫视合作进行节目冠名赞助、短信互动赞助、植入代言人舒淇主演电视《非诚勿扰 2》、与国际水晶巨头施华洛世奇的“跨界”合作；此外，还与时俱进地启动了专属于朵唯粉丝的“525 自拍节”……一系列守正出奇的品牌营销创新，使朵唯手机从 2010 年起便成为最受女性用户欢迎的手机，且在细分领域的品牌影响力雄居第一。

基于上述优势，朵唯也树立了市场领导者的地位——经历六年沉淀，朵唯在女性手机市场获得了 85% 的品牌占有率，存量用户高达 1 000 万，且都为女性用户忠实用户。

营销管理是现代企业管理的重要内容之一。要做好营销工作，就必须对营销的各个环节和要素进行有效的管理。

第一节　市场营销概述

一、市场和市场营销的概念

（一）市场的概念

市场营销是现代企业的基本职能之一，研究市场营销，首先就要了解什么是市场。众所周知，市场是商品经济的产物，哪里有社会分工和商品生产，哪里就有市场。

市场是联系生产和消费的纽带。市场的概念不是一成不变的，而是随商品经济的发展而变化的。营销学大师菲利普·科特勒认为，市场是由一切具有特定欲望和需求并且愿意和能够以交换来满足这些需求的潜在顾客组成。市场的大小取决于这些潜在顾客的数量。

由此定义可知，市场包含三个主要因素：有特定欲望和需求的人、满足特定需求和欲望的购买能力和购买欲望。用公式来表示就是：

市场＝人口＋购买力＋购买欲望

市场的这三个因素是相互制约、缺一不可的，只有三者结合起来才能构成现实的市场，才能决定市场的规模和容量。

（二）市场营销的概念

市场营销的概念不是一成不变的，而是随着企业市场营销实践的发展而同步发展的。

“市场营销”是由“marketing”一词翻译过来的。市场营销是以满足顾客的各种欲望和需求为目的，通过创造和交换商品的价值，进而实现买卖双方的诉求的一系列经营活动。从这一定义可以看出，市场营销主要包括以下内容：

（1）市场营销是一种满足顾客需求和欲望的行为。要想做好市场营销，企业必须研究顾客的各种需求和欲望，这是企业开展营销工作的出发点。

（2）市场营销是一种创造和交换的行为。买卖双方通过自由交换，双方的需求均得到满足。

（3）市场营销活动是一项系统工程。

二、市场营销观念的演变

市场营销观念是企业的营销指导思想，是企业经营活动的一种导向，是经营活动的出发点。随着社会的发展，市场营销观念先后经历过生产观念、产品观念、推销观念、市场营销观念和社会营销观念五个阶段的演变。

（一）生产观念

生产观念是一种最古老的经营指导观念。它是以生产为中心的企业经营指导思想。这种观念认为：企业生产什么，就销售什么。企业的主要任务就是提高生产效率，生产出更多的产品。这是一种重生产、轻市场的观念。它是在生产力水平比较低下的情况下产生的。随着社会生产力的日益提高，这种观念必将使企业陷入困境。

（二）产品观念

产品观念是指企业以提高质量，增加功能、款式作为一切活动的中心，并以此扩大销售，获得利润的一种指导思想。这种观念认为，顾客喜欢高质量的产品，只要企业能提高产品的质量、增加产品的功能，顾客就会盈门，而不必讲究其他，如销售方式。这类企业常常在生产高价值的产品上下功夫，不断改进现有产品，努力使产品日臻完美。在产品观念指导下的企业，常常陷入对自己产品的深深迷恋中不能自拔。此时企业最容易导致“市场营销近视”，即不适当地把注意力放在产品上，而不是放在市场需要上，在市场营销管理中缺乏远见，只看到自己的产品质量好，看不到市场需求在变，致使企业经营陷入困境。

产品观念与生产观念略有不同，生产观念着重“价廉”，而产品观念着重“物美”。

（三）推销观念

推销观念指企业以强迫和引诱顾客购买作为一切活动的中心，以此开展营销的一种指导思想。推销观念认为，消费者通常表现出一种购买惰性或抗衡心理，如果任其自然，消费者一般不会足量购买某一企业的产品。因此，企业必须积极推销和大力促销，以刺激消费者大量购买本企业产品。推销观念是从卖方市场向买方市场过渡的过程中产生的。推销观念仍是以生产为中心的企业经营指导思想，重点考虑如何将既有产品卖给顾客，其目的是推销成功，而不在于顾客是否满意。

（四）市场营销观念

市场营销观念指企业以满足顾客需要为一切活动的中心的经营理念。这种观念重点考虑顾客需要什么，把发现和满足顾客需求作为企业经营活动的核心，即“顾客需要什么，就生产什么”。市场营销观念要求在营销活动中彻底贯彻“顾客至上”的原则，将营销重点放在发现顾客需要，并千方百计地去满足顾客的需要，使顾客满意，从而实现企业目标。这种观念的出现被誉为企业营销观念的大变革，是新旧市场观念的分水岭。

（五）社会营销观念

社会营销观念是对市场营销观念的修改和补充，是指企业以兼顾顾客利益、企业利益、社会利益三方利益的经营理念。它是市场营销观念的发展和延伸，是在特定的社会背景下社会对企业的新要求。这种观念认为企业提供产品不仅要符合顾客利益，还要兼顾社会长远利益。它强调企业利润、顾客需要、社会利益三方的和谐统一。

第二节　市场营销管理过程

市场营销管理的目的在于使企业的营销活动与复杂多变的市场营销环境相适应，从而保证企业的营销活动顺利进行。市场营销管理过程是根据企业的经营战略，识别、分析、选择和利用市场营销机会，运用管理的各种职能和手段实现企业任务和目标的过程。市场营销管理过程包括五个步骤（如图 4－1 所示）：①发现和评估市场机会；②选择目标市场及定位；③制定市场营销策略；④编制市场营销计划；⑤执行市场营销计划。

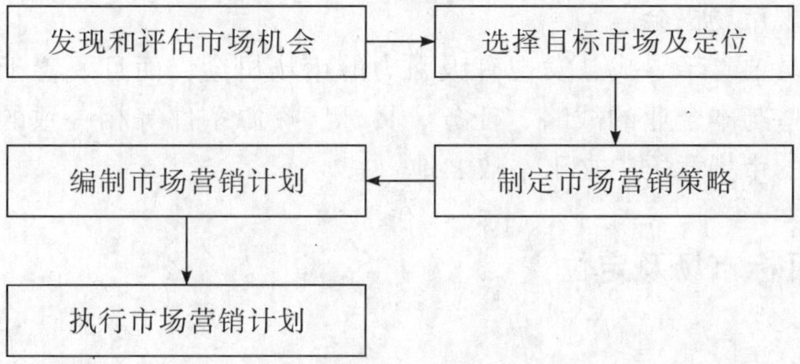

图 4－1　市场营销管理过程

一、发现和评估市场机会

市场是企业关注的中心，企业的生产经营活动最终要通过市场来实现。因此，企业必须不断地寻找、发现、评估市场机会。这是企业生存发展的必然要求。

市场机会就是指市场中所存在的尚未满足或未完全满足的需要。企业营销活动的首要任务就是要寻找和识别市场机会。市场上所有未被满足的需要都是市场机会，但并非所有的市场机会都能成为企业的营销机会。因此，企业市场营销人员不但要善于发现市场机会，还要善于分析、评估市场机会。营销人员可以采取以下方法寻找发现市场机会：

（一）分析营销环境，寻找市场机会

企业作为社会的一份子，其营销活动必然受到营销环境的影响和制约。营销环境主要是由宏观环境和微观环境构成的。宏观环境包括政治环境、经济环境、技术环境和社会文化环境。微观环境包括顾客、供应商、营销中介、社会公众和竞争对手。但这些环境条件是不断变化的，有些环境能给企业带来新的市场机会。企业必须重视对市场营销环境的分析和研究，并根据市场营销环境的变化，制定有效的市场营销战略，扬长避短，趋利避害，适应变化，抓住市场机会，从而实现自身的市场营销目标。

（二）通过市场细分寻找机会

市场细分就是企业根据顾客需求特性，把某一产品的整体市场划分为若干个顾客群的市场分类过程。这里的每一个顾客群就是一个细分市场，亦称子市场，每一个细分市场都是由具有类似需求倾向的顾客构成的群体。通过市场细分，企业可以有效地分析和了解各个顾客群的需求满足程度和市场上的竞争状况，努力发掘市场机会，并结合企业自身资源状况，制定合适的营销策略，从而实现自身的市场营销目标。

（三）利用专业咨询公司进行市场机会分析

如果企业的发展受到其他限制因素的影响，面对着变化无常、竞争激烈的市场，企业不知道该如何去寻找市场机会才能实现营销目标。在这种情况下，企业可以聘请专业的企业管理咨询公司进行市场机会分析。例如，美国的吉列公司（一家专营剃刀和化妆品的著名公司）就聘用咨询公司专业人员专门研究妇女地位的变化在今后几十年内会给家庭带来些什么影响。这些专业人员的任务就是提出各种问题，吉列公司从他们提出的问题中寻找和发现市场机会。

市场营销人员要善于寻找、发现有吸引力的市场机会，而且要善于评价各种市场机会，最终选择那些与本企业的战略、任务、目标、资源条件等相一致的机会，这样才可能使企业在激烈的市场竞争中立于不败之地。

二、选择目标市场及定位

（一）选择目标市场

经过分析与评估，选定了符合企业的市场机会后，就要对这一机会的市场容量和市

场结构做进一步的分析，以便缩小范围，选出本企业准备进入的目标市场。目标市场就是企业在市场细分基础上所确定的作为服务对象的顾客群。选择目标市场必须在市场细分的基础上，选择一个或几个子市场作为目标市场。选择目标市场有三种不同的策略：

1. 无差异性市场策略

无差异性市场策略是指企业将整个市场看做是一个大市场，不考虑各子市场的特性，而只重视子市场的共性，决定生产单一产品，运用单一的市场营销组合来满足大多数顾客的需求，并通过广泛的营销组合来树立产品的形象，以节约大量的营销费用（如图4－2 所示）。美国可口可乐公司早期的营销策略就是如此，把单一的瓶装、单一的口味、单一广告主题的可乐饮料销往全球。

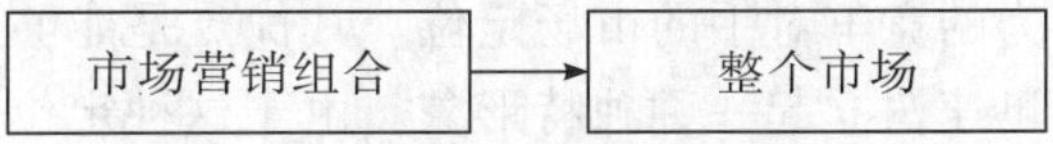

图 4－2　无差异性市场策略示意图

2. 差异性市场策略

差异性市场策略是指企业针对不同的细分市场，生产不同的产品，并采用不同的市场营销组合策略，分别满足不同顾客的需求（如图 4－3 所示）。这种策略的优点是能够进行多品种生产，能较好地满足各种需求，有利于扩大销售额，提高企业的市场地位。缺点是在增加产品种类的同时，还要求营销渠道和促销手段等也要进行多样化设计，这会增加企业的生产和营销费用。

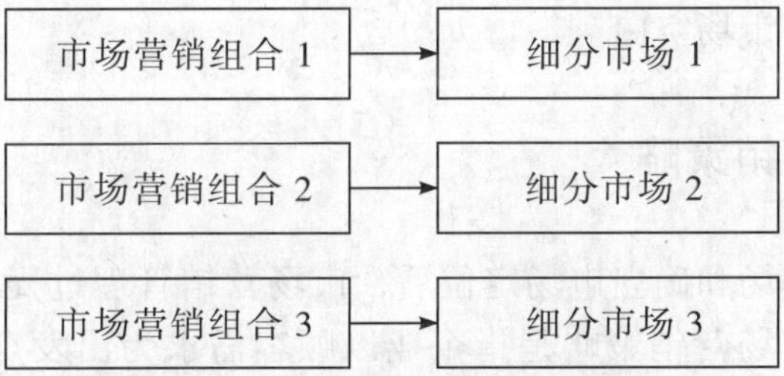

图 4－3　差异性市场策略示意图

3. 密集性市场策略

密集型市场策略是指企业在市场细分的基础上，选择一个或少数几个细分市场作为目标市场，实行专业化生产和销售，集中企业所有资源，力争在这个目标市场上占有较大的份额（如图 4－4 所示）。这种策略有助于企业扬长避短、集中力量在部分市场上取得优势地位，而且可以解决生产成本和营销费用的问题，提高企业的效益。缺点是由于产品过于集中，目标市场范围较为狭窄，风险较大，容易受到竞争对手的冲击。

（二）市场定位

确定目标市场后，就要进行市场定位。市场定位是指企业树立与众不同的形象和鲜明的个性品牌，以区别于竞争对手，以求在目标顾客心目中形成一种特殊的偏好。即给产品在顾客心目中定一个适当的位置。产品定位可采取的策略有：

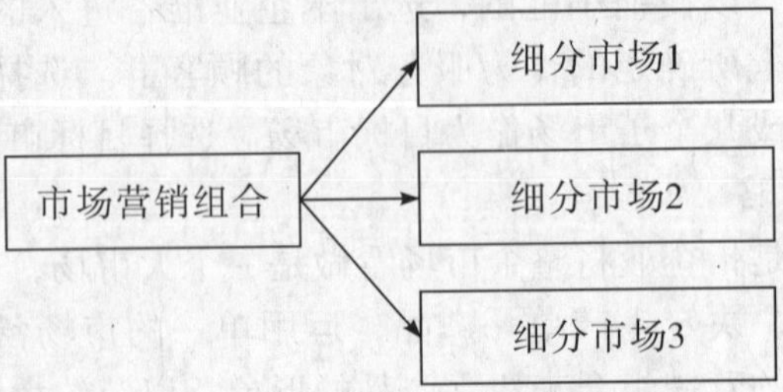

图 4-4　密集性市场策略示意图

1. 避强定位策略

这是一种避开强有力的竞争对手的市场定位。其优点是能够迅速地在市场上站稳脚跟，并能在顾客心目中迅速树立起一种独特形象。由于这种定位方式市场风险较少，成功率较高，常常为多数企业所采用。

2. 迎头定位策略

这是一种与在市场上占据统治地位的、最强的竞争对手"对着干"的定位方式。显然，这种定位具有较大风险性，但不少企业认为能够激励自己奋发上进，一旦成功就会取得巨大的市场优势。例如，可口可乐公司与百事可乐公司之间持续不断地争斗，肯德基与麦当劳相互竞争，等等。

3. 创新定位策略

创新定位是指寻找新的尚未被占领但有潜在市场需求的细分市场，通过研发某种特色的新产品或服务填补市场空白。

三、制定市场营销策略

企业在确定目标市场和确立市场定位后，市场营销管理过程就进入了第三阶段——制定市场营销策略。市场营销策略是指企业以顾客需求为出发点，根据企业内外信息，计划地组织各项营销活动，通过产品策略、价格策略、渠道策略和促销策略的高度整合，满足顾客需求而实现企业目标的过程。

（1）产品策略包括产品发展、产品计划、产品设计、交货期等决策的内容。其影响因素包括产品的特性、质量、外观、品牌、商标、包装、保证、服务等。

（2）价格策略包括确定定价目标、制定产品价格原则与技巧等内容。其影响因素包括付款方式、信用条件、基本价格、折扣、批发价、零售价等。

（3）渠道策略主要研究使商品顺利到达消费者手中的途径和方式等方面的策略。其影响因素包括分销渠道、区域分布、中间商类型、运输方式、存储条件等。

（4）促销策略是指主要研究如何促进顾客购买商品以实现扩大销售的策略。其影响因素包括广告、人员推销、营业推广、公共关系等。

市场营销组合策略对企业来说都是可控因素，即企业根据目标市场的需求自主决定产品的机构、产品的价格、选择营销渠道和促销方式。但这种自主权是相对的，要受到企业自身资源和目标的制约以及各种宏观和微观因素的影响。

四、编制市场营销计划

市场营销计划是企业整体策略在营销领域的细化，是企业经营计划的主要组成部分。营销计划一般包括以下几个部分：

（1）计划概要。营销计划的开头部分应该有一个关于本计划的主要目标和建议采取措施的概括说明。

（2）市场营销现状分析。提供关于市场、产品、竞争、分销渠道和宏观环境的背景资料及明确的分析。

（3）机会和问题分析。综合企业所面临的主要机会和威胁、优势和劣势，以及计划中必须涉及的主要问题。

（4）目标。确定计划在销售量、市场占有率和利润等领域所要完成的目标。

（5）市场营销策略。提供将用于完成计划目标的主要市场营销方法，可用文字或表格的方式列出。具体内容包括目标市场、产品定位、产品线、价格、营销渠道、营销人员、促销、服务、广告、研究与开发、营销费用等。

（6）行动方案。具体列出要做什么、谁来做、什么时间做、何时完成、费用是多少，以便于执行和检查。

（7）营销预算。编制出各项活动的预算，即列出一张带有实质性的预计损益表。一经批准，就成为行动方案的依据。

（8）控制。营销计划的最后部分，要说明如何对计划过程进行控制，通常做法是将计划规定的目标和预算按月分解，随时督促检查，并根据市场变化做相应修正。

五、执行市场营销计划

执行营销计划是整个营销管理过程的最后一步，也是最关键的一个环节。市场营销计划主要是用来指导企业的市场营销活动。因此，必须对营销计划进行执行和控制活动，确保企业营销目标的实现。在执行中，营销管理人员要认真检查计划中的销售额、市场占有率、利润等相关指标能否按计划完成，如果无法完成相关指标，就需要采取相关控制措施，以确保营销计划的实现。常见的营销控制措施包括年度计划控制、盈利能力控制、营销效率控制和营销审计。

第三节　现代企业市场营销组合策略

市场营销策略是指现代企业以顾客需求为出发点，积极开展各项经营活动，并通过相互协调一致的产品策略、价格策略、渠道策略和促销策略使顾客满意，从而实现企业目标的过程。通常称之为4P策略，即产品（product）、价格（price）、渠道（place）和促销（promotion）。

一、产品策略

（一）产品整体概念

现代营销观念认为，产品就是能够提供给市场，用于满足顾客需求和欲望的任何事物，包括有形的产品和无形的服务。现代产品的整体主要由五个层次构成（如图4－5所示）。

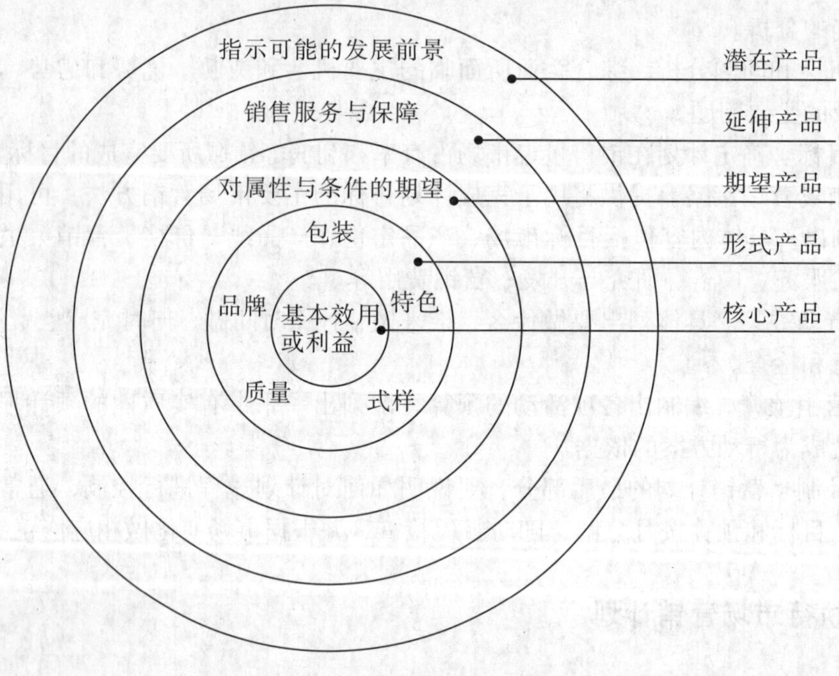

图4－5　产品整体概念示意图

1. 核心产品

核心产品又称为实质产品，是指产品能向顾客提供的基本利益和效用。这是产品最基本的层次，是满足顾客需要的核心内容，即顾客真正需要的基本效用或利益。

2. 形式产品

形式产品是指核心产品借以实现的载体，其包含五个要素：包装、品牌、质量、式样、特色。即实现产品功能或服务的基本形式。

3. 期望产品

期望产品是顾客在购买产品时通常期望或默认的一组属性和条件。

4. 延伸产品

延伸产品指顾客购买产品时所获得的全部附加利益与服务，包括安装、送货、保证、提供信贷、售后服务等。即提供超过顾客期望的服务和利益，以便把公司的产品与竞争对手的产品区别开来。

5. 潜在产品

潜在产品是指最终可能实现的全部附加部分和新转换部分，或者说是指与现有产品相关的未来可发展的潜在性产品。潜在产品指出了产品可能的演变趋势和前景，即该产品在将来最终可能会实现的全部附加部分和转换部分，或指产品未来的发展方向。

（二）产品组合的基本概念

产品组合涉及的基本概念包括产品线、产品项目和产品组合等。

1. 产品线

产品线是指在技术上和结构上密切相关，而又能满足同种需要的一组产品。

2. 产品项目

产品项目是指每一条产品线上所列出的每一种规格型号的产品。

3. 产品组合

产品组合是指一个企业提供给市场的全部产品线和产品项目的组合或结构，代表着企业的经营范围和结构。它包括四个变数：

（1）产品组合的长度。指产品组合中产品项目的总数。

（2）产品组合的宽度。指产品组合所拥有的产品线数目。

（3）产品组合的深度。指产品线上平均具有的产品项目数。

（4）产品组合的相关性。指各条产品线在最终用途、生产条件、营销渠道或其他方面密切相关的程度。

根据企业营销战略，为了使产品组合更为优化，可以根据情况采取以下两种策略：

（1）扩大产品组合。包括扩大产品组合的宽度和长度。前者是指在原产品组合中增加产品线，扩大企业经营范围；后者是在原产品线内增加新的产品项目，发展系列产品。

（2）缩减产品组合。指企业根据市场变化的实际情况，适当减少一部分产品项目。在下列情况下，企业应考虑适当减少产品项目：已进入衰退期的亏损的产品项目；无力兼顾现有产品项目时，放弃无发展前途的产品项目；当市场出现疲软时，删减一部分次要产品项目等。

4. 产品线延伸

（1）向上延伸。指企业原本生产经营低档产品，后来决定增加高档产品的生产的做法。这种策略可以提升企业形象、完善产品线、满足不同层次顾客的需求，并占领更多的市场。

（2）向下延伸。指企业原本生产经营高档产品，后来决定增加低档产品的生产的做法。这种策略可以利用原品牌效应扩大市场份额、补充完善企业的产品线，并能有效地反击竞争对手。

（3）双向延伸。指企业原本生产经营中档产品，现在同时向高档和低档产品延伸的做法。这种策略可以最大限度地扩大经营，抢占市场阵地，扩大市场份额，增强企业的竞争能力。

（三）产品生命周期的概念

产品生命周期是指产品从投放市场到被市场淘汰退出市场的过程。它一般经历4个阶段：导入期、成长期、成熟期和衰退期（如图4-6所示）。

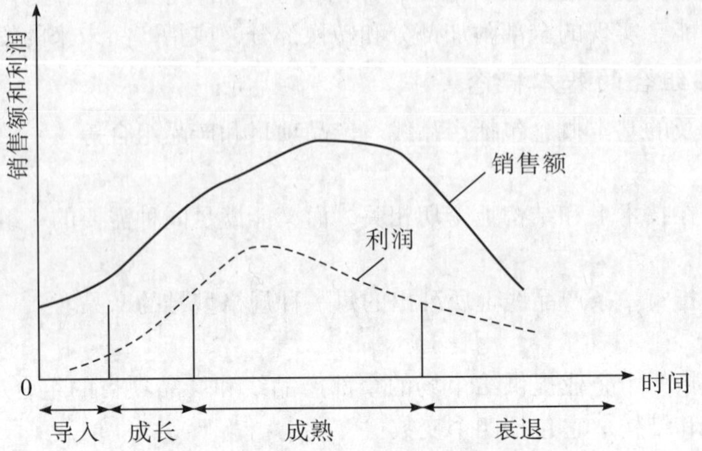

图 4-6　产品生命周期阶段划分

产品生命周期各阶段有其不同的特点，企业根据其特点，制订采取相应的市场营销组合策略，如表 4-1 所示。

表 4-1　产品生命周期不同阶段的特点及营销策略

	导入期	成长期	成熟期	衰退期
主要特征	营销渠道少，销量上升慢，营销成本高，利润低甚至亏损，市场竞争不激烈	营销渠道顺畅，销量增长迅速，营销成本降低，利润高，市场竞争日益激烈	销量大，销售增长缓慢，营销成本低，利润总额最高，但开始下降，市场竞争最激烈	销量和利润急剧下降，生产能力过剩，降低售价，回收资金，企业纷纷退出市场
主要任务	缩短导入期，更快进入成长期	提高产品的质量，快速增加销售和利润，回收投资	尽可能延长产品市场寿命，多种营销策略并用增加销量，提高效益	尽快退出并转入新市场
产品策略	确保产品的核心产品层次	提高质量、改进款式、特色	改进工艺、降低成本、产品改进	有计划地淘汰滞销品种
促销策略	介绍商品	品牌宣传	突出企业形象	维护声誉
分销策略	开始建立与中间商的联系	选择有利的分销渠道	充分利用并扩大分销网络	处理淘汰产品的存货
价格策略	撇脂或渗透	适当调价	价格竞争	降价或大幅度降价

二、价格策略

价格是商品价值的货币表现形式，也是市场营销组合中较为敏感的重要因素。价格的变化一方面直接影响着市场对产品或服务的接受程度；另一方面深深影响着企业的效益。因此，在营销过程中，选择合理的价格策略对企业来说至关重要。

（一）定价目标

定价目标是指企业要达到的定价的目的。不同行业的企业、同一行业的不同企业，以及同一企业在不同时期、不同市场条件下也有不同的定价目标。定价的一般目标可概括为三种：

1. 利润目标

追求最大利润，几乎是所有企业的共同目标。一般来说，企业需要在准确地估计需求和成本的基础上确定价格，兼顾长远利润和当前利润，改善经营管理，增强企业竞争力。

2. 市场目标

市场目标包括市场占有率的提高、销售量的增加、市场渗透率的强化等目标。

3. 竞争目标

企业为应付竞争，在定价前应注意收集市场上同类产品的质量和价格资料，与自己的商品进行比较，然后选择应付竞争的价格。

（二）定价影响因素

影响产品定价的因素有很多，有的是企业内部因素，有的是企业外部因素，概括起来大致包括以下四个方面：

1. 产品成本

产品成本是定价的最低限度。如果产品价格低于产品成本，企业将会亏损。所以一般来说，产品的价格应该高于其成本。

2. 市场需求状况

当市场对产品的需求大于供给时，价格就会出现上涨趋势；相反的情况则出现价格下降的趋势。

3. 市场竞争状况

市场竞争状况是企业定价时不可忽视的因素。企业必须考虑比竞争对手更为有利的定价策略，这样才能获胜。

4. 政府干预程度

世界各国政府干预企业价格制定的程度也直接影响着企业的定价决策，这种干预和影响在世界各国都是普遍存在的。

（三）定价程序

一般来说，企业的定价程序一般有以下步骤：

1. 确定定价目标

这是企业制定价格的最基本的依据。一般来说，一个企业的目标越明确，制定的价格就越合理。

2. 综合企业内外部因素考虑

企业内部需要考虑的因素主要有产品成本，包括生产成本、销售成本以及预期利润等。外部因素包括市场需求、竞争状况、政府的相关政策法规等。企业必须统筹兼顾，综合考虑这些因素，才能制定出合理的价格。

3. **选择定价方法**

成本、需求、竞争是企业定价的基本因素，因此在选择定价方法时，可以从成本、需求和竞争三方面入手灵活选用合适的定价方法，以便制定出合理的价格。

4. **制定最终价格**

在综合、全面地考虑了企业内外部的影响因素，选择合适的定价方法，然后根据与其他政策的协调要求的价格进行修订后，就形成了产品的最终价格。

（四）定价方法

企业可以采取的定价方法有很多。根据与定价有关的基本因素，可归纳出三种基本的定价方法，即成本导向定价法、需求导向定价法和竞争导向定价法。

1. **成本导向定价法**

成本导向定价法是以产品的全部成本为定价基础，在成本的基础上加上企业的目标利润。成本导向定价法可具体地分为以下几种具体形式：

（1）成本加成定价法。其基本公式为：

$$单位产品价格 = 单位产品总成本 \times （1 + 加成率）$$

其中，加成率是预期利润占产品总成本的百分比。

显然这种定价方法的优点在于：价格能补偿并满足利润的要求；计算简便，有利于核算；能协调交易双方的利益，保证双方基本利益的满足。缺点是定价依据是个别成本而并非社会成本，忽视市场供求状况，难以适应复杂多变的竞争情况。因而，这种方法一般适用于经营状态和成本水平正常的企业，以及供求大体平衡，市场竞争比较缓和的产品。

（2）售价加成定价法。即以产品的最后售价为基数，再按销售价一定的百分率来计算加成率。其基本公式为：

$$单位产品价格 = 单位产品总成本 / （1 - 加成率）$$

或：

$$单位产品价格 = 单位产品总成本 + 单位产品价格 \times 加成率$$

如果要求售价相同，则以成本为基础的加成率与以售价为基础的加成率是不同的，前者高于后者。

这种定价方法的特点是：对商家来说，更易于计算商品销售的毛利率；对顾客来说，在售价相同的情况下，用此法计算的加成率被认为是合理的、更易于被接受。所以，该方法更适宜于零售商业部门使用。

（3）边际贡献定价法。也称边际成本定价法，即仅计算可变成本，不计算固定成本，在变动成本的基础上加上预期的边际贡献。边际贡献是指企业增加一个产品的销售，所获得的收入减去边际成本（单位可变成本）的数值，即：

$$边际贡献 = 价格 - 单位可变成本$$

从上式可以推出单位产品价格的计算公式为：

$$价格 = 单位可变成本 + 边际贡献$$

这种定价方法的优点是：易于各产品之间合理分摊可变成本；采用这一方法定价一般低于总成本加成法，能大大提高产品的竞争力；根据各种产品边际贡献的大小安排企业的产品线，易于实现最佳产品组合。这种产品一般在卖方竞争激烈时采用。

（4）收支平衡定价法。这是以盈亏平衡即企业总成本与销售收入保持平衡为原则制定价格的一种方法。其计算公式为：

价格＝总成本/预期销售量

＝（固定成本＋单位变动成本×预期销售量）/预期销售量

这种定价方法比较简便，单位产品的平均成本即为其价格，且能保证总成本的实现，其侧重于保本经营。在市场不景气的条件下，保本经营总比停业的损失要小得多。企业只有在实际销售量超过预期销售量时，方可赢利。这种方法的关键在于准确预测产品销售量，否则制定出的价格不能保证收支平衡。因此，当市场供求波动较大时应慎用此法。

（5）投资回收定价法。这是根据企业的总成本和预计的总销售量，加上按投资收益率制订的目标利润额，作为定价基础的方法。其计算公式为：

价格＝（总成本＋投资总额×投资收益率）/销售量

这种定价方法首先要估算出不同产量的总成本，以及未来阶段可能达到的最高产量，然后确定期望达到的收益率，才能制定价格。这种定价法有一个缺陷，即企业是根据销量倒过来推算价格，但价格又是影响销量的一个因素。因此，这种定价法适合产品有专利权或在竞争中处于主导地位的产品。

2. 需求导向定价法

需求导向定价法是以顾客对商品价值的理解和认识程度为依据来制定价格。

（1）理解价值定价法。这是企业根据消费者对产品价值的感觉而不是根据卖方的成本制定价格的办法。各种商品的价值在消费者心目中都有特定的位置。当消费者选购某一产品时常会将该商品与其他同类商品进行比较，通过权衡相对价值的高低而决定是否购买。因此，企业向某一目标市场投放产品时，首先需要将这种产品在目标市场上“定位”，即企业要努力使该产品与市场上的同类产品拉开差异，并运用各种营销手段来影响消费者的价值观念，使消费者觉得购买该产品能比购买其他产品获得更多的相对利益。然后，企业就可以根据消费者所形成的价值观念大体确定产品价格。

运用理解价值定价法的关键，是把自己的产品同竞争者的产品相比较，准确估计消费者对本产品的理解价值。为此在定价前必须做好市场调查，否则定价过高或过低都会造成损失。如果定价高于买方的理解价值，顾客就会转移到其他地方，企业销售额会受到损失；定价低于买方的理解价值，必然使销售额减少，企业也同样会受到损失。

（2）逆向定价法。这是指企业依据消费者能够接受的最终销售价，计算成本和利润后，逆向推算出产品的批发价和零售价，按照不同的比率对不同的中间商倒算折扣率。一般来说，中间环节越多，折扣率就越大。

（3）需求差异定价法。这是根据需求的差异，对同种产品制定不同价格的方法。它主要包括以下几种形式：

①对不同的顾客采取不同的价格。

②根据产品的式样和外观的差别制定不同的价格。对不同样式的同种产品制定不同价格，价差比例往往大于成本差的比例。

③相同的产品在不同的地区销售，其价格可以不同。

④相同的产品在不同时间销售，其价格可以不同。

3. 竞争导向定价法

竞争导向定价法是以同类产品的市场供应竞争状态为依据确定本企业产品价格水平的方法。

（1）通行价格定价法，也叫现行市价法。即依据本行业通行的价格水平或平均价格水平制定价格的方法。它要求企业制定的产品价格与同类产品的平均价格保持一致。在产品差异很小的行业往往采取这种定价方法。另外，对于一些难以核算成本的产品，或者打算与同行和平共处，或者企业难以准确把握竞争对手和顾客反应的，也往往采取这种定价办法。

当然，这种定价法也有一定的风险。一旦竞争者因劳动生产率提高、成本降低而突然降低其产品价格，往往会使追随者陷入困境。

（2）拍卖定价法。这是由卖方预先发表公告、展示拍卖物品，买方预先看货，在规定时间公开拍卖，通过公开叫价，直到不再有人竞争的价格即为成交价格，买卖双方按此价格拍板成交。拍卖式定价法在工程招标、集团采购、艺术品市场交易及处置积压商品或旧货等方面越来越被广泛地使用。

（3）封闭式投标定价法。这是社会集团购买者在进行批量采购、从事大型机器设备购买或进行建筑工程项目建设时选择承造商的常用方法。通常首先由一家买主或发包方发出招标公告，说明具体技术要求，凡愿按条件交易者，可在规定的期限内用密封信函将报价寄给招标人。其次，招标人在规定的时间内召集所有投标人，将报价信函当场启封，选择其中条件最有利的一家买主或承包方为中标人，与之签订合同，进行交易。

企业在确定报价时，首先根据本企业的实力确定几个标价方案，并计算出各标价下可得的利润；其次，应根据竞争对手可能的出价进行详细的分析，确定每个方案中标的机会即概率；再次，计算出每个方案的期望利润；最后将期望利润最大的方案作为投标方案。

该种定价方法最大的困难在于中标概率的估计。企业要想尽一切办法尽可能准确地判断中标概率。

总之，不同企业所采用的定价方法是不同的。即使在同一种定价方法中，不同企业选择的价格计算方法可能也会有所不同，企业应根据自身的具体情况灵活选择，综合运用。

三、渠道策略

（一）营销渠道概述

1. 营销渠道的概念

营销渠道是指商品从生产商转移到顾客手中全过程中所经过的通道。营销渠道的起点是生产商，终点是顾客，中间环节包括各类批发商、代理商、零售商和中介结构等。

2. 营销渠道的功能

（1）调研。收集制订计划和进行交换时所必需的信息。

（2）促销。将有关商品的相关信息精准地传递给目标顾客，完成销售。

（3）分销。这是营销渠道最重要的功能，完成将商品从生产商转移至顾客的全过程。

（4）风险分担。即承担与从事渠道工作有关的全部风险，包括市场风险、库存风险、资金风险等。

（二）营销渠道策略

1. 直接渠道策略和间接渠道策略

直接渠道是指生产商不通过中间商环节，直接将产品销售给顾客。直接渠道的优点是中间环节少，流通成本低，便于企业及时了解市场；缺点是建立渠道的成本过于高昂。

间接渠道是指生产商通过中间商环节把产品销售给顾客。间接渠道的优点是简化交易、缩短买卖时间、增强产品的市场扩张能力；缺点是中间环节较多，不利于销售管理。

2. 长渠道策略和短渠道策略

渠道的长度是指企业分销渠道中使用中间商的数目。常见的有以下四种类型：

（1）零级渠道。生产商直接将产品销售给顾客，不经过任何中间环节。

（2）一级渠道。生产商通过零售商将产品销售给顾客，经过一个中间环节。

（3）二级渠道。生产商通过批发商、零售商将产品销售给顾客，经过两个中间环节。

（4）三级渠道。生产商通过代理商、批发商和零售商将产品销售给顾客，经过三个中间环节。

3. 宽渠道策略和窄渠道策略

渠道的宽窄取决于渠道的每个环节中使用同类型中间商数目的多少。宽渠道是指企业使用的同类中间商多，产品在市场上的分销面广；窄渠道是指企业使用的同类型中间商少，产品的分销面窄。宽渠道常见于一般的日用消费品领域。窄渠道一般适用于专业性较强的产品。

（三）营销渠道的选择与管理

1. 影响营销渠道选择的因素

一般来讲，影响营销渠道选择的因素可以归纳为以下五个方面：产品因素、市场因素、企业自身因素、分销商因素和环境因素（如表 4－2 所示）。

表 4－2　影响分销渠道选择的因素

一级因素	二级因素	具体描述
产品因素	产品的自然属性	对易毁损、易变质、易腐烂、储存条件要求高、有效期短的产品，如鲜活品、危险品等，应采用环节少的销售网络；对分量过重或体积过大的产品，采用环节少的分销途径，甚至直接销售
	产品的技术性与售后服务	对具有较高技术含量、需要经常进行售后服务与保养并且对服务水平要求高的产品，宜采用短分销渠道销售
	产品的标准性与专用性	越是非通用化的特制品，渠道越短；如果产品的品质、规格、式样等具有一定的标准化，则分销渠道可长可短

续上表

一级因素	二级因素	具体描述
产品因素	产品种类和规格	产品越是非规格化，分销渠道越短；规格化的产品需要长分销渠道。如日用百货要通过批发商销售，而蔬菜类产品直接由零售商经销
	产品的时尚性	款式、颜色、时代感很强且变化较快的流行性商品，如各种新奇玩具、时装等，应尽量采用短分销渠道，组建宽而短的销售网络
	产品价值	单位价值较高的产品，企业通常倾向于直接销售，减少流通环节，否则会造成售价的提高，这对生产企业和消费者都不利
	产品的生命周期	生命周期越短，采用的分销渠道应越短
	产品的耐用性	对于能较长时间使用的产品，如住房、汽车、家具和一些家用电器，可以采用短而窄的分销渠道；非耐用的日常生活用品可采用长而宽的分销渠道
市场因素	市场规模（需求量及每次购买量）	市场范围大，批量也大，则宜采取宽而长的销售网络；市场需求大，每次购买量小则组建宽而长的销售网络；市场需求小而每次购买量大，可采用窄而短的销售网络；市场需求小且每次购买量小，可组建较宽的销售网络
	市场集中程度	若顾客集中于某一区域（比如大城市），则可考虑设点直接销售，降低销售费用；而市场范围大且顾客居住分散的商品宜采取长而宽的分销渠道，利用代理商、批发商、零售商来分销产品
	顾客购买习惯	对于一些价格较低、购买频繁、顾客不需仔细选择的日用产品宜多采用扩大销售网点以增大销量；冲动性购买的产品，宜广泛布点，最大限度地接近消费者，以方便购买；而一些耐用消费品，由于顾客购买少，则可少设网点
	市场潜力	如果产品当前市场规模小但有较大的发展前途，组建的销售网络应有扩展延伸的余地；相反，如果潜力不大则应有缩小转移的准备
	市场竞争性	对同类产品企业可采用与竞争者相同的销售网络与竞争者抗衡，也可选择开辟新分销渠道推销产品
	市场景气状况	市场繁荣时，企业可采用长而宽的分销渠道以扩大市场；反之，则要缩小分销渠道，以最经济的方式销售产品

续上表

一级因素	二级因素	具体描述
企业自身因素	企业规模、实力与声誉	规模大、实力雄厚、信誉好的企业，可以加强对销售网络的控制，将部分销售职能集中在企业手中，通过建立自营体系，而不依赖分销商
	企业对销售网络的控制能力和愿望	如果企业根据自己的战略目标，设想对分销商和销售网络采取强有力的控制，一般采取短分销渠道，在营销全过程中不受制于分销商；反之，可采用长分销渠道的销售网络
	企业销售能力	如果企业自身拥有足够的销售力量，有丰富的销售管理、存储运输、零售运作、广告推销经验和专门的顾客知识，并且拥有素质良好的销售团队，则可以少用甚至不用分销商；反之，不如采用经验丰富的分销商
	企业提供的服务层次	如果企业愿意且具有丰富的服务经验为消费者提供更多服务，可采用直接销售；如果愿意为零售商提供更多服务，则可选用一阶渠道的销售网络
	企业市场信息收集能力	如果企业市场调查和信息收集能力弱，缺乏对用户的了解，信息分析能力弱，就需要借助于分销商销售产品；反之，就可用较少的分销商
	企业的产品组合状况	如果企业产品种类多、品种齐全，可以采用短而宽的分销渠道，产品组合越深，采用独家经销或少量有选择的分销商就越受益；反之，则可通过批发商和零售商大量分销产品，采用长而宽的分销渠道
分销商因素	分销商的可得性	可得性是指在选定的市场区域内能否选到有效的分销商。在许多情况下，分销商可能由于先前与企业竞争对手的关系和合同而不能经销企业产品，这时企业只能建立自己的分销机构
	渠道成本	销售网络的分销成本有时会很高（主要是经纪人或代理商所收取的佣金和批发商要求的折扣），此时企业会将产品的直销成本与网络的分销成本在网络的各个层次中分别进行比较和评估，以决定是否选择分销商和分销商的层次
	分销商的服务能力	企业需要评估分销商向顾客提供服务的能力，如果分销商的专业化程度较高，则可选择间接分销渠道，并根据其服务水平确定分销渠道的长短与宽窄。反之，企业就要考虑建立自己的直接分销渠道，以保证服务质量
	与企业的合作程度与信誉	如果分销商与企业的合作程度较高，可采用间接销售。如果分销商与企业的合作程度较低，则可采用直接分销渠道
	可能的订货量	一般说来，如果分销商的订货量小，企业就要采用大量的分销商

续上表

一级因素	二级因素	具体描述
环境因素	社会文化环境	社会文化环境包括一个国家或地区的思想意识形态、民族特性、道德规范、社会风气、社会习俗、生活方式等因素
	经济环境	经济环境指企业营销活动所面临的全部外部社会经济条件，其运行状况和发展趋势会影响到销售渠道设计及未来变动
	竞争环境	竞争会影响分销渠道行为，任何一个成员在面临竞争时都有不同选择
	政府环境	政府环境是指政府的法律、法规、政策、法令等，如地方性的标准、规定，或带有地方保护主义的产业政策等

2. 营销渠道管理

（1）选择渠道成员。渠道成员主要包括批发商、代理商、零售商、中介机构等。企业选择渠道成员的标准主要有：资金、信誉、人员素质、市场开拓能力、经验、信用、仓储能力等。

（2）激励渠道成员。企业通过开展促销活动、提供资金、政策支持、协助其经营管理、提供相关信息等方式对渠道成员展开激励，密切双方的合作关系，共同搞好营销工作。

（3）评估渠道成员。该项工作主要是依据与其签订的有关绩效标准和奖惩条件的合同条款进行的。通过相关指标的评估后，对表现较好的渠道成员给予奖励，建立更密切的合作伙伴关系；对不能胜任的渠道成员，可以做出适当的调整。

四、促销策略

（一）促销的概念

促销是指企业通过人员和非人员的方式，向目标顾客传递商品信息，引起他们的兴趣，激发他们的购买欲望和购买行为的一系列活动。

（二）促销组合

促销组合是指企业在市场营销过程中对人员推销、广告、营业推广和公共关系等各种促销方式的综合运用。企业应针对营销目标、产品特点、市场状况等进行综合考虑后，才选择适当的促销方式并进行组合，以实现销售目的。

1. 人员推销

人员推销是指企业通过派出推销人员与潜在顾客进行面对面的接触，来推销商品，促进和扩大销售。人员推销的设计有三种常见的形式：①企业可以自己建立推销队伍以推销自己的产品；②企业可以聘用专业合同推销人员；③企业可以雇佣兼职的售点推销员。

2. 广告

广告是指企业以付费的形式通过媒体向顾客传达商品信息的一种方式。广告是企业竞争的有力武器。广告刺激并创造消费需求。它的优点是传播信息面广、速度快、信息能多次重复、营销效果较好。缺点是缺乏反馈信息，使其说服力受到一定的限制。因此运用广告进行促销时，一定要注意其针对性和艺术性，选择正确的广告媒体。常见广告媒体的比较如表4－3所示。

表4－3　常见广告媒体比较

媒　体	优　点	局限性
报纸	灵活，及时，当地市场覆盖率高，能广泛地被接受，可信度高	保存性差，印制质量低，传阅者少
杂志	地理分布和人口分布可选性强，可信并有一定的权威性，复制质量高，保存期长，传阅者多	广告截止时间长，有些发行数是无效的，无法保证版面
广播	大众化宣传，地理和人口方面的选择性较强，成本低	只有声音，不如电视那样引人注意，收费结构不规范，曝光时间短
电视	综合视觉、听觉和动作表达，富有感染力，能引起高度注意，触及面广，到达率高	绝对成本高，干扰多，曝光时间短，观众选择性差
直接邮寄	受众选择性高，灵活，在同一媒体内没有广告竞争，个性化	相对成本高，给人以“垃圾邮件”形象
户外广告	灵活，重复曝光率高，成本低，竞争少	受众选择性低，创意有限
黄页	本地市场覆盖率高，可信度高，到达率高，成本低	竞争多，广告截止时间长，创意有限
广告册	灵活性强，易控制，可以通过戏剧化的手法强化效果	过量制作会导致成本过高
电话	使用者众多，有接触每个人的机会	成本相对较高，除非利用志愿者
网络	高选择性，互动性强，成本相对较低	对用户电脑技能有一定要求

3. **营业推广**

营业推广又称销售促进，是指除了人员推销、广告和公共关系之外的销售活动的形式。常见的有有奖销售、赠送样品、现场展示、商品展销、附赠礼品、交易折扣等。其特点是针对性强、促销效果明显、方式灵活多样、收效迅速，能迅速取得即时效果。因此营业推广是一种短期性的促销方式。选择营业推广形式时应慎重，要与人员推销、广告等促销方式配合使用。

4. **公共关系**

公共关系是指通过设计面向公众或其他利益相关者的各种方案，以树立良好的企业形象，为企业创造良好的市场营销环境的一系列管理活动。公共关系的特点是可信度高、影响面广、注重长期效应和双向沟通。常见的公关活动有联谊活动、庆典活动、赞助活动、公共关系事件和危机管理等。企业在选择相关的活动进行公关时，必须要合理安排、统筹计划、精心组织、认真实施、促销效果评价。

（三）促销策略的分类

不同的促销组合形式有不同的促销策略。根据促销手段的出发点和作用的不同，促销策略主要分为两种：

1. 推式策略

推式策略是通过以人员推销方式为主的促销组合，把商品推向市场的促销策略。推式策略的目的在于说服中间商和顾客，使他们接受企业的产品，从而让商品层层渗透到分销渠道中，最终抵达顾客。一般来说，在下列情况下，应以推动策略为主：

（1）企业规模小或没有足够的资金推行完善的广告计划。

（2）市场比较集中，渠道短，企业销售力量强。

（3）产品单位价值高，如特殊品、选购品等。

（4）企业与中间商、消费者之间的关系亟待改善。

（5）产品性能及使用方法需做示范。

（6）产品需要经常维修或退换。

2. 拉式策略

拉式策略是通过以广告方式为主的促销组合，把顾客吸引到企业特定的产品上来的促销策略。拉式策略的目的在于引起顾客的消费欲望，激发其购买动机，从而增加分销渠道的压力，进而使消费需求和购买指向一层一层地传递到企业。一般适宜以拉式策略为主的情况如下：

（1）产品的市场很大，多属便利品。

（2）产品的信息必须以最快速度告知消费者。

（3）对产品的原始需求已显示有利趋向，市场需求日渐升高。

（4）产品具有差异化的机会，富有特色。

（5）产品具有隐藏性质，须告知消费者。

（6）产品能够激起情感性购买动机。经过展示、报道的刺激，顾客会迅速采取购买行动。

（7）企业拥有充足的资金，有力量支持广告活动计划。

推式策略和拉式策略都包含了企业与消费者双方的能动作用。但前者的重心在于推动，通过企业的积极促销激发和创造消费需求；后者的重心在于拉引，消费需求是决定生产的基本原因。企业的促销活动，必须顺乎消费需求，符合购买指向，才能取得事半功倍的效果。

综合练习与实践

一、复习思考题

1. 什么是市场营销？什么是市场营销管理？

2. 简述如何对市场营销管理过程进行控制。

3. 什么是市场细分？

4. 举例说明市场营销组合策略的应用。

5. 企业在定价时要考虑哪些影响因素？为什么？

6. 结合实例谈谈你对企业营销管理的认识。

二、案例分析

活在移动互联网上，却被忽略的“90后”

“90后”群体正日益成为社会中的主流群体。这些在移动互联网时代成长起来的新人类，是一个在互联网上高度活跃、对新生事物充满了好奇、更愿意彰显个性的新群体。

“90后”在互联网上的行为特征：

(1) 聊天、交友构成了这个群体主要的网络生活。除了利用移动互联网满足其基本的通讯需求外，看电子书、玩游戏、听歌成为其主要的使用特征。

(2) 无论是在线下，还是在SNS社区，“90后”都会细分自己的交际圈。

(3) 手机已经成为“90后”大学生主要的上网工具。

(4) 很少有“90后”大学生进行冲动消费。在大多数消费情境中，他们都表现得颇为理智。他们具有付费习惯，愿意为新鲜感买单。

(5) 在媒体接触行为上，网络是他们获取信息的主要途径，并对传统媒体形成了功能性替代。

“90后”有更强的互联网精神：

(1) 相比之前几代人，他们更加尊重人的个性和自由，对不同的观念和行为表现出更多的包容性。

(2) 他们行动力强，敢于尝试、践行自己的梦想。正值创造力爆发的年纪，专业学习使他们有了一定量的知识积累。

(3) 对于认可的产品，他们乐于通过口碑传播。

(4) 他们遇到问题时有一定的自主选择权，父母很少对他们的生活进行直接的干涉，大部分事情他们都可以自己做主。

(5) 除了兼职、实习、创业等社会实践以外，“90后”大学生对于社会公益事业也具有很高的热情。

思考：“90后”的时代特征对互联网企业开展营销有何启发？

三、实践训练

1. 组织全班同学或分成若干小组，以座谈会或深度面谈形式调查某企业营销管理活动。每位同学撰写访问报告及心得体会，优秀者在全班交流。

2. 选择学校附近的一家企业，了解企业营销管理方面的知识。

第五章
现代企业人力资源开发与管理

学习目标

通过本章的学习，了解人力资源管理的概念与内容、人力资源规划的基本理论和技术，学会招聘方案设计、招聘程序和方法；懂得绩效考评方案设计中需要掌握的关键点和薪酬体系设计的原则；了解激励的主要理论和手段。

引导案例

佛祖的工作安排

去过寺庙的人都知道，一进寺庙，首先看到的是弥勒佛笑脸迎客，而在他的北面，则是黑口黑脸的韦陀。相传很久以前，他们并不在同一个庙里，而是分别掌管不同的庙。

弥勒佛热情快乐，所以来的人非常多，但他什么都不在乎，丢三落四，没有好好地管理账务，所以依然入不敷出。韦陀是管账的一把好手，但成天阴着个脸，太过严肃，致使来庙的人越来越少，最后香火断绝。

佛祖在查香火的时候发现了这个问题，就将他们俩放在同一个庙里，由弥勒佛负责公关，笑迎八方客，于是香火大旺。而韦陀铁面无私，锱铢必较，则让他负责财务，严格把关。在他们的分工合作下，庙里一派欣欣向荣的景象。

其实在用人大师的眼里，没有废人。正如武功高手，不需名贵宝剑，摘花飞叶即可伤人，关键看如何运用。

（资料来源：佚名．人力资源管理的经典故事．考试吧，2013（1））

第一节　现代企业人力资源管理概述

一、人力资源的概念与特点

（一）人力资源的概念

人力资源是指一定范围内具有智力和体力劳动能力的人的总和。从广义上看，智力正常的人都是人力资源。企业人力资源则是指企业所有人力的总和。

（二）人力资源的特点

1. 主动性

人力资源的主动性是人力资源与其他资源的最根本的区别。人力资源可以有意识、有目的地认识世界和利用其他资源去改造世界，推动社会和经济的发展，因而在社会发展和经济建设中起着积极和主导的作用。

2. 可再生性

人力资源的有形磨损是指人自身的疲劳和衰老，这是一种不可避免、无法抗拒的损耗。人力资源的无形磨损是指个人的知识和技能由于科学技术的发展而出现的相对老化。无形磨损可以通过人的不断学习、更新知识、提高技能而实现其再生。

3. 两重性

人力资源既是生产者，又是消费者。首先，个人和社会都会对人力资源进行投资（如教育投资、增进体力的投资），且投资大小决定人力资源质量的高低，最后体现为劳动者的体力、智力和技能，即成为人力资本。其次，投资所形成的人力资本具有高增值性。在生产过程中，人力资本远远大于对其他资源的投资所带来的收益，是促进社会发展的巨大推动力。

4. 时效性

人力资源的时效性即人力资源的形成、开发和利用都要受时间限制。人力资源只有在使用中才能发挥其作用，它不能像物质财富那样储存起来。如体力型的人力资源，若不能充分发挥，就会随时间的推移而消失；智力型的人力资源，如长期得不到开发使用，就会伴随科技的不断发展而贬值。

5. 社会性

人受到其所在民族（团体）的文化特征、价值取向的影响，因而在人与人交往及生产经营中，可能会因彼此行为准则不同而发生矛盾。人力资源的社会性特点，要求在人力资源管理中注重团队建设和民族精神，强调协调和整合。

课堂讨论

美国钢铁大王卡内基曾说：“将我们所有的工厂、设备、市场、资金全部夺去，但只要保留我的人员，4 年后我将仍然是一个钢铁大王。”谈谈你对这句话的理解。

二、人力资源管理概述

（一）人力资源管理的概念与内容

1. 人力资源管理的概念

人力资源管理是指为实现组织的战略目标，对组织人力资源的取得、配置、利用、开发所进行的计划、组织、控制和协调活动。它是研究并解决组织中人与事的匹配、人与人的协调合作、人与组织的互动、工作与工作的协调合作的过程，也是充分开发人力资源、挖掘人的潜力、调动人的生产劳动积极性、提高工作效率、实现组织目标的过程。

2. 人力资源管理的内容

（1）工作分析与设计。针对企业各个工作岗位的性质、结构、责任、流程，以及胜任该职位工作人员的素质、知识、技能等，在调查分析所获得的相关信息的基础上，编写出职务说明书等人事管理文件。

（2）人力资源规划。把企业人力资源战略转化为企业中长期目标、计划和政策措施，包括对人力资源现状分析、未来人员供需预测与平衡，确保企业在需要时能获得所需要的人力资源。

（3）招聘与配置。根据人力资源规划和工作分析的要求，为企业招聘、选拔所需人力资源并录用安排到合适的岗位上，合理设计员工的职业生涯以确保其职业发展，实现人与组织的协同进步。

（4）培训与开发。通过培训提高员工个人、群体和整个企业的知识、能力、工作态度和工作绩效，进一步开发员工的智力潜能，以增强人力资源的贡献率。

（5）考核与激励。考核与激励是人力资源管理的核心，包括绩效考评体系设计、薪酬设计和激励措施设计。

（二）人力资源管理的基本功能

1. 获取功能

获取功能即按人力资源规划招聘、考核、选拔、录用与配置人员。

2. 整合功能

现代人力资源管理奉行人本主义，强调个人在组织中的发展。个人的发展势必会引发个人与个人、个人与组织之间的冲突，产生一系列问题。人力资源的整合功能就是解决这些冲突，使员工之间和睦相处、协调共事。

3. 奖酬（激励和凝聚功能）

奖酬功能即根据员工为组织所作贡献而给予奖酬的过程，是人力资源管理的核心。其主要内容有对员工绩效进行考评，设立合理的奖酬制度并给予公平合理的工资、奖励和福利。

4. 调控功能

调控功能即对员工实施合理、公平的动态管理过程，如晋升、调动、奖惩、离退、解雇等。它具有控制与调整职能。

5. 开发功能

开发功能即对员工素质与技能的培养与提高，使他们的潜能得以充分发挥，最大限度地实现其个人价值。

（三）人力资源管理的原则

1. 任人唯贤原则

任人唯贤原则是指根据人的才能合理安排工作，而不是论资排辈，更不是任人唯亲。只有这样，才会使人才资源得到合理配置、高效使用。同时，由于人的能力是在不断发展变化和不断提高的，因此对人的安排是一个动态的过程，而不是一职定终身。

2. 注重实绩原则

注重实绩原则指评价工作人员工作的好坏、能力的高低只能以其工作的实际成绩为依据。工作实绩可以反映一个人的思想政治水平、敬业精神（即劳动态度）、专业实际能力、精力等状况，是选拔、奖惩以及职务升降的主要依据。当然，注重实绩并不是简单地以实绩对员工进行取舍和褒贬，而应该考虑环境、群体、偶然等各种因素，进行全面分析评价。

3. 激励原则

激励原则是指运用各种有效的方法去调动人的积极性和创造性。人的能力分为潜在能力和显在能力。潜在能力是指人本身的各种因素所决定的一种可能具有的能力；显在能力是指人在实际工作中发挥出来的能力。潜在能力和显在能力一般来说是不等量的，其原因除了客观因素外，最主要的是人本身的积极性高低的影响。企业要采取各种激励措施，最大限度地提高工作人员的工作积极性和创造性，做到人尽其才。

4. 竞争原则

竞争原则是指人力资源管理部门必须引进人才竞争机制，让领导者和所有工作人员放开手脚，展开竞争，通过竞争优胜劣汰，实现资源合理流动和高效配置。

5. 精干原则

精干原则指在组织机构设置时，要根据机构的职能任务来组织职工队伍，要因事设岗设人，既要有合理的层次和系统，又要有相互间的合理配比和有机结合，以形成一个具有最佳效能的群体。坚持精干原则就是要改变那种机构臃肿、层次重叠、人浮于事的状况。

6. 民主监督原则

人力资源管理的直接对象是人，而人是最复杂的，这就决定了人力资源管理的复杂性和艰巨性。因而，人力资源管理要坚持民主监督原则，实现人力资源的民主管理，提高透明度。

课堂讨论

小王是A公司的文案人员。公司日常的大小合同、领导演讲稿等都由小王负责撰写。因公司办公室人多，小王写作时经常被打断思路。为了提高效率，有重要文件或急需的稿件要写时，小王便在家里写作。一天，总经理来检查工作，发现小王不在，大为不满。

小王满腹委屈。从此，她每天都在办公室写作。原本一天能写完的稿件，在办公室断断续续写五天，有急件时还要加班到深夜。为此，小王经常受到领导的表场。

试分析 A 公司人力资源管理中存在什么问题。

（四）传统人事管理与人力资源管理的区别

传统人事管理与人力资源管理是一脉相承的两种管理方式。两者具有一定的关联性，但又有一定的区别。

传统人事管理和人力资源管理的相关性在于：从人力资源发展的历史来看，人力资源管理与人事管理分别是在不同的发展阶段对人的管理制度方法的总和。传统人事管理和人力资源管理的区别如表 5－1 所示：

表 5－1　传统人事管理与人力资源管理的区别

传统人事管理	人力资源管理
重在管理	重在开发
以事为主	以人为本
人是管理对象	人是开发的主体
重视硬管理	重视软管理
为组织创造财富	为组织创造财富的同时发展个人
服务于战略管理	是战略管理的伙伴
单一、规范的管理	重视个人化管理
报酬与资历、级别相关度大	报酬与业绩、能力相关度大
软报酬主要表现为表扬和精神鼓励等	软报酬包含发展空间、自我实现、和谐融洽的人际关系等

三、人力资源规划

任何一个单位，特别是现代企业，都要根据自己的具体情况进行人力资源管理，根据各部门、各层次合理规划和科学管理人力资源。

（一）人力资源规划的定义及内容

1. 人力资源规划的定义

20 世纪 60 年代，伴随着第二次世界大战后经济的高速增长和繁荣，充分就业条件下的人力资源稀缺问题受到关注，企业将人力供需研究提上日程，从而提出了所谓的“人力计划”。到了 20 世纪 80 年代，“人力资源管理”取代“人事管理”成为主流，特别是伴随着人们对人力资源管理战略地位的认可，人力资源规划理论及研究方法也日益完善，在实践中获得了全面的发展与应用。

人力资源规划是指为了实现企业的战略目标，根据企业的人力资源现状，科学地预测企业在内外部环境变化中的人力资源供求状况，并制定相应的政策和措施，从而使企业的人力资源供给和需求达到平衡，并使企业和个人都获得长期的利益。

2. 人力资源规划的内容

人力资源规划是战略规划与战术计划即具体的实施计划的统一。其目的是为了实现人力资源与其他资源的有效配置，以相对少的投入，取得企业经济和社会效益的最大化。由此可见，人力资源规划的内容包括以下几个方面：

（1）战略发展规划。人力资源战略规划是根据企业总体发展战略的目标，对企业人力资源开发和利用的大政方针、政策和策略的规定，是各种人力资源的具体计划的核心，是事关全局的关键性计划。

（2）组织人事规划。它是人力资源战略规划的下属概念，包括以下内容：

①组织结构调整变革计划。即在企业内外部环境和条件变化的情况下，通过对企业组织结构的诊断，发现组织机构和部门结构现存的问题，围绕企业组织调整和变革的目标、措施、步骤、方法和期限等内容所制订的行动方案。

②劳动组织调整发展计划。它是根据企业生产经营总体计划的要求，通过对劳动分工与协作方式、工作地的组织状况、工作轮班方式和工时制度，以及技术工人的素质状况和结构特点等方面的深入分析，为提高工效实现劳动组织科学化所提出的具体的措施计划。

③劳动定员定额提高计划。劳动定员定额是企业在一定的生产技术组织条件下，采用科学合理的方法，为生产单位产品或完成某项工作任务所预先规定的劳动消耗量的限额。随着企业内外部环境条件的变化，以及劳动者素质的提高，企业应适时地制定企业劳动定员定额计划，它对提高劳动生产率、降低成本、有效贯彻按劳付酬原则、激励员工具有十分重要的意义和作用。

④其他计划。如人力资源的供给与需求平衡计划（即人员补充计划）、企业全员绩效考核与评价计划、员工薪酬与激励计划、人力资源调配晋升与离退休计划、劳动安全与职业卫生计划等。

（3）制度建设规划。人力资源管理制度是企业人力资源管理系统有效运行的法律保障。企业要保证人力资源总体规划目标的实现，就必须不断建立、健全和完善企业人力资源管理的制度体系，使人力资源管理的吸引、录用、维持、评价、调整、发展等6项基本职能得到充分的发挥。

（4）员工开发规划。人力资源的开发和利用是人力资源规划的重点，包括企业全员培训开发计划、员工职业道德的教育计划、员工职业技能的培训计划、专门人才的培养计划等。这类计划的编制和实施，有利于提高企业整体素质和员工个体素质、增强企业智力资本的竞争优势。

（5）费用规划。费用规划是对企业人工成本、人力资源管理费用的整体规划，包括人力资源费用的预算、核算、结算，以及人力资源费用控制。

综上所述，按照我国的习惯，使用“人力资源计划”这一术语时，一般是专指企业短期的具体人力资源计划；而使用“人力资源规划”这一术语时，一般是泛指企业中长期的各类人力资源规划。因此，在实践中，我们应当明确加以界定。

（二）人力资源规划与管理的关系

人力资源规划是人力资源管理中的一个重要组成部分，是人力资源管理的统领部分。在人力资源规划过程中首先根据组织战略形成总体规划，并在总体规划的指导下形成针对各项人力资源管理活动的专项规划。各种专项规划对相应的人力资源管理活动提供了全面的指导。

人力资源管理具有极强的系统性，包括人力资源规划、工作分析、招聘甄选、选拔配置、培训发展、绩效评估、薪酬激励、劳动关系等多项相互联系的活动。这些活动通常分别由不同部门或岗位的人力资源管理专业人员来承担，相互之间需要进行系统的整合，才能确保目标的统一性与行动的一致性。人力资源规划作为总体规划统领各个专项规划，各个专项规划指导各项具体的人力资源管理活动，从而实现对各项人力资源管理活动的整合。

（三）人力资源规划的程序

现代企业人力资源规划的程序如图 5－1 所示。

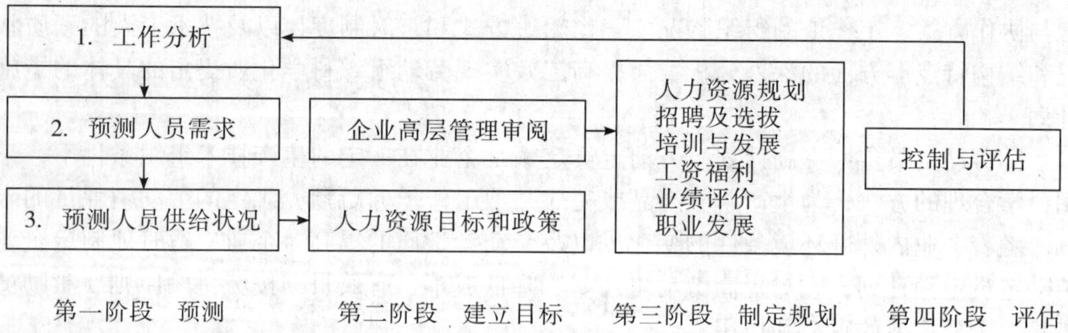

图 5－1 现代企业人力资源规划的程序

课堂讨论

冯儒生一年前被五金制品公司的董事会聘任为人力资源部经理。某天上午，他接到分管人力资源工作的公司副总经理的通知，要求他和他所领导的人力资源部在 30 天内提交一份本公司未来 5 年的人力资源规划，交董事会讨论。

虽然冯儒生从事人力资源管理工作多年，但面对桌上那一大堆文件、报表，也不免有些拿不定主意。经过半天的整理和研究，他和他的同事们认为，要编制好这个计划，必须考虑以下几个关键因素。

（1）本公司现状。目前，公司共有生产与维修工人 825 人、行政和文秘等白领职员 143 人、基层与中层管理干部 79 人、工程技术人员 38 人、销售人员 23 人。员工平均年龄为 39.8 岁。

（2）离职率问题。据统计，在过去五年中，职工的平均离职率为 4%。不过，不同类别职工的离职率不一样：生产工人的离职率高达 8%，而技术人员和管理干部的离职率只有 3%。

(3) 公司的战略规划。根据公司的发展战略目标，在未来五年中，白领职员和销售人员要新增7% ~9%，工程技术人员要增加11% ~13%，从事生产和维修的蓝领工人要增加6%。

(4) 当地政府的政策。最近当地政府颁布了一项政策，要求当地企业招收新职工时，要优先考虑高校毕业生和女性失业人员。本公司目前的实际情况是：公司拥有大专以上学历的人员占员工总数的17%；销售人员全是男性；中层和基层管理干部中有2人是女性；工程师里有3人是女性；蓝领工人中11%是女性。

此外，该公司刚开发出几种有竞争性的新产品，预计公司销售额在5年内会翻一番。所以，冯儒生还得提出一项应变计划来应付这种快速增长的情况。

讨论：冯儒生所领导的人力资源部在编制公司的人力资源时，除了上述关键因素外，还应该考虑哪些情况和因素？

第二节 人力资源招聘

一、人力资源招聘的含义

人力资源招聘，即人员招聘，是指通过多种方法，把具有一定能力、技巧和其他特点的申请者吸引到企业组织空缺岗位上的过程。它由两个相对独立的过程组成：一是招募（recruitment），二是筛选（selection）。招募主要是以宣传来扩大影响，达到吸引人应征的目的；而筛选则是使用各种选择方法和技术挑选合格员工的过程。

二、人力资源招聘的途径

人力资源招聘的途径主要有两种：内部招聘和外部招聘。

（一）内部招聘

内部招聘是指企业从内部正在任职的员工中选择人员进行空缺职位填补的方法。内部招聘主要有内部晋升、平级调动、岗位轮换、重新雇用或召回以前的雇员等几种形式。内部招聘的优点在于可以节约招聘费用、减少招聘风险；可以鼓舞士气、激励员工进取；有利于调动员工工作积极性和忠诚度，有利于维持员工队伍的稳定性；应聘者适应工作快，招聘成功率高。但缺点在于内部招聘容易导致山头主义和近亲繁殖，不利于工作的创新，容易导致企业内部各部门之间的矛盾，若协调不好容易引起员工的强烈不满，导致工作效率的降低。

（二）外部招聘

外部招聘是指企业从外部选择合适的人员进行空缺职位填补的方法。外部招聘的形式很多，包括媒体广告招聘、人才招聘会招聘、校园招聘、中介机构招聘、猎头公司招聘、海外招聘和申请人自荐等。外部招聘人员来源广泛，选择余地大，有利于招聘一流的高素质人才。但外部招聘的缺点是：成本较高，招聘风险较大；从外招聘来的人才适应工作的时间较长，容易挫伤内部人员的工作积极性。

在实际工作中，企业应根据拟招职位的性质、市场的劳动力供求状况和预算成本等选择适宜的招聘途径，将内部招聘和外部招聘有机结合起来，为企业发展招聘到合适的人才。

三、人力资源招聘的程序和方法

人力资源招聘的程序包括制订招聘计划、发布招聘信息、接待和甄选应聘者、选定录用员工、评价和反馈招聘效果。

（一）制订招聘计划

制订招聘计划的内容包括：确定本次招聘目的、描述应聘职务和人员的标准和条件、明确招聘对象的来源、确定传播招聘信息的方式、确定招聘组织人员、确定参与面试人员、确定招聘的时间和新人员进入组织的时间、确定招聘经费预算等。

（二）发布招聘信息

发布招聘信息是指利用各种传播工具发布岗位信息，鼓励和吸引人员参加应聘。在发布招聘信息时应注意以下几点：

（1）信息发布的范围。信息发布的范围取决于招聘对象的范围，发布信息的面越广，接受到该信息的人就越多，应聘者就越多，组织招聘到合适人选的概率就大，但费用支出也会相应增加。

（2）信息发布的时间。在条件允许、时间允许的情况下，招聘信息应尽早发布，以缩短招聘进程，同时也有利于更多的人获取信息，从而增加应聘者的数量。

（3）招聘对象的层次性。组织要招聘的特定对象往往集中于社会的某个层次，因而要根据应聘职务的要求和特点，向特定层次的人员发布招聘信息，比如招聘计算机方面的专业人才时可以在有关计算机专业杂志上发布招聘信息。

（三）接待和甄选应聘者

接待和甄选应聘者，即对应聘者进行选拔的过程，具体包括以下环节：申请表和履历表的审查—初选—测试—面试。

1. 申请表和履历表的审查

（1）申请表的审查。申请表也称工作申请表或入职申请表，它是组织为收集申请者与应聘岗位有关的全部信息而专门设计的一种规范化的表格，可以使组织比较全面地了解申请者的历史资料。一张设计并填写完整的申请表具有以下功能：①可以对一些客观的问题加以判断，如该申请者是否具备工作（岗位）所要求的教育及工作经验要求；②可以对申请者过去的成长情况加以评价；③可以从申请者的过去工作经历中了解其工作的稳定性；④初步作出该申请者是否适合某工作（岗位）及工作能否出色的预测。

（2）履历表的审查。履历表又称传记资料清单、个人履历或简历，是申请者职业经历、教育背景、成就和知识技能的总结。它既是个人一段生命历程的写照，也是个体的自我宣传广告。尽管雇主通常都要求申请者提供履历，但对于履历在预测雇员绩效方面的价值却知之甚少。一些调查研究发现，30%的履历都包含言过其实的成分。筛选的目的是要把个人履历所反映的申请者概况与工作有关的要求进行比较，因而应把注意力集中在与工作有关的事件上，而且要保持清醒的头脑，不被“光彩照人”的履历所迷惑。此外，筛选履历表时应注意一个重要问题，就是履历表所提供的信息的真实性问题。履历造假可能出现在多个方面，常见的造假手法包括：学历作假，夸大或谎称拥有某些专业知识和经验等。

2. 初选

当应聘者数量很多时，选聘小组需要对每一位应聘者进行初步筛选。内部候选人的初选可以根据以往的考评记录进行；对外部应聘者则需要通过简短的初步面谈，尽可能多地了解每个申请人的工作及其他情况，观察他们的兴趣、观点、见解、独创性等，及时排除那些明显不符合基本要求的人。

3. 测试

在初选的基础上，需要对余下的应聘者进行材料审查和背景调查，并在确认之后进行细致的测试与评估。其内容是：

（1）智力和知识的测试。该测试是通过考试的方法测评候选人的基本素质，它包括智力测试和知识测试两种基本形式。智力测试的目的是通过候选人对某些问题的回答，测试他的思维能力、记忆能力、应变能力和观察分析复杂事物的能力等。知识测试是要了解候选人是否具备待聘职务所要求的基本技术知识和管理知识。缺乏这些基本知识，候选人将无法正常进行工作。

（2）心理测试。这是对求职者心理素质和能力的测试。通过心理测试能够判断出求职者的心理素质状况，从而可以考察求职者对应聘职位适合与否。在员工招聘测试工作中，心理测试的内容应从以下几方面进行：

①成就测试。成就测试是用来鉴定一个人的某一方面在经过学习或训练后的实际能力水平高低的测试。成就测试适用于对专业管理人员、研发人员或其他技术工作者和熟练工人在某一方面的实际能力的测试。

②倾向测试。倾向测试是用来鉴定一个人的潜在能力，即其可能的发展前景或其可能具有的能力水平的测试。倾向测试分为综合倾向测试和特殊倾向测试两种。综合倾向测试是用以鉴别应聘者多种特殊的潜在能力的方法，以求全面地了解应聘者的综合素质。特殊倾向测试是为鉴定应聘者在某一方面是否具有特殊能力的倾向测试，例如音乐才能、文字才能等。

③智力测试。智力测试是对应聘者智力水平高低进行考察的一种方法，具体包括记忆、词汇、数字和口头表达等一组能力的测试。智力测试主要是用来判断求职者的思维能力、学习能力和适应环境能力，以更好地确定其是否符合职位要求。

④人格测试。人格测试是对应聘者的体格与心理特质进行测试。心理特质包括需要、动机、兴趣、爱好、感情、态度、性格、气质和价值观等。人格特征对工作成就的影响极其重要，不同人格特征的人适合不同类型的工作。个人在某些职位中的不胜任往往是其人格不成熟所导致的，所以某些重要职位必须对求职者进行人格测试。

⑤能力测试。能力测试是企业为了测试求职者在某方面的能力，而有针对性地设计和实施的测验方案。例如，为了测试求职者的记忆广度而进行的“顺背数字”和“倒背

数字”的广度测试。

⑥情境模拟测试。情境模拟测试是在测试过程中，假定一个场景，使应聘者就在其应聘的岗位上，通过逼真的工作环境，解决该工作岗位在实际工作中可能出现的问题，从而评价其心理素质与工作能力。情境模拟测试主要针对的是应聘者明显的行为及实际的操作，其主要内容是公文处理、无领导小组讨论、角色扮演和即席发言等。

4. 面试

面试是企业最常用的必不可少的测试手段。调查表明，99%的企业在招聘中都采用这种方法。

所谓面试，又称面试测评或者专家面试。这是一种要求应聘者用口头语言来回答面试提问，以便了解应聘者心理素质和潜在能力的测试方法。面试是企业员工招聘中常用的一种方法，也是争议最多的一种方法。面试的主要效果取决于面试的经验，如果面试官的经验比较缺乏，面试效果往往较差。招聘企业要想克服面试偏差，需要对面试官的经验进行审核，同时严格控制面试程序，包括通过工作分析确定工作要求；严格根据工作分析的结果设计面试问题；编制包括一系列评价标准的评价表格；注意从应聘者的非语言行为中获取消息；对面试官进行训练，使其能够客观评价应聘者的反应等。具体做法如下：

（1）结构化和非结构化面试。根据面试的结构化程度，可分为结构化面试和非结构化面试。结构化面试的问题与回答均经过事先准备，主试人根据设计好的问题和有关细节逐一发问。为了活跃气氛，主试人也可以问一些其他方面的问题。这种方法适用于招聘一般员工和一般管理人员。非结构化面试则是漫谈式的，即主试人与应试人随意交谈，无固定题目，无限定范围，海阔天空，无拘无束，让应试者自由地发表议论、抒发感情。这种方法意在观察应试者的知识面、价值观、谈吐和风度，了解其表达能力、思维能力、判断力和组织能力等。非结构化面试是一种高级面谈，需要主试人有丰富的知识和经验，掌握高度的谈话技巧。否则，很容易使面谈失败。该方法适用于招聘中高级管理人员。

（2）情境面试。情境面试是结构化面试的一种特殊形式，它的面试题目主要由一系列假设的情境构成，通过评价求职者在这些情境下的反应情况，对面试者进行评价。情境面试的试题多来源于工作，或是工作所需的某种素质的体现，通过模拟实际工作场景，反映应试者是否具备工作要求的素质。情景面试问题的示例如表5-2所示。

表5-2　情景面试问题的示例

问题	在你即将旅行的前一天晚上，你已经整装待发。就在准备休息时，你接到了单位的一个电话；单位出现了一个只有你能解决的问题，你被要求处理此事。在这种情形下，你会怎样做？
记录回答	
评分指导	较好：“我会去单位，以确保万无一失，然后我再去度假” 好：“不存在只有我能处理的问题，我会确定另一个合适的人去处理问题” 一般：“我会试着找另一个人来处理” 差：“我会去度假”

(3) 压力面试。压力面试的目标是确定求职者将如何对工作上承受的压力做出反应。在典型的压力面试中，主考官提出一系列直率（甚至是不礼貌）的问题，让求职者明显感到压力的存在。主考官通常寻找求职者在回答问题时的破绽，在找到破绽后，针对一薄弱环节进行追问，希望借此使应试者失去镇定。例如，一位客户关系经理职位的求职者在自我描述中提到他在过去的两年里从事了四项工作，主考官抓住这一问题，反问他频繁的工作变换是否反映了他的不负责任和不成熟的行为。面对这样的问颗，求职者若对工作变换做出平静清晰的说明，则说明他承受压力的能力较强；若求职者表现出愤怒和不信任，就可以认为在压力环境下，他的承受能力较弱。

(4) 评价中心评分。评价中心是由几种工作模拟方法组合而成的，利用现场测试或演练，由评估人员观察候选人的具体行为，并给予评分。评价中心尤其适用于复杂的属性和能力测试，是目前测试准确性最高的一种方法。

（四）选定录用

在上述各项工作完成的基础上，需要利用加权的方法，算出每个候选人的知识、智力和能力的综合得分，并根据待聘职务的类型和具体要求决定取舍。对于决定录用的人员，应考虑由主管亲自进行再一次面试，并根据工作的实际与聘用者再作一次双向选择，最后决定选用与否。在确定了合适的人员后，就可以做出录用决定并签订合同。

（五）评价和反馈招聘效果

最后要对整个招聘工作的程序进行全面的检查和评价，并且对录用的员工进行追踪分析，通过对他们的评价检查原有招聘工作的成效，总结招聘过程中的成功经验与失败教训，及时反馈到招聘部门，以便改进和修正。

第三节　企业人力资源的培训与开发管理

一、企业人力资源的培训与开发

（一）培训与开发的含义

企业人力资源的培训与开发又称员工培训，是指企业有计划地实施提高员工与工作相关的素质和能力的活动。这些素质和能力包括新知识、新观念、新技能和其他对工作绩效起关键作用的技能，也包括为员工未来发展而开展的正规教育、在职实践、人际互动，以及个性和能力的测评等活动。

（二）培训的作用

人的素质的提高，一方面需要个人在工作中钻研和探索，另一方面也需要有计划、有组织的培训。发达国家、优秀企业毫无例外地高度重视人员培训。虽然企业也可以通过招聘获得自己需要的人才，但培训仍被视为21世纪企业最主要的竞争武器。

培训的重要性主要表现在以下几方面：

（1）培训是调整人与事之间的矛盾、实现人事和谐的重要手段。从20世纪末开始，人类社会进入了高速发展的时代。随着科学技术的发展和社会的进步，“事”对人的要求越来越新、越来越高，人与事的结合处在动态的矛盾之中。总的趋势是各种职位对工作人员的智力素质和非智力素质的要求都在迅速提高。“蓝领工人”的比例不断下降，“白领职工”的比例不断上升。今天还很称职的员工，如不坚持学习，明年就有可能落伍。人与事的不协调是绝对的，是事业发展的必然结果。要解决这一矛盾，一要靠人员流动，二要靠人员培训。人员流动是用“因事选人”的方法实现人事和谐。而人员培训则是用“使人适事”的方法实现人事和谐，即通过必要的培训手段，使其更新观念、增长知识和能力，重新适应职位要求。显然，这是实现人事和谐的根本手段。

（2）培训是快出人才、多出人才、出好人才的重要途径。所谓人才是指在一定社会条件下，具备一定的知识和技能，并能以其劳动对社会发展做出较多贡献的人。社会对人才的需要千变万化，对各层次人才的培养提出越来越高的要求，仅仅依靠专门的、正规的学校教育越来越难以满足要求，必须大力发展成人教育，而人员培训是成人教育的重点。

（3）培训是调动员工积极性的有效方法。组织中人员虽然因学历、背景、个性的不同而有不同的主导需求，但就其大多数而言，都渴求不断充实自己、完善自己、使自己的潜力充分发掘出来。越是高层次的人才，这种需求就越迫切。在组织中得到锻炼和成长，已成为人们重要的择业标准。企业若能满足员工的这种自尊、自我实现需要，将激发员工深刻而又持久的工作动力。国内外大量事实证明，安排员工参加培训、去国外子公司任职、去先进公司跟班学习以及脱产去高等学校深造、去先进国家进修，都是满足这种需求的途径。经过培训的人员，不仅提高了素质和能力，也改善了工作动机和工作态度。

（4）培训有助于建立优秀的企业文化。通过培训，可以提高和增进员工对企业的认同感和归属感。员工培训的一个重要目的是按照时代及企业经营要求，通过企业文化对具有不同价值观、信念、不同工作作风及习惯的人进行教育，使他们在和谐、宽松的企业文化环境中正确认识自身能力、价值和企业组织对他们的承认和重视。当他们对组织产生了强烈的认同感和归属意识之后，其能力和潜力才能得到真正的、充分的发挥，进而表现为工作绩效的提高。

（三）培训的原则

员工培训有一定的目的，也就是要符合一定的原则。员工培训需要符合战略性原则、按需培训原则、理论联系实际与学以致用原则、知识技能培训与企业文化兼顾原则、全员培训与重点提高相结合原则、注重投入提高效益原则、反馈与强化培训效果原则等，如图5-2所示。

1. 战略性原则

企业在进行员工培训时，一定要从企业的发展战略出发去思考相关问题，使员工的培训工作构成企业发展战略的重要内容。因此，企业必须树立战略观念，根据企业发展目标与战略制定培训规划，使培训与企业的长远发展紧密结合。

2. 按需培训原则

由于组织的岗位繁多，差异很大，而且人员的水平不同，所以不能采取普通教育

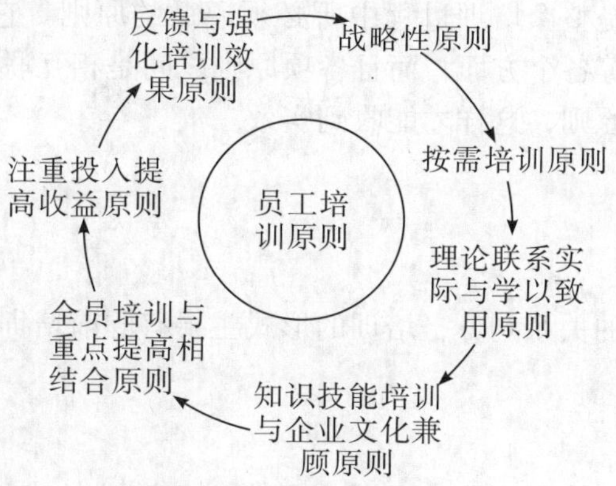

图5－2　员工培训的原则

“齐步走”的模式，只能遵循因材施教的原则。也就是说，要针对每个人员的实际水平和所处岗位的要求开展人员培训。

3. 理论联系实际与学以致用原则

员工培训应当有明确的针对性，从实际工作的需要出发与职位特点紧密结合，与培训对象的年龄、知识结构、能力结构、思想状况紧密结合，目的在于通过培训让员工掌握必要的技能以完成规定的工作，最终为提高企业的经济效益服务。只有这样，培训才能收到实效、提高工作效率。

4. 知识技能培训与企业文化兼顾原则

培训的内容，除了文化知识、专业知识、专业技能外，还应包括理想、信念、价值观、道德观等方面。而后者又要与企业目标、企业文化、企业制度、企业优良传统等结合起来，使员工在各方面都能够符合企业的要求。

5. 全员培训与重点提高相结合原则

全员培训是有计划、有步骤地对在职的各级各类人员所进行的培训，它是提高组织全员素质的必经之路。在实行全员培训的同时，组织也应重点地培训一批技术、管理骨干，特别是中、高层管理人员。对他们除了更新、补充业务知识外，组织还应该为其提供专门提高经营管理决策、协调、指挥能力等方面的培训。

6. 注重投入提高效益原则

讲求实效原则主要是针对人员培训的实际效果而言的。效果和质量是人员培训成败的关键。人员培训必须讲求实效，不能只图虚名而流于形式。为了确保人员培训的效果和质量，组织必须做好两方面的工作：一是制订全面周密的培训计划，为人员培训提供重要依据；二是在总结我国人员培训经验的基础上，借鉴和吸收国外人员培训先进、科学的培训方法和手段。

7. 反馈与强化培训效果原则

组织应尽可能使受训者对所学的内容做出反馈。组织必须定时检查学习结果，这样才能了解培训进度，不断改善培训课程，对于错误也可以设法改正。

组织需要评估人员培训的效用。培训员工其实是组织对人力资源的一项长期投资，至于收效如何未必能在短期内立即见效。

上述人员培训原则是整个培训过程中所必须遵循的原则。它不仅涉及人员培训的方法、内容、目的和效果等各个方面，而且各项原则之间是相互联系、相互影响的。因此，人员培训必须贯彻上述原则，这样才能收到实效。

二、培训的形式

按培训与工作岗位的关系划分，培训的形式主要有职前培训、在职培训、脱产培训、离职培训及其他培训。

（一）职前培训

职前培训是对未进入工作岗位之前的人员先进行职业技术培训。其目的是使员工对所面对的新岗位有一个清晰的了解，使之掌握进入工作岗位时所必须具备的知识和技能，从而能够在进入工作岗位后较快地熟悉和适应工作环境。职前培训的方式有很多种，如企业自办培训班，通过专业对口的职业学校招收人员，企业与学校共办培训班，学校为企业代培所需人才等。

（二）在职培训

在职培训是对已进入工作岗位的人员进行培训。其目的是使广大员工不断地增长知识、经验和能力，以适应科技发展导致的知识更新和企业不断发展的需要。在职培训的方法也有很多种，如请专家和教授讲课、参观学习、现场实习、函授教育、工作轮换、多种形式的视听教育等。

（三）脱产培训

脱产培训是有目的地选拔人员脱离工作岗位，到专门的培训场所进行培训。其目的是使员工得到系统的训练，使其专业理论知识和技能得到系统的提高。

（四）离职培训

离职培训就是让员工离开工作岗位到大学或其他单位，或在本单位专职学习一段时间，一般为半年、一年或更长时间。离职培训的方法包括课堂教学、影视教学或模拟教学等。课堂教学特别适用于向员工传授专门的知识，可以有效地提高员工解决技术问题的技能；影视教学适用于示范技术；模拟教学可以帮助员工提高协调人际关系和解决问题的能力，可以采取案例分析、角色扮演等方式进行。

（五）其他培训

1. 短期培训

短期培训主要侧重于对员工进行专题性的专业培训，具有针对性强、时间短、成本低、见效快的特点。

2. 自学

自学是一种自我完善与提高的培训形式，企业应采取措施对有志于自学的员工加以支持和鼓励。

3. 模拟

模拟是以实际情况为模型的一种经过精心设计的练习，受训者可以参与其中并得到反馈。这种方法对于错误的风险和代价很高（如飞行员培训）以及缺乏直接的、可以看得见的反馈（如管理决策制定）的工作特别有用。模拟经常用于管理培训。常用的模拟方法有几种：角色扮演、案例、决策竞赛和拓展训练。

三、职业管理

（一）职业管理的有关概念

1. 职业生涯

职业生涯是指一个人从首次参加工作开始的一生中所有的工作活动和工作经历，按编年的顺序串接组成的整个过程。也有研究者把职业生涯定义为：以心理开发、生理开发、智力开发、技能开发、伦理开发等人的潜能开发为基础，以工作内容的确定和变化、工作业绩的评价、工资待遇、职称职务的变动为标志，以满足需求为目标的工作经历和内心体验的经历。

2. 职业计划

职业计划是指一个人对一生各阶段从事的工作、担任的职务及职业发展道路所进行的设计和规划。从管理的角度看，职业计划有个人与组织两个层次。从个人层次看，每个人都有从现在和将来的工作中得到成长、发展和获得满意的强烈愿望和要求，为了实现这种愿望和要求，他们不断地追求理想的职业，并希望在自己的职业生涯中得到顺利的成长和发展，从而制定了自己成长、发展和不断追求满意的计划，这个计划就是个人的职业计划。从企业的层次看，职业计划是指企业为了不断增强员工的满意感并使其能与企业组织的发展和需要统一起来而制定的协调有关员工个人成长、发展与组织需求和发展相结合的计划。

3. 职业管理

职业管理是一种专门化的管理，即从组织角度对员工从事的职业所进行的一系列计划、组织、领导和控制等管理活动，以实现组织目标和个人发展的有机结合。对这一概念，需要明确以下几点：第一，职业管理的主体是组织，在本书中特指企业；第二，职业管理的客体是企业内员工及其所从事的职业；第三，职业管理是一个动态的过程；第四，职业管理是将组织目标同员工个人职业抱负与发展融为一体的管理活动，它谋求企业和个人的共同发展，同时也是促其得以实现的重要方式、手段和途径。

（二）企业怎样进行职业管理

1. 协调企业目标与员工个人目标

首先，树立人力资源开发思想。人力资源管理强调企业不仅要用人，更要培养人。职业管理正是培养人的重要途径。企业只有牢固树立了人力资源开发的思想，才能真正实施职业管理。其次，了解员工需求。员工的需求是多样化的，不同的员工有不同的主导需求，企业只有准确把握员工的主导需求，才能采取针对性措施满足其需求。特别是企业的骨干员工，他们在个人发展上的愿望更为迫切，职业计划更为清晰，企业尤其应注意重点了解和把握。最后，要使企业与员工结为利益共同体。企业在制定目标时，要使企业目标包含员工个人目标，还要通过有效的沟通使员工了解企业目标，让他们看到实现企业目标给自己带来的利益。在企业目标实现后，企业要兑现自己的承诺。

2. 帮助员工制定职业计划

第一，设计职业计划表。职业计划表是一张工作类别结构表，即通过将企业中的各项工作进行分门别类的排列而形成的一个较系统地反映企业人力资源配给状况的图表。借助这张表，公司的普通员工、中低层管理人员以及专业技术人员就可以瞄准自己的目标，在经验人士、主管经理的指导下正确选择自己的职业道路。

第二，为员工提供职业指导。企业为员工提供职业指导有三种途径：一是通过管理人员进行，这是管理人员的义务。管理人员长期与下属共事，对下属的能力和专长有较深入的了解，应在下属适合从事的工作方面给予其有价值的建议，并帮助下属分析晋升及调动的可能性。二是通过外请专家为员工进行职业发展咨询。三是向员工提供有关的自测工具，有许多工具可以帮助员工进行能力及个人特质方面的测试，企业可以购买这类工具供员工使用，有的企业把这种工具装在内部网上，员工可以自己上网测试。

3. 帮助员工实现职业计划

（1）在招聘时重视应聘者的职业兴趣并提供较为现实的发展机会。企业在招聘人员时既要强调职位的要求，又要重视应聘者的愿望和要求，特别是要注重了解应聘者的职业兴趣和对未来的职业发展计划，这是企业正确地使用和培养人才的基本条件。试想，如果企业连员工想干什么都不了解，又怎么可能为其安排适合的工作呢？如果企业根本不具备满足员工的长远职业计划的条件，员工又怎么可能在企业中长期工作下去呢？

（2）提供阶段性的工作轮换。工作轮换对员工的职业发展具有重要意义。它一方面可以使员工在一次次新的尝试中了解自己的职业性向和职业目标，更准确地评价自己的长处和短处；另一方面可以使员工经受多方面的锻炼，拓宽视野，培养多方面的技能，从而为将来承担更重要的工作打下基础。

（3）多样化、多层次的培训。培训与员工职业发展的关系最为直接。职业发展的基本条件是员工素质的提高，而且这种素质不一定要与目前的工作相关，这就有赖于持续不断的培训。企业应建立完善的培训体系，使员工在每次职业变化时都能得到相应的培训。同时也应鼓励员工自行参加企业内外提供的各种培训。

（4）为员工提供职业发展咨询。企业可以购买有关软件为员工进行职业性向等的测试，也可以聘请专家为员工进行咨询。企业的管理人员也可以在职业发展方面为员工提供有价值的建议。

（5）以职业发展为导向的考核。许多人都认为考核的主要目的是评价员工的绩效、态度和能力，或者是为分配、晋升提供依据。其实，考核的根本目的应是保证组织目标的实现，激励员工进取以及促进人力资源的开发。考核不能满足于为过去做一个结论，更要使员工了解怎样在将来做得更好。以职业发展为导向的考核就是要着眼于帮助员工发现问题和不足，明确努力方向和改进方法，促进员工的成长与进步。为此，必须赋予管理人员培养和帮助下属的责任，把员工的发展作为衡量管理人员成绩的重要标准之一。应要求管理人员定期与员工沟通，及时指出员工的问题并与员工一起探讨改进的措施。

（6）晋升与调动管理。晋升与调动是员工职业发展的直接表现和主要途径。企业应建立合理的晋升和调动的管理制度，保证员工得到公平竞争的机会。在招聘人员时，应允许企业内员工与外部人员平等竞争，在同等条件下，应优先录用内部员工。

第四节　绩效考评与薪酬管理

一、绩效考评概述

任何企业为了实现既定目标，都需要用一定的标准来规范企业员工的行为，并以此标准对组织中的个人行为进行评估。企业员工绩效的考评也是一个完整的系统，它将指导企业的人力资源部门科学合理地考核员工。

（一）绩效考评的概念

绩效考评是一种正式的、结构化的制度，它用来衡量、评价、反馈并影响员工的工作特性、行为和结果。通过绩效考评，可以评价员工的实际工作效果并对其进行针对性的奖励和惩罚，了解员工的发展潜力，最终实现员工与组织的共同发展。

绩效考评是人力资源管理的重要环节。其目的在于发现与选拔人才，为员工实施奖惩、升降、调配、培训等工作提供基本依据。对员工工作绩效进行客观评价，有利于发掘和有效地利用员工潜在的工作能力；有利于激励员工努力工作，积极进取；有利于发现工作中的问题，使员工明确进一步改进工作的方向。

（二）绩效考评的原则

1. 客观公正的原则

绩效考评首先要实事求是，防止主观武断，要做到考核标准客观、组织评价客观、自我评价客观，要增加考评工作的透明度，达到公开化、制度化。

2. 注重实绩的原则

考评的结果往往会牵涉到升降或奖惩，因此必须以员工的工作实绩作为考评的根本依据。在考评过程中，既要坚持注重实绩的原则，又要认真处理好考绩与考德方面的关系。

3. 能级分层的原则

对不同能力的人员授予不同的职称和职权，对不同贡献的人员给予不同的待遇和奖励。

4. 反馈修改的原则

在绩效考评之后，应及时将结果反馈给被考核者，同时听取被考核者的意见及自我评价情况，从而达到积极修改、相互信赖、相互促进的目的。

5. 可行实用的原则

实用是指考评的手段是否有助于组织目标的实现，以及考评的方法是否与相应的岗位以及考评的目的相适应。

6. 阶段性和连续性相结合的原则

阶段性的考评是对员工平时的各项评价指标数据的积累。考评的连续性要求对历次积累的数据进行综合分析，以求得出全面、准确的结论。

7. **工作重点的原则**

绩效考评是对员工的全面工作考评，但并非对任何事情都要进行考评，对于那些与工作无关，甚至是涉及员工个人隐私的内容，不宜作为考评内容。

（三）绩效考评的作用

1. **绩效考评能促进组织绩效和个人绩效的提升**

绩效考评通过设定科学合理的组织目标、部门目标和个人目标，为企业员工指明了努力方向。管理者通过绩效辅导沟通及时发现下属工作中存在的问题，给下属提供必要的工作指导和资源支持；下属通过工作态度及工作方法的改进保证绩效目标的实现。在企业正常运营的情况下，部门或个人的新目标应超出前一阶段目标，激励组织和个人进一步提升绩效。经过这样的绩效管理循环，组织和个人的绩效就会得到全面提升。另外，绩效考评也是通过对员工进行甄选与区分，保证优秀人才脱颖而出，同时淘汰不适合的人员。通过绩效考评能使内部人才得到成长，同时能吸引外部优秀人才，使人力资源能满足组织发展的需要，促进组织绩效和个人绩效的提升。

2. **绩效考评能促进管理流程和业务流程优化**

企业管理涉及对人和事的管理，对人的管理主要是激励约束问题，对事的管理是流程问题。在绩效考评过程中，各级管理者都应从企业整体利益及工作效率出发，尽量提高业务处理的效率，使组织运行效率逐渐提高，同时逐步优化企业管理流程和业务流程。

3. **绩效管理能保证组织战略目标的实现**

企业一般有比较清晰的发展思路和战略，有远期发展目标及近期发展目标，在此基础上根据外部经营环境的预期变化以及企业内部条件制订出年度经营计划及投资计划后，再根据计划制定企业年度经营目标。企业管理者将企业的年度经营目标分解到各个部门成为部门的年度业绩目标，各个部门再将核心指标分解到每个岗位上成为每个岗位的关键业绩指标。

二、绩效考评的内容和程序

（一）绩效考评的内容

绩效考评的目的不同，内容就不一样。一般而言，一个有效的考评系统要对以绩为主的德、能、勤、绩诸方面进行全面综合测评。这和考绩内涵是一致的，但在实际运用时可以对不同方面有所侧重，而且要兼顾到可操作性。

（1）德：包括思想品质、工作作风、道德水平等方面。“德”的考核对各级领导者尤为重要。

（2）能：指员工从事工作的能力，包括体能、学识、智能和技能等方面。体能主要是指年龄、性别、健康状况等因素。学识主要包括文化水平、专业知识水平、工作经验等项目。智能包括记忆、分析、综合、判断、创新等方面。技能包括操作、表达、组织领导、计划决策、监督控制等方面。

（3）勤：包括积极性、主动性、责任感、纪律性、出勤率等方面。“勤”的考核侧重反映员工工作过程的特点，是一个人能力素质的外在体现。

（4）绩：指员工的工作效率与效果，包括完成工作的数量、质量、成本费用、时效性以及对组织的其他贡献。

有时，一些有特殊目的的考评还要求对被考评者的个性特征（如性格、兴趣、爱好等）进行评价。

上述几方面内容的考核，在实际操作时都是通过一项或几项具体的问题或指标来反映的，所有这些指标构成了一个绩效考评指标体系。一个考评系统要设计得有效、科学，对指标体系的设计是非常重要的一环。在考虑考评内容的全面性时，要注意考评对象是有着某种具体工作岗位的在职员工，指标设计应限于与该具体工作岗位的职务活动有关的内容。此外还应注意以下几点：考评指标的数目虽然主要取决于考评方法，但在保证公正评价的前提下，指标应尽量减少；指标的内容应简单明确；当对不同单位或岗位的人员的同一指标项目进行考评时，原则上指标内容应有所不同（但态度评价指标可不受此限制）；应避免内容重复的指标。

（二）绩效考评的一般程序

绩效考评的效果很大程度上取决于考评系统的设计、考评方法的选择和实施过程的安排。一般而言，完整的绩效考评程序必须包括以下步骤，如图5－3所示。

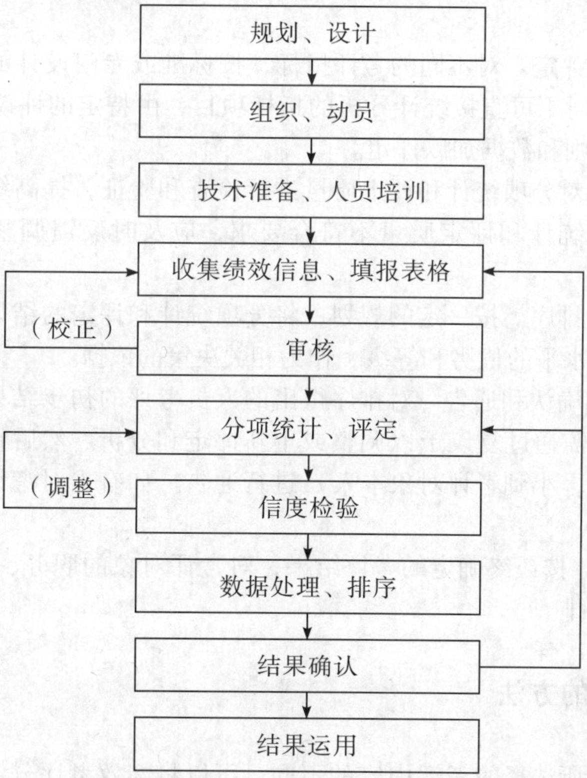

图5－3　绩效考评的一般程序

（1）规划、设计。一旦要对员工进行考评，单位领导人和人事主管部门应着手制定考评活动的实施规划，明确考评的目的、要求和内容，设计考评方案和具体执行办法，发布相应的文件。

（2）组织、动员。成立相应的组织机构和工作小组，指定工作人员，明确职权划分。在考评对象或全体工作人员范围内进行实际操作前的动员，说明考评的目的、内容、方法、要求及考评结果的运用方式，以端正员工态度、消除员工有意无意的抵制情况和抗拒心理。

（3）技术准备、人员培训，根据工作（职务）分析的结果确定具体的考评标准、制备考评所需的各种表格和工具。对考评工作人员进行特别的培训，提高他们的业务能力，减少评定中人为的非正常误差。培训的内容一般包括两个方面：

①培养正确的态度，提高考评工作人员对绩效考评及其意义、人力资源开发与管理和考评之间关系的认识。

②提高考评工作人员的专业知识和技术水平，包括考评中容易产生错误的原因及其防止对策、考评方法、文件资料和数据处理的方法、专用工具与设备的使用技术等。

（4）收集绩效信息、填报表格。按照拟定的考评方案，收集考评所必需的绩效信息（其中包括日常工作记录等资料）；安排有关人员填写各种考评表格，以期全面反映考评对象的绩效情况。

（5）审核。对收集和填报的初始信息资料进行审查与核实，剔除虚假信息，修正有误差的资料。

（6）分项统计、评定。对不同的考评指标，按标准或专门设计的方法进行分项计数或计量统计计数。而对不可直接统计分析的指标项目，由特定的评议委员会（小组）按照标准系统设计的规则和数据加以评定。

（7）信度检验。对分项统计和评定质量进行检查和验证，提高统计的准确性和评定的一致性。如若发现统计和评定质量不符合要求，应及时反馈调整，复核统计或重新评定。

（8）数据处理、排序。按一定的规划，将分项统计和评定的结果加以综合运算，根据运算结果区分绩效水平的优劣和等级，作为相关决策的依据。

（9）考评结果的确认和通告。对排序得出的人员考评的初步结果加以确认，对不合理的考评结果与排序需通过复议予以调整或重新评定和分析。然后将最终结果在一定的范围（大到全体员工，小到考评对象本人）进行通告。如有人对考评结果不服，必要时可以再次进行复议。

（10）结果运用。按最终确定的考评结果，对考评对象的职务、职称、工资、奖惩、培训等做出合理的安排。

三、绩效考评的方法

根据绩效考评时所选择的考评内容的不同，可以将绩效考评分为三种基本类型：一是品质基础性考评，主要用于评价员工的个性或个人能力、特征等；二是行为基础性考评，主要考评员工在工作中的行为表现，即工作是如何完成的；三是效果基础性考评，主要考评员工的产出和贡献，而不关心行为和过程。针对不同的考评内容，企业通常可以采用以下考评方法：

（一）排序法

排序法是指将员工的业绩按照从高到低的顺序进行排列。运用排序法进行绩效考评的优点是简单、实用，缺点是容易给员工造成心理压力。

（二）配对比较法

配对比较法就是将被考核者逐对进行两两比较，绩效更好的得1分，绩效不如比较对象的记0分。在进行完所有比较后，将每个人的得分加总所得就是这个人的相对绩效，根据每个人的得分，评价出被考核者绩效的优劣次序，如表5－3所示。

表5－3　配对比较法

	得　分					得分总数
	张三	李四	王五	赵六	刘七	
张三	—	1	1	0	1	3
李四	0	—	1	0	1	2
王五	0	0	—	0	1	1
赵六	1	1	1	—	1	4
刘七	0	0	0	0	—	0

（资料来源：张德．人力资源开发与管理［M］．北京：清华大学出版社，1996.）

考核结论：被考核的5名员工按绩效从优至劣次序为赵六、张三、李四、王五、刘七。

该方法的主要缺点是当评定对象较多时会很麻烦，如同时考核N个员工就需要进行$N（N-1）/2$次比较，因此，该方法适用于被考核者人数不多的情况。配对比较法的其他缺点有：难以得出绝对评价，只能给出相对的比较次序；有时会造成循环，如3个人的绩效A优于B、B优于C、C又优于A，则每人都得1分，这将给评估带来困难。该方法的优点是准确度比较高。

（三）强制分布法

强制分布法要求评价者将被评价者的绩效结果放入一个类似于正态分布的标准中。它将员工的绩效表现划分为多个等级，并确定每个等级的人数比例。这种方法排除了评价者主观因素对考核结果的影响。但如果部门所有员工都同样优秀，其公平性就可能会大打折扣。

（四）重要事件法

考评人在平时应注意收集被考评人的“重要事件”（指被考评人的优秀表现和不良表现），把这些表现形成书面记录。对普通的工作行为则不必进行记录。然后根据这些书面记录进行整理和分析，最终形成考评结果。该考评方法一般不单独使用。

（五）不良事故评价法

不良事故评价法是指通过预先设计不良事故的清单对员工的绩效进行考核。这种方法能有效地规避工作差错造成的组织利益的巨大损失。

（六）评语法

评语法是指由考评人撰写一段评语来对被考评人进行评价的一种方法。评语的内容包括被考评人的工作业绩、工作表现、优缺点和需要努力的方向。评语法在我国应用得非常广泛。该考评方法主观性强，最好不要单独使用。

（七）情境模拟法

情境模拟法是一种模拟工作考评方法。它要求员工在评价小组成员面前完成类似于实际工作中可能遇到的活动，评价小组根据完成的情况对被考评人的工作能力进行考评。它是一种针对工作潜力的考评方法。

（八）行为锚定法

行为锚定法将每项工作的特定行为用一张等级表进行反映，该反映表将每项工作划分为各种行为级别（从最积极的行为到最消极的行为），评价时评价者只需将员工的行为对号入座即可。

（九）小组评价法

小组评价法是指由两名以上熟悉该员工工作情况的经理组成评价小组进行绩效考评。小组评价法的优点是操作简单、省时省力；缺点是容易使评价标准模糊、主观性强。为了提高小组评价的可靠性，在进行小组评价之前，应向员工公布考评内容、依据和标准；评价结束后，要向员工讲明评价的结果。在使用小组评价法时，最好与员工个人评价结合进行。当小组评价和个人评价结果差距较大时，为了防止考评偏差，评价小组成员应该首先了解员工的具体工作表现和工作业绩，然后再做出评价决定。

（十）综合法

顾名思义，综合法就是将各类绩效考评的方法进行综合运用，以提高绩效考评结果的客观性和可信度。在实际工作中，很少有企业单独使用一种考评方法来实施绩效考评工作。

四、薪酬管理

（一）薪酬的含义和内容

薪酬（compensation）是企业对员工为企业所做的贡献，包括他们实现的绩效，付出的努力、时间、学识、技能、经验与创造等所支付的相应的回报或答谢。这实质上是一种公平的交换或交易。

广义的薪酬包括经济性支付和非经济性支付。其中经济性支付又分为直接性货币支付（如基本工资、业绩工资、特殊奖励、分红等）和间接性货币支付（如保险、退休计划、培训，以及公司付酬的假日和员工休假等）。而非经济性支付则主要包括发展（晋升、能力提升、培训机会）和工作环境（认可、荣誉、氛围、文化）等。

狭义的薪酬主要是指个人获得的工资、奖金以及实物形式支付的劳动回报。

（二）影响薪酬水平的因素

影响员工薪酬水平的因素可分为组织外部因素和组织内部因素两大类。

1. 组织外部因素

组织外部因素主要包括市场劳动力供求状况、政府对宏观工资水平的控制以及物价等、社会劳动生产率变化以及行业报酬水平的变化。

2. 组织内部因素

组织内部因素对组织报酬水平的影响，主要表现为员工之间的劳动差别、分配形式和组织的经济效益三大方面。

（三）目前典型的薪酬体系

1. 职务工资制

职务工资制是首先对职务本身的价值做出客观的评估，然后根据这种评估的结果赋予担任这一职务的从业人员与其职务价值相当的工资的一种工资制度。

2. 职能工资制

职能工资制基于员工能力，发放的对象是员工能力。能力工资占整个工资总额的65%以上。

3. 绩效工资制

绩效工资制的前身是计件工资制，但它不是简单意义上的与产品数量挂钩的工资形式，而是建立在科学的工资标准和管理程序基础上的工资体系。它的基本特征是将雇员的薪酬收入与个人业绩挂钩。

4. 年薪制

以公司制为代表的企业，通常由董事会领导下的经理阶层负责企业经营，这可以使投资者的资本与经营者的才干融为一体，有可能使各种生产要素实现高效运行，并最大限度地产生经济效益。

（四）薪酬体系设计的步骤

薪酬体系的设计是具有挑战性的，它既是一门科学，同时也是一门艺术。薪酬体系的设计与管理应该被看作是一个动态的过程，这是因为组织的内外部环境会以一种不可预见的方式发生变化。因此，一个有效的薪酬体系不应是僵化和死板的，而应该根据需要随时进行监控和调整。要设计出合理科学的薪酬体系和薪酬制度，一般要经历以下几个步骤：

（1）职位分析。这是确定薪酬的基础。

（2）职位评价。重在解决薪酬的对内公平性问题。

（3）薪酬调查。重在解决薪酬的对外竞争力问题。

（4）薪酬定位。在分析同行业的薪酬数据后，需要做的是根据企业状况选用不同的薪酬水平。

（5）薪酬结构设计。往往要综合考虑三个方面的因素：一是其职位等级；二是个人的技能和资历；三是个人绩效。

（6）薪酬体系的实施和修正。在制定和实施薪酬体系过程中及时的沟通，必要的宣传或培训是保证薪酬改革成功的因素之一。

（五）薪酬体系设计的原则

企业设计薪酬时必须遵循一定的原则。这些原则包括战略导向、经济性、体现员工价值、激励作用、相对公平（内部一致性）、外部竞争性等。

1. 战略导向原则

战略导向原则强调企业设计薪酬时必须从企业的战略角度进行分析，制定的薪酬政策和制度必须体现企业发展战略的要求。企业的薪酬不仅仅只是一种制度，它更是一种机制。合理的薪酬制度驱动和鞭策那些有利于企业发展战略的因素的成长和提高，同时使那些不利于企业发展战略的因素得到有效的遏制、消退和淘汰。因此，企业设计薪酬时，必须从战略的角度分析哪些因素重要、哪些因素不重要，并通过一定的价值标准给予这些因素一定的权重，同时确定它们的价值分配即薪酬标准。

2. 经济性原则

经济性原则强调企业设计薪酬时必须充分考虑企业自身发展的特点和支付能力。它包括两个方面的含义：从短期来看，企业的销售收入扣除各项非人工（人力资源）费用和成本后，要能够支付起企业所有员工的薪酬；从长期来看，企业在支付所有员工的薪酬及补偿所用非人工费用和成本后，要有盈余，这样才能支撑企业追加和扩大投资，获得企业的可持续发展。

3. 体现员工价值原则

企业在设计薪酬时，必须能充分体现员工的价值，使员工的发展与企业的发展充分协调起来，保持员工创造与员工待遇（价值创造与价值分配）之间短期和长期的平衡。

4. 激励作用原则

激励作用原则就是强调企业在设计薪酬体系时必须充分考虑薪酬的激励作用，即薪酬的激励效果。这里涉及企业薪酬（人力资源投入）与激励效果（人力资源产出）之间的比例代数关系。企业在设计薪酬策略时要充分考虑各种因素，使薪酬的支付获得最大的激励效果。

5. 相对公平（内部一致性）原则

相对公平原则是斯密公平理论在薪酬体系设计中的运用，它强调企业在设计薪酬时要“一碗水端平”。主要有三个方面的含义：一是横向公平，即企业所有员工之间的薪酬标准、尺度应该是一致的；二是纵向公平，即企业设计薪酬时必须考虑到历史的延续性，一个员工过去的投入产出比和现在乃至将来都应该基本上是一致的，而且还应该是有所增长的；三是外部公平，即企业的薪酬体系设计与同行业的同类人才相比要具有一致性。

6. 外部竞争性原则

外部竞争性原则强调企业在设计薪酬时必须考虑到同行业薪酬市场的薪酬水平和竞争对手的薪酬水平，保证企业的薪酬水平在市场上具有一定的竞争力，能充分地吸引和留住企业发展所需的战略性、关键性人才。

（六）员工薪酬构成

1. 工资（薪酬）

工资是根据劳动者所提供的劳动数量和质量，按照事先规定的标准付给劳动者的报酬，即劳动的价格。工资的形式主要有两种：计时工资和计件工资。

合理的工资制度是调动职工积极性的手段。目前，企业工资制度主要有以下几种：

(1) 技术等级工资制。它是主要根据技术复杂程度、劳动熟练程度以及工作责任大小等因素划分技术等级和规定相应的工资标准，然后根据雇员所达到的技术水平评定技术（工资）等级和标准工资的一种等级工资制度。这种工资制度适用于技术复杂程度比较高、工人劳动差别较大、分工较粗及工作物不固定的工种（如机械行业）。

(2) 职务等级工资制。它是企业行政人员和专业技术人员所实行的按职务等级规定工资的制度。其特点是按照职务高低规定统一的工资标准。

(3) 结构工资制。结构工资制又称分解工资制或组合工资制，是指基于工资的不同功能划分为若干相对独立的工资单元，各单元又规定不同的结构系数，组成有质的区分和量的比例关系的工资结构。

各企业可以根据不同情况作出不同的具体规定，其组成部分及其比例可以依据生产和分配的需要或大或小，没有固定的格式。一般包括六个部分：基础工资、岗位工资、技能工资、效益工资、浮动工资、年功工资。

(4) 提成工资制。即按员工工资随企业营业额的变化而变化，如营销人员按销售额提成工资。

2. 奖金

奖金是对员工超额劳动的报酬或工作突出而给予的奖励。企业中常见的奖金形式有全勤奖、生产奖、安全奖、创新奖、效益奖、年终奖等。

3. 津贴

津贴是对员工在特殊劳动条件下超常劳动消耗给予的补偿。劳动所处的环境和条件的优劣是津贴分配的唯一依据，津贴发放与员工的能力大小、业绩无关。企业中常见的津贴主要有地区津贴、野外作业津贴、井下津贴、夜班津贴、冬季取暖津贴、高温津贴、职务津贴等。

4. 福利

福利是指企业为员工提供的除工资和奖金之外的物质待遇。一般分为 4 种：

(1) 公共福利，如医疗保险、失业保险、养老保险、伤残保险、生育保险等。

(2) 个人福利，如辞退金、住房津贴、交通费、工作午餐等。

(3) 有偿假期，如脱产培训、病假、事假、公休、节日假、工作间休息等。

(4) 生活福利，如托儿所、俱乐部、内部优惠商品、节日补助、搬迁补助等。

5. 股权期权

股权期权是指经营者与企业所有者约定，在一定时间内（一般为 10 年），经营者享有以某一预先确定的价格购买一定数量本企业股票的权利。企业效益越好，股票价格越高，经营者抛售时所赚的差价就越大。从而激励其尽心尽力搞好工作，以谋求企业利益的最大化。股票期权是一种长期激励的手段，一般适用于中高层管理者与技术骨干。

（七）选择合适的薪酬（工资）制度

不同的企业有不同的薪酬（工资）制度。在不同的薪酬制度下，员工的薪酬构成不同。薪酬构成的不同，体现了企业对员工的不同方面的认可度，如岗位或职务等级薪酬，体现了企业认为员工所承担的岗位不同、对企业的贡献价值不同。在选择合适的薪酬制度时，一般要考虑下面的四个因素。

1. 企业的赢利水平

企业赢利水平的高低直接影响到员工的收入。若赢利水平高，可采用结构薪酬制；赢利水平低，可采用操作简单的岗位或职务等级薪酬制。

2. 企业所处的行业发展进度

行业的发展，同该行业熟练劳动力人数成正比，如果行业发展快，一般采用岗位技能薪酬制比较好；若行业发展速度缓慢，则可采用结构薪酬制。

3. 企业规模

企业规模越大，受到企业所在地政府的关注越多，所以各项工资福利比较齐全。一旦违法，成本高昂，所以规模大的企业宜选用各项目细分较清楚的结构工资制，而规模小的企业一般选用简单的工资形式。

4. 工资管理成本

选择工资制度时，一般考虑直接的成本，但从经济学的角度出发，还要考虑机会成本的因素。

五、员工的激励

（一）激励的概念

激励是通过有效的激励手段激发员工的内在积极性，引导其朝着所期望的目标采取行动的过程。关于激励理论，最著名的是马斯洛的需求层次论和赫兹伯格的双因素理论。

需求层次论是美国心理学家马斯洛提出的。他认为人的需求分为五个层次，由低到高依次是：生理需要、安全需要、社交需要、尊重需要和自我实现需要。只有低层次的需要得到满足后，才会产生较高一个层次的需要；当某一个层次的需要得到满足后，这个层次的需要就不再会产生激励作用。

双因素激励理论也叫“保健—激励理论”，是美国心理学家弗雷德里克·赫兹伯格于20世纪50年代后期提出的。他认为影响人们行为的因素主要有两类：保健因素和激励因素。保健因素是那些与人们的不满情绪有关的因素，如公司的政策、管理和监督、人际关系、工作条件等。这类因素并不能对员工起激励的作用，只能起到保持人的积极性、维持工作现状的作用，所以保健因素又称为维持因素。激励因素是指那些与人们的满意情绪有关的因素。与激励因素有关的工作处理得好，能够使人们产生满意情绪，如果处理不当，其不利效果顶多只是没有满意情绪，而不会导致不满。他认为，激励因素主要包括工作表现机会和工作带来的愉快、工作上的成就感、由于良好的工作成绩而得到的奖励、对未来发展的期望，以及职务上的责任感。

这种理论对企业管理的基本启示是：要调动和维持员工的积极性，首先要注意保健因素，以防止不满情绪的产生。但更重要的是要利用激励因素激发员工的工作热情，创造奋发向上的局面。因为只有激励因素才会增加员工的工作满意感。

表 5－4 双因素的比较

比较项目	保健因素	激励因素
含义	指对职工产生的效果类似于卫生保健对身体健康所起的作用的因素	指那些能带来积极态度、满意和激励作用的因素
内容	属于工作环境和工作关系	属于工作本身或工作内容
范围	公司政策、管理措施、监督、人际关系、物质工作条件、工资、福利等	成就、赏识、挑战性的工作、增加的工作责任以及成长和发展的机会
激励效果	满足：既不是满意，也不是不满意 不满足：不满意	满足：满意、产生激励 不满足：不会产生太大的不满

（二）激励因素

激励因素一般分为物质因素与精神因素。物质激励因素主要包括基本薪金、奖励、股权期权、养老计划等。精神激励因素则主要包括企业的控制权、职位晋升、个人的声誉、事业的成功感、政治地位、社会责任意识等方面的激励。

（三）激励手段

（1）薪酬激励。薪酬激励是最基本、最有效的激励手段。稳定的工资收入是员工工作动力的永久源泉。企业应设计科学、公平的薪酬制度，调动每位员工的内在积极性。

（2）奖惩激励。企业对员工取得的工作成效给予奖励，对懒散、有失职或渎职行为的员工及时给予惩罚，在企业营造良好的奖罚分明的氛围，引导员工朝企业既定目标发展。奖惩是激励员工的基本手段，但在应用时注意奖惩结合、以奖为主的原则，注意奖惩适度。

（3）任务激励。根据员工能力情况适度授权的同时，施加压力，安排具有挑战性的工作，不仅有利于其尽快提高业务水平，也可创造其施展才华的机会。但应用此法时，一定要注意“度”。任务重了容易使员工产生放弃心理，太轻则不能起到激励作用。

（4）关怀激励。企业管理者通过与员工进行思想沟通，关怀、爱护员工来激发其积极性、创造性的激励方法。关怀激励法被管理学家称之为“爱的经济学”，即无须投入资本，只要注入关心、爱护等情感因素，就能获得产出。

（5）尊重激励。尊重激励法就是通过尊重下级的意见、需要及尊重有功之臣的做法来使职工感到自己对于组织的重要性，以增加其归属感和责任感。

（6）晋升激励。多数员工都希望在工作中有晋升的机会，没有晋升机会的工作会使员工丧失进取心。企业管理者要让员工看到晋升的希望，营造公平的竞争环境，充分调动员工的积极性。

（7）授权激励。授权不仅可以提升员工独立工作的能力，而且能有效地强化员工“独挑大梁”的责任感，从而充分激发其工作的热情。应用时应注意两点：一是让所有相关人士知道被授权者的权责；二是一旦授权就不再干涉。

课堂讨论

松下幸之助喜欢带来访客人参观工厂，随便指着一位员工说："这是我最好的主管之一。"试分析这属于哪种激励方法？

管理小知识

激励机制为企业管理难题之首

《世界经理人文摘》于2002年面向中国的职业经理人、企业家和管理专家进行了一次调查，调查的题目是"中国企业的十大管理难题"。

排名前三位的难题是：

第一，怎样有效地建立企业的绩效考评体系？

第二，怎样有效地激励和留住人才？

第三，怎样制定合理的员工薪酬体系？

解决之道：

世界著名的经理人韦尔奇给出的答案是：搞好一家企业，关键是要给20%表现优秀的员工不断地加薪，而不断地淘汰企业里表现较差的10%的员工。只要企业的最高决策层能做到这一点，企业肯定能办好。

综合练习与实践

一、复习思考题

1. 简述人力资源的概念、特点和人力资源管理的功能、原则。
2. 传统人事管理与人力资源管理的区别在哪里？
3. 人力资源规划的主要内容是什么？简述人力资源规划的程序。
4. 简述企业人力资源招聘的方法。
5. 员工培训的形式有哪些？
6. 对员工的绩效考评应遵循什么原则？有哪些常用方法？
7. 影响薪酬水平的因素是什么？
8. 激励理论包括哪些内容？激励的手段有哪些？

二、案例分析

1. 李明是国企ABC公司的人事主管。在逐步认识到实行规范化、现代化人力资源管理的重要性后，她决定在企业内部开展岗位规范工作，进行工作分析，编制全公司职工的工作说明书，以求为公司人力资源管理的各环节打下一个良好基础。她此举还有一个最直接的目的，就是想以此淘汰一批不合格的人员，谁不能达到工作说明书的要求，谁就得老老实实地下岗。

思考：

（1）你认可李明的做法吗？

（2）如果认可，请你帮李明设计工作岗位分析的步骤和程序。

2. 某独资企业欲招聘若干管理人员，通知所有应聘者在某月某日某时整在某大厦公司总部同一时间面试。等到面试那天，公司派人提前在该大厦大厅内接待前来应聘的人员，并请大家在大厅内恭候。等到所有应聘人员到齐后，接待人员告诉大家一个不幸的消息：电梯坏了，需要大家由接待人员带领着爬几十层楼梯到公司的办公室参加面试。有些人听后立即就走了，有些人爬到一半后也放弃了，只有少数几个人坚持到最后。结果，就是这些坚持到最后的应聘者被录用了。

思考：这个案例带给我们什么启示？

三、实践训练

将全班分为两大组，轮流担任招聘方和应聘方。招聘方要制订详细的招聘计划，包括招聘目的、招聘岗位、任用条件、招聘程序，特别是聘用决定的方法。应聘方应写出应聘提纲或应聘演讲稿，一定要体现出应聘竞争优势。

第六章
现代企业财务管理

学习目标

通过本章的学习，了解财务管理的含义和目标；熟练掌握货币时间价值终值与现值的计算方法；熟悉财务管理的五项基本原则；会比较企业筹资、投资和利润分配管理的不同；理解并能计算影响企业财务决策的财务指标；掌握偿债能力、营运能力、盈利能力和现金流量的内容。

引导案例

IBM 公司和 Merck 公司

1993 年，沃特·迪斯尼（Walt Disney）公司董事长 Michael Eisner 的年薪超过 2.03 亿美元，相当于每天收入超过 50 万美元或每小时 78 000 美元。令人惊讶的是，公司股东对此并无不满。1984 年 Eisner 接管 Disney 公司时，公司股票总市值为 22 亿美元，而到 1994 年，公司股票市值已超过 220 亿美元。若 1984 年在该公司投资 100 美元，到 1994 年将增值为 1 450 美元。Eisner 的薪金是与公司的利润挂钩的。Disney 公司税后利润超过 11% 资本收益的额外部分的 3% 作为 Eisner 的奖金。

此处所关心的并不是公司总裁的薪金，而是这样一种收入分配是否与公司股东和管理者的利益相一致。从下面两个公司的结果我们将会看到，对于公司目标而言，公司管理者和股东利益的一致性是很有必要的。什么是财务管理？财务管理与经济价值或股东财富的保值增值有关。为了说明这一点，让我们比较两个公司——Merck 公司和 IBM 公司。在 1993 年底，Merck 公司股票总市值是 360 亿美元。公司自创建以来，投资者总共投入的资金是 170 亿美元。换句话说，经营管理为股东创造的价值是 190 亿美元，或者说使股东财富增值 190 亿美元。IBM 公司 1993 年底的股票市值为 540 亿美元，但公司投资者的总投资额为 700 亿美元，从而损失 160 亿美元。所以说 Merck 公司为它的股东创造了价值，而 IBM 公司则使它的股东蒙受了损失。

第一节　财务管理概述

一、财务管理的概念与特征

（一）财务管理的概念

企业的目标是创造价值，即企业价值最大化。这一目标不仅会使股东利益最大化，对社会的贡献也是最大的。企业为了创造财富，用科学的方法和手段，对与资金的增减变动有关的事务加以控制与管理，因而财务管理可为企业的价值创造发挥重要作用。

财务管理是指基于企业生产过程中客观存在的财务活动和关系而产生的，组织企业资金活动、处理企业同各方面的财务关系的一项经济管理工作，是企业管理的重要组成部分。财务的实质是资金运动及其所形成的财务关系。

财务关系主要有以下几种：

（1）企业与政府之间是强制无偿的分配关系。

（2）企业与投资者之间是控制、参与分配、承担责任。

（3）企业与债权人之间是债务与债权关系。

（4）企业与受资人之间是投资与受资关系。

（5）企业与债务人之间是债权与债务关系。

（6）企业内部各单位之间是分工协作而形成的内部资金结算关系。

（7）企业与职工之间是劳动成果上的分配关系。

（二）财务管理的特征

财务管理是依据国家政策和法令，根据资金运动的特点和规律性，有效地组织企业的资金活动，正确处理相应的财务关系。

财务管理主要具有以下特征：

（1）财务管理的基本属性是价值管理。

（2）财务管理的职能具有多样化。

（3）财务管理的内容具有广泛性。

二、财务观念

（一）时间价值观念——今天的一元钱比未来的一元钱更值钱

1. 货币时间价值的概念

货币时间价值，即货币经历一定时间的投资和再投资所增加的价值，也称资金的时间价值。货币时间价值是企业财务决策的基础。例如：100 元钱存入银行，在利率为 10% 的前提下，一年后价值 110 元。可见，一定量的资金在不同时点的价值是不相同的。一定量的资金在不同时点上价值量的差额（增值额）即为资金时间价值。通常在无通胀情况下的国债利率被认为是资金时间价值的标准值。

2. **货币时间价值的计算**

在货币时间价值的计算中，涉及终值、现值等。其中，终值指某一特定金额在若干期后，按规定利率计算的包括本金和利息在内的未来价值；现值是指若干期后某一特定金额按规定利率折算的现在价值。此外，货币时间价值的计算又分单利和复利两种情况。

（1）单利的计算。即只就本金计算利息，利不生利。例如：100 元存入银行，年利率 10%，3 年后取出 130 元（终值），其中利息 $I=P\cdot i\cdot n=100\times10\%\times3=30$ 元。

单利的终值与现值公式为：

$$F=P\ (1+i\cdot n)\qquad\qquad P=F/\ (1+i\cdot n)$$

（2）复利的计算：即利息加入本金计算利息，俗称“利滚利”。例如：100 元存入银行，年利率 10%，3 年后的本利和为 133.3 元。

复利的终值与现值公式为：

$$F=P\ (1+i)^n$$

其中，$(1+i)^n$ 简称复利终值系数；复利现值 $P=F\ (1+i)^{-n}$ 即终值的逆运算，简称折现；$(1+i)^{-n}$ 简称复利现值系数。

（3）普通年金的计算。普通年金是指在一定时期内每期期末等额发生的系列收付款项。普通年金终值是指一定期间每期期末等额的系列收付款项的终值之和，用符号 FA 表示。

普通年金终值的计算公式为：

$$FA=A\ (F/A,\ i,\ n)$$

普通年金现值的计算公式为：

$$P=A\ (P/A,\ i,\ n)$$

财务管理中对货币时间价值的研究，主要是对资金的筹集、投放、使用和回收从量上进行分析，以便找出合适的分析方案的数学模型，改善财务管理决策。它成为评价投资方案的基本标准。

（二）风险收益均衡观念——对额外的风险需要有额外的收益进行补偿

风险收益（风险报酬）是指投资者由于冒着风险进行投资而获得的超过货币时间价值的额外收益。风险与收益是一种对称关系，它要求等量风险带来等量收益，即风险收益均衡。财务管理的原则是：在一定的风险下必须使收益达到较高的水平；在收益一定的情况下，风险必须维持在较低的水平。

一些人以储蓄的方式进行投资并得到回报，目的是为了未来的消费。另一些人则愿意放弃未来的消费机会而选择现在消费。面对不同的投资机会，我们应把钱投到哪儿呢？

首先，投资者由于延迟消费，会要求比预期的通货膨胀率更高的收益。如果投资不能补偿预期的通货膨胀，投资者将会提前购买他们目前不需要的产品或投资于那些能保值增值的资产。如果储蓄会导致购买力下降，推迟消费将是不明智的。其次，投资项目的风险和收益各不相同。由于高风险项目的预期收益也较高，所以投资者有时会选择风险高的投资项目。

需要注意的是，我们所指的是预期收益而不是实际收益。我们只能预期未来的结果，而不能预先得知其实际发生的情况。额外的收益将补偿额外的风险，这就是为什么通用汽车公司（General Motors）债券的利率高于美国政府债券利率的原因。风险和收益的关系是评估股票、债券及新投资机会价值的关键因素。

三、财务管理目标

财务管理目标是指企业组织财务活动、处理财务关系所要达到的根本目的。它是企业目标的具体化，是企业财务管理的出发点和归宿点。一般而言，企业财务管理的目标就是企业价值最大化。根据这一目标，财务管理者的工作即是要为股东创造价值。为了更好地理解这一目标，我们先把利润最大化作为公司的目标，然后将它与股东财富最大化进行比较。

（一）利润最大化

利润最大化就是假定企业财务管理以实现利润最大化为目标。

以利润最大化作为财务管理目标，其主要原因有三个：一是人类从事生产经营活动的目的是为了创造更多的剩余产品，在市场经济条件下，剩余产品的多少可以用利润这个指标来衡量；二是在自由竞争的资本市场中，资本的使用权最终属于获利最多的企业；三是只有每个企业都最大限度地创造利润，整个社会的财富才可能实现最大化，从而带来社会的进步和发展。

利润最大化目标的主要优点是：企业追求利润最大化，就必须讲求经济核算，加强管理，改进技术，提高劳动生产率，降低产品成本。这些措施都有利于企业资源的合理配置，有利于企业整体经济效益的提高。

但是，以利润最大化作为财务管理目标存在以下缺陷：

（1）没有考虑利润实现时间和货币时间价值。比如，今年100万元的利润和10年以后同等数量的利润实际价值是不一样的，10年间还会有时间价值的增加，而且这一数值会随着贴现率的不同而不同。

（2）没有考虑风险问题。不同行业具有不同的风险，同等利润值在不同行业中的意义也不相同。比如，风险比较高的高科技企业和风险相对较小的制造业企业无法简单比较。

（3）没有反映创造的利润与投入资本之间的关系。

（4）可能导致企业短期财务决策倾向，影响企业长远发展。由于利润指标通常按年计算，因此，企业决策也往往会服务于年度指标的完成或实现。

（二）每股收益最大化

每股收益最大化，是指税后净利润与流通在外的普通股股数的比最大。它将企业的利润与投入的股本联系起来，可以反映投入与产出的关系。另外，每股收益的数据很容易从报表中取得。

每股收益最大化的优点是：把企业实现的利润额同投入的资本或股本进行对比，能说明企业的盈利水平，可以在不同资本规模的企业或期间进行比较，揭示其盈利水平的差异。

其缺点是：

（1）每股收益是将企业年利润按目前普通股总股数平均的结果，没有计算企业未来现金流量，也没有考虑货币时间价值。

（2）因没有考虑股票价格走势，故仍没有考虑风险因素，也不能避免企业的短期行为。

（三）股东财富最大化或企业价值最大化

企业价值最大化要求企业通过采用最优的财务政策，充分考虑货币的时间价值和风险与报酬的关系，在保证企业长期稳定发展的基础上使企业总价值达到最大。对于股份制企业，企业价值最大化可表述为股东财富最大化。股东财富最大化是指企业财务管理以实现股东财富价值最大为目标。在上市公司，股东财富是由其所拥有的股票数量和股票市场价格两方面决定的。在股票数量一定时，股票价格达到最高，股东财富也就达到最大。

其优点是：

（1）考虑了风险因素，因为通常股价会对风险作出较敏感的反应。

（2）在一定程度上能避免企业短期行为，因为不仅目前的利润会影响股票价格，预期未来的利润同样会对股价产生重要影响。

（3）对上市公司而言，股东财富最大化或企业价值最大化目标比较容易量化，便于考核和奖惩。

其缺点是：

（1）通常只适用于股份制企业或上市公司，非上市公司难以应用，因为非上市公司无法像上市公司一样随时准确获得公司股价信息。

（2）股价受众多因素影响，特别是企业外部的因素，有些还可能是非正常因素。股价不能完全准确反映企业财务管理状况，如有的上市公司处于破产的边缘，但由于可能存在某些机会，其股票市价还在走高。

（3）它强调得更多的是股东利益，而对其他相关者的利益重视不够。

影响财务管理目标实现的因素有：①所有者与经营者的矛盾与协调；②所有者与债权人的矛盾与协调。

四、财务管理原则

财务管理原则是企业在自觉认识和掌握财务活动规律的基础上，组织财务活动，处理财务关系的行为准则，指人们对财务活动共同的、理性的认识。它是从企业理财实践中概括出来，并体现理财活动规律的行业规范，是联系理论与实践的纽带，是对财务管理工作的基本要求。

（一）资本金保全原则

资本金保全原则即资本确定原则、资本维持原则、资本不变原则，是计量企业经营成果所必须遵循的财务概念。根据这一原则，只有在所有者投入企业的资本不受侵犯的前提下才能确认利润，并据以进行分配。资本金保全原则要求企业在进行利润分配时应首先保证资本的完整，不能因为利润分配的原因而减少了企业的资本。

（二）价值最大化原则

投资者对于投资项目及股利决策的反应是使公司的股价波动的因素。公司股价的高低不仅反映了公司的价值，也反映了现实中的各种风险和复杂因素。实际上，好的决策就是那些能增加股东财富的决策。我们必须牢记股东是公司的法定所有者，企业价值最大化就是要使股东财富最大化。

（三）风险与所得均衡原则

财务活动中的风险是指无法达到预期报酬的可能性。企业要想获得收益，就不能回避风险。收益与风险同时存在，并且它们之间存在着同向变动关系，即收益大风险也大，收益小风险也小。收益与风险均衡原则要求企业从事生产经营活动，不能只顾追求收益，不考虑风险的存在。

（四）资金合理配置原则

财务管理主要是对资金的管理，其对象是资金及其流转。合理配置资金，即通过资金活动的组织和调节来保证各项物质资源保持合理的比例关系，是企业持续高效经营不可缺少的条件。

（五）成本—效益原则

成本—效益原则是指对企业生产经营活动中的所费与所得进行比较，对企业经济行为的得失进行衡量，使成本与效益两个方面得到最佳结合，以便获得更多的赢利，提高经济效益。

五、财务管理任务

（一）筹资管理

筹资管理就是分析研究企业如何以较少的代价筹集到足够的资金，以满足企业生产经营的需要。

（二）投资管理

企业的投资既可以是对内投资，也可以是对外投资；既可以是短期投资，也可以是长期投资。投资管理就是分析研究企业如何选择最合理的投资方案，实现提高投资效益、控制投资风险的目的。

（三）营运资金管理

营运资金，也叫营运资本。广义的营运资金又称总营运资本，是指一个企业投放在流动资产上的资金，具体包括现金、有价证券、应收账款、存货等占用的资金。狭义的营运资金是指某时点内企业的流动资产与流动负债的差额。

$$流动资产-流动负债=营运资金$$

营运资金越多，说明不能偿还的风险越小。因此，营运资金的多少可以反映短期债务的偿还能力。

（四）股利分配管理

企业在进行净利润分配（股利分配）的过程中，应兼顾股东和企业的利益，既要有利于企业长期稳定发展，又要有利于保障股东利益、增加企业价值。

（五）单证管理

单证管理就是通过建立单证档案信息，并将单证在业务过程中的处理流程（领用、发放、回收、核销、销毁、统计查询）作为研究对象，建立单证管理平台，同时将单证管理系统与核心业务系统进行无缝对接的解决方案。

第二节　筹资管理

一、筹资管理的概念与方式

（一）筹资管理的概念

企业筹资是指企业作为筹资主体，根据其生产经营、对外投资和调整资本结构等需要，通过筹资渠道和金融市场，运用筹资方式，经济有效地筹措和集中资本的活动。企业筹资活动是企业的一项基本财务活动，企业筹资管理是企业财务管理的一个主要内容。

（二）企业筹资管理的方式

企业筹资管理的方式可以分类为：吸收直接投资、发行股票、利用留存收益、银行借款、发行债券、商业信用等。其中，前三种筹资方式属于权益资金筹集，后四种属于负债资金筹集。我国企业目前的筹资渠道主要有：国家财政资金、银行信贷资金、非银行金融机构资金、其他企业资金、居民个人资金、企业自留资金。筹资方式与筹资渠道的对应关系如表6－1。

表6－1　企业筹资方式与筹资渠道对应表

筹资渠道 / 筹资方式	吸收直接投资	发行股票	留存收益	银行借款	发行债券	商业信用	融资租赁
国家财政资金	√	√					
银行信贷资金				√			
非银行金融机构资金	√	√		√	√		√
其他企业资金	√	√			√	√	√
居民个人资金	√	√			√		
企业自留资金	√		√				

对于筹资方式与筹资渠道的对应关系，我们需要掌握两点：一定的筹资方式可能只适用于某一特定的筹资渠道，但是同一渠道的资金往往可以采用不同的方式去取得。

二、企业筹资的分类

（一）短期资金与长期资金

短期资金是指占用期限在一年或一个营业周期内的资金，主要用于企业的流动资产和日常资金周转，一般在短期内需要偿还。短期资金经常利用商业信用、短期借款、保理业务等方式来筹集。

长期资金是指占用期限在一年或一个营业周期以上的资金，主要在于形成和更新企业的生产和经营能力，或扩大企业的生产经营规模，或为对外投资筹集资金。长期资金主要包括自有资金和长期债务资金。

（二）权益资金与负债资金

权益资金又称为主权资金，是企业依法筹集并长期拥有、自主支配的资金，采用吸收直接投资、发行股票、留存收益等方式筹集形成。

负债资金又称为借入资金或债务资金，是企业依法筹集并依约使用、按期偿还的资金，采用银行借款、发行债券、商业信用、融资租赁等方式筹措取得。

三、负债资金的筹集

负债资金的筹集主要是企业通过向银行借款、向社会发行公司债券、赊购商品或劳务以及融资租赁等方式筹集和取得资金。

（一）向银行借款

银行借款是指企业向银行或其他非银行金融机构借入的、需要还本付息的款项，包括偿还期限超过 1 年的长期借款和不足 1 年的短期借款。

银行借款的筹资特点是：筹资速度快、资本成本较低、筹资弹性较大、限制条款多、筹资数额有限。

（二）利用商业信用

商业信用的形式主要有赊购商品、预收货款、商业汇票等。

商业信用筹资的优点是：筹资方便、限制条件少；筹资成本低，甚至不发生筹资成本。

其缺点是：商业信用的时间一般较短，尤其是赊购商品的应付账款时间更短；有一定的风险，付款方如果到期不支付货款，长时间拖欠货款，势必影响公司的信誉。

（三）发行公司债券

公司债券又称企业债券，是指企业依照法定程序发行的、约定在一定期限内还本付息的有价证券。债券是持有人拥有公司债权的书面证书，它代表持券人同发债公司之间的债权债务关系。

发行公司债券的筹资特点是：一次筹资数额大；提高公司的社会声誉；筹集资金的使用限制条件少；发行资格要求高，手续复杂；资本成本较高。

（四）融资租赁

融资租赁是由租赁公司按承租单位要求出资购买设备，在较长的合同期内提供给承租单位使用的融资信用业务。它是以融通资金为主要目的的租赁。

融资租赁的主要特点是：租赁期较长，接近于资产的有效使用期，在租赁期间双方无权取消合同；由承租企业负责设备的维修、保养。租赁期满，按事先约定，承租方可以用很少的“名义价格”（相当于设备残值）买下设备。

四、权益资金的筹集

权益资金筹集又称股权筹资，是企业最基本的筹资方式。它包含吸收直接投资、发行股票和利用留存收益企业内部积累三种主要形式。此外，我国上市公司引入战略投资者的行为，也属于股权筹资的范畴。

（一）吸收直接投资

吸收直接投资，是指企业按照“共同投资、共同经营、共担风险、共享收益”的原则，直接吸收国家、法人、个人和外商投入资金的一种筹资方式。吸收直接投资是非股份制企业筹集权益资本的基本方式。

吸收直接投资的筹资特点是：能够尽快形成生产能力；容易进行信息沟通；手续相对比较简便，筹资费用较低；资本成本较高；控制权集中，不利于公司治理，不利于产权交易。

（二）发行股票

股票是股份有限公司为筹措股权资本而发行的有价证券，是公司签发的证明股东持有公司股份的凭证。股票作为一种所有权凭证，代表着股东对发行公司净资产的所有权。股票只能由股份有限公司发行。股票具有永久性、流通性、风险性、参与性等特点。

发行普通股的筹资特点是：分散公司控制权；没有固定的股息负担，资本成本较低，但筹资费用较高，手续复杂；不易尽快形成生产能力。

（三）利用留存收益内部积累

企业通过合法有效地经营所实现的税后净利润，都属于企业的所有者。企业将本年度的利润部分甚至全部留存下来，可用于自身扩大再生产和筹资的需求。

利用留存收益内部积累的筹资特点是：不用发生筹资费用；维持公司的控制权；筹资数额有限。

五、资本成本与筹资结构优化分析

企业的筹资管理，不仅要合理选择筹资方式，而且还要科学安排资本结构。资本结构优化是企业筹资管理的基本目标，它会对企业的生产经营安排产生制约性的影响。

（一）资本成本

资本成本是衡量资本结构优化程度的标准，企业筹得的资本付诸使用以后，只有投资报酬率高于资本成本，才能表明所筹集的资本取得了较好的经济效益。

在衡量和评价单一融资方案时，需要计算个别资本成本；在衡量和评价企业筹资总体的经济性时，需要计算企业的平均资本成本。平均资本成本用于衡量企业资本成本水平、确立企业理想的资本结构。

企业平均资本成本是以各项个别资本在企业总资本中的比重为权数，对各项个别资本成本率进行加权平均而得到的总资本成本率。计算公式为：

$$K_W = \sum_{j=1}^{n} K_j W_j$$

式中：K_W 为平均资本成本；K_j 为第 j 种个别资本成本；W_j 为第 j 种个别资本在全部资本中的比重。

【例 6－1】宏大公司 20x5 年期末的长期资本账面总额为 1 000 万元，其中：银行长期贷款 400 万元，占 40%；长期债券 150 万元，占 15%；普通股 450 万元，占 45%。长期贷款、长期债券和普通股的个别资本成本分别为 5%、6%、9%。普通股市场价值为 1 600 万元，债务的市场价值等于账面价值。该公司的平均资本成本为：

按账面价值计算：

$$K_W = 5\% \times 40\% + 6\% \times 15\% + 9\% \times 15\% = 6.95\%$$

按市场价值计算：

$$K_W = \frac{5\% \times 400 + 6\% \times 150 + 9\% \times 1\,600}{400 + 150 + 1\,600} \times 100\% = \frac{173}{2\,150} \times 100\%$$

$$= 8.05\%$$

（二）筹资结构优化

资本结构及其管理是企业筹资管理的核心问题。企业应综合考虑有关影响因素，运用适当的方法确定最佳资本结构，提升企业价值。如果企业现有资本结构不合理，应通过筹资活动优化调整资本结构，使其趋于科学合理。

根据资本结构理论，当公司平均资本成本最低时，公司价值最大。所谓最佳资本结构，是指在一定条件下使企业平均资本成本率最低、企业价值最大的资本结构。资本结构优化的目标，是降低平均资本成本率或提高普通股每股收益。资本结构优化要求企业权衡负债的低资本成本和高财务风险的关系，确定合理的资本结构。资本结构优化的目标是降低平均资本成本率或提高普通股每股收益。

1. 每股收益分析法

可以用每股收益的变化来判断资本结构是否合理，即能够提高普通股每股收益的资本结构，就是合理的资本结构。在资本结构管理中，利用债务资本的目的之一就在于债务资本能够提供财务杠杆效应，利用负债筹资的财务杠杆作用来增加股东财富。

每股收益受到经营利润水平、债务资本成本水平等因素的影响。分析每股收益与资本结构的关系，可以找到每股收益无差别点。所谓每股收益无差别点，是指不同筹资方式下每股收益都相等时的息税前利润和业务量水平。根据每股收益无差别点，可以分析判断在什么样的息税前利润水平或产销业务量水平前提下，适于采用何种筹资组合方式，进而确定企业的资本结构安排。

$$\frac{(\overline{EBIT}-I_1)(1-T)}{N_1}=\frac{(\overline{EBIT}-I_2)(1-T)}{N_2}$$

式中：$\overline{EBIT}$为息税前利润平衡点，即每股收益无差别点；I_1、I_2 为两种筹资方式下的债务利息；N_1、N_2 为两种筹资方式下的普通股股数；T 为所得税税率。

【例 6－2】 大华公司目前资本结构为：总资本 1 000 万元，其中债务资本 400 万元（年利息 40 万元）；普通股资本 600 万元（600 万股，面值 1 元，市价 5 元）。企业由于有一个较好的新投资项目，需要追加筹资 300 万元，有两种筹资方案：

A 方案：向银行取得长期借款 300 万元，利息率 16%。

B 方案：增发普通股 100 万股，每股发行价 3 元。

$$\frac{(\overline{EBIT}-40)\times(1-20\%)}{600+100}=\frac{(\overline{EBIT}-40-48)\times(1-20\%)}{600}$$

根据财务人员测算，追加筹资后销售额可望达到 1 200 万元，变动成本率 60%，固定成本为 200 万元，所得税率 20%，不考虑筹资费用因素。根据上述数据，代入无差别点公式：

$$\overline{EBIT}=376\text{（万元）}$$

这里，$\overline{EBIT}$为 376 万元是两个筹资方案的每股收益无差别点。在此点上，两个方案的每股收益相等，均为 0.384 元。企业预期追加筹资后销售额 1 200 万元，预期获利 280 万元，低于无差别点 376 万元，应当采用财务风险较小的乙方案，即增发普通股方案。在 1 200 万元销售额水平上，甲方案的 EPS 为 0.256 元，乙方案的 EPS 为 0.274 元。

当企业需要的资本额较大时，可能会采用多种筹资方式组合融资。这时，需要详细比较分析各种组合筹资方式下的资本成本及其对每股收益的影响，选择每股收益最高的筹资方式。

2. 平均资本成本比较法

平均资本成本比较法，是通过计算和比较各种可能的筹资组合方案的平均资本成本，选择平均资本成本率最低的方案。即能够降低平均资本成本的资本结构就是合理的资本结构。这种方法侧重于从资本投入的角度对筹资方案和资本结构进行优化分析。

【例 6－3】 腾达公司需筹集 100 万元长期资本，可以用贷款、发行债券、发行普通股三种方式筹集，其个别资本成本率已分别测定，有关资料如表 6－2 所示。

表 6－2　腾达公司资本成本与资本结构表

筹资方式	资本结构			个别资本成本率
	甲方案	乙方案	丙方案	
贷款	50%	30%	20%	6%
债券	10%	25%	30%	8%
普通股	40%	45%	50%	9%
合计	100%	100%	100%	

首先，分别计算三个方案的综合资本成本 K。

甲方案：$K=50\%\times6\%+10\%\times8\%+40\%\times9\%=7.4\%$

乙方案：$K=30\%\times6\%+25\%\times8\%+45\%\times9\%=7.85\%$

丙方案：$K=20\%\times6\%+30\%\times8\%+50\%\times9\%=8.1\%$

其次，根据企业筹资评价的其他标准，考虑企业的其他因素，对各个方案进行修正之后，再选择其中成本最低的方案。本例中，我们假设其他因素对方案选择的影响甚小，则甲方案的综合资本成本最低。这样，该公司的资本结构为贷款50万元，发行债券10万元，发行普通股40万元。

3. 公司价值分析法

公司价值分析法，是在考虑市场风险的基础上，以公司市场价值为标准进行资本结构优化。即能够提升公司价值的资本结构就是合理的资本结构。这种方法主要用于对现有资本结构进行调整，适用于资本规模较大的上市公司资本结构优化分析。同时，在公司价值最大的资本结构下，公司的平均资本成本率也是最低的。

第三节　投资管理

一、投资的概念和意义

（一）投资的概念

投资是指特定经济主体（包括国家、企业和个人）为了在未来可预见的时期内获得收益或使资金增值，在一定时期向一定领域的标的物投放足够数额的资金或实物等货币等价物的经济行为。从特定企业角度看，企业投资是指企业投入财力，以期望在未来获取收益的一种行为。财务管理中的企业投资既包括对外投资也包括对内投资。

本章所讨论的投资，是指属于直接投资范畴的企业内部投资，即项目投资。

（二）投资的意义

1. 企业投资是实现财务管理目标的基本前提

企业财务管理的目标是不断提高企业价值，因此，就要采取各种措施增加利润，降低风险。企业要想获得利润就必须在投资中获得效益。

2. 企业投资是发展生产的必要手段

企业无论是维持简单再生产还是实现扩大再生产，都必须进行一定的投资，只有这样，才能增强实力、创造更高的价值。

3. 企业投资是降低风险的重要方法

企业把资金投向生产经营的关键环节或薄弱环节，可以使企业各种生产经营能力配套、平衡，形成更大的综合生产能力。企业如把资金投向多个行业，实行多角化经营，则更能增加企业销售和盈余的稳定性。这些都是降低企业经营风险的重要方法。

二、投资项目的研究分析

（一）项目投资的可行性分析

可行性是指一项事物可以做到的、行得通的、有成功把握的可能性。就企业投资项目而言，其可行性就是指对环境的不利影响最小，技术上具有先进性和适应性，产品在市场上能够被容纳或被接受，财务上具有合理性和较强的盈利能力，对国民经济有贡献，能够创造社会效益。

1. 环境与市场分析

在可行性研究中，必须开展建设项目的环境影响评价。所谓建设项目的环境，是指建设项目所在地的自然环境、社会环境和生态环境的统称。建设项目的环境影响评价属于否决性指标，凡未开展或没通过环境影响评价的建设项目，不论其经济可行性和财务可行性如何，一律不得上马。

2. 技术与生产分析

技术分析是指对项目本身所采用工艺技术、技术装备的构成以及产品内在的技术含量等方面内容进行的分析研究与评价。技术与生产分析可行性研究是一项十分复杂的工作，通常由专业工程师完成。

3. 财务可行性分析

财务可行性评价，是指在已完成相关环境与市场分析、技术与生产分析的前提下，围绕已具备技术可行性的建设项目而开展的，有关该项目在财务方面是否具有投资可行性的一种专门分析评价。

（二）投资项目设计方案的论证

（1）提出投资意向性方案。

（2）对于所提出的方案进行初步筛选。

（3）估计投资项目各年的净现金流量。能否合理预计投资项目各年现金流量是投资决策成败的关键。

（4）确定资金成本。确定资金成本问题本身就是一项较为复杂的财务决策问题。

（5）利用有关决策指标对投资方案进行评价。

（6）对投资方案进行风险性分析。风险性分析也是投资决策的必要环节，只有对投资项目风险性大小等有充分的了解，才能最大限度地减少投资失误的可能性。

（7）对投资项目的实施结果进行评价。

三、投资项目的现金流量

（一）现金流量的概念

所谓现金流量，在投资决策中是指一个项目引起企业的现金支出和现金收入增加的数量。这里的“现金”是指广义的现金，它不仅包括各种货币资金，而且还包括项目需要投入的企业现有的非货币资源的变现价值。

（二）现金流量的内容

投资项目的现金流量包括现金流入量、流出量和现金净流量。

现金流入量的主要内容有营业收入、补贴收入、回收固定资产余值和回收流动资金等。现金流出量的主要内容有建设投资、流动资金投资、经营成本、维持运营投资、营业税金及附加和企业所得税等。

净现金流量又称现金净流量，是指一定期间现金流入量和现金流出量的差额。流入量大于流出量时，净流量为正值；反之，净流量为负值。净现金流量等于当年现金流入量减去当年现金流出量。

根据投资项目所处的时期不同，净现金流量的确定方法可分为以下三种类型：

1. 建设期初始投资现金流量

除更新改造项目外，新建投资项目的建设期净现金流量可直接按以下简化公式计算：

$$\text{建设期某年净现金流量} = -\text{该年原始投资额}$$

2. 营业现金流量

投资项目的运营期所得税前净现金流量可按以下简化公式计算：

$$\text{运营期某年所得税前净现金流量} = \text{该年息税前利润} + \text{该年折旧} + \text{该年摊销} + \text{该年回收额} - \text{该年维持运营投资} - \text{该年流动资金投资}$$

3. 终结现金流量

$$\text{终结现金流量} = \text{固定资产清理净收入} + \text{收回的流动资金}$$

（三）投资决策的基本指标

1. 静态投资回收期

静态投资回收期（简称回收期），是指以投资项目经营净现金流量抵偿原始总投资所需要的全部时间。它有“包括建设期的投资回收期（记作 PP）”和“不包括建设期的投资回收期（记作 PP'）”两种形式。可按以下简化公式直接求出投资回收期：

$$\text{不包括建设期的回收期}（PP'）= \frac{\text{建设期发生的原始投资合计}}{\text{运营期内前若干年每年相等的净现金流量}} = \frac{\sum_{t=0}^{n} I_t}{NCF_{(s+1)-(s+m)}}$$

$$\text{包括建设期的回收期}（PP）= \text{不包括建设期的回收期} + \text{建设期} = PP' + s$$

上式中，I_t 为建设期第 t 年发生的原始投资。

【例 6-4】 某投资项目的净现金流量如下：NCF_0 为 -1 100 万元（其中垫付营运资金 100 万元），NCF_1 为 0 万元，$NCF_{2\sim10}$ 为 200 万元，NCF_{11} 为 300 万元。

解：建设期 $s=1$ 年，投产后 2～10 年净现金流量相等，$m=9$ 年

运营期前 9 年每年净现金流量 $NCF_{2\sim11}=200$ 万元

建设发生的原始投资合计 $\sum_{t=0}^{n} I_t$ 为 1 000 万元

$\because$ $m\times$运营期前 m 年每年相等的净现金流量 $=9\times200=1\ 800>$ 原始投资额 $=1\ 000$（万元）

$\therefore$ 可以使用简化公式计算静态回收期

不包括建设期的投资回收期（所得税前）$PP'=\frac{1\ 000}{200}=5$（年）

包括建设期的投资回收期（所得税前）$PP=PP'+s=5+1=6$（年）

静态投资回收期的优点是能够直观地反映原始投资的返本期限，便于理解，计算也不难，可以直接利用回收期之前的净现金流量信息。只有静态投资回收期指标小于或等于计划投资回收期的投资项目才具有财务可行性。

2. **总投资收益率**

总投资收益率，又称投资报酬率（记作 ROI），是指达产期正常年份的年息税前利润或运营期年均息税前利润占项目总投资的百分比。总投资收益率的计算公式为：

$$总投资收益率（ROI）=\frac{年息税前利润或年均息税前利润}{项目总投资}\times 100\%$$

总投资收益率的优点是计算公式简单；缺点是没有考虑资金时间价值因素，不能正确反映建设期长短及投资方式和回收额的有无等条件对项目的影响，分子、分母的计算口径的可比性差，无法直接利用净现金流量信息。

只有总投资收益率指标大于或等于基准总投资收益率指标的投资项目才具有财务可行性。

（四）动态评价指标

1. **净现值**

净现值（记作 NPV），是指在项目计算期内，按设定折现率或基准收益率计算的各年净现金流量现值的代数和。其理论计算公式为：

$$净现值（NPV）=\sum_{t=0}^{n}I_t（第 t 年的净现金流量\times 第 t 年的复利现值系数）$$

或：

$$NPV=NCF_0+NCF_{1-n}\cdot（P/A，i_c，n）$$

【例 6-5】 接上例 6-4 的基本资料。假定该投资项目的基准折现率为 10%。

简化方法计算的该项目的净现值如下：

$$NPV=-1\ 100+200\times（P/A，10\%，10）=52.23（万元）$$

只有净现值指标大于或等于零的投资项目才具有财务可行性。

净现值指标的优点是综合考虑了资金时间价值、项目计算期内全部净现金流量信息和投资风险。其缺点在于无法从动态的角度直接反映投资项目的实际收益率水平，与静态投资回收期指标相比，计算过程比较繁琐。

2. **净现值率**

净现值率（记作 NPVR），是指投资项目的净现值占原始投资现值总和的比率，亦可将其理解为单位原始投资的现值所创造的净现值。净现值率的计算公式为：

$$净现值率（NPVR）=\frac{项目的净现值}{原始投资的现值合计}$$

【例 6-6】 接上例，按简化方法计算的该项目净现值率如下：

$$NPVR=52.23/1100\approx 4.75\%$$

只有该指标大于或等于 1 的投资项目才具有财务可行性。

净现值率的优点是可以从动态的角度反映项目投资的资金投入与净产出之间的关系，计算过程比较简单。其缺点是无法直接反映投资项目的实际收益率。

四、内部投资管理

（一）内部投资决策程序

一个投资项目可以只安排一个投资方案，也可以设计多个可供选择的方案。根据投资项目中投资方案的数量，可将投资方案分为单一方案和多个方案。根据方案之间的关系，可将投资方案分为独立方案、互斥方案和组合或排队方案。

投资决策就是通过比较，从可供选择的备选方案中选择一个或一组最优方案的过程，其结果是从多个方案中选出最佳方案。

（二）内部投资决策指标

内部投资决策的主要方法包括净现值法、净现值率法、差额投资内部收益率法、年等额净回收额法和计算期统一法等具体方法。内部投资决策指标有净现值、净现值率、差额投资内部收益率等。

五、外部投资管理

对外投资是指企业以现金、实物、无形资产等方式或以购买股票、债券等有价证券方式向其他公司投资。根据投资的对象，将外部投资分为股票投资、债券投资、其他投资。

（一）股票投资

股票投资是指企业将资金投向其他企业所发行的股票。将资金投向优先股、普通股都属于股票投资。企业进行股票投资的目的主要有两种：一是获利，即作为一般的证券投资，获取股利收入及股票买卖差价；二是控股，即通过购买某一企业的大量股票达到控制该企业的目的。

1. 几个最常见的股票估价模型

（1）短期持有股票、未来准备出售的股票估价模型。

$$V=\sum_{t=1}^{n}\frac{d_t}{(1+K)^t}+\frac{V_n}{(1+K)^n}$$

式中：V 为股票内在价值；V_n 为未来出售时预计的股票价格；K 为投资人要求的必要资金收益率；d_t 为第 t 期的预期股利；n 为预计持有股票的期数。

（2）长期持有股票、股利稳定不变的股票估价模型。

$$V=\frac{d}{K}$$

式中：V 为股票内在价值；d 为每年固定股利；K 为投资人要求的资金收益率。

（3）长期持有股票、股利固定增长的股票估计模型。

设上年股利为 d_0，d_1 为第 1 年的股利，每年股利比上年增长率为 g，则：

$$V=\frac{d_0\ (1+g)}{K-g}=\frac{d_1}{K-g}$$

2. 股票投资的优缺点

股票投资是一种最具有挑战性的投资，其收益和风险都比较高。股票投资的优点主要有：①投资收益高；②购买力风险低；③拥有经营控制权。

股票投资的缺点主要是风险大，这是因为：①求偿权居后；②价格不稳定；③收入不稳定。

（二）债券投资

企业进行短期债券投资的目的主要是为了配合企业对资金的需求，调节现金余额，使现金余额达到合理水平。当企业现金余额太多时，便投资于债券，使现金余额降低；反之，当现金余额太少时，则出售原来投资的债券，收回现金，使现金余额提高。企业进行长期债券投资的主要目的是为了获得稳定的收益。

1. 债券的估价模型

企业进行债券投资，必须知道债券价格的计算方法，现介绍几个最常见的估价模型。

（1）一般情况下的债券估价模型。

一般情况下的债券估价模型是指按复利方式计算的债券价格的估价公式：

$$P=\frac{F}{(1+K)^n}+\sum_{i=1}^{n}\frac{i\cdot F}{(1+K)^t}=\frac{F}{(1+K)^n}+\sum_{t=1}^{n}\frac{I}{(1+K)^t}$$
$$=F\cdot(P/F,\ K,\ n)\ +I\cdot(P/F,\ K,\ n)$$

式中：P 为债券价格；i 为债券票面利息率；F 为债券面值；I 为每年利息；K 为市场利率或投资人要求的必要收益率；n 为付息总期数。

（2）一次还本付息且不计复利的债券估价模型。

我国很多债券属于一次还本付息且不计复利的债券，其估价计算公式为：

$$P=\frac{F+F\cdot i\cdot n}{1+K}=\ (F+F\cdot i\cdot n)\cdot(P/F,\ K,\ n)$$

（3）折现发行时债券的估价模型。

有些债券以折现方式发行，没有票面利率，到期按面值偿还。这些债券的估价模型为：

$$P=\frac{F}{(1+K)^n}=F\cdot(P/F,\ K,\ n)$$

2. 债券投资的优缺点

债券投资的优点是：①本金安全性高；②收入稳定性强；③市场流动性好。

债券投资的缺点是：①购买力风险较大；②没有经营管理权。

（三）其他投资

其他投资主要是指基金投资和组合投资。基金投资主要有股票基金、债券基金、期货基金、期权基金、指数基金和认股权证基金等。组合投资是指在一定市场条件下，由不同类型和种类并以一定比例搭配的若干种证券所构成的一项资产。“不要把所有的鸡蛋放在同一篮子里”揭示了组合投资是降低证券投资风险的最有效途径。投资者将资金分散投资于不同的证券之中，通过不同证券风险与收益的互补关系，达到分散和降低风险、稳定收益的目的。

第四节 资产管理

一、流动资产管理

（一）流动资产的概念与特点

流动资产是指可以在一年内或者超过一年的一个营业周期内变现或耗用的资产。进行流动资产的管理，需要在资产的流动性和收益性之间作出正确的抉择。流动资产具有如下特点：

（1）流动资产投资周转速度快，变现能力强。

（2）流动资产投资的能力比较弱，投资风险较小。

（3）流动资产投资的数量波动很大。

（4）流动资产投资的占用形态经常变动。

（二）流动资产管理的内容

流动资产按资产的占用形态分为现金、应收账款、存货等。

1. 现金管理

现金管理的目的是在保证企业正常经营所需要的现金的同时又不使企业有过多的闲置现金，以避免现金不足和现金过量两方面的威胁，从而使企业在现金的流动性和营利性之间作出抉择，以获取最大的长期利润。

2. 应收账款管理

企业应收账款的管理包括建立应收账款核算办法、制定科学合理的收账政策、严格赊销手续管理、采取灵活营销策略、加强应收账款的日常管理等几方面。除此之外，还有一些措施，如应收账款追踪分析、账龄分析、收现率分析和建立应收账款坏账准备制度，也是重要环节。如果管理运用得当，可以缩短应收账款的回收期，加快资金回笼，减少可能产生的坏账损失。

3. 存货管理

存货管理的目标，就是要尽力在各种存货成本与存货效益之间做出权衡，在充分发挥存货功能的基础上，降低存货成本，实现两者的最佳组合。存货的功能是指存货在企业生产经营过程中起到的作用。具体包括保证生产功能、满足销售功能和预防功能。一般对采购进来的存货要采用 ABC 分类控制法进行日常管理。

二、固定资产管理

（一）固定资产的概念与特点

固定资产就是使用期限超过一年，单位价值在规定标准以上，并且在使用过程中保持原有物质形态的劳动资料，包括房屋及建筑物、机器设备、运输设备、工具器具等。不同时具备以上两个条件的劳动资料为低值易耗品。固定资产具有以下特点：①使用期限较长；②能够多次参加生产经营过程而不改变其实物形态；③用于生产经营而不是为了销售。

（二）固定资产的分类

（1）按经济用途，固定资产可分为生产经营用固定资产、非生产经营用固定资产。

（2）按使用情况，固定资产可分为使用中固定资产、未使用固定资产、不需用固定资产。

（3）按所属关系，固定资产可分为自有固定资产、融资租入固定资产。

（三）固定资产管理的内容

（1）固定资产的确认。为生产商品提供劳务出租或经营管理而持有的；使用寿命超过一个自然年度。同时满足下列条件的才能予以确认：①与该固定资产有关的经济利益很可能流入企业；②该固定资产的成本能够可靠地计量。

（2）为了便于日常管理，首先要造册登记，建立固定资产台账，登记的固定资产一定要能与实物对上。其次要利用财务软件管理。为了确保资产的安全性，要定期或不定期地对固定资产进行盘点核实，每年至少一至两次。

第五节　成本费用及利润管理

一、成本费用管理

（一）成本、费用的概念及其关系

成本费用管理是指企业对在生产经营过程中全部费用的发生和产品成本的形成所进行的计划、控制、核算、分析和考核等一系列科学管理工作的总称。成本费用是衡量企业内部运行效率的重要指标，在收入一定的情况下，它直接决定了公司的盈利水平。加强成本费用管理具有重要意义。

（二）成本要素与成本项目

1. 产品生产成本

产品生产成本包括生产过程中实际消耗的直接材料、直接人工和制造费用三个成本项目。

2. 期间费用

企业行政管理部门为管理和组织经营活动所发生的各项管理费用、为筹集资金而发生的财务费用、为销售产品而发生的销售费用等都作为期间费用，由当期收入中得到补偿，不计入产品的生产成本。

（三）降低成本的基本原则及途径

1. 降低成本的基本原则

较低的成本是企业获取更多利润的主要方式，也是提高核心竞争力的重要手段之一。

降低成本的基本原则如表6－3所示。

表6－3　降低成本的基本原则

基本原则	含　义
以顾客为中心	统一规划产品的交付时间、质量和成本，同时做到更快、更好和更便宜。要在无损于产品质量的条件下降低成本
系统分析成本发生的全过程	①降低成本不仅指降低生产成本，还包括企业其他作业的成本。②降低成本不仅指降低生产和其他作业成本，还包括管理费用、销售费用和财务费用的降低。③降低成本不仅指降低企业本身的成本，还要考虑供应商的成本和客户的成本
主要目标是降低单位成本	由于总成本的增减与生产能力利用率的升降有关，真正的降低成本是指降低产品的单位成本
要靠自身的力量降低成本	成本降低的根本途径在于企业通过自身努力来降低成本
要持续的降低成本	降低成本不应是应付经济萧条的权宜之计，而是企业的根本方针，应持续不断地进行

2. 降低成本的主要途径

（1）开发新产品，改进现有产品的设计，利用价值工程等方法提高产品的功能成本比率。

（2）采用先进的设备、工艺和材料。

（3）开展作业成本计算、作业成本管理和作业管理。

（4）改进员工的培训，使员工提高技术水平、树立成本意识。

二、成本控制方法

（一）成本控制的含义

成本控制是指对企业生产经营过程中发生的各种耗费进行控制。它有广义与狭义之分。广义的成本控制就是成本经营，强调对企业生产经营的各个环节和方面进行全过程的控制，包括成本预测、成本计划、成本日常控制、成本分析及考核等一系列环节。狭义的成本控制也称为成本的日常控制，主要是指对生产阶段产品成本的控制。

（二）成本控制方法

（1）成本的事前控制。

（2）成本的事中控制。

（3）成本的事后控制。

三、利润管理

（一）利润的概念

利润是企业在一定会计期间的经营成果，包括收入减去费用后的净额以及直接计入当期利润的利得或损失等。

（二）利润的构成

1. 营业利润

营业利润是企业利润的主要来源。营业利润的计算用公式表示为：

营业利润 = 营业收入 – 营业成本 – 营业税金及附加 – 期间费用等

2. 利润总额

利润总额 = 营业利润 + 营业外收入 – 营业外支出

3. 净利润

净利润是企业利润总额减去所得税费用以后的余额，即企业的税后利润。

净利润 = 利润总额 – 所得税费用

（三）利润的预测、计划和控制

1. 利润预测

利润预测是指企业在营业收入预测的基础上，通过对销售量、商品或服务成本、期间费用以及其他对利润发生影响的因素进行分析与研究，进而对企业在未来某一时期内可以实现的利润预期数进行预计和测算。

2. 利润计划

利润计划是指企业根据利润预测结果，利用一定的表格形式，对未来某一时期内的营业活动及其财务成果进行的规划。利润计划由主营业务利润计划、其他营业利润计划及有关期间费用计划汇集而成。

3. 利润控制

利润控制是指对企业利润形成、利润水平和利润分配的控制。利润控制的内容主要包括利润总额控制、利润构成控制、净利润控制和利润分配控制。

利润控制的目标是保证目标利润的实现，保证利润构成的合理性，保证企业依法纳税和合理节税、避税，保证利润分配的合法性和合理性。

四、股利政策与股利的支付程序和方式

（一）股利政策

股利政策受多种因素的影响，不同的股利政策也会对公司的股票价格产生不同的影响。因此，对于股份公司来说，制定一项正确的、合理的股利政策是非常重要的。财务管理中的主要股利政策有剩余股利政策、固定股利政策等。

1. 剩余股利政策

剩余股利政策是指在公司有着良好的投资机会时，根据一定的目标资本结构（最佳资本结构），测算出必需的权益资本与既有权益资本的差额，首先从盈余当中留用，然后将剩余的盈余作为股利予以分配。这是一种投资优先的股利政策。采用剩余股利政策的先决条件是公司必须有良好的投资机会，并且该投资机会的预计报酬率要高于股东要求的必要报酬率，这样才能为股东所接受。

2. 固定股利政策

固定股利政策是将每年发放的股利固定在某一水平上，并在较长的时期内不变，只

有当公司认为未来盈余会显著地、不可逆转地增长时，才提高年度的股利发放额。这是一种稳定的股利政策。稳定的股利政策在公司收益发生一般的变化时，并不影响股利的支付，而是使其保持稳定的水平。这种股利政策一般适用于经营比较稳定的公司。

（二）股利的支付程序

公司股利的发放必须遵守相关的要求，按照日常安排来进行。一般情况下，先由董事会提出分配预案，然后提交股东大会决议通过才能进行分配。股东大会决议通过分配预案后，向股东宣布发放股利的方案。股利支付程序包括股利宣告日、股权登记日、除息除权日和股利支付日四个环节。

（三）股利的支付方式

股份有限公司向股东支付股利，常见的股利支付方式有现金股利、股票股利等。现金股利是股利支付的最常用的方式。现金股利发放的多少主要取决于公司的股利政策和经营业绩。股票股利是指以增发股票形式支付的股利。发放股票股利时，一般按股权登记日的股东持股比例来分派，将股东大会决定用于分配的资本公积、盈余公积和可供分配利润转成股本，并通过中央结算登记系统按比例增加各个股东的持股数量。

第六节　财务分析

一、财务分析的概念及目的

企业财务分析是以企业财务报表反映的财务指标为主要依据，采用一系列专门的财务分析技术与方法，用以揭示各项财务指标之间的内在联系，从而了解企业的财务状况，发现企业生产经营活动中存在的问题，预测企业未来发展趋势，为未来决策提供依据的一项管理活动。

财务分析信息的需求者主要包括企业所有者、债权人、企业经营决策者和政府等。不同主体出于不同的利益考虑，对财务分析信息有着各自不同的要求。财务分析的目的如下：

（1）企业所有者作为投资人，关心其资本的保值和增值状况，因此较为重视企业获利能力指标，主要进行企业盈利能力分析。

（2）企业债权人因不能参与企业剩余收益分享，首先关注的是其投资的安全性，因此更重视企业偿债能力指标，主要进行企业偿债能力分析，同时也关注企业盈利能力分析。

（3）企业经营决策者必须对企业经营理财的各个方面，包括运营能力、偿债能力、获利能力等全部信息予以详尽地了解和掌握，主要进行各方面综合分析，并关注企业财务风险和经营风险。

（4）政府兼具多重身份，既是宏观经济管理者，又是国有企业的所有者和重要的市场参与者，因此政府对企业财务分析的关注点因所具身份不同而异。

二、财务分析的内容

（一）偿债能力分析

偿债能力分析主要是分析评价企业1年以内及1年以上的长短期债务的偿还能力及财务风险。

1. 短期偿债能力分析

（1）流动比率。

$$流动比率=\frac{流动资产}{流动负债}$$

一般情况下，流动比率越高，反映企业短期偿债能力越强。流动比率也不可能过高，过高则表明企业流动资产占用较多，会影响资金使用效率和企业的筹资成本，从而影响获利能力。根据西方企业的长期经验，一般认为2：1为好。

（2）速动比率。

$$速动比率=\frac{速动资产}{流动负债}$$

其中的速动资产，是指流动资产减去变现能力较差且不稳定的存货等的余额。通常情况下，速动比率为1：1是比较安全的。尽管速动比率较之流动比率更能反映出流动负债偿还的安全性和稳定性，但并不能认为速动比率低的企业的流动负债到期绝对不能偿还。

2. 长期偿债能力分析

（1）资产负债率。

$$资产负债率=\frac{负债总额}{资产总额}$$

资产负债率比较保守的经验判断一般不高于50%，国际上一般认为60%比较好。这一比率越低表明企业债务越少，自有资金越雄厚，财务状况越稳定，其偿债能力越强。

（2）利息倍数。

$$已获利息倍数=\frac{息税前利润}{利息}$$

从长期看，已获利息倍数至少应当大于1，且比值越高，企业长期偿债能力也越强。

（二）盈利能力分析

盈利能力就是企业赚取利润的能力，是企业资金增值的能力，通常体现为企业收益数额的大小与水平的高低。盈利能力分析主要分析评价企业获取利润的能力及利润分配情况。主要有以下指标：

1. 销售利润率

销售利润率是反映企业全部销售收入的创利能力。

$$销售利润率=\frac{利润}{销售收入净额}$$

公式中的分子可以用不同口径的利润，如营业利润、利润总额或净利润。

该比率越高，说明企业营业收入的创利能力越强，成本的节约和费用的控制成效显著。该比率受行业特点影响较大。

2. **成本费用利润率**

成本费用利润率是指公司一定时期的利润总额同公司成本费用总额的比率，反映了企业主要成本的利用效果，是企业加强成本管理的着眼点。其计算公式为：

$$成本费用利润率=\frac{利润总额}{成本费用总额}$$

3. **总资产利润率**

总资产利润率即总资产报酬率，是指公司一定时期内获得的报酬总额（息税前利润）与平均资产总额的比率。它是反映企业资产综合利用效果的指标，也是衡量企业利用负债和所有者权益总额所取得赢利的重要指标。其计算公式为：

$$总资产报酬率=\frac{息税前利润}{平均资产总额}$$

4. **资本金利润率**

资本金利润率也即资本收益率。该指标反映的是企业自有资本的盈利能力。该指标越高，表明投入资本的收益回报水平越高，企业的盈利能力就越强。其计算公式为：

$$资本收益率=\frac{净利润}{平均资本}$$

5. **每股盈余**

每股盈余即每股收益，是综合反映企业获利能力的重要指标，可以用来判断和评价管理层的经营业绩，包括基本每股收益和稀释每股收益。基本每股收益的计算公式为：

$$基本每股收益=\frac{归属于公司普通股股东的净利润}{发行在外的普通股加权平均数}$$

【例6－7】 某上市公司2013年度归属于普通股股东的净利润为25 000万元。2013年末的股本为8 000万股。2014年2月8日，经公司2013年度股东大会决议，以截至2013年末公司总股本为基础，向全体股东每10股送红股10股，完成后公司总股本变为16 000万股。2014年11月29日发行新股6 000万股。

基本每股收益＝25 000/（16 000＋6 000×1/12）≈1.52（元/股）

对投资者来说，每股收益是一个综合性的盈利概念，能比较恰当地说明收益的增长或减少。人们一般将每股收益视为企业能否成功地达到其利润目标的计量标志，也可以将其看成一家企业管理效率、盈利能力和股利来源的标志。此指标越大，盈利能力越好，股利分配来源越充足，资产增值能力越强。

6. **市盈率**

市盈率是指普通股的每股市价与每股收益的比值。它反映了投资人对每元净利润所愿支付的价格，可以用来估计股票的投资报酬和风险。其计算公式为：

$$市盈率=\frac{每股市价}{每股收益}$$

市盈率越高，说明投资于该股票的风险越大；市盈率越低，说明投资于该股票的风险越小。所以，上市公司的市盈率一直是广大股票投资者进行中长期投资的重要决策指标。

【例6-8】沿用例6-7资料，同时假定该上市公司2014年末每股市价30.4元。则该公司2014年末市盈率计算如下：

市盈率 =30.4/1.52 =20（倍）

（三）营运能力分析

营运能力分析是指对企业运用经济资源从事业务经营的能力和经济资源的利用效率进行分析评价，主要包括存货周转和应收账款周转分析等。

1. 存货周转率

$$存货周转次数=\frac{营业成本}{存货平均余额}$$

存货周转速度的快慢，不仅反映出企业采购、储存、生产、销售各环节管理工作状况的好坏，而且对企业的偿债能力及获利能力产生决定性的影响。

存货计价方法对存货周转率具有较大的影响，因此，在分析企业不同时期或不同企业的存货周转率时，应注意存货计价方法的口径是否一致。

2. 应收账款周转率

$$应收账款周转次数=\frac{营业收入}{平均应收账款余额}$$

其中：

$$平均应收账款余额=（应收账款年初数+应收账款年末数）\div 2$$

$$应收账款周转天数=360\div 应收账款周转率$$

应收账款周转快，周转天数短，说明企业的营运能力强，对流动资产的变现能力和周转速度也会起到促进作用。

综合练习与实践

一、复习思考题

1. 简述将股东财富最大化作为企业财务管理目标的优缺点。
2. 简述资本成本与筹资结构优化理论。
3. 降低成本的基本原则及途径是什么？
4. 如何进行企业偿债能力的分析？（运用哪些指标、指标的计算公式）

二、案例分析

郑裕彤财团进军内地中低档房地产市场的投资

20世纪90年代，香港华商郑裕彤财团通过新世界发展有限公司开始大举进军内地的中低档房地产市场，为此，需要筹集庞大的资金进行投资。

1993年后，许多城市的楼房尤其是高档楼房大量空置，融资难度可想而知。

（1）实施过程。1995年11月，汇丰集团为新世界中国地产有限公司（以下简称“新世界中地”）首次通过私募方式发行了5亿美元的股本。私人股本投资者占43%的股份，新世界发展有限公司则持有57%的股权。

一年后，新世界中地希望筹集更多的资金。公司的规模小，采用普通债券方式发行成本较高，刚上市又不具备三年业绩的条件。于是，汇丰集团设计了可换股债券的发行方式。

但是，这种方式也有很大的结构性缺点：公司上市后，债券尚未到期就可以转为股票，在换股期间，可能会有大量股票突然涌入市场，给当时的股价造成压力。为此，汇丰集团设计的结构是，所有债券强制转换成股票，并在初次公开发行时作为发行规模的一部分，上市前必须决定是否换股，上市后就没有可换股债券了，这就给了投资者关于市场流通股数的确切信息，当然也给发行增加了难度。汇丰集团承担了2.1亿美元的分销份额，却创造了8.6亿美元的总需求，发行后债券交易价格一直高于发行价格。

在公开流通债发行两年半以后，新世界中地准备在1999年到股票交易所上市，发行规模为5.68亿美元。这次发行面临的最大障碍在于，国际投资者对于中国房地产业有很多误解。为了让股本投资者能够更好地了解中国的房地产市场，汇丰集团属下的汇丰证券于1999年5月6—7日在中国香港和新加坡举办了中国住房改革研讨会；为配合全球发行，汇丰集团组织了两次独立的访问活动，活动事先都有详尽的研究报告作铺垫，活动横贯了亚洲、欧洲、北美洲三大洲；6—7月，汇丰集团又组织了大规模的全球路演，访问了三大洲的11个城市，终于完成了对投资者的“教育”工作。

（2）实施效果。债券持有者的换股方式有三种：在初次公开发行中认购最大数量的股票，或是将债券折算成股票出售获得现金收入，或是只认购最大债券股的一部分，其余债券则兑现。经过路演，来自股本投资者的需求为7.83亿美元，来自债券持有者的需求为1.43亿美元，总需求达9.26亿美元。至此，由汇丰集团一手策划的为新世界中地总额超过14亿美元的这个融资故事也画上了一个圆满的句号。

思考：

（1）郑裕彤财团进军内地房地产市场投资成功的原因。

（2）现代企业可转换债券融资的优缺点。

三、实践训练

某企业现有甲、乙、丙、丁四个项目，有关资料如下：

表6-4

（单位：万元）

项　目	原始投资	净现值	现值指数
甲	300	90	1.3
乙	200	70	1.35
丙	200	50	1.25
丁	100	40	1.4

求解：

（1）如果投资总额不受限制，如何进行投资？

（2）如果投资总额受限制，分别为300万元、600万元，如何进行投资组合？

第七章
现代企业生产运营管理

学习目标

通过本章的学习，对生产管理有一个全面系统的认识；熟悉生产过程、生产管理等基本概念；熟悉和掌握生产管理的分类以及生产过程的空间组织和时间组织的有关知识；学会生产计划的编制；掌握合理组织生产过程的原理并能在相关案例中灵活运用。

引导案例

小米公司生产模式

小米公司正式成立于2010年4月，是一家专注于智能产品自主研发的移动互联网公司。“为发烧而生”是小米的产品理念。小米公司首创了用互联网模式开发手机操作系统、发烧友参与开发改进的模式。2014年10月30日，中国制造商小米公司已经超过联想公司和LG公司，一跃成为全球第三大智能手机制造商，仅次于三星公司和苹果公司。

小米手机的生产模式称之为“类PC生产”。这是一种“按需定制”的生产模式。小米手机用户通过网络下单获得市场需求，然后通过供应链采购零部件，比如向夏普公司采购屏幕、向高通公司采购芯片、向索尼公司采购摄像头，再通过其他厂商采购其他非关键零部件。然后手机模具是廊坊富士康公司代工的，组装是南京英华达公司代工的。这样就实现了原材料的“零库存”式生产。通过高效的生产资源整合，小米公司节约了大量的成本，减少了中间的生产环节和库存资金，有利于快速响应市场变化，在竞争激烈的智能手机市场中占据先机。

生产是现代企业一项最基本的活动。在这一活动中，企业可以通过有效利用各种资源实现其经营目标。生产运营管理对任何企业都是非常重要的，为了实现其目标，必须有严密的生产管理作为强有力的保证。

第一节　生产运营管理概述

一、生产运营管理的概念和特征

（一）生产运营管理的概念

生产运营管理，是指为了实现企业经营目标，提高企业经济效益，对生产运作活动进行计划、组织、领导和控制等一系列管理活动的总称。

生产运营管理的对象就是整个生产过程。所谓生产过程，是指对原材料进行加工，使之转化为成品的一系列生产活动的运行过程，一般包括生产技术准备过程、基本生产过程、辅助生产过程和生产服务过程等。基本生产过程是企业生产过程的核心环节。

（二）现代企业生产运营管理的特征

现代企业生产运营管理与传统企业生产管理相比，有如下特征：

（1）管理范围更为宽泛。随着社会经济的发展和管理科学的发展，生产运营管理的范围已突破了传统的制造业，扩大到了服务业的运营过程上，管理范围大为扩展。

（2）与经营管理联系更加紧密。企业为了搞好企业经营管理，就必须要制定正确的经营决策，而经营决策实现的基础是加强企业的生产运营管理。在现代企业管理中，二者之间的联系越来越密切，相互渗透、相互影响，并朝着一体化方向发展。

（3）混合生产成为主流。即从传统的大批量生产方式到多品种、小批量生产以及个性化生产方式的转化，给生产管理带来了从管理组织结构到管理方法上的一系列变化。

（4）现代技术与方法综合应用。即计算机技术和现代化管理方法在生产运营管理中得到广泛运用。如 CAD、CAPP、CAM、MRPⅡ、GT、FMS 和 CIMS 等，给生产管理带来了新气象。

二、生产运营管理的任务

生产运营管理的基本任务，就是在生产过程中，根据企业经营目标，充分有效地利用投入生产中的人、财、物、信息等各种生产要素，生产出符合市场和顾客需求的产品或服务，满足社会需要，并取得最佳经济效益。具体体现在以下几个方面：

（1）根据市场需求，生产适销对路的产品，以满足顾客的需要。

（2）全面完成企业生产经营计划中所规定的目标任务。包括产品产量、质量、品种、成本、进度、劳动生产率和设备利用率等相关指标。

（3）合理组织劳动力，充分利用人力资源，提高劳动生产率。需要调动广大员工的积极性、主动性和创造性，不断提高生产效率。

（4）加强物资管理，降低物资消耗。合理利用各类物资，努力降低单位产品的物资消耗，提高资源利用率。

（5）加强设备管理，提高设备的完好率和利用率。不断采用新技术更新改造设备，促进企业技术进步。

三、生产运营管理的内容

现代企业生产运营管理是以提高社会与经济效益为中心的。从企业生产运营活动过程看，管理的内容主要有以下三方面：

（1）生产计划。指与产品有关的生产计划工作，它是生产运营管理的精华。

（2）生产运行。围绕着运营目标进行各项管理工作，包括需求预测、生产计划编制、物资采购与库存管理、作业调度与质量管理、生产控制等。

（3）生产改进。包括系统的改进与提高，采用先进的制造技术等。

四、生产运营的指导原则

（1）讲求经济效益。要求企业用最少的投入要素生产出尽可能多的产品。具体体现在实现生产管理的目标上，做到数量多、质量好、交货及时、成本低廉等，使经济效益最优。

（2）坚持以销定产。企业要牢记生产的产品不是为了自己，而是为了出售。坚持以销定产要做到以下几个方面：①做好市场调查、预测和决策；②加强对生产管理者的教育，树立正确的经营思想，克服只埋头生产、不顾市场需要、不重视销售的单纯生产观点；③正确处理生产同销售的关系，原则是重视销售，又兼顾生产。

（3）实行科学管理。在生产过程中，要实行符合现代大工业要求的管理方法。应做到以下几点：①建立统一的生产指挥系统，进行组织、计划和控制生产，保证生产过程正常进行；②做好基础工作，建立科学的规章制度；③加强职工培训，不断进行知识更新。

（4）组织均衡生产。所谓均衡生产是指在相等的时间内，生产的产品相等或均匀递增。例如：某机械厂的旬均衡率为4、3、3，即上、中、下旬分别完成合同生产任务的40%、30%、30%，有节奏、按比例地生产。这种生产方式的好处体现在：①提高设备和工时的利用率；②建立正常的生产秩序和管理秩序，保证产品的质量和安全生产；③节约物资消耗，降低成本、加速流动资金周转。

（5）实施可持续发展战略。此战略对生产过程来说包括节约原料和能源，淘汰有毒原材料并在全部排放物和废料离开生产过程以前减少它们的数量和毒性。对产品来说，要尽量减少产品在整个生产周期中对人类和环境的有害影响。

第二节　现代企业生产过程管理

生产过程是现代企业最基本的活动过程，合理组织生产过程是生产运营管理的重要内容。企业生产过程是指在企业活动中，将投入的资源转化为产品和服务的全过程。

一、现代企业生产过程

（一）现代企业生产过程的组成

根据在生产过程中承担的任务不同来划分，生产过程可分为四个部分：

（1）生产技术准备过程。指产品投入生产前所做的全部生产准备工作，主要包括产品开发与设计、工艺设计、工艺装备的设计与制造、劳动定额、材料定额和时间定额的制订、新产品的试制和检验等。

（2）基本生产过程。指直接把劳动对象转变为企业基本产品的生产过程。这一过程是整个生产过程中最主要的环节。

（3）辅助生产过程。指为保证基本生产过程的正常进行而从事的各种辅助性生产活动的过程，例如为基本生产提供动力、工具和维修工作等。

（4）生产服务过程。指为保证生产活动顺利进行而提供的各种服务性的活动，例如原材料供应、厂内运输、技术检验等。

（二）影响生产过程构成的因素

影响生产过程构成的因素一般主要有以下几方面：

（1）企业产品的特点。指产品用途、结构、复杂程度和制造产品所需的原材料等。

（2）企业的规模。企业规模大，生产过程分工较细，专业化水平较高；企业规模小，生产过程分工较粗，专业化水平较低。

（3）企业生产采用的设备和工艺方法。一般来说，企业采用的设备和工艺方法越先进，生产过程就会相对越简单一些；反之，生产过程就会相对越复杂。

（4）企业对外协作关系。企业的社会化协作水平越高，生产过程就越趋于简化，生产过程所需的辅助性生产材料可由其他专业协作企业提供。

（三）合理组织生产过程的要求

合理组织生产过程，就要使整个生产过程的各个环节间都能相互衔接、密切配合、协调运行，才能取得良好的经济效益。为此，必须按照一定的要求来合理组织生产过程。

（1）生产过程的连续性。指产品在生产过程中各个环节上的运动自始至终处于连续状态，不产生或少产生不必要的中断、停顿和等待现象。生产过程的连续性是提高生产效率、降低生产成本的基础，需要有先进的生产技术、生产的自动化、先进的生产组织形式等条件为保证。生产过程的连续性有助于缩短产品生产周期、减少在制品数量、加速资金周转、更好地利用现有生产设备和生产空间，进而有利于提高产品质量。

（2）生产过程的平行性。指加工对象在生产过程的各工艺阶段和各工序上的生产应平行交叉地进行。平行作业是指相同的零件同时在数台相同的机床上加工；交叉作业是指一批零件在上道工序还未加工完时，将已完成的部分零件转到下道工序加工。生产过程的平行性可充分利用时间和空间，大大缩短产品的生产周期，提高生产效率。生产过程的平行性也是生产过程连续性的必然要求。

（3）生产过程的比例性。生产过程的比例性，也称协调性，是指在生产过程中各工艺阶段间、各工序间、各种设备之间在人员、设备等生产能力方面保持合理的比例关系。它是生产过程顺利进行的的重要条件。生产过程的比例性是保证生产均衡进行、保证生产连续性的基础，也是充分利用企业设备、生产面积、劳动力和资金、减少资源浪费、缩短生产周期、提高劳动生产率的前提条件。

（4）生产过程的均衡性。生产过程的均衡性也称节奏性，是指组织生产产品或完成某些工作时，在相同的时间间隔内，生产的数量是基本相同或稳定递增的。也就是说，每日、每旬、每月都能够均衡地或稳定递增地生产产品。生产过程的均衡性是一个重要环节，企业所有活动都应提高生产的均衡性。实现均衡生产既有利于提高劳动者的工作效率，保障人身安全，使整个生产活动有序进行；又有利于保障设备的均衡负荷，提高设备利用率，提高产品质量。

（5）生产过程的适应性。指企业的生产组织形式要灵活多变，能根据市场需求的变化，及时调整和组织生产。这就要求生产企业必须具有灵活性、可变性和多样性。这是变化的市场需求对企业生产过程柔性化的要求。

上述各项要求是相互关联、相互制约的。生产过程的比例性和平行性是实现生产过程连续性的重要前提，而比例性、平行性和连续性优势保障生产均衡性的前提。对不同的企业有不同的指导意义。因此，企业应根据自身实际情况综合运用，合理组织生产过程，以实现最优整体效益。

二、现代企业生产过程的组织

生产过程组织是为了提高生产效率、缩短生产周期，对生产过程的各个组成部分从时间和空间上进行合理安排，使它们相互衔接组成一个有机的生产系统。生产过程的组织包括空间组织和时间组织两大基本内容。

（一）现代企业生产过程的空间组织

生产过程的空间组织是指在一定的空间内，合理地设置企业内部各基本生产单位，使生产活动能够高效地顺利进行。生产过程的空间组织有三种典型形式：

1. 工艺专业化形式

工艺专业化是按照生产过程中各个工艺阶段的工艺特点来设置生产单位，即将完成相同工艺的设备与工人组织在一起，用相同的工艺方法进行加工生产。每个生产单位只完成产品的部分加工工序。工艺专业化的优点是：对产品品种适应能力强，有利于充分利用机器设备，便于专业化管理。工艺专业化的缺点是：工件运输次数较多、线路较长，生产过程中停顿时间较多，生产周期长，协作及相应的组织工作复杂。工艺专业化适用于企业产品品种多、变化大、产品制造工艺不确定的单件小批量生产类型的企业。它一般表现为按订货要求组织生产，特别适用于新产品的开发试制。

2. 对象专业化形式

对象专业化是按照产品的不同来设置生产单位，即将生产某产品所需的各种不同类型的生产设备和不同工种的工人组织在一起，对其产品进行不同工艺方法的加工。对象专业化的优点是：可以减少运输次数，缩短运输路线，便于流水线作业，可以缩短生产周期，减少资金占用，简化协作关系和管理工作。对象专业化的缺点是：对品种变化适应性较差，设备的生产能力难以得到充分利用。对象专业化适用于企业的专业方向已定，产品品种稳定、工艺稳定的大量大批生产，如家电、汽车、石油化工品生产等。

3. 混合形式

混合形式是指把工艺专业化和对象专业化结合起来设置生产单位的形式。具体有两种方法：①在对象专业化的基础上，适当采取工艺专业化形式；②在工艺专业化的基础上，适当采取对象专业化形式。这种组织形式综合了工艺专业化和对象专业化的优点。

（二）现代企业生产过程的时间组织

生产过程的时间组织是研究产品生产过程各环节在时间上的衔接和结合的方式。生产过程各环节之间的时间衔接越紧密，就越能缩短生产周期、提高生产效率、降低生产成本。一般有顺序移动方式、平行移动方式和平行顺序移动方式三种。

1. 顺序移动方式

顺序移动方式是指一批零件在上道工序全部完工以后，再整批地转到下道工序继续加工的移动方式。这种方式的特点是大量零件有等待加工和运输时间，生产周期长，资金周转速度缓慢。这种移动方式比较适用于零件的批量不大、单件加工工时较短、零件的重量和价值都较小的情况。

2. 平行移动方式

平行移动方式是指一批零件中的每一零件在上道工序加工完成后，立即转移到下道工序继续加工的移动方式。这种方式的特点是一批零件同时在不同的工序上平行进行加工，可以缩短生产周期，但由于前后工序时间不同，也会出现停歇时间，且停歇时间分散、不易利用。这种移动方式比较适用于加工零件单件工时较长、批量较大、零件的重量和价值均较大的情况。企业如果出现交货期比较紧，需要赶工时的情况，这种移动方式还是很有效的。

3. 平行顺序移动方式

平行顺序移动方式是指将上述两种方式结合起来的一种组织形式。这种方式既不是整批移动，也不是纯单间移动，而是既要保证每道工序连续加工，又要尽可能实现在各道工序间的平行加工。这种方式融合了前两种方式的优点，消除了产品生产加工过程中的间歇现象，有效利用了工时，缩短了生产周期，但计划和组织工作比较复杂。其具体的做法是：当前道工序时间小于后道工序时间时，前道工序完成后应立即转入后道工序；当前道工序时间大于后道工序时间时，则要等到前道工序完成的零件数量足以保证后道工序连续加工时，才将零件转入后道工序。

上述三种移动方式各有特点，它们构成了生产过程中时间组织的基本形式。在具体运用时，企业应根据生产过程的不同特点，结合生产实际的具体情况和条件，选择相应的移动方式。一般来说，企业选择移动方式应考虑以下几个因素：生产品种与产量的数量、生产单位的专业化形式、产品生产任务的缓急情况、工序劳动量的大小和零件的重量、改变加工对象时设备调整的难易程度。

三、生产过程的组织形式

（一）流水线生产方式

流水线生产方式是一种先进的生产组织形式，产生于20世纪20年代的美国福特汽车公司。

流水线生产（又称流水作业）是指劳动对象按照一定的工艺过程，有节奏地、不间断地通过各个工作地，并按照规定的生产路线和速度，完成共组作业的生产过程组织形式。它将对象专业化组织形式和平行移动的时间组织形式有机结合起来，使生产过程具有高度的连续性、比例性和均衡性，并大大地提高了生产率和设备利用率，缩短了生产周期，降低了成本。它有如下特点：

（1）专业性。流水线上各个工作地的专业化程度很高。

（2）连续性。流水线上的加工对象在各工序之间须平行或平行顺序移动，最大限度地减少加工对象的延误时间，缩短生产周期。

（3）节奏性。流水线生产都必须按照规定的节拍或节奏进行。所谓节拍，是指流水线上连续生产两件产品的时间间隔。

（4）封闭性。生产工艺过程是封闭的，在流水线上就可以完成全部或大部分加工。

（5）比例性。流水线上各工序之间的生产能力相对均衡，尽量保障生产过程的比例性和平行性。

流水线生产方式的优点是：能使产品的生产过程较好地符合连续性、平行性、比例性和均衡性的要求；生产率较高，生产专业化，加速资金周转，降低生产成本，缩短生产周期；使管理工作简单化，提高了管理效率。

其缺点是：不够灵活，不能及时适应市场对产品产量和品种变化的要求；分工较细，工作比较单调，不利于提高生产技术水平。

流水线生产方式适用于下列情况：产品的市场需求量足够大并且保持稳定；产品的结构和加工工艺相对稳定；必要的投资与厂房设备条件。

（二）自动线生产方式

自动线是流水线的高级形式，它是依靠自动化机械体系实现产品的加工工程，是一种高度连续的、完全实现自动化的先进生产组织。同一般的流水线相比，自动化流水线上的所有机器设备都按照统一的节拍运转，减少了工人的需求量，减少了繁重的体力劳动，生产效率更高，产品质量更容易保证，但投资较大，维护和管理要求较高。

（三）成组技术生产方式

成组技术是指按照零件结构和工艺相似的原则分组组织生产的一种生产组织技术。其基本思想是：用大批量的专业技术和专业化方法组织多品种生产，提高多品种小批量的生产效率。成组技术在根本上改变了传统的生产组织方法，它不以单一产品为生产对象，而是以“零件组”为对象编织成组工艺过程和成组作业计划。

成组技术的特点是：有利于促进产品和零部件的系列化、标准化和通用化，减少产品设计工作量和工艺准备时间与费用；通过扩大生产批量，提高生产效率，缩短生产周期，简化生产组织与管理。目前成组技术主要应用于机械制造、电子产品、军工产品等领域。

（四）柔性制造单元

柔性制造单元，即以数控机床或数控加工中心为主体，依靠有效的成组作业计划，利用机器人和自动运输小车实现工件和刀具的传递、装卸及加工过程的全部自动化和一体化的生产组织。它是成组加工系统实现加工合理化的高级形式。它具有机床利用率高、加工制造与研制周期缩短、在制品及零件库存量低的优点。柔性制造单元与自动化立体仓库、自动装卸站、自动牵引车等相结合，由中央计算机控制进行自动加工，就形成柔性制造系统。柔性制造单元与计算机辅助设计等功能的结合，则成为计算机一体化制造系统。

第三节　现代企业生产计划

生产计划是企业经营计划的重要组成部分，是组织和控制企业生产活动的依据。

一、生产计划

（一）生产计划概述

生产计划是对企业的生产任务做出的统筹安排，规定了企业在计划期内生产产品的品种、质量、数量、进度等指标，以满足社会需求，并实现最佳经济效益。企业的生产计划是根据销售计划制订的，它又是企业制订物资供应计划、设备管理计划和生产作业计划的主要依据。

生产计划工作的主要内容包括：调查和预测社会对产品的需求、核定企业的生产能力、确定目标、制定策略、选择计划方法、正确制订生产计划、库存计划、生产进度计划和计划工作程序以及计划的实施与控制工作。

制订生产计划指标是企业生产计划的重要内容之一。企业生产计划的主要指标有产品品种、产品质量、产品产量和产值等，它们从不同侧面反映了企业计划期内生产产品的要求。

（1）产品品种指标。指企业在计划期内应该生产的品种、规格的名称和数目。它不仅反映企业对社会需求的满足能力，还反映了企业的专业化水平和管理水平。

（2）产品质量指标。指企业在计划期内各种产品应该达到的质量标准。它反映着产品的内在质量和外在质量。企业的产品质量也综合反映了企业的技术水平和管理水平。

（3）产品产量指标。指企业在计划期内应当生产的可供销售的产品的实物数量，通常用实物单位来计量。它是企业进行供、产、销平衡和编制生产作业计划，组织日常生产的重要依据。

（4）产品产值指标。这是用货币表现的产量指标，能综合反映企业生产经营活动成果，以便于不通行业间进行比较。

（二）生产计划的编制原则与步骤

1. 生产计划的编制原则

鉴于生产计划工作的重要性，在编制生产计划时应遵循以下原则：

（1）全局性原则。企业制订生产计划时必须坚持局部服从全局、小局服从大局的原则。

（2）合理利用生产能力原则。企业的生产计划要体现对生产能力的充分利用，既不能低于生产能力而造成资源浪费，又不能由于生产能力不足而导致生产计划无法实现。

（3）定量分析与定性分析相结合的原则。确定生产计划指标，必须通过定量分析和定性分析两者的结合才能实现对生产计划的优化，二者不可偏废其一。

（4）综合平衡原则。生产计划工作是在全面性、连续性、科学性和严肃性基础上对供、产销及人、财、物进行的综合平衡。

2. 生产计划的编制步骤

（1）收集资料，调查研究。编制生产计划所需的各类信息。

（2）拟定优化计划方案，做好统筹安排。根据市场需求和企业实际生产能力，在统筹安排的基础上，初步拟定生产计划指标和可行方案。通过定量和定性的分析评价，从中选择较优的可行方案。

（3）综合平衡，确定最佳方案。主要是生产指标与生产能力的平衡、生产指标与资金、成本、利润等指标间的平衡。最佳方案就是能使企业的生产能力和现有资源都得到充分的利用，获得最佳经济效益的方案。

（4）讨论修正与定稿报批。通过综合平衡，对计划做适当调整，正确制订各项生产指标，报请总经理或上级主管部门批准。

（5）实施计划，评价效果。检查计划实施的效果是否达到预定目标，必要时应重新修订计划。

二、生产作业计划

生产作业计划是生产计划的具体执行计划。它把企业的年度、季度生产计划中规定的月度生产任务以及临时性的生产任务，具体分配到各车间、工段、班组、每个工作地和个人，规定他们在月、旬、周、日、轮班以至小时的任务，并按日历顺序安排生产进度。它是组织日常生产活动、建立正常生产秩序的重要手段。它通过一系列的计划安排和生产调度工作，组织有节奏地均衡生产，取得良好的经济效益。

不同类型的生产企业有不同的生产作业计划编制方法，常见的有以下三种：

（1）在制品定额法。这是根据生产计划的要求将预先制订的在制品定额与预计可能结存的在制品数量作比较，使期末在制品数量保持在规定的定额水平上，并据此来规定各车间的生产任务。这种方法适用于大批量生产的企业。

（2）提前期法。这是根据生产计划的要求和预先制订的提前期来规定各车间的某种产品的装配生产提前完成的产量。它通常用累计编号来表示投入产出的产量任务。这种方法适用于多品种成批生产的企业。

（3）生产周期法。这种方法根据生产计划的要求和预先制订的产品生产周期表，通过生产能力的核算来规定各车间的生产任务。这种方法适用于单件小批量生产的企业。

三、生产作业控制

生产作业控制是实现生产作业计划的重要保证。生产作业控制是指监督和检查生产作业计划的执行情况，把结果与既定标准进行比较，发现偏差，分析产生偏差的原因，采取纠正偏差的措施，从而保证生产作业计划的顺利完成。生产作业控制的主要内容有生产进度控制、在制品占用量控制、生产调度等。

（一）生产进度控制

生产进度控制是指对从原材料投入到成品入库的全过程进行的控制。生产进度控制包括时间上和数量上的控制两大方面，具体内容有：投入进度控制、出产进度控制和工序进度控制。

1. 投入进度控制

投入进度控制是指按作业计划要求，控制产品开始投入日期以及各种原材料、毛坯、零部件的投入期和投入数量。

2. 出产进度控制

出产进度控制是指按作业计划要求，控制产品的出产日期、出产提前期、出产量、出产均衡性和成套性。

3. 工序进度控制

工序进度控制是指按作业计划要求，控制产品在生产过程中经过的每道加工工序的进度。

（二）在制品占用量控制

这是对生产过程中各个环节的在制品实物和账目进行控制。做好控制工作，不但对实现生产作业计划有重要作用，而且还有利于减少在制品积压、节约流动资金、提高经济效益。

（三）生产调度

生产调度是指在生产作业的过程中，针对运行中出现的矛盾和问题，对生产活动与相关资源所进行的调解与协调。生产调度的内容主要有以下几个方面：

（1）依照生产作业计划，检查生产各个环节的执行情况。

（2）检查、督促作业准备工作。

（3）根据生产实际需要，及时调配劳动力调整劳动组织，保证设备的正常运行。

（4）做好运输的日常调度工作，及时解决物资供应出现的问题。

（5）掌握动力的供应与保障情况，出现问题及时处理。

（6）组织好本企业一级和车间级的生产调度会，协调车间之间、工段之间、班组之间的生产问题，克服困难，解决矛盾。

四、生产现场管理

现场管理就是指对以基本生产作业场所为主体的生产活动进行有效的计划、组织和控制活动的总称。现场管理是一个企业的企业形象、管理水平、产品质量控制和精神面貌的综合反映，是一项经常性、基础性的综合管理，是衡量企业综合素质和管理水平高低的重要标志。

现场管理与生产控制有着密切的联系。现场管理也是一种控制行为，是生产控制的一个组成部分，是生产管理的日常工作之一。下面是几种常见的现场管理方法：

（一）5S 管理

5S 管理起源于日本。5S 是整理、整顿、清扫、清洁和素养 5 项管理活动的英文缩写。它通过整理现场，最终解决生产系统中遇到的各种矛盾和问题，从而不断改善和优化生产系统，以适应内外部环境的变化。5S 管理就是一个按照整理、整顿、清扫、清洁和素养依次不断循环进行的过程。其核心是素养，经过一轮轮的循环，素养可以一次次得到提高。

（1）整理：区分要用和不要用的东西，坚决扔掉不要用的东西。

（2）整顿：要用的东西定位放置，明确地标识，使用时随时能拿得到。

（3）清扫：将生产现场的灰尘、油污、垃圾清除干净。

（4）清洁：将前三项坚持和深入，持之以恒。

（5）素养：遵守规章制度、道德、品质、修养。

实施 5S 管理的作用：

（1）提升产品品质，减少浪费，降低成本。

（2）使工作规范有序，提高工作效率。

（3）营造融洽的管理氛围，愉悦员工心情。

（4）美化工作环境，增强客户对企业的信心。

（5）提高企业的知名度和形象。

（二）目视管理

目视管理是利用形象直观而又色彩适宜的各种视觉感知信息来组织现场管理活动。它是一种以公开化和视觉显示为特征的管理方式。目视管理的具体内容形式多种多样，如红牌、看板、信号灯操作流程图、警示牌区域线、警示线、色彩标志等。

1. 目视管理的作用

（1）迅速快捷地传递信息。

（2）直观形象地将潜在问题和浪费现象暴露出来，有利于提高工作效率。

（3）客观、公正、透明化。

（4）促进企业文化的建立和发展。

（5）透明度高，便于现场人员相互监督，有利于激励士气。

（6）有利于产生良好的生理和心理效应。

2. 推行目视管理的基本要求

（1）统一。目视管理要实行标准化。

（2）简约。各种视觉显示信号应易懂。

（3）鲜明。各种视觉显示信号要清晰，位置适宜，现场人员都能看得见、看得清。

（4）实用。不摆花架子，少花钱，讲实效。

（5）严格。现场所有人员都必须严格遵守和执行有关规定，有错必纠，赏罚分明。

（三）定置管理

定置管理是以生产现场的物为主要对象，研究人、物、现场三者之间的结合关系，并对三者进行设计、组织、实施和完善的一种管理方式。定置管理可以提高工作效率，提高产品质量，使生产现场环境整齐明快，实现生产现场的秩序化和文明化。它一般有三种状态：

（1）A类：指人和物处于即时结合的状态，在需要时伸手可得。这是一种理想的状态。

（2）B类：指需要经过寻找和处理才能使人和物结合。这种状态需要改善。

（3）C类：指生产现场的无用或无关之物，多属于不良状态，应予以消除。

定置管理就是通过对上述三种状态的分析和调整，将物按照科学合理的要求固定并保持，使操作者用物时好用、方便、顺手，减少无效劳动，实现安全、文明生产，从而不断提高生产效率和效益。

第四节　现代企业技术管理

一、企业技术管理概述

（一）企业技术管理的概念

技术通常指根据生产实践经验和自然科学原理总结发展起来的各种工艺操作方法与技能。现代企业技术管理就是依据科学技术工作规律，对企业的科学研究和全部技术活动进行的计划、协调、控制和激励等方面的管理工作。

企业技术管理是整个企业管理系统的一个子系统，是对企业的技术开发、产品开发、技术改造、技术合作以及技术转让等进行计划、组织、指挥、协调和控制等一系列管理活动的总称。企业技术管理的目的，是按照科学技术工作的规律性，建立科学的工作程序，有计划地、合理地利用企业技术力量和资源，把最新的科技成果尽快地转化为现实的生产力，推动企业技术进步和经济效益的实现。

（二）企业技术管理的内容

企业技术管理的内容主要有：

（1）进行科学技术预测，制定规划并组织实施。

（2）改进产品设计，试制新产品。

（3）制定和执行技术标准，进行产品质量的监督检验。

（4）组织信息交流。

(5) 建立健全技术操作规程。

(6) 技术改造、技术引进和设备更新。

(7) 做好生产技术准备和日常技术管理。

(8) 做好技术经济的论证工作。

(三) 企业技术管理的任务

企业技术管理的任务主要是推动科学技术进步，不断提高企业的劳动生产力和经济效益。

1. 正确贯彻执行国家的技术政策

技术政策是国家根据现代企业生产的发展和客观需要，依据科学技术原理制定的，是指导企业各种技术工作的方针政策。企业许多技术问题和经济问题的解决都离不开国家的有关技术政策。我国现代企业的技术政策很多，主要包括产品质量标准、工艺规程、技术操作规程、检验制度等。其中，产品的质量标准是最重要的。

2. 建立良好的生产技术秩序，保证企业生产的顺利进行

良好的生产技术秩序是保证企业生产顺利进行的必要前提。企业要通过技术管理，使各种机器设备和工具经常保持良好的技术状况，为生产提供先进合理的工艺规程，并要严格执行生产技术责任制和质量检验制度，及时解决生产中的技术问题，从而保证企业生产的顺利进行。

3. 提高企业的技术水平

现代企业要通过各种方式和手段，提高工人和技术人员的技术素质，对生产设备、工艺流程、操作方法等不断进行挖潜、革新和改造，推广行之有效的生产技术经验；努力学习和采用新工艺、新技术，充分发挥技术人员和工人的作用，全面提高所有生产人员的科学文化水平和技术水平，以加速企业的现代化进程。

4. 保证安全生产

操作工人和机器设备的安全是现代企业生产顺利进行的基本保证，也是社会主义制度的一个基本要求。如果企业不能确保生产的安全，工人的人身安全和健康就不能得到保证，国家的财产就会遭受损失，企业的生产经营活动也会受到极大影响，所以说，安全就是效益。企业生产的安全应靠企业上下各方面的共同努力，从技术上采取有力措施，制定和贯彻安全技术操作规程，从而保证生产安全。

5. 广泛开展科研活动，努力开发新产品

在市场经济中，现代企业必须及时生产出符合社会需求的产品，才能取得相应的经济效益。这就要求企业必须发动广大技术人员和工人，广泛开展科学研究活动，努力研发技术，积极开发新产品，不断满足需求，开拓新市场。

二、技术改造

(一) 技术改造的概念

技术改造主要是指在坚持科技进步的前提下，用先进的技术改造落后的技术，用先进的工艺和装备代替落后的工艺和装备，实现内涵扩大再生产，达到增加品种、提高质量、节约能源、降低原材料消耗、提高劳动生产率、提高经济效益的目的。

采用先进的、适用的新技术、新设备、新工艺、新材料，对现有设施、生产工艺条件及辅助设施进行的改造统称为“技术改造”或“更新改造”。

（二）技术改造的原则

（1）坚持以技术进步为前提，以内涵式扩大再生产为主的原则。

（2）从实际出发，采用既适合企业实际情况，又能带来良好经济效益的技术方案。

（3）在提高经济效益的前提下，实行技术改造，扩大生产能力。

（4）资金节约原则。针对企业的薄弱环节改造，把有限的资金用在最急需的地方。

（5）全员参与原则。调动各方面的积极性，参与到企业的技术改造当中。

（三）技术改造的内容

1. 产品改造

促进产品更新换代首先应从社会需要出发，改进产品设计，提高产品的性能和质量。改进的主攻方向应是合理简化产品结构，减轻重量，缩小体积，提高性能和质量，使产品能适应多种用途，朝高、精、尖的方向发展；合理使用材料，节约能源和贵重材料，提高生产效率，降低产品成本，以达到逐步改进和淘汰那些消耗高、性能差、寿命短的产品，实现产品更新换代，增强市场竞争能力。

2. 生产工艺和操作方法的改造

推广先进的操作方法改进生产工艺，要在保证产品质量和安全生产条件下，引进和推广新工艺，尽可能简化工艺过程和工艺流程，不断推广先进的操作方法，使生产过程连续化和高速化。

3. 生产设备更新改造

改进原有设备能提高企业生产技术装备水平，并逐步实现生产过程的自动化，以提高产品的产量和质量，提高生产效率，延长设备的使用寿命，改善劳动条件，减轻劳动强度。

4. 节约和综合利用原材料、能源，采用新型材料和替代品

减少能源和原材料消耗、开展综合利用要综合利用废料、废液、废气，采用综合利用原材料和能源的新技术，采用新材料、新能源和替代品等。

5. 劳动条件和生产环境的改造

主要包括改造厂房建筑、公用工程设施，并根据工艺、设备的要求，对厂房进行局部的改造，根据工艺流程调整工艺布局，改善劳动条件，减轻劳动强度，搞好安全生产等。

三、技术引进

技术引进是指一个国家或地区的企业、研究单位、机构通过一定方式从国外的企业、研究单位、机构等获得先进设备、技术和先进管理理念的行为。技术引进是为了提高引进国或引进企业的制造能力、技术水平和管理水平。

（一）技术引进的原则。

技术引进必须遵循实事求是原则、平等互利原则、经济效益原则、系统配套原则、创新原则。

（二）技术引进的方式

目前国际上通行的技术引进方式主要有以下几种。

1. 产品贸易

产品贸易即通过购买先进机器设备而引进技术。这种方式可以在短期内形成生产能力，迅速克服生产过程中的薄弱环节，但要花费大量外汇，往往只重视硬件引进而忽视了关键技术的引进，对供应方的零配件供应、技术依赖性较强。

2. 许可证贸易

许可证贸易是指技术许可方将其交易标的的使用权通过许可证协议或合同转让给技术接受方的一种交易行为。许可证的标的，通常是“软技术”，可以是专利、设计、工业模型、商标及版权，也可以是专有技术。

许可证贸易通过协议，让许可人允许受许可人使用其专利、商标或专有技术；受许可人则向许可人支付费用和其他报酬作为使用其技术的代价。许可证贸易把“科学与技术革命、知识积累与工业应用上的革命”结合起来，加速了产品生命周期和技术生命周期的进程。技术不发达国家可以利用许可证贸易以较小投资获得较大经济效益，缩短技术差距，享受技术进步的好处。对于出口人来说，则能收回科研投资和风险成本，使科研成果不至于出现“价值”磨损。

许可证贸易包括购买专利、购买技术诀窍和购买商标使用权三种形式。

3. 项目包建

项目包建是指输出方按合同规定为输入方建造项目整体。它通常以提供成套设备为主，包括拟定建设方案、工程设计、安装调试、培训人员直到验收合格等全过程的交易，往往附带技术援助合同、经营管理合同或推销产品合同。

四、技术创新

技术创新指生产技术的创新，包括开发新技术，或者将已有的技术进行应用创新。企业技术创新主要表现在要素创新、要素组合方法创新和产品创新三个方面。

（一）要素创新

要素创新是指企业在生产过程中是由劳动者利用一定的手段使劳动对象改变的过程，这个过程的要素主要有生产材料和生产设备。

1. 材料创新

材料创新是指开辟新的材料来源，开发和利用成本更低的替代性材料，提高材料的质量，改进材料的性能。材料是产品的物质基础。材料费用占产品成本的比重很大。材料的性能在很大程度上影响着产品的质量。随着企业产品的更新速度加快，一方面需要研发人员加快产品的创新速度，另一方面也需要在材料上进行持续创新。材料创新的内容包括开辟材料来源新渠道，以保证企业扩大生产的需要；改造材料的质量和性能，以保证和促进产品质量的提高；开发和利用大量廉价的普通材料（或寻找普通材料的新用途），以降低产品的生产成本。

2. **设备创新**

生产设备是企业进行生产的技术基础。设备技术状况是企业生产力水平的标志。因此，不断进行设备的创新，有利于企业改善产品质量、减少原材料消耗、节约劳动力。设备创新的内容有以下几个方面：

（1）通过利用新的设备，减少手工劳动的比重，可以提高企业生产的机械化和自动化程度，进而提高企业生产率。

（2）通过将先进的科学技术成果应用于改造和革新原有设备，延长其技术寿命，提高其效能。

（3）有计划地进行设备更新，以更先进的设备替代陈旧的老设备，使企业建立在先进的物质技术基础上，跟上时代步伐。

（二）要素组合方法创新

利用一定的方式将不同的生产要素加以组合，这是生产的先决条件。要素组合包括生产工艺和生产过程的时间和空间组织两个方面。

生产工艺创新指企业通过研究和运用新的生产技术、操作程序、方式方法和规则体系等，提高企业的生产技术水平、产品质量和生产效率的活动。企业生产工艺创新的过程大体上可分为工艺研发阶段和由研发环节转移或导入制造环节的工艺创新两个阶段。工艺创新和设备创新是相互促进的，设备的更新要求工艺方法做出相应的调整，而工艺方法的不断完善又必然促进设备的改造和更新。

生产过程组织是指为提高生产效率，缩短生产周期，对生产过程的各个组成部分从时间和空间上进行合理安排，使它们能够相互衔接、密切配合设计与组织工作的系统。生产过程组织包括空间组织和时间组织两项基本内容。

生产过程的空间组织是指在一定的空间内，合理地设置企业内部各基本生产单位，如车间、工段、班组等，使生产活动能高效地顺利进行。生产过程的空间组织有两种典型的形式：工艺专业化和对象专业化。

生产过程的时间组织是研究产品生产过程各环节在时间上的衔接和结合的方式。生产过程各环节之间时间衔接越紧密，就越能缩短生产周期，从而提高生产效率，降低生产成本。

企业需要不断的研究和采用更合理的空间布局和时间组合方式，以提高劳动生产率、缩短生产周期，提高运营效率。

（三）产品创新

产品创新是指企业首次向市场提供在技术上有某些改变的新产品的过程。技术上的改变，可以是原有产品质量的改善、性能的提高、外观的变换，也可能是质量、性能、外观完全不同的新产品。产品创新源于市场需求，源于市场对企业的产品技术需求，也就是技术创新活动以市场需求为出发点，明确产品技术的研究方向，通过技术创新活动，创造出适合这一需求的适销产品，使市场需求得以满足。在现实的企业中，产品创新总是在技术、需求两维之中，根据本行业、本企业的特点，将市场需求和本企业的技术能力相匹配，寻求风险收益的最佳结合点。产品创新的动力从根本上说是技术推进和需求拉引共同作用的结果。

产品创新是企业创新的核心内容。产品创新就要以现实或潜在的市场需求为出发点，以新技术应用为支撑，开发出差异性的产品或全新的产品，满足现实的市场需求，或将潜在的市场激活为一个现实的市场，实现产品的价值，取得良好的经济效益。

综合练习与实践

一、复习思考题

1. 生产运营管理主要包括哪些内容？
2. 合理组织生产过程有什么要求？
3. 现代企业的生产过程由哪几个过程组成？
4. 简述工艺专业化和对象专业化组织生产单位的优缺点。
5. 结合实例谈谈你对企业生产管理的认识。

二、案例分析

广州丰田汽车公司精益生产成功之道

一、不断改善不投机取巧

持续改善的思想理念是丰田汽车公司（以下简称“丰田”）生产方式的根基。广州丰田汽车公司（以下简称“广州丰田”）工厂内设置了丰田最先进的技能培训设施，提供从基础理论到实际操作全方位的高水平专业培训。目前，广州丰田已经拥有一支专业素质极高的员工团队，而每一年，广州丰田技术、质量和生产管理岗位的骨干人员还有机会被派往丰田的日本工厂“现地现物”接受培训。

二、细节确保品质

在丰田系统的管理理念中，最为人称道的就是做事“细”。广州丰田总装生产线每个工位上，都有一个拉绳，被称为“安东”。工位上的作业者遇到无法解决的异常情况马上伸手拉动“安东”，线上班组长就前来处理。如果该异常不能在限定的时间内处理完，再次拉动“安东”，整个生产线就会自动停止，直到问题解决为止（这种情况随着员工技能的提高和技术支持人员的指导会越来越少）。这样就不会把不良品流到下一个工位，起到在本工序内确保品质的作用。

三、广州丰田“零库存”现象

TPS（丰田生产模式）作为一种文化，已经深入到了广州丰田生产和运营的每一个环节中。除了自动化、标准化和持续改善之外，它的精髓还在于准时化生产（Just In Time，JIT），以“零库存”为目标，极力提倡减少库存。在广州丰田的眼中，企业运行时的“库存”是最大的浪费。

四、环环相扣的拉动式生产

汽车工业的传统思考方式是“前一道工序向后一道工序供应工件”。这种传送带式的大批量的盲目生产，往往会造成过度生产的浪费、搬运的浪费、库存的浪费、加工本身的浪费及等待的浪费等。

为了彻底消除浪费，丰田经过实际生产中的不断完善与调校后，拉动式生产（Pull System）应运而生，即“由后一道工序在需要的时刻到前一道工序去领取需要数量的特定零部件，而前一道工序则只生产所需要领取的数量”。在广州丰田的总装车间，看不到分门别类堆积在物架上的零部件，也见不到其他工厂“零部件搬运工往来穿梭”的繁忙景象。这都归功于丰田对装配线成套供给零部件（SPS）体系，即每一个物料架紧随一辆等待装配的车身，总装工人只需在物料架和车身同步流动的平台上，将触手可及的零部件对号入座装配上车身即可，连工人转身取物料的时间都省了。广州丰田高层曾表示，“通过对零部件采取这种‘配餐式’的供应，在必要的时间内生产必要数量的产品，是丰田精益生产方式所倡导的”。因此广州丰田无论整车还是零部件，都能实现“零库存”的管理目标，同时也掀起了“60 秒生产一辆汽车”的新一轮效率革命，兑现了“顾客买多少，就送多少到顾客手上”的承诺。

五、看板方式成“独创利器”

广州丰田不仅引进了丰田最先进的设备和人才，还引进了生产中非常重要的一环：看板方式。根据拉动式生产的实际情况，把生产计划下达给最后的组装线，在指定的时间生产指定数量的指定车型，组装线便依次向前一道工序领取所需要的各种零部件。在这过程中，“用于领取工件或者传达生产指令的媒介”就是为拉动式生产而量身定做的“看板方式”。

六、“带人字边的自动化”造就高效率

除了引进丰田全球领先的生产设备，实现了工程的高度自动化，同时在广州丰田，还有一个专有名词“带人字边的自动化”，它来自丰田的一个生产理念：先进的设备只是起点，人才是品质的最终保障。

据了解，早在工厂尚未建成之前，广州丰田就先投资 1 000 多万元建设了员工的技能训练场，对每一个岗位员工都进行基本技能训练，同时，还派出了大批班、组长、高技能人员到日本接受严格的现场管理及技术培训，让他们的管理水平、专业技能得到更高的提升；为了确保生产品质，公司在投产初期，还邀请了众多日本专家进驻广州丰田，现场作业、现场指导工作。

值得一提的是，丰田还一反传统生产系统中的“定员制”，根据生产量的变动，弹性地增减各生产线的作业人数，运用较少的人员资源完成更多的生产活动，这就对作业人员提出了更高的要求。为了适应人员弹性配置的方法，广州丰田的员工通过专业化的技能培训成为了身怀各种技能的“多面手”，使广州丰田的生产效率达到了极高的水准。

思考：广州丰田质量管理的成功对我国其他企业开展质量管理有何启发？

三、实践训练

1. 组织全班同学或分成若干小组，以座谈会或深度面谈形式调查某企业生产管理活动。每位同学撰写访问报告及心得体会，优秀者在全班交流。

2. 选择学校附近的一家企业，了解企业生产管理方面的知识。

第八章
现代企业质量管理

学习目标

通过本章的学习，掌握质量管理的概念，了解质量管理的发展历史；掌握全面质量管理的概念与基本思想，质量管理的 PDCA 循环在全面质量管理中的运用；掌握质量管理的 7 种统计方法及其应用；掌握质量管理体系与质量认证体系的相关知识；了解 ISO 9000 系列标准在质量管理中的作用，熟悉ISO 9000系列标准的基本内容。

引导案例

联想集团的质量管理

成立于 1984 年的联想集团，始终坚持以客户需求为导向、创新为动力、产品质量为根本的理念，经历了30 年的风风雨雨，从一个名不见经传的中关村小公司发展为全球最大的、国际型的 PC 供应商。在企业发展过程中，公司经历了由本土企业向国际型企业转型的阵痛，吸取了国际型公司在质量管理方面的优秀经验，并结合企业自身的特点，建立了具有企业特色的产品设计质量控制的流程方法和体系，确保了产品质量的稳步提升。

作为一家极富创新性的高科技公司，联想集团始终秉承自主创新与追求卓越的传统，一直倡导“致力质量创新，成就卓越品质”的质量管理理念，在打造世界一流品质的道路上，更是致力于从质量管理理论和系统角度进行创新。在“救火—预防—创新”的质量管理理念引导下，联想集团建立了产品质量、供应商质量、制造质量和客户质量的闭环质量管理体系结构，创造出适合本企业的质量管理体系，在产品质量方面建立了由质量管理计划（Qulity Management Planning，QMP）、质量绩效测量指标（Time to Qulity，TTQ）、早期预警团队机制（Early Warning Group，EWG）和质量创新团队（Quality Champion Team，QCT）构成的四位一体的控制方法。

联想集团在质量控制方面的成就得到了广泛的认可，先后获得了国家质检总局颁发的“全国质量工作先进单位标兵”、中国质量协会与中华全国总工会颁发的“中国杰出质量人”等荣誉称号。

质量是企业生存和发展的基础，是企业的生命。企业要想获得长远的生存和发展，就必须积极有效地开展质量管理活动，这已成为企业的共识。质量管理活动贯穿整个企业管理的始终。企业经营活动中各环节、各项工作及各种产品都离不开质量。社会的发展客观上要求企业不断提高质量管理的水平，以满足顾客对产品和服务日益苛刻的要求。

第一节　质量管理概述

一、质量和质量管理的概念

（一）质量的概念

质量有广义和狭义之分。广义的质量是指产品或服务满足一定要求的特征总和。它包括产品质量、工作质量和工序质量。产品质量是指产品满足社会和人们一定需要的特征。工作质量是指企业的管理工作、组织工作和技术工作对保证产品质量做到的程度。工序质量是指工序能够稳定地生产合格产品的能力。狭义的质量是指产品质量。产品质量包括内在质量特征（如产品的结构、性能、精度、纯度、物理性能、化学成分等）和外在质量特征（如产品的外观、形状、色泽、手感、气味、光洁度等)。质量特征可概括为产品性能、寿命、可靠性、安全性和经济性五个方面。

（二）质量管理的概念

质量管理是指围绕质量目标而进行的所有管理活动。在质量方面指挥和控制组织的协调的活动，通常包括制定质量方针和质量目标以及质量策划、质量控制、质量保证和质量改进。

1. 质量方针

质量方针是由企业的最高管理者正式颁布的该企业总的质量宗旨和方向。

2. 质量目标

质量目标是与质量有关的、所追求或作为目的的事物，它是质量方针的细化，应依据质量方针的要求设定，比较具体、详细，并且尽可能量化，形成质量目标。

3. 质量策划

质量策划是设定质量目标以及采取相关资源以实现其质量目标的一系列活动，包括产品策划、管理和作业策划、编制质量计划、做出质量改进决策等。

4. 质量控制

质量控制是致力于满足质量要求的活动。它通过采取一系列作业技术和活动对各个过程实施控制，包括质量方针控制、文件和记录控制、设计和开发控制、采购控制、生产运作控制、不合格产品控制等。质量保证和质量控制是相互联系的，质量控制活动是质量保证的基础。

5. 质量保证

质量保证是为了提供足够的信任，以表明产品实体满足质量要求而进行的有计划、有组织的活动。质量保证分为内部质量保证和外部质量保证。内部质量保证的目的是向企业高层管理者提供信任；外部质量保证的目的是向顾客或其他相关方提供信任。

6. **质量改进**

质量改进是围绕提高活动和过程效益、效率而采取的各种措施和手段。效益是指完成所策划活动并达到策划结果的程度。效率是指达到的结果与所使用的资源之间的比例关系。质量改进的目的就是以更低的消耗、更低的成本向客户提供更高的效用，从而获得更高的收益。

二、质量管理的发展

质量管理的发展是同科学技术与生产力的发展密切相关的。按照质量管理所依据的手段和方式，质量管理的发展大体上经历了以下三个阶段。

（一）质量检验阶段

质量检验阶段大约是20世纪20年代到40年代。这一阶段，企业把检验和生产分开，设立专门的检验机构，负责对生产的产品进行检验。这一阶段的检验仅仅是为了把关，而不能防止不合格品的产生，缺乏预防和控制措施，只起到“事后把关”的作用。因此，这个阶段的质量管理不能解决预防不合格品的产生问题，它的作用是消极的。

（二）统计质量控制阶段

统计质量控制阶段大约是20世纪40年代到50年代。这一阶段，企业运用概率论和数理统计原理，找出影响产品质量优劣的各种因素，以预防不合格品的出现。它的特点是检验加控制，由事后把关向预防为主转变。由于采取质量控制的统计方法给企业带来了巨额利润，很多国家都开始积极开展统计质量控制活动，并取得较大成效。

（三）全面质量管理阶段

全面质量管理阶段是20世纪60年代以后。最早提出全面质量管理概念的是美国通用电气公司的费根堡姆，他在1961年出版的《全面质量管理》中指出，要真正搞好质量管理，除了利用统计方面的控制制造过程外，还需要组织管理工作，对生产的全过程进行质量管理，而且明确指出执行质量职能是企业全体人员的责任。全面质量管理符合生产力发展和质量管理发展的客观要求。全面质量管理的理念一经提出，很快就被人们接受，并在世界各地逐渐得到普及和执行。经过几十年的时间，全面质量管理的理论和方法又有了新的发展。

质量管理从单纯的质量检验发展到全面质量管理，并不仅仅是量的变化，而是从量到质的飞跃。同质量检验阶段相比较，全面质量管理阶段的工作范围和职能都扩大了。它是一个不断发展和完善的过程。后一个阶段的发展并不是对前一个阶段的否定，而是在前一个阶段基础上的丰富与发展，从而使质量管理日益完善。

第二节　全面质量管理

一、全面质量管理的概念

全面质量管理（Total Quality Management，TQM），就是指一个组织以质量为中心，以全员参与为基础，目的在于通过顾客满意和本组织所有成员及社会受益而达到长期成功的一种管理途径，是改善企业运营效率的一种重要方法。全面质量管理既是一种管理方式，又是以质量为中心实行全面管理的管理理念。

全面质量管理有以下特点：

（1）管理的内容是全面的。不仅要对产品质量进行管理，同时也应对相应的工作质量，如生产工作、技术工作和组织工作进行全面管理。它要求保证质量、功能，按时交货，服务周到，以满足顾客需要为出发点。

（2）管理的范围是全面的。它要求实现企业生产经营的全过程的质量管理。即对产品质量的设计试制过程、生产制造过程、辅助生产过程等都进行质量管理，以便全面提高产品质量。

（3）参与管理的人员是全面的。产品质量是企业职工素质、技术素质、管理水平、领导素质的综合反映，涉及企业各部门和全体员工。因此，必须把组织所有人员的积极性和创造性充分调动起来，不断提高从业人员的素质，使上至企业最高管理者，下至生产一线员工，人人都关心产品质量，人人都做好本职工作，全身心地投入到质量管理活动中。只有全体人员共同努力，才能生产出满足顾客要求的产品。

（4）管理的方法是全面的。影响产品质量的因素包括组织内部、外部、技术、人员等因素，应区别不同的影响因素，广泛、灵活、全面地运用各种质量管理的方法来解决质量问题；应特别注意将现代管理方法、数理统计技术和其他专业技术综合起来，充分发挥它们在质量管理中的作用。

二、全面质量管理的基本原则

（一）预防性原则

全面质量管理的一个重要特征就是从事后把关转变为事前预防，从管结果变为管原因。因此，实行全面质量管理，必须树立以预防为主的观点，在生产过程中要事先预防不合格品的产生，尽可能减少企业和社会损失。

（二）经济性原则

全面质量管理的最终目的是使企业在满足顾客需求的前提下获得最大限度的附加价值。

（三）协作性原则

全面质量管理要求企业各部门保持紧密的协作，全体职工保持良好的协作，以保证产品的质量，从而取得更好的经济效益。

（四）系统性原则

企业是一个由许多关联的环节、部门和要素组成的系统，因此推行全面质量管理应以系统方法去分析问题，采取系统的措施去解决相关问题。

（五）持续改进原则

全面质量管理是以 PDCA 封闭循环为基础的持续改善的管理体系。

三、全面质量管理的工作程序

全面质量管理要求采用一套科学的程序来处理问题。其基本的工作方法是要求各项工作提出计划、实施计划、检查实施效果，然后将成功的计划纳入标准，不成功的计划留待下一循环去解决。

（一）PDCA 循环的四个阶段

质量管理工作的循环是按照计划（plan）—执行（do）—检查（check）—处理（action）四个阶段的次序不断循环的一种质量管理方法，简称 PDCA 循环（如图 8－1 所示）。它是由美国质量管理专家戴明博士最先总结出来的，所以又称戴明循环。它是提高产品质量的一种科学的工作方法。

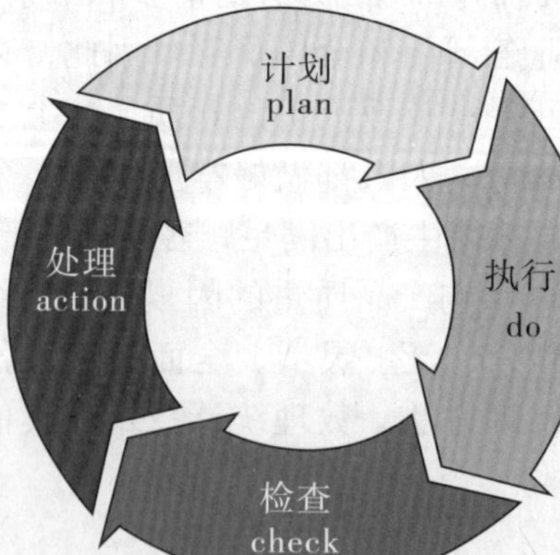

图 8－1　PDCA 循环

1. 计划阶段

首先明确计划要达到的质量目标，提出质量标准，然后编制质量指标计划和质量措施计划，包括制定方针、目标、计划书、管理项目等。它是实行质量管理的重要依据和行动纲领，可以细化为四个环节：①找出质量问题；②分析质量问题的影响因素；③找出影响质量问题的主要因素；④针对主要影响因素制订解决问题的措施计划。措施计划要明确采取该措施的原因（Why）、执行措施预期达到的目的（What）、执行措施的地点（Where）、由谁来执行（Who）、何时开始执行和何时完成（When）以及如何执行（How），通常称为“5W1H”。

2. 执行阶段

按照所制订的计划和措施认真实施，以实现质量改进的目标。如根据提高产品质量的计划，制定质量标准、操作规程和作业标准等，并组织有关人员实施。这是质量管理循环的第五个步骤。

3. 检查阶段

实施过程中，按照计划要求检查执行的情况和效果，及时发现实施过程中出现的问题。这是质量管理循环的第六个步骤。

4. 处理阶段

根据检查结果采取措施，巩固成绩，克服缺点，吸取教训，防止重蹈覆辙，并将未解决的遗留问题转到下一次 PDCA 循环中去以求解决。巩固成绩、克服缺点的处置阶段是最重要的过程。这是质量管理循环的第七和第八个步骤。

（二）PDCA 循环的特点

1. 大环套小环，一环扣一环；小环保大环，推动大循环

整个企业的质量管理运作是一个大的 PDCA 循环，各个部门又都有各自的小的 PDCA 循环，依次又有更小的 PDCA 循环，直至具体落实到每个人。上一级的 PDCA 循环是下一级 PDCA 循环的根据，下一级的 PDCA 循环是上一级 PDCA 循环的贯彻落实和具体保证。通过循环把全面质量管理和企业各项工作有机地联系起来，所有的循环圈都在转动，并且相互协调、相互促进（如图 8－2 所示）。

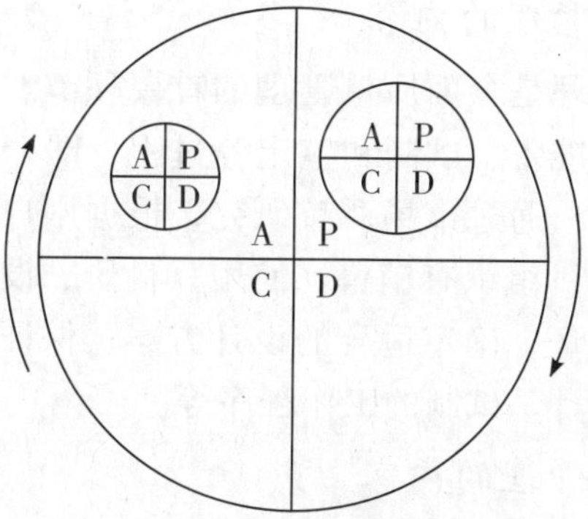

图 8－2　PDCA 循环的特点

2. 不断循环上升

PDCA 循环绝不是原地踏步，而是每次循环都能解决一些问题，这意味着企业的质量管理水平提升了一步。下次循环就在一个较高的层面上进一步解决新出现的问题，犹如爬楼梯，逐步上升。这样循环往复，不断解决出现的质量问题，管理水平、工作质量和产品质量就会逐步提高（如图 8－3 所示）。

3. PDCA 循环是一个有机的统一体

把管理工作划分为四个阶段是相对的，不能机械地将它们分开，而是要使它们紧密衔接、连成一体，各个阶段之间存在一定的交叉。在实际工作中，往往是边计划边执行，边执行边检查，边检查边总结，边总结边改进。质量管理水平就是在这样的循环往复中不断提升的，直至达到预定目标的要求。

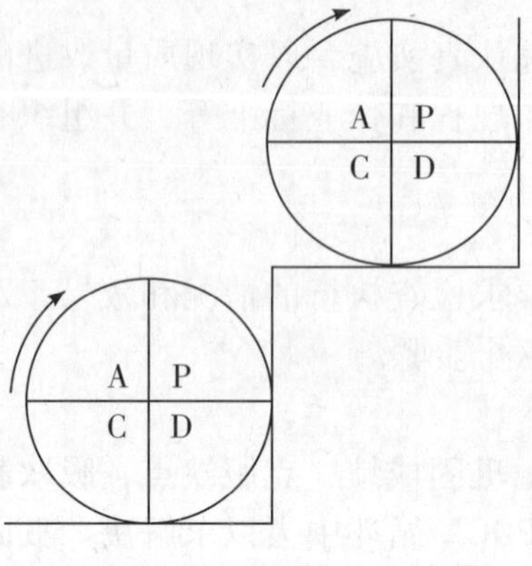

图 8－3 PDCA 循环逐步提高

4. PDCA 循环的关键在于处理阶段

这就需要总结经验、巩固成果、纠正错误、吸取教训。只有把成功的经验和失败的教训都纳入各项标准、制度和规定中，才能不断改进工作质量，提高管理效率。

四、全面质量管理的工作内容

全面质量管理的工作内容包括设计、制造、辅助和使用过程质量管理的内容。

（一）设计过程质量管理的内容

产品设计过程的质量管理是全面质量管理的首要环节。这里所指的设计过程，包括市场调查、产品设计、工艺准备、试制和鉴定等过程，即产品正式投产前的全部技术准备过程。主要工作内容包括：通过市场调查研究，根据用户要求、科技情报与企业的经营目标，制定产品质量目标；组织有销售、使用、科研、设计、工艺、制度和质量管理等多个部门参加的审查和验证，确定适合的设计方案；保证技术文件的质量；做好标准化的审查工作；督促遵守设计、试制的工作程序等。

（二）制造过程质量管理的内容

制造过程是指对产品直接进行加工的过程。它是产品质量形成的基础，是企业质量管理的基本环节。它的基本任务是保证产品的制造质量，建立一个能够稳定生产合格品和优质品的生产系统。主要工作内容包括：组织质量检验工作；组织和促进文明生产；组织质量分析，掌握质量动态；组织工序的质量控制，建立管理点；等等。

（三）辅助过程质量管理的内容

辅助过程是指为保证制造过程正常进行而提供各种物资技术条件的过程。它包括物资采购供应、动力生产、设备维修、工具制造、仓库保管、运输服务等。主要工作内容包括：物资采购供应（包括外协准备）的质量管理，保证采购质量，严格入库物资的检查验收，按质、按量、按期地提供生产所需要的各种物资（包括原材料、辅助材料、燃料等）；组织好设备维修工作，使设备保持良好的技术状态；做好工具制造和供应的质量管理工作等。同时，企业物资采购的质量管理也显得日益重要。

（四）使用过程质量管理的内容

使用过程是考验产品实际质量的过程，它是企业内部质量管理的继续，也是全面质量管理的出发点和落脚点。这一过程质量管理的基本任务是提高服务质量（包括售前服务和售后服务），保证产品的实际使用效果，不断促使企业研究和改进产品质量。主要的工作内容包括：开展技术服务工作；处理出厂产品质量问题；调查产品使用效果和用户要求。

五、全面质量管理的实施方法

全面质量管理是保障企业活力的主要条件。企业在推行全面质量管理时，应注意以下几点：

（一）认真分析产品质量和质量管理的现状，树立明确的奋斗目标

推行全面质量管理，必须坚持从实际出发，切忌生搬硬套。要做到坚持从实际出发，首先要回答的是产品质量和质量管理的现状如何，即已经达到什么样的水平，还存在哪些问题，原因何在，等等，就是要“知己”。围绕产品质量来分析质量管理，是正确认识管理形状的重要措施。做到“知己”是一方面，同时还要做到“知彼”，即知道国际已经达到的水平，认识差距，并在此基础上明确树立自己的奋斗目标，制定为达到这个目标的措施计划。

（二）开展质量管理培训工作

通过培训教育使企业员工牢固树立“质量第一”和“顾客至上”的思想，创建良好的企业文化氛围，采取实际行动，改变企业文化和管理形态。

（三）建立严格的质量责任制

全面质量管理是同产品质量有关的各个工作环节的质量管理的总和，它包括市场调研的质量管理、研究设计的质量管理、工艺技术的质量管理、生产准备的质量管理、机械动力的质量管理、协作配套的质量管理、物质供应的质量管理、生产过程的质量管理、销售服务的质量管理等。同时，这个总和也不是各个环节质量管理的机械相加，而是一个围绕着共同目标的协调运行的统一体。因此，为了顺利推行全面质量管理，必须明确规定各个有关部门在质量管理方面的职能，以及围绕特定的质量目标所承担的具体工作任务。

（四）做到全员参与

推动全员参与，对全过程进行质量控制与管理。以人为本，充分调动各级人员的积极性，推动全员参与。只有全体员工都充分参与，才能使他们的才干为企业带来收益，才能够真正实现对企业全过程进行质量控制与管理。并且确保企业在推行 TQM 过程中，采用系统化的方法进行管理。

第三节 质量管理的统计方法

质量管理统计方法是以概率论和数理统计为基础发展起来的一种控制产品质量的抽

样检查方法。它是实施质量管理的有效工具。常见的统计方法有分层法、因果分析图法、排列图法、直方图法、相关图法、控制图法和调查表，通常称为质量管理的七种工具。这七种方法应相互结合，灵活运用，从而有效地控制和提高产品质量。

一、分层法

分层又叫分类法、分组法。它是将数据根据使用目的，按其性质、来源、影响因素等分层分类，把杂乱无章的数据条理化和系统化，使之能更确切地反映客观事实，便于分清责任，找出主要问题并寻求解决的办法。分层法往往与其他统计方法结合起来使用。在实际运用分层法时，可以按照时间、操作者、设备、原材料、操作方法、环境、测量方法等标志进行分类。使用分层法时，要使同一层次内的数据波动或意见差异幅度尽可能小，而层与层之间的差别尽可能大。

二、因果分析图法

因果分析图又称特性要因图、鱼刺图或石川图。它最早是1953年由日本川琦制铁公司的质量管理专家石川馨提出的。它是一种通过查找产品的生产过程的各个环节来寻找分析产生质量问题的原因，并进行定性分析的方法，是质量管理（QC）小组常用的一种分析方法。它从影响产品质量的原材料、设备、生产制造方法、操作环境等大的原因入手，按照各因素之间的因果关系，从大到小，从粗到细，逐级分层地查找产生质量问题的大原因中的中原因、小原因、更小原因等，直到找出能直接采取有效措施的具体原因为止，并据此采取相应对策。因果分析图的基本格式如图8－4所示。

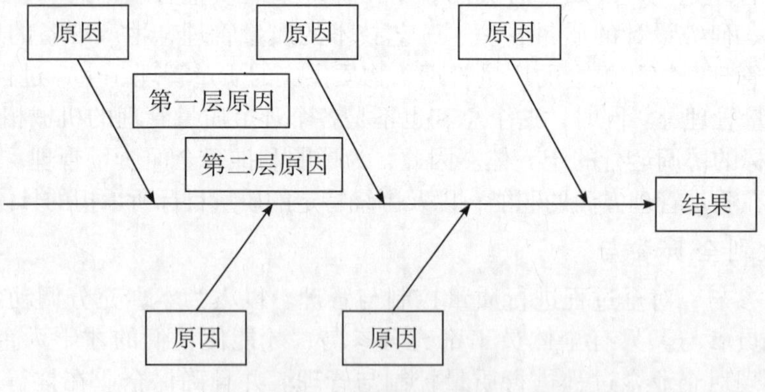

图8－4　因果分析图

这种方法的主要特点在于能够全面地反映影响产品质量的各种因素，而且层次分明，可以清晰地了解到各种因素之间的关系。在运用因果分析图时，应注意以下事项：

（1）影响质量问题的大原因通常有人、设备、原材料、方法和环境五个方面。但不局限于此，针对具体问题要具体分析。

（2）要充分发扬民主精神，各抒己见，求同存异，将各种意见都记录下来。

（3）对产生问题的原因分析要从大到小，从粗到细，寻根究底，直至能找出采取具体解决措施为止。

(4) 绘制因果分析图，找到主要原因后，提出解决措施，并实时跟进，调查实际效果。

三、排列图法

排列图法又称主次因素分析法、帕累托图法。它是找出影响产品质量主要因素的一种简单而有效的图表方法。排列图法是根据“关键的少数和次要的多数”原理制作而成的。也就是将影响产品质量的众多影响因素按其对质量影响程度的大小，用直方图形顺序排列，从而找出主要因素。

其具体结构是由两个纵坐标和一个横坐标，若干个直方形和一条折线构成。左侧纵坐标表示不合格品出现的频数（出现次数或金额等）；右侧纵坐标表示不合格品出现的频数（出现次数或金额等）；横坐标表示影响质量的各种因素，按影响大小顺序排列，直方形高度表示相应的因素的影响程度（即出现频率为多少），折线表示累计频率（也称帕累托曲线）。通常累计百分比将影响因素分为三类：

(1) A 类因素，占 0 ~ 80%，是主要因素。

(2) B 类因素，占 80% ~ 90%，是次要因素。

(3) C 类因素，占 90% ~ 100%，属于一般因素。

由于 A 类因素占存在问题的 80% 左右，因此只要解决了此类因素，质量问题大部分就能得到解决。

在使用排列图时，可以将同一问题按照不同的标准进行分层，从不同的角度来分析问题，以便掌握更多的信息，有助于质量问题的及时解决。

四、直方图法

直方图法是从产品质量特征值的分布状况来体现产品质量特征值波动规律的一种质量数据分析方法。它是从总体中随机抽出样本，将从样本获得的数据进行整理，然后根据这些数据找出质量波动规律，以此预测相关工作质量的一种常用工具。它是判断和预测生产过程工序质量及其变化的一种重要方法。

直方图的主要图形为直角坐标系中若干按顺序排列的矩形图，各矩形底边为数据区间，矩形的高为数据落入各相应区间的频数。

(一) 直方图的绘制方法

(1) 集中和记录数据，求出其最大值和最小值。数据的数量应在 100 个以上，在数量不多的情况下，至少也应在 50 个以上。习惯上把分成组的个数称为组数，每一个组的两个端点的差称为组距。

(2) 将数据分成若干组，并做好记号。分组的数量在 6 ~ 20 之间较为适宜。

(3) 计算组距的宽度。用组数去除最大值和最小值之差，求出组距的宽度。

(4) 计算各组的界限位。各组的界限位可以从第一组开始依次计算，第一组的下界为最小值减去最小测定单位的一半，第一组的上界为其下界值加上组距。第二组的下界限位为第一组的上界限值，第二组的下界限值加上组距，就是第二组的上界限位，依此类推。

（5）统计各组数据出现频数，作频数分布表。

（6）作直方图。以组距为底长，以频数为高，作各组的矩形图。

（二）直方图法的主要用途

（1）整理统计数据，了解统计数据的分布特征，即数据分布的集中或离散状况，从中掌握质量能力状态。

（2）观察分析生产过程质量是否处于正常、稳定和受控状态以及质量水平是否保持在公差允许的范围内。

五、相关图法

相关图法又称散布图法、简易相关分析法。它是通过运用相关图研究两个质量特性之间的相关关系，来控制影响产品质量中相关因素的一种有效的常用方法。相关图是把两个变量之间的相关关系用直角坐标系表示的图表。它根据影响质量特性因素的各对数据，用小点表示填列在直角坐标图上，并观察它们之间的关系。

这种方法的优点是直观简便。通过相关图对数据的相关性进行直接的观察，不但可以得到定性的结论，而且可以通过观察剔除异常数据，从而提高用计算法估算相关程度的准确性。

通过观察相关图主要是了解看点的分布状态，概略地估计两变量之间有无相关关系，从而得到两个变量的基本关系，为质量控制提供相应依据。一般情况下，两个变量之间的相关类型主要有六种：强正相关、弱正相关、不相关、强负相关、弱负相关以及非线性相关，如8－5所示。

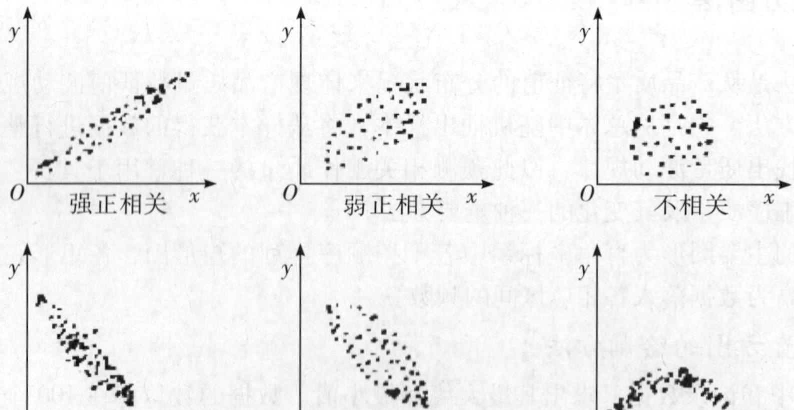

图8－5　两个变量的六种相关类型

相关图的绘制方法如下：

（1）收集至少30组手机质量特征的数据。

（2）找出所收集数据中的最大值与最小值。

（3）建立直角坐标图。一般来说，纵轴代表结果，横轴代表原因。

（4）将各对数据标示在直角坐标图上。

（5）填上资料的收集时间、地点、测定方法、制作者等项目。

六、控制图法

控制图又称管理图。它是一种用来分析和判断工序是否处于稳定状态的带有控制界限的质量管理图表。运用控制图的目的之一就是通过观察控制图上产品质量特性值的分布状况，分析和判断生产过程是否发生了异常，一旦发现异常就要及时采取必要的措施加以消除，使生产过程恢复稳定状态。也可以应用控制图来使生产过程达到统计控制的状态。

控制图是对生产过程质量的一种记录图形，图上有中心线和上下控制线，并有反映按时间顺序抽取的各样本统计量的数值点。中心线是所控制的统计量的平均值，上下控制界限与中心线相距数倍标准差。多数的制造业应用三倍标准差控制界限，如果有充分的证据也可以使用其它控制界限。

常用的控制图有计量值和记数值两大类，它们分别适用于不同的生产过程。每一类又可细分为更加具体的控制图，如计量值控制图可具体分为均值—极差控制图、单值—移动极差控制图等。

控制图的绘制方法如下：

（1）按规定的抽样间隔和样本大小抽取样本。

（2）测量样本的质量特征值，计算其统计量数值。

（3）在控制图上描点。

（4）判断生产过程是否可行。

使用控制图应注意以下几个问题：

（1）根据工序的质量情况，合理地选择管理点。管理点一般是指关键部位、关键尺寸、工艺本身有特殊要求、对下道工序有影响的关键点。例如可以选质量不稳定、出现不良品较多的部位为管理点。

（2）根据管理点上的质量问题，合理选择控制图的种类。

（3）使用控制图做工序管理时，应首先确定合理的控制界限。

（4）控制图上的点有异常状态时，应立即找出原因，采取措施后再进行生产，这是控制图发挥作用的首要前提。

（5）控制线不等于公差线，公差线用于判断产品是否合格，而控制线则用于判断工序质量是否发生变化。

（6）控制图发生异常时，要明确责任，及时解决或上报。

七、调查表法

调查表又称检查表、核对表统计分析表。它是用来记录、收集和积累数据，并对数据进行整理和初步分析的一种常用图表。调查表是质量管理中最简单也是最常见的一种方法。

常用的调查表有缺陷位置调查表、不合格品项目调查表、频数分布调查表三种形式。

（1）缺陷位置调查表。缺陷位置调查可用来记录、统计和分析不同类型的外观质量缺陷所发生的不为何密集程度，从中找出规律，为进一步调查或找出解决问题的方法提供事实依据。找出原因，并采取措施更好地解决出现的质量问题。缺陷位置调查表是工序质量分析中常用的方法。

（2）不合格品项目调查表。主要用来调查生产现场不合格品项目频数和不合格品率，以便于简便、直观地反映出不合格品的分布情况。

（3）频数分布调查表。预先制作好的一种频数分布空白表格。该表应用于以产品质量特性值的工序中，其目的是为了掌握这些工序产品质量的分布情况，比直方图更为简单。

调查表的制作步骤如下：

（1）决定检查的项目。

（2）决定检查的频率。

（3）决定检查的人员及方法。

（4）相关条件的记录方式，如作业场所、日期、工程等。

（5）决定检查表格式（图形或表格）。

（6）决定检查记录的符号。如：正、+、△、*、○等。

使用检查表的注意事项：

（1）应尽量取得分层的信息。

（2）应尽量简便地取得数据。

（3）应立即与措施结合。应事先规定对什么样的数据发出警告，停止生产或向上级报告。

（4）检查项目如果是很久以前制订现已不适用的，必须重新研究和修订。

（5）通常情况下归类中不能出现“其他问题类”。

以上几种常用的统计方法称为“旧七种工具”。随着质量管理科学的发展，日本科学技术联盟下属的质量管理研究会经过多年的研究和实践提出质量管理的“新七种工具”，即关联图法、亲和图法（KJ 法）、系统图法、过程决策图法、矩阵图法、矩阵数据分析法和矢线图法。它和“旧七种工具”结合起来，相互补充、相辅相成。“旧七种工具”偏重于数理统计，而“新七种工具”偏重于思考过程分析。

第四节　质量管理体系与质量认证

一、ISO 9000 质量管理系列标准

（一）ISO 9000 系列标准的产生

国际标准化组织（International Organization Standardization，ISO）成立于 1947 年 2

月，是目前世界上最大、最具有权威性的国际标准化专业机构。随着国际贸易和各国技术交流的进一步发展，英国标准化协会（BSZ）在1979年向国际标准化组织（ISO）提交了一份建议，要求制订一个有关质量保证技术和实践的国际标准，以便在世界范围内统一对企业质量保证技术和应用的认识和客观评价。为此，国际标准化组织（ISO）在1979年成立了质量管理和质量保证技术委员会（TC176），专门负责制订质量管理和质量保证方面的国际标准。经过近十年的努力，ISO/TC176在1987年3月正式颁布了ISO 9000（ISO 9000是质量管理体系国际标准的序列号）质量管理和质量保证系列标准（称为1987版ISO 9000）。由于其实用性和普遍适应性，该标准一经问世，就受到了世界各国的普遍重视和欢迎，并成为国际上公认的组织质量保证和实施质量管理体系评审的统一标准。

ISO 9000：1987标准颁布以后，很快就有60多个国家等同或等效采用了该系列标准，如欧洲共同体将该系列标准作为其成员国建立质量保证体系必须遵循的依据，并要求申请产品认证或向欧共体各国出口产品的厂家均需按ISO 9000族系列标准的要求建立其相应的质量管理体系。同样，我国在1988年也等效采用了该系列标准，并参照该标准制定了GB/T 10300.1－5《质量管理和质量保证》国家系列标准。

随着ISO 9000：1987系列标准应用的不断深入，在实践过程中发现1987版质量管理体系标准存在着一些缺陷。为此，ISO/TC176组织有关专家对1987版ISO 9000标准进行了全面的修改和扩充，并于1994年发布了1994版的ISO 9000族标准。ISO 9000：1994标准在世界各国的推广应用取得极大的成功，很多组织都积极按照该标准建立自己的质量保证或质量管理体系，并寻求通过认证，企业通过这一活动也使得质量管理水平和产品质量得到质的提高。

在经过六年的应用后，人们发现1994版ISO 9000标准中存在一些问题，比如标准的结构过于复杂，过分注重制造业等。因此，在经过大量的修订工作后，ISO/TC176于2000年12月15日发布了2000版的ISO 9000系列标准。2000版标准针对1994版标准存在的不足，对标准进行了全面的改进，无论是内容结构、基本思想，还是具体要求都以全新的面貌出现，从而使ISO 9000标准的适用范围更广、逻辑性更强、相关性更好。该标准颁布以后，很快就有100多个国家和地区等同或等效地采用了该标准，至今全世界已累计颁发ISO 9000质量管理体系认证证书60余万张。自2000版标准颁布以后，我国随即等同采用并于2000年12月28日正式发布了GB/T19000系列国家标准，并要求全国从2001年6月1日起实施该标准。到目前，实施ISO 9000标准仍然是企业提高质量管理水平的主要措施，截止2004年年底我国已有13万家企业通过ISO 9000认证。

（二）ISO 9000：2000系列标准简介

1. 在2000版ISO 9000系列标准中的4项核心标准

（1）ISO 9000：2000版《质量管理体系基础和术语》。该标准表述了ISO 9000系列标准中质量管理体系的基础知识，并定义了相关术语。该标准在总结国际上先进质量管理经验的基础上，提出了质量管理的八项原则，它是一个组织实施质量管理所必须遵循的准则。该标准表述了建立和运行质量管理体系应遵循的12个方面的质量管理体系基础知识。该标准列出了80个有关质量管理体系的术语，如表8－1所示，它在语言上强调采用非专业语言，通俗易懂，使所有潜在用户容易理解。

表 8-1 质量管理体系术语

术语类别	内　容
关于质量的术语	质量、要求、等级、顾客满意、能力
关于管理的术语	体系、管理体系、质量管理体系、质量方针、质量目标、管理、最高管理者、质量管理、质量策划、质量控制、质量保证、质量改进、持续改进、有效性、效率
关于组织的术语	组织、组织结构、基础设施、工作环境、顾客、供方、相关方
关于过程和产品的术语	过程、产品、项目、设计与开发、程序
关于特性的术语	特性、质量特性、可信性、可追溯性
关于合格的术语	合格、不合格、缺陷、预防措施、纠正措施、纠正、返工、降级、返修、报废、让步、偏离许可、放行
关于文件的术语	信息、文件、规范、质量手册、质量计划、记录
关于检查的术语	客观证据、检验、试验、验证、确认、鉴定过程、评审
关于审核的术语	审核、审核方案、审核准则、审核证据、审核发现、审核结论、审核委托方、受审核方、审核员、审核组、技术专家、能力
关于测量过程质量保证的术语	测量控制体系、测量过程、计量确认、测量设备、计量特性、计量职能

（2）ISO 9001：2000 版《质量管理体系要求》。该标准规定了建立质量管理体系的基本要求，供组织需要证实自己具有稳定地提供顾客要求和适用法律法规要求的产品的能力时应用，目的在于增进顾客满意度。该标准是质量管理体系认证注册审核的依据，也是组织为认证注册做准备、进行内部审核的依据。为适应不同组织的需要，在一定情况下，质量管理体系要求的内容允许被剪裁。ISO 9001 标准可以单独使用，也可以与 ISO 9004 标准结合使用。

（3）ISO 9004：2000 版《质量管理体系业绩改进指南》。该标准为实现质量管理体系的有效性和效率提供指南。标准描述了质量管理体系应包括的过程，并强调通过改进过程来提高组织的整体业绩，从而以组织的业绩改进来达到顾客及其相关方的满意。该标准提供的是指南和建议，不用于认证、法规或合同的目的。它不是审核的依据，也不是 ISO 9001 标准的实施指南。

（4）ISO 9011：2000 版《质量管理和环境管理体系审核指南》。该标准遵循“不同管理体系可以有共同管理和审核要求”的原则，对质量管理体系和环境管理体系审核的基本原则、审核方案的管理、质量和环境管理体系审核的实施以及对质量和环境管理体系审核员的资格要求提供了指南。该标准适用于所有运行质量和（或）环境管理体系的组织，指导他们的内审和外审的管理工作。

2. 2000 版 ISO 9000 的主要质量管理原则

（1）以顾客为中心。以顾客为中心是质量管理的核心思想。任何组织都依存于顾客，如果没有顾客，组织就失去了存在和发展的基础。因此，组织应当时刻关注顾客的动向，理解顾客当前和未来的需求，以及对现有产品的满意程度，从而根据顾客的要求和期望做出改进，以满足顾客要求并争取超越顾客期望，获得顾客信任，最终成功地占领市场。

（2）领导作用。领导是质量管理的关键。作为决策者，领导有责任确立本组织统一的质量宗旨和方向，这在质量管理中起着举足轻重的作用。领导要想有效地控制企业的质量管理，必须将本组织的质量管理旨意、发展方向和内部环境统一起来，营造一个能使员工充分参与实现组织质量目标的良好内部环境和企业质量文化。

（3）全员参与。员工是组织的根本，高质量的产品和优质的服务是企业全体员工共同劳动的结果，组织的业绩是建立在每位员工业绩基础之上的。因此，组织的质量管理体系需要全体员工的充分参与，只有他们充分参与，才能使他们的才干为组织获益。全员参与是现代质量管理核心理念之一。

（4）过程方法。过程方法就是要系统地识别和管理组织所应用的过程，特别是这些过程之间的相互作用。在2000版标准中特别强调以过程方法来进行质量管理的活动，认为将活动和资源作为过程进行管理，可以更高效地取得所期望的结果。有时过程与过程之间的相互作用是很复杂的，因此，需要对过程进行识别和管理，特别是关键过程的识别和管理。过程方法是2000版ISO 9000中首次提出的方法，对质量管理具有极其重要的意义。

（5）管理的系统方法。将相关的过程作为一个系统进行识别、理解和管理。这将更有助于管理目的的实现并提高管理的效率和有效性。2000版ISO 9000标准针对组织的质量管理活动给出了质量管理体系的系统方法，即把质量管理体系作为过程模式进行管理，对组成质量管理体系的各个过程加以识别和管理，以实现规定的质量方针和质量目标。

（6）持续改进。组织只有坚持持续改进，才能不断地进步。因此，为了改进组织的整体业绩，组织必须不断地改进产品质量，改进质量管理体系和过程的有效性和效率，才能满足顾客日益增长和不断变化的需求。持续改进应当成为组织整体效应的一个永恒的目标和活动。

（7）基于事实的决策。组织的成功，首先在于正确的决策。市场定位、产品方向、质量水平、质量管理体系、过程、方法、程序和职责权限等都需要正确的决策。而正确的决策需要科学的态度，并以客观事实或正确的数据、信息为基础，再通过合乎逻辑的分析，判断才能得到。有效的决策是建立在对数据和信息分析的基础之上。

（8）与供方互利的关系。组织与供方是相互依存的关系。供方向组织提供的产品质量对组织向顾客提供的产品质量有着重要的影响，而且直接影响到组织对市场的快速应变能力。因此，组织与供方应建立互惠互利的合作关系，这对双方都是有利的。

二、质量管理体系

（一）质量管理体系概述

质量管理包括制订质量方针和质量目标，以及为实现质量方针和质量目标开展的质量控制、质量保证和质量改进等活动。对企业来讲，要实现质量管理的方针目标，有效地开展各项质量管理活动，就必须建立相应的管理体系，这一管理体系称为质量管理体系。在国际标准 ISO 9000：2000 版中给质量管理体系下了明确的定义："指导和控制组织的关于质量的管理体系"。

企业建立质量管理体系的主要目的是帮助组织增强顾客的满意度。质量管理体系鼓励组织分析顾客要求，规定满足顾客要求的实现过程及相关的支持过程，并使其持续受控，以实现并提供顾客能接受的产品和服务。质量管理体系还能提供持续改进的框架，因而能不断增强顾客对所提供产品的满意程度，同时也帮助组织提高竞争能力。质量管理体系还能使组织持续提供满足顾客要求的产品，从而向组织及其顾客提供信任。

质量管理体系是在质量方面指挥和控制组织的管理体系，质量管理体系文件是质量管理体系的文件化形态，是质量管理体系运行的依据。而建立清晰的质量管理体系文件结构则有助于体系运行的有效性。根据 ISO 9001：2000 版标准的要求，组织的质量管理体系文件应按质量方针、质量目标、质量手册、程序文件、作业指导书、规范、记录等文件类型形成分层结构。具体如下：

（1）质量手册。质量手册就是规定组织质量方针、质量目标、质量管理体系的文件。它向组织内部和外部提供关于质量管理体系的一致信息。

（2）质量计划。质量计划是表述质量管理体系如何应用于特定产品、项目或合同的文件。

（3）程序文件。程序文件就是提供如何完成活动和过程的一致信息的文件。

（4）作业指导书。作业指导书是为某项活动的具体操作提供帮助指导信息的文件。

（5）记录。对所完成的活动或达到的结果提供客观证据的文件，这类文件称为记录。

（二）建立质量管理体系的程序

（1）确定顾客和其他相关方的需求和期望。要做到这一点，就要通过调研和分析，全面把握客户的需求，包括客户的显在需求和潜在需求，帮助客户实现价值。

（2）建立组织的质量方针和质量目标。根据企业的内外部环境和发展规划，实事求是地建立企业的质量方针和质量目标，质量方针应与企业的经营方针相一致，且具有一定的激励作用，质量目标应具有可评价性和可分解性。

（3）确定实现质量目标必需的过程和职责。识别实现目标的过程和过程网络，按照质量保证的组织机构框架，确定各级各类人员的岗位职责和权限。

（4）确定和提供实现质量目标必需的资源。根据产品实现的要求，确定并组织所需要的各类资源。

（5）规定测量每个过程的有效性和效率的方法。制订各个过程的测量计划，包括所采用的测量方法。

（6）应用这些测量方法确定每个过程的有效性和效率。在质量体系的运行过程中，按照测量计划连续测量过程的有效性和效率，并对数据进行统计分析。

（7）确定防止不合格并消除产生原因的措施。利用各种统计工具分析不合格现象产生的原因，并提出消除措施。

（8）建立和应用持续改进质量管理体系的过程。按照持续改进原理对过程进行持续改进，对于完成的改进，应制订相应的标准。

（三）质量管理体系的评价

企业可以根据不同的目的和需要对质量管理体系进行评价。其评价方式主要有质量管理体系审核、质量管理体系评审和自我评审三种。这三种评价方式的特点如表 8－2 所示。

表 8－2　质量管理体系的评价方式

<table>
<tr><th>评价方式</th><th colspan="2">内容和特点</th></tr>
<tr><td rowspan="3">质量管理体系审核</td><td>第一方审核：由组织自已进行审核，也称内部审核</td><td rowspan="3">该审核是用于确定组织所建立的质量管理体系符合质量管理体系要求的程度。通过审核可以评定组织质量管理体系的合理性、有效性和识别改进的机会</td></tr>
<tr><td>第二方审核：由组织的顾客或其他人以顾客的名义进行审核</td></tr>
<tr><td>第三方审核：由外部独立的组织进行审核。这类组织通常是经认可的能提供符合要求（如 ISO 9001）的认证或注册机构</td></tr>
<tr><td>质量管理体系评审</td><td colspan="2">评审是由组织的最高管理者对组织的质量管理体系的适宜性、有效性、充分性和效率进行的有规律的系统审核。评审的目的主要是找问题，提出改进的措施，故也称管理者评审</td></tr>
<tr><td>自我评审</td><td colspan="2">自我评审是参照质量管理体系或优秀模式对组织的活动和结果进行全面和系统的评审，它可以提供一种对组织业绩和质量管理体系成熟程度总的看法，有助于识别组织需要改进的领域</td></tr>
</table>

三、质量管理体系认证

（一）质量管理体系认证概述

质量管理体系认证，又称质量管理体系注册，是第三方依据程序对供方（第一方）的质量管理体系进行的评定和注册活动，其目的在于通过对供方质量管理体系的审核、评定和事后监督等活动对供方的质量保证能力给予证实。为了正确理解质量管理体系认证的内涵，可以从认证的对象、依据、主体、方式和目的等五个方面进行说明：

（1）对象。质量管理体系认证的对象是供方的质量管理体系而不是某一特定的产品或服务。

（2）依据。质量管理体系认证的依据是 ISO 9001：2000 版《质量管理体系要求》标准及其支持性文件，而不是企业的产品标准和技术规范。

（3）主体。这里讲的“主体”，是指实施质量管理体系认证的执行机构。根据定义，质量管理体系认证应由独立于第一方（厂家、卖方、供方）和第二方（顾客、买方、需方）并经国家主管部门认可的第三方认证机构来实施，以保证认证工作的客观性、公正性和权威性。

（4）方式。质量管理体系认证一般是非强制性的，由企业自愿申请。

（5）目的。对企业来说，质量管理体系认证的目的是通过取得认证证书和认证标志，向顾客证实企业的质量保证能力，从而提高企业的质量信誉，增强市场竞争能力。对顾客来讲，可通过识别认证标志，在市场上选购满足自己要求的产品，从而起到“导购”作用。此外，由于质量管理体系认证实施的是统一的标准、统一的程序，并由认证机构进行统一管理，故有条件做到“一家认证，多方认可”，从而减少不必要的重复性检查并减轻企业的负担。

（二）质量管理体系认证程序

质量管理体系认证一般要经过认证基础工作、认证前的准备工作、审核前的准备工作、实施现场审核、审核后的监督工作等五个阶段。

1. 认证基础工作阶段

（1）选择认证咨询机构。企业在质量管理体系的建立过程中可能会出现各种各样的问题，因此，企业在准备实施 ISO 9000 标准的认证时，应首先到权威咨询机构进行咨询，深入了解 ISO 9000 质量体系的概念以及建立质量体系的方法与步骤，并邀请咨询机构指导并参与企业质量管理体系的建立过程。

（2）运行质量管理体系。企业质量管理体系建立好以后，至少正常运行半年至一年后方可提出认证申请。

2. 认证前的准备工作阶段

（1）提出认证申请。是指申请方向认证机构提出认证申请并向认证机构提交一份正式的、由其授权代表签署的申请书。申请书或附件一般包括以下内容：申请方名称、地址、邮政编码、负责人姓名、联系人姓名、职务、电话等，企业质量管理体系及其过程的一般信息，质量手册及所需相关文件，申请方的基本情况，如申请方的性质和经营状况，主要产品及生产特点，人员、生产设施和装备、验证手段状况，其他足以说明申请方质量保证能力的证明等。

（2）认证申请的审查与批准。认证机构收到申请方的正式申请后，将对申请方的申请文件进行审查。经审查符合规定的申请要求后，决定接受申请，由认证机构向申请方发出“接受申请通知书”，并通知申请方做好下一步与认证有关的工作安排，并预交认证费用。若经审查不符合规定的要求，认证机构将及时与申请方联系，要求申请方做必要的补充或修改，符合规定后，再发出“接受申请通知书”。如果确实不能符合规定的申请要求，决定不接受申请，认证机构将向申请方发出“不接受申请通知书”，说明不接受申请的理由，并退回有关文件。

3. 审核前的准备阶段

（1）成立审核组。审核组人数不宜过多，一般由 1 ~4 人组成。审核组人数 2 人以上的，应指定其中 1 人为审核组长。必要时可邀请熟悉申请方特点的技术专家协助审核。

（2）审查申请方提供的资料。审核小组对申请方提供的质量手册等质量管理体系文件进行审查，了解申请方建立的质量管理体系是否满足 ISO 9001：2000 版标准的要求，并初步确定审核的范围。

（3）编制审核计划。审核计划是对审核活动的具体安排，由审核组长负责编制，审核机构批准确认，一般在审核前 10 ~30 天左右通知受申请方，使其有充分时间按审核计划要求做好安排。编制审核计划包括：确定审核计划内容、确定审核的路线设计、审核员准备工作文件。

4. 实施现场审核阶段

（1）首次会议。首次会议由审核组长主持，审核组全体成员、受审核方领导及有关人员参加。其作用和内容是：重申审核的目的和范围，介绍审核的程序和方法。

（2）现场检查。严格意义上的现场审核是从现场检查开始的。现场检查的主要目的是验证受审单位质量管理体系的有效性。当然在现场检查时并不排除对质量管理体系文件的进一步审查。在现场检查时应注意收集证据，要从适用性和有效性两个方面取证。

（3）对现场检查情况及其证据进行分析。包括对所收集到的证据进行分析、整理，以确定哪些是严重不符合项、哪些是有待进一步证实或舍弃的不符合项、哪些是偶然、孤立的不符合项、哪些是审核过程中已经纠正的不符合项，等等。

（4）编写不符合项报告。不符合项分为一般不符合项和严重不符合项两类。所谓严重不符合项，主要指该不符合项如继续存在下去将对质量管理体系的有效运行或产品质量产生严重的后果。严重不符合项也包括发生频次较大、涉及面较广的一般不符合项。一般不符合项是指孤立的、个别的、偶然发生的、且不会产生严重后果的情况。不符合项报告应包括：产生严重不符合项的原因分析、有关不符合项事实的描述、不符合项所对应的标准条款、不符合项的性质等。

（5）审核组内部会议。在全部检查完后召开审核组内部会议。会议内容是：审核不符合项报告，判定质量管理体系的有效性，为末次会议做准备。

（6）末次会议。在审核报告编制之前，审核组应与申请方领导开会。会议由审核组长主持。主要内容有：报告不符合项、审核组对质量管理体系审核的结论、阐述编制审核报告的原则和思路、征求对审核组的意见等。

5. 审核后的工作

（1）整改。在规定时间内，受审方对审核小组所提出的问题进行整改，完毕后，请审核小组进行复查。

（2）提交审核报告。审核组长向认证机构提交审核报告。审核报告包括下列内容：报告的唯一性标识（编号），受审核方的名称、地点、审核日期，目的与范围，依据性文件，审核组成员，审核计划（作为附件），对不符合项的说明（不符合项报告作为附件），总结和建议等。

综合练习与实践

一、复习思考题

1. 什么是质量管理？简述其发展过程。
2. 什么是全面质量管理？其主要特点是什么？
3. PDCA 循环的主要内容是什么？其特点是什么？
4. 质量管理中常用的统计方法有哪几种？请分别说明其要点和用途。
5. 什么是 ISO 9000 标准？它由哪几个标准构成？
6. 什么是质量认证？质量认证的一般程序有哪些？

二、案例分析

日资企业的5S管理

东芝大连有限公司是东芝集团在华建立的第一家外资企业。公司继承和发扬了东芝集团在现场管理和技术革新等方面的先进经验，在公司内开展了诸如经营变革、5S管理、QC小组活动及IE活动等。经过全体员工近20年的努力奋斗，公司现已发展为集生产和研发为一体的，跨三个行业、多种产品的大型外商投资企业。东芝大连有限公司从运营开始，就导入与执行5S管理。经过多年的实践应用，5S管理活动推动了企业的稳步发展，奠定并提升了企业的核心竞争力。以电机生产作业区为例，完成了近60项文件资料的编写与修订，制订了电机生产执行近20个步骤的标准、操作要点及管理要求，开展了一系列的活动。生产作业区对作业现场进行了全面整理、整顿、清扫和清洁，全部物品按类编号、分类及立牌标识，使作业现场面貌有了显著的改善。实施了5S管理之后，管理理念深入到员工的内心与工作之中，员工的精神面貌发生了较大的转变，行动由被动变为主动。生产作业环境和生产秩序明显改善，随意乱丢乱放的行为基本杜绝；工作现场管理日常化；工具及物料摆放整齐。生产效率及效益也与5S管理同步。5S管理的运行，确保了产品质量，提高了工作效率，降低了生产成本，全面达到提升员工素质、树立企业形象的目的。

东芝大连有限公司在推进5S管理的过程中，重点在以下几个方面做文章：

（1）确定适合企业自身的5S管理指导文件。通过明文规范等指导性文件，明确各岗位职工职责，让员工知道自己的责任与义务。在适当的时候，把5S管理指导文件纳入ISO质量体系中。

（2）创造氛围，增强信心。5S管理活动的推行，是导入其他管理的基础，若没有先行推动5S管理活动，很难营造良好的氛围，使类似JIT、六西格玛管理很难切入。通过各种管理活动取得的效果，及时进行总结与表彰，使员工有成就感，以增强员工的信心。

（3）重在规则应用，提升产品品质。5S管理是产品质量管理的一部分，是现场管理的基础，管理水平直接影响到现场管理的水平。通过5S规则，提高员工的内涵，使员工按标准执行任务并及时提出产品质量改进建议，为企业产品品质提升奠定最重要的基础。

企业经过5S管理活动之后，现场作业区规划合理，各种不良现象得到消除，极大地激发了员工的主动性和积极性，使工作效率得到提高。5S活动的开展为实施其他管理活动提供了强有力的保证，提升了企业的竞争力。

思考：东芝大连有限公司实施5S管理对我国企业开展质量管理有何启发？

三、实践训练

1. 组织全班同学或分成若干小组，以座谈会或深度面谈形式调查某企业质量管理活动。每位同学撰写访问报告及心得体会，优秀者在全班交流。

2. 选择学校附近的一家企业，了解企业质量管理方面的知识。

第九章
现代企业物流管理

学习目标

通过本章的学习，能够正确理解物流的概念和类型，能够用系统的思想来看待物流管理，掌握物流系统的构成和目标；了解现代物流系统的七个功能要素，掌握运输、仓储、配送、包装、装卸搬运、流通加工、信息处理等物流作业环节的工作内容及其改善工作效果的思路和方法；掌握供应物流、生产物流、销售物流、回收物流与废弃物物流的运作，理解供应链物流管理的思想。

引导案例

海尔物流

海尔物流成立于1999年，依托海尔集团的先进管理理念以及海尔集团的强大资源网络，注重整个供应链全流程最优与同步工程，不断消除企业内部与外部环节的重复、无效的劳动，让资源在每一个过程中流动时都实现增值，使物流业务能够支持客户实现快速获取定单与满足定单的目标。海尔物流凭借先进的管理理念及物流技术应用，构建海尔物流的核心竞争力，为全球客户提供最有保障的综合物流集成服务，成为全球较具竞争力的第三方物流企业，被中国物流与采购联合会授予首家“中国物流示范基地”称号和“国家科技进步一等奖”，同时也先后获得“中国物流百强企业”“中国物流企业50强”“中国物流综合实力百强企业”和“最佳家电物流企业”等殊荣。

第一节　物流管理概述

一、物流的概念和分类

（一）物流的概念

2001 年 4 月，我国关于物流的第一个基础性国家标准《物流术语》正式发布，将物流定义为“物品从供应地到接收地的实体流动过程。根据实际需要，将运输、装卸、搬运、包装、流通加工、配送、信息处理等基本功能实现有机结合”。

物流是一种经济活动，具备较强的经济目的性，是流通活动的重要组成部分，它实现了流通活动中的物品的空间位移，是商流的物质基础。而商流实现了流通活动中物品所有权的转移，是物流的目的和先导。物流和商流既可以是统一的，也可以是分离的。例如，在“一手交钱，一手交货”的活动中，物流与商流是统一的，而在不动产交易中，不动产的所有权转移了，但不动产并没有发生空间位移。在经济活动中，物流和商流一般是相伴发生的，与此同时，还伴随着信息流、资金流等活动。一般而言，物流、商流、信息流、资金流都是流通活动中的重要组成部分。通过物流活动，可以创造物品的空间效用、时间效用，流通加工活动还可能创造物资的形质效用。

（二）物流的分类

1. 按照物流研究范围的大小分类

（1）宏观物流。这是指从经济社会整体上来认识和研究的物流，如果从范围上来讲，一般是指大的空间范围，例如在一个国家经济活动中产生的物流，称之为国内物流；在国与国之间所产生的物流，称之为国际物流。

（2）中观物流。这是指区域性的物流。其空间范围一般也是较大的，如一个国家的经济区的物流，称之为特定经济区物流；一个国家城市的物流，称之为城市物流。

（3）微观物流。这是指局部性的物流，例如企业经营活动中发生的物流，称之为企业物流。

2. 按照物流业务活动的性质分类

（1）供应物流。这是指企业（包括生产企业和流通企业）的物质资料从供应商处采购开始，到购进来投入生产或经营前的物流活动。

（2）生产物流。这是指物质资料从投入生产的第一道工序开始，到进入产成品仓库结束这个过程中的物流活动，也包括流通过程中带有生产性的劳务所产生的物流活动，如包装、流通加工等活动。

（3）销售物流。这是指商品从仓库出发，进行分发销售过程中所产生的物流活动，包括生产厂商的直接销售和流通企业的销售。

（4）回收物流与废弃物物流。回收物流是指生产消费和生活消费过程中对可再利用物品进行回收所产生的物流活动，例如一些包装物或边角余料的回收过程中发生的物流活动。废弃物物流是指在生产消费和生活消费过程中对不可再利用的废弃物进行处理所发生的物流活动。

3. 按物流涵盖的领域分类

（1）社会物流。这是指面向整个社会的物流，通常也叫宏观物流。

（2）企业物流。这是指在企业运营过程中与物品的实体流动有关的所有物流活动，是微观的物流活动的典型领域。主要包括企业供应物流、企业生产物流、企业销售物流、企业回收物流与废弃物物流。

二、物流系统

物流系统就是按照计划，为达到物流目的而设计的相互作用的要素的有机统一体。

（一）物流系统的组成要素

1. 物流系统的一般要素

物流系统的一般要素是指企业经营过程中必要的一般要素，包括人、财、物等。

2. 物流系统的功能要素

物流系统的功能要素是指物流系统所具有的基本功能，包括运输、储存、包装、装卸搬运、流通加工、配送和物流信息等。

3. 物流系统的支撑要素

物流系统的建立需要许多条件，要确定物流系统的地位，要协调与其他系统的关系，这些要素必不可少。这些要系包括：

（1）体制、制度。国家对物流的管理体制和制度是物流系统的重要保障。有了这个支撑条件，物流系统才能确定其在国民经济中的地位。

（2）法律、规章。物流系统的运行不可避免地会涉及企业或人的权益问题。法律和规章可以规范物流系统的活动，保障活动主体的合法权益。

（3）行政命令。物流系统关系到国家军事、经济命脉，所以行政命令等手段也常常是支持物流系统正常运转的重要支撑要素。

（4）标准化系统。标准化系统是保障物流环节协调运行、物流系统与其他系统在技术上实现连接的重要支撑。

4. 物流系统的基础要素

物流系统的建立和运行，需要有大量的与之相配套的设施、设备。主要包括四个方面：

（1）物流设施。这是组织物流系统运行的基础物资条件，如车站、港口、公路、铁路、航线等。

（2）物流装备。这是保证物流系统开工的条件，如货架、运输设备、装卸搬运设备、流通加工设备等。

（3）物流工具。这是物流系统运行的物质条件，如维护保养工具、办公设备等。

（4）信息技术及网络。这是掌握和传递物流信息的手段。

（二）物流系统的基本结构

从整体上来讲，物流系统可以分为作业系统和信息系统。作业系统是为了实现物流各项作业功能的效率化；而信息系统是将采购、生产、销售等活动有机地联系在一起，通过信息的顺畅流动，推进库存管理、订货处理等作业活动效率化的支持系统。

具体而言，物流系统的基本结构有以下三种类型：

1. 物流系统的流动结构

物流系统有五个流动要素：流体、载体、流向、流量、流程。在物流系统中，一定的流体从一个点向另一个点转移时经常会发生载体的变换、流向的变更、流量的分解与合并、流程的调整等情况。这种调整和变更在某种情况下是必要的，但也应尽力减少变换的时间和变换的环节，降低变换的成本。

2. 物流系统的功能结构

物流系统有七个功能要素：运输、储存、配送、包装、装卸搬运、流通加工、信息处理。一般而言，供应链整个阶段都具备的功能首先是运输，然后是储存。装卸搬运功能伴随运输方式或者运输工具的变换、物流作业功能之间的转换而产生。物流中的包装功能、流通加工功能是在流通过程中才发生的，它们不是每一个物流系统都需要进行的作业。

3. 物流系统的网络结构

物流系统有两个网络要素：点、线。点，也称结点，是指物流系统中供流动的商品储存、停留，以进行相关后续作业的场所。例如仓库、配送中心、车站、码头等。线，也称连线，是指连接物流网络中的结点的路线。

（三）物流系统合理化

物流系统合理化是物流系统的目标，即以最低的物流总成本为客户提供最满意的物流服务。物流系统合理化要达到以下七大要求：适合的质量、适合的数量、适合的时间、适合的地点、适合的成本、适合的顾客、适合的产品和服务。

不同类型的物流系统对各目标的重视程度往往是不一样的。典型情况有两种：一种是以成本为核心，兼顾其他目标。对于价格敏感的顾客，这样的目标体系是适合的。另一种是以服务、速度为核心，兼顾其他目标。对于价格不敏感，而对服务水平、准时性要求较高的顾客，则可以此为目标。

三、物流管理

（一）物流管理的概念

物流管理是指为了以最低的物流成本达到用户满意的服务水平，对物流活动进行计划、组织、指挥、协调、控制的活动。

（二）物流管理的范围

根据企业物流活动的特点，企业物流管理可以从以下三个方面展开。

1. 物流战略管理

企业物流战略管理就是站在企业长远发展的立场上，就企业物流的发展目标、物流在企业经营中的战略定位以及物流服务水平和物流服务内容等问题作出整体规划。

2. 物流系统设计与运营管理

物流战略必须依靠一个物流运作系统来实施。

3. 物流作业管理

根据业务需求，制订物流作业计划，按照计划要求对物流作业活动进行现场监督和指导，对物流作业的质量进行监控。

四、物流产业的构成

物流产业是以物流活动为基本共同点的企业集合体。物流产业的构成包括以下几个方面：

（1）物流基础业。这个产业由各种不同的运输线路、运输线路的交会地点以及理货终端所构成，面向各个经济系统提供物流基础设施。主要行业构成有铁道、公路、水运、空运、仓储等。主要物流设施是车站、港口、机场、铁路线、公路、航线、仓库等。

（2）物流装备制造业。物流装备制造业是物流生产力中提供劳动工具的产业，大体上可以划分为集装设备生产行业、货运汽车生产行业、铁路货车生产行业、货船行业、储存与搬运设备制造业等。

（3）物流系统业。物流系统业是计算机系统技术和通信技术在物流领域的有机组合。主要由提供物流系统软、硬件和提供物流系统管理等产品和服务的行业组成。

（4）第三方物流业。第三方物流业是由供需之外的第三方提供物流代理服务的各种行业所组成的物流业。

（5）货主物流业。货主物流业是货主自办物流，也有可能是部分从事第三方物流活动的行业。当前已经成形的行业有连锁配送业、分销配送业、流通加工业等。

以上物流产业的划分是从物流产业的广义角度来考察的。但是，国内外大多数国家在对物流产业 GDP 分行业进行统计分析时只局限于后三个行业。因此，物流产业也可以狭义地理解为由物流系统业、第三方物流业、货主物流业构成。

第二节　运输管理

一、运输的概念和分类

（一）运输的概念

运输是人和物的载运及输送，本章中专指“物”的载运及输送，是指借助于设备和工具实现物品在空间上的位移。

（二）运输的分类

1. 按运输的工具分类

按运输的工具，运输可分为铁路运输、公路运输、管道运输、水路运输、航空运输。

2. 按运输的协作程度分类

（1）一般运输。这是指在运输的全部过程中，单一地采用同种运输工具，或是孤立地采用不同种运输工具而在运输过程中没有形成有机协作整体的运输形式。

（2）联合运输。这是指使用两种或两种以上运输方式，使用同一运输凭证，完成货物运输任务的综合运输方式。

3. 按运输中途是否换载分类

（1）直达运输。这是指利用一种运输工具把货物从供应地直接运往目的地，中途不入库不换载的运输方式。

（2）中转运输。这是指货物运往目的地的过程中，经途中的车站、港口、仓库进行转运、换装或分运的工作。

4. 按运输线路分类

（1）干线运输。这是指利用道路的主干线路，以及远洋运输的固定航线进行大批量、长距离的运输。

（2）支线运输。这是指与干线相接的分支线路上的运输，主要承担运输供应链中从供应商到运输干线上的集结站点以及从干线上的集结点到配送站的运输任务。

（3）二次运输。这是指经过干线与支线运输到站的货物，还需要再从车站运至仓库、工厂或集贸市场等指定交货地点的运输。

（4）厂内运输。又称工业运输，是指工厂企业内部在生产过程中所进行的运输。

二、不合理运输和运输合理化

（一）不合理运输

不合理运输，是指在组织货物运输过程中，违反货物流通规律，不按经济区域和货物自然流向组织货物调运，忽视运输工具的充分利用和合理分工，装载量低，流转环节多，从而浪费运力和加大运输费用的现象。

1. 空驶

空驶，即无载货行驶。有些时候空驶是不可避免的。但因调动不当、货源计划不周，不采用运输社会化而形成的空驶就是不合理的。

2. 运力选择不当

运力选择不当是指不正确选择和利用运输工具所造成的不合理现象。例如弃水走陆，铁路、大型船舶的过近运输，运输工具承载能力选择不当，出现“大马拉小车”等现象。

3. 对流运输

凡属同种货物或可以相互代用的货物，在同一条运输线上或平行的两条运输线路上，采取相对方向的运输，即称为对流运输。

4. 迂回运输

迂回运输是指货物绕道而行的运输现象，即舍近求远。

5. 倒流运输

倒流运输是指货物从销地向产地或转运地回流的一种不合理运输现象。

6. **重复运输**

重复运输是指一种货物本可直达目的地，但由于批发机构或商业仓库设置不当，或计划不周而在中途停卸重复装运的不合理运输现象。

7. **托运方式选择不当**

对于货主而言，在可以选择最好的托运方式时却未选择，造成运力浪费及费用支出加大的一种不合理运输。例如，可以选择整车而选择了零担托运，可以直达而选择了中转运输。

（二）运输合理化

所谓物流运输合理化是指按照货物流通的规律，用最少的劳动消耗达到最大的经济效益，来组织货物调运。即在有利于生产，有利于市场供应，有利于节约流通费用和节约运力、劳动力的前提下，使货物走最短的里程，经最少的环节，用最快的时间，以最小的损耗，花最省的费用，把货物从生产地运到消费地。运输合理化的主要措施有：

1. **提高运输工具实载率**

实载率 =（实际载重/最大载重量）×（合理运距/实际行驶里程）

从以上实载率的计算公式可以看出，要提高实载率，就要提高实际载重量，减少实际行驶里程。

2. **采取减少动力投入、增加运输能力的措施**

运输的投入主要是能耗和基础设施的建设。在设施建设已定型和完成的情况下，减少能源投入是减少投入的关键。国内外在这方面的有效措施有：

（1）满载超轴。即在机车能力允许的情况下，加挂车皮。

（2）水运拖排和拖带法。竹、木等物资的运输，利用竹、木本身的浮力，不使用运载工具，而采取拖带法运输，可省去运输工具本身的动力消耗；将无动力驳船编成一定队形，一般是纵列，用拖船拖带行驶可以取得增加运量的效果。

（3）顶推法。这是我国内河货运采取的一种有效方法，即将内河船舶编成一定的队形，由机动船从后面顶推前进的航行方法。

（4）汽车列车。汽车上加挂全挂车或半挂车，根据测定，加挂半挂车比加挂全挂车效果更好。

（5）选择大吨位汽车。在运量比较大的线路上，采用大吨位的汽车进行运输，比采用小吨位汽车进行运输更能节约成本。

3. **发展社会化的运输体系**

社会化的运输体系充分利用社会分工和协作。各种联合运输是社会化运输体系中水平较高的方式。

4. **配载运输**

配载运输是充分利用运输工具载重量和容积，合理安放装载的货物及载运方法以求得合理化的一种运输方式。例如轻重商品的混合配载。

5. **通过流通加工，使运输合理化**

一些产品由于本身形态及特性问题，很难实现运输合理化，如果进行适当加工，就能解决合理运输问题。例如造纸材料在产地预先加工成干纸浆，然后再压缩体积进行运输，就能解决造纸材料运输不满载问题。

6. **合理选择运输工具**

选择运输工具时要充分利用各种运输工具的优点和避免各种运输工具的缺点。

7. **尽量发展直达运输**

直达运输的优势在于提高运输速度，节省装卸费用和减少货损货差。

8. **“四就”直拨运输**

“四就”即就厂、就站、就库、就车船，将货物分送给用户，减少中间转运环节。

9. **发展特殊的运输技术和运输工具**

依靠科技进步是运输合理化的重要途径。例如专用罐车，解决了粉状物、液状物运输损耗大、安全性等问题；集装箱船比船舶能容纳更多的箱体；集装箱运输，简化了装卸搬运的环节，提高了运输速度，避免了货损货差。

第三节　仓储管理

一、仓储管理概述

（一）仓储

“仓”，是指仓库，是存放和保管物品的建筑物或场所的总称；“储”，是指储存，是指将物品收存、保管以备交付使用。简单地说，仓储就是指在特定的场所储存和保管有形物品的行为。

（二）仓储管理与库存管理

1. 仓储管理

仓储管理是指企业利用其所有仓储资源而进行的计划、组织、控制和协调过程。其中包括储存空间的管理、物品管理、人事管理、经营决策等，是在经营层面上的概念。

2. **库存管理**

库存管理又称为库存控制，是指对库存物料的计划与控制等活动过程，侧重于对商品数量的管理，其目的是支持生产运作，是仓储管理中的一个重要组成部分。

二、仓储管理的作业流程

1. **入库流程**

根据物资供应业务部门提供的物资进货计划编制物资入库计划并做好各项准备工作。

（1）进货检查。到货时，核对订单和进货清单，对物资的数量和质量进行检查。

（2）入库作业。对商品进行分类和编码，贴好条码后把商品放置在条码所表示的保管场所，并记入账本或输入电脑。

2. 保管流程

（1）保管作业。通过合理的堆码，充分利用仓库的库位空间；通过养护，保证库存质量；通过盘点，保证库存数量与账本存量相符。

（2）发货准备。按客户要求进行包装和贴附价格标签等流通加工作业。

3. 出库流程

（1）发货作业。按客户的订单做好发货前的备货。根据不同配送要求分拣包装商品，制作发货与运送单据。

（2）配送。安排与待送货物相符的车辆；确认车辆装载的货物后出车发送。

三、库存管理的方法

库存管理的任务，就是要通过科学的决策，使库存既满足生产或流通的需要，又使总库存成本最低。

（一）库存计划方法——ABC 分类管理法

ABC 分类管理法是以某库存物品品种数占总的物品品种数的百分比和该类物品金额占库存物品总金额的百分比大小为标准，将库存物品分为 A、B、C 三类，进行分级管理。ABC 分类管理法企图对库存物进行分类，以找出占用大量资金的少数库存货物，并加强对它们的控制与管理，对那些占用少量资金的大多数货物则实行较简单的控制与管理。

一般地，人们将价值比率为 65% ~80%、数量比率为 15% ~20% 的物品作为 A 类；将价值比率为 15% ~20%、数量比率为 30% ~40% 的物品作为 B 类；将价值比率为 5% ~15%、数量比率为 40% ~55% 的物品作为 C 类。

（二）库存决策的基本模型——经济订货批量模型

1. EOQ 的计算

经济订货批量（Economic Order Quantity，EOQ）模型，也称为整批间隔进货模型，是目前大多数企业最常采用的货物订购方式。当企业按照经济订货批量来订货时，可实现订货成本和储存成本之和最小化，即库存总成本最小化。EOQ 计算公式如下：

$$\mathrm{EOQ}=\sqrt{\frac{2DS}{H}}$$

其中 D 是指全年需求量，S 是指每次订货费用，H 是指单位产品的储存费用。

当 EOQ 计算出来后，根据全年需求除以 EOQ 就可以算出全年订货次数，再根据全年天数（按 365 天计）除以全年订货次数就可以算出每次订货的时间间隔。这样，多长时间订一次货，每次订多少就可以明确了。

2. EOQ 的适用情形

（1）物品成批地通过采购或制造得到补充，而不是连续地生产出来的。

（2）物品销售或使用的速率是均匀的，而且同该物品的正常生产速率相比较低，导致显著数量的库存产生。

第四节 配送管理

一、配送和配送中心的概念

（一）配送的概念

我国2001年颁布的《中华人民共和国国家标准——物流术语》中，将配送定义为“在经济合理区域范围内，根据用户要求，对物品进行拣选、加工、包装、分割、组配等作业，并按时送达指定地点的物流活动。”

另一个被广泛认同的定义是：“配送就是根据客户的要求，在物流据点内进行分拣、配货等工作，并将配好的货送交收货人的过程。”

（二）配送中心的概念

依据2001年颁布的《中华人民共和国国家标准——物流术语》，配送中心是指从事配送业务的物流场所或组织。配送中心的核心任务是将货物送到指定用户或客户。为了实现这一任务，配送中心还需进行收集信息、订货、储存等一系列活动，基本集中了所有的物流功能。因此，配送中心有“小物流”之称。

二、配送作业流程

从总体上看，配送是由备货、理货、送货三个基本环节组成的。

（一）备货

备货是配送机构根据客户的要求和自身经营的需要从供应商处集中商品并进行存储的过程，是商品配送的前提和基础。备货工作通常包括制订进货计划、组织货源、进货验收、存储保管等基本业务。

（二）理货

理货是配送区别于一般送货的重要标志。通常包括货物分拣、配货和包装等活动。

（三）送货

送货就是货物的运输或运送，是配送活动的核心，也是备货和理货工序的延伸。

三、配送合理化的措施

（一）推行一定综合程度的专业化配送

通过采用专业设备、设施及操作程序，取得较好的配送效果并降低配送过分综合化的复杂程度及难度，从而追求配送合理化。

（二）推行共同配送

共同配送是指由多个企业（或配送中心）联合组织实施的配送活动。通过共同配送，可以以最近的路程、最低的配送成本完成配送，从而追求合理化。

（三）建立准时配送系统

准时配送是配送合理化的重要内容。配送做到了准时，用户才有资源把握，可以放心地实施低库存或零库存，可以有效地安排接货的人力、物力，以追求最高效率的工作。另外，保证供应能力也取决于准时供应。

（四）推行即时配送

作为计划配送的应急手段，即时配送是最终解决用户企业担心断供之忧、大幅度提高供应保证能力的重要手段。即时配送是配送企业快速反应能力的具体化，是配送企业能力的体现。

（五）推行加工配送

通过加工和配送结合，充分利用本来应有的这次中转，而不增加新的中转以使得配送合理化。

（六）实行送取结合

配送企业与用户建立稳定、密切的协作关系，在配送时将用户所需的物资送到，再将该用户生产的产品用同一车运回。

第五节　包装、装卸搬运、流通加工、信息处理

一、包装

（一）包装的概念

依据2001年颁布的《中华人民共和国国家标准：物流术语》，包装的定义为：为在流通过程中保护产品、方便运输、促进销售，按一定技术方法而采用的容器、材料及辅助物等的总体名称。也指为了达到上述目的而在采用容器、材料和辅助物的过程中施加一定技术方法等的操作活动。

简言之，包装是包装物及包装操作的总称。

（二）包装的作用

1. 保护商品

保护商品即使商品的使用价值和价值不受外界因素的损害。如防止商品在物流过程中的破损变形、变质、渗漏、浪费、损耗、散落、掺杂等。

2. 方便物流，方便使用

包装具有方便物资的储存、装卸和运输等功能。

3. 刺激消费，促进销售

包装被喻为“无声的推销员”，能有效传递商品信息，能够诱导购买者产生购买动机，促进销售和方便顾客消费。

（三）包装合理化的措施

1. 包装适度

包装适度包含两层含义：一是防止包装不到位、落伍；二是防止包装过度，造成浪费。包装不到位是指包装的功能得不到实现，使商品受损；包装落伍是指包装不能适应消费者需求的变化。包装过度会造成包装成本增加，这种成本最终会转移到消费者身上，从而令消费者利益受损。

2. 包装要考虑与其他物流环节的衔接

包装是物流系统的有机组成部分，应当以有利于系统内部的装卸、运输、保管等作为原则。

3. 大力推行包装机械化、自动化和智能化

推行包装机械化、自动化和智能化可以提高作业效率和包装现代化水平，节省劳动力。

4. 方便物流的回收利用，实现物流资源再循环

例如采用通用包装外形，便于多次重复使用。

二、装卸搬运

（一）装卸搬运的含义

在同一地域范围内（如车站范围、工厂范围、仓库内部等）以改变“物”的存放、支撑状态的活动称为装卸，以改变“物”的空间位置的活动称为搬运，两者合称装卸搬运。有时候或在特定场合，单称“装卸”或单称“搬运”也包含了“装卸搬运”的完整涵义。

（二）装卸搬运的意义

（1）装卸搬运作为物流系统的构成要素之一，是衔接其他物流主要环节的桥梁，被喻为物流的“咽喉”。

（2）装卸搬运是影响物流效率的重要环节。在物流活动的全过程中，装卸搬运活动是频繁发生的，因而装卸搬运活动所占用的时间是影响物流效率的重要因素。我国的铁路运输曾由于忽视装卸搬运，出现“跑在中间，窝在两头”的现象。当铁路运输低于500 km时，装卸搬运的时间则超过实际运输的时间。

（3）装卸搬运是影响物流成本的主要因素。在物流过程中，装卸搬运活动是不断出现和反复进行的，其花费的时间多、人力多，所以其费用在物流成本中所占的比重也较高。我国铁路运输的始发和到达的装卸搬运费用占运费的20%左右，船运占40%左右。

（三）装卸搬运合理化的措施

（1）防止无效装卸，可以从以下方面入手：尽量减少装卸次数，消除多余包装，去除无效物质。

（2）充分利用重力或消除重力影响，减少装卸的消耗。

（3）适当提高装卸搬运活性。装卸搬运活性是指把物品从静止状态转变为装卸搬运状态的难易程度。一般而言，装卸搬运的活动性指数越大，提高装卸搬运活性指数所耗费的成本也越多。所以在考虑提高装卸搬运活性指数的问题上，要权衡成本与收益的问题。

三、流通加工

（一）流通加工的含义

流通加工是物品在生产地到使用地的过程中，根据需要施加包装、分割、计量、分拣、刷标志、拴标签、组装等简单作业的总称。

（二）流通加工的作用

1. 弥补生产加工的不足

生产环节的各种加工活动往往不能完全满足消费者的需要。而这个"缺陷"可以由流通加工来弥补。

2. 提高物料利用率

通过流通加工进行集中开料，能够合理套裁、因材施用，裁出大件的边角料再裁小件，明显地提高原材料的利用率。

3. 方便配送，加快物流速度

商品在配送之前，往往需要进行一定程度的流通加工，以方便物流配送。

四、信息处理

（一）物流信息的概念

2001 年颁布的《中华人民共和国国家标准：物流术语》中，物流信息是指反映物流各活动内容的知识、资料、图像、数据和文件的总称。

物流信息在物流活动中起着神经系统的作用，为物流各项活动的管理提供决策依据。一般来说，在企业的物流活动中，按照顾客的订货要求接受订货处理是物流活动的第一步。接着，根据发货信息把货物移到合适的位置准备发货。当商品库存不足时，制造厂将接受订货的信息和现有商品的库存信息进行对照，根据生产指示信息安排生产；在销售业务中则按照采购指示信息安排采购。

（二）物流信息技术

物流信息技术是指物流各环节中应用的信息技术，包括计算机、网络、信息分类编码、自动识别、电子数据交换、全球定位系统、地理信息系统等技术。

1. **条形码技术**

条形码是由一组排列规则的条、空以及相应的字符组成的标记，这些条和空组成的数据表达一定的信息，并能够用特定的设备识读，转换成与计算机兼容的二进制和十进制信息。

2. **射频识别技术**

射频识别（Radio Frequency Identification，RFID）也叫电子标签。它是一种非接触式的自动识别技术，主要通过射频信号自动识别目标对象并获取相关数据，识别工作无需人工干预，可工作于各种恶劣环境。

3. **电子数据交换技术**

电子数据交换（Electronic Data Interchange，EDI）也叫无纸贸易，是指通过电子方式，采用标准化的格式，利用计算机网络进行结构化数据的传输和交换的一种信息技术。EDI 能使数据在商业贸易伙伴的计算机系统之间进行自动交换和自动处理。

4. **电子订货系统**

电子订货系统（Electronic Ordering System，EOS）是指企业间利用通信网络（增值网或互联网）和计算机设备以在线连接方式进行订货作业和订货信息交换的系统。

5. **销售时点信息系统**

销售时点信息系统（Point of Sale System，POS）是指通过自动读取设备（如收银机）在销售商品时直接读取商品销售信息（如商品名、单价、销售数量、销售时间、销售店铺、购买顾客等），并通过通讯网络和计算机系统传送至有关部门进行分析加工以提高经营效率的系统。

6. **全球定位系统**

全球定位系统（Global Positioning System，GPS）是指具有在海、陆、空进行全方位实时三维导航与定位能力的系统。

7. **地理信息系统**

地理信息系统（Geographical Information System，GIS）是指以地理空间数据为基础，采用地理模型分析方法，适时地提供多种空间的和动态的地理信息，是一种为地理研究和地理决策服务的计算机技术系统。

第六节　企业物流

企业物流是指在生产经营过程中，物品从原材料供应到生产加工，到产成品销售，以及伴随生产消费过程中所产生的废弃物的回收及再利用的完整循环活动。

简单地说，企业物流是指在一个企业的范围内，由于生产经营活动的需要而发生的物流，按企业物流所处生产经营活动的环节分为供应物流、生产物流、销售物流、回收物流与废弃物物流。

一、供应物流

（一）供应物流的概念

《中华人民共和国国家标准：物流术语》中对供应物流的定义是：为生产企业提供原材料、零部件或其他物品时，物品在提供者与需求者之间的实体流动。

供应物流是企业在提供原材料、零部件或其他物料时所发生的物流活动，是从原材料、外协件等的订货、购买开始，通过运输等中间环节，直到收货人收到货入库为止的物流过程。它是企业物流过程的起始阶段。

（二）供应物流的作用

供应物流是保证企业顺利进行生产经营活动的先决条件。企业供应物流的作用，首先就是为企业提供生产所需的各种物资。

加强供应物流的科学管理，是保证完成企业各项技术经济指标、取得良好经济效果的重要环节。供应物流关系到产品的质量、成本，生产的连续性和均衡性等。

（三）供应物流的过程

1. 获取资源

获取资源包括选择供应商、协议价格、签订合同、选择运输方案、催促交货等活动。

2. 到厂物流

到厂物流是指所获取的资源经过装卸、搬运、存储运输等物流活动才能到达企业的门口。这一阶段发生的物流活动也叫采购物流。

3. 厂内物流

厂内物流是指从企业大门到仓库，再到车间或生产线的物流过程。这一阶段发生的物流活动也叫厂内供应。

二、生产物流

（一）生产物流的概念

简单而言，生产物流是指企业生产过程中发生的物流活动。

具体而言是指原材料、燃料、外购件投入生产之后，经过下料、发料，运送到各加工点和存储点，以在制品的形态，从一个生产单位流入另一个生产单位，按照规定的工艺流程进行加工、储存，借助一定的运输装置，在某个点内流转，又从某个点内流出，始终体现着物料实物形态的流转过程。

（二）生产物流的组织

1. 生产物流的空间组织

生产物流的空间组织是相对于企业生产区域而言的，目标是如何缩短物料在工艺流程中的移动距离。

2.. 生产物流的时间组织

生产物流的时间是指一批物料在生产过程中各生产单位、各道工序时间上的衔接和结合方式。其目标是实现生产物流过程的平行性、连续性和均衡性。

3. **单位形式及人员组织**

单位形式及人员组织主要体现在生产物流的组织结构和人员的岗位设计方面。要完成生产物流的组织工作，必须选择合理的生产物流组织结构，并明确工作岗位人员的职能，以保证生产物流的优化和畅通。

（三）物料需求计划

1. **物料需求计划的概念**

物料需求计划（Materials Requirement Planning，MRP）是指企业的信息管理系统对产品构成进行管理，借助计算机的运算能力及系统对客户订单、在库物料、产品构成的管理能力，实现依据客户订单，按照产品结构文件展开并计算物料需求计划。

2. **MPR 基本构成**

（1）主生产计划，即确定每一具体的最终产品在每一具体时间段内生产数量的计划。

（2）产品结构文件，也叫物料清单文件，反映产品结构层次以及制成最终产品的各个阶段的先后顺序。

（3）库存状态文件，是保存企业所有产品、零部件、在制品、原材料等存在状态的数据库。MRP 每运行一次，它就发生一次变化。

3. **MRP 的基本原理**

企业根据市场需求制定营销计划后，生产系统必须按期交付出产成品，由此倒推产生了主生产计划（Master Production Schedule，MPS），再根据主生产计划与产品结构文件逐层逐个地求出产品所有零部件的出产时间、出产数量，同时还必须依据物料的库存状态文件确定所需物料的在库数量，并编制出零件的生产计划和采购计划。

三、销售物流

（一）销售物流的概念

销售物流又称为分销物流或实物分销（Physical Distribution），是指生产企业、流通企业出售商品时，物品在供方与需方之间的实体流动。

（二）企业销售物流的主要活动环节

1. **订单处理**

从企业方面来看，销售物流的第一个环节应该是订单管理，然后根据销售订单实施其他物流业务。

2. **包装**

包装是生产物流的终点，同时又是销售物流的起点。包装包括运输包装和销售包装。

3. **产成品储存**

此环节解决生产集中性和消费分散性之间的矛盾，提供较高的客户服务水平。

4. **产成品的运输和配送**

此环节根据产成品的批量、运送距离、地理条件、时间、费用、运输质量要求，以及运输工具情况制定运输、配送方案，组织产成品的发送。

（三）分销需求计划

1. 分销需求计划的定义

分销需求计划（Distribution Requirement Planning，DRP）是指应用物料需求计划MRP的原理，从数量和提前期等方面确定物资配送需求的一种动态方法。它是一种既保证有效地满足市场需求又使得物流资源配置用量最省的计划方法，是MRP原理在流通领域的应用。

2. 分销需求计划的原理

分销需求计划的基本原理与MRP的原理是相通的。简单地讲，分销需求计划的原理可以概括为：输入三个文件，输出两个计划。

输入的三个文件是：

（1）社会需求文件，包括所有用户的订货单、提货单和供货合同，以及下属子公司、企业的订货单，此外还要进行市场预测，确定一部分需求量。所有需求按品种和需求时间进行统计，整理成社会需求文件。

（2）库存文件，对自有库存物资进行统计，以便针对社会需求量确定必要的进货量。

（3）生产厂资源文件，包括可供应的物资品种和生产厂的地理位置等，地理位置和订货提前期有关。

输出的两个计划是：

（1）送货计划，是指对用户的送货计划，为了保证按时送达，要考虑作业时间和路程远近，提前一定时间开始作业，对于大批量需求可实行直送，而对于数量众多的小批量需求可以进行配送；

（2）订货进货计划，是指从生产厂订货的计划。对于需求物资，如果仓库内无货或者库存不足，则需要向生产厂订货。当然，也要考虑一定的订货提前期。以上两个文件是DRP的输出结果，是组织销售物流的指导文件。

四、回收物流与废弃物物流

（一）回收物流

回收物流是指对排放物处理时将其中有再利用价值的部分（回收物）加以分拣、加工、分解，使其成为有用的物资重新进入生产和消费领域。这类物质的流动形成回收物流。

回收物流技术主要包括以下四种：

（1）以废旧汽车为代表的拆解及破碎分选物流技术。

（2）以废玻璃瓶为代表的回送复用技术。

（3）以废纸为代表的集货物流技术。

（4）以粉煤灰为代表的联产供应物流技术。

（二）废弃物物流

对丧失再利用价值的排放物，从环境保护的目的出发将其焚烧，或送到指定地点堆放掩埋，对含有放射性物质或有毒物质的工业废物，还要采取特殊的处理方法，这类物质被称为废弃物，它们的流动形成了废弃物物流。

废弃物物流技术主要有五种：垃圾掩埋、垃圾焚烧、垃圾堆放、净化处理加工、垃圾发电。

第七节　供应链物流管理

一、供应链物流管理概述

（一）供应链

依据《中华人民共和国国家标准：物流术语》（GB/T 18354－2001），供应链是生产及流通过程中，涉及将产品或服务提供给最终用户的上游与下游企业所形成的网链结构。

（二）供应链管理

依据《中华人民共和国国家标准：物流术语》，供应链管理是利用计算机网络技术全面规划供应链中的商流、信息流、资金流等，并进行计划、组织、协调、控制。

（三）供应链物流管理的概念和特点

供应链物流管理是指以供应链核心产品或者核心业务为中心的物流管理体系。供应链物流管理区别于一般物流管理的特点有：

（1）供应链物流是一种系统物流，而且是一种大系统物流。

（2）供应链物流是以核心企业为核心的物流。

（3）供应链物流管理应当在更广泛的范围内进行资源配置。

（4）供应链企业之间是一种相互信任、相互支持、共生共荣、利益相关的紧密伙伴关系。

（5）信息共享。供应链本身具有信息共享的特点，供应链企业之间通常都建立起计算机信息网络，相互之间进行信息传递，实现销售信息、库存信息等的共享。组织物流活动时可以充分利用这个有利条件，在物流信息化、效率化上有较强的支持作用。

二、供应链物流管理的原理和方法

（一）供应链物流管理的原理

供应链物流管理的原理，就是要结合供应链的特点，综合采用各种物流手段，实现物资实体的有效移动，既保障供应链正常运行所需的物资需要，又保障整个供应链的总物流费用最省、整体效益最高。

（二）供应链物流管理的方法

1. 联合库存管理

供应链物流管理一个最重要的方面，就是联合库存管理。所谓联合库存管理（Jointly

Managed Inventory，JMI），就是建立起整个供应链以核心企业为核心的库存系统，具体来说，一是要建立起一个合理分布的库存点体系，二是要建立起一个联合库存控制系统。

2. 供应商掌握库存

供应商掌握库存（Vendor Managed Inventory，VMI），是供应链管理理论出现以后提出来的一种新的库存管理方式。它是供应商掌握核心企业库存的一种库存管理模式，是对传统的由核心企业自己从供应商购进物资、自己管理、自己消耗、自负盈亏的模式的一种革命性变动。

除以上方法之外，还有分销需求计划（DRP）、准时制（Just in Time，JIT）等方法。

综合练习与实践

一、复习思考题

1. 物流系统的功能要素有哪些？
2. 简述物流系统的组成要素和物流系统的目标。
3. 企业物流按其所处生产经营活动的环节分为哪几个方面？
4. 分别简述什么是物料需求计划和分销需求计划。
5. 什么是供应链？简述供应链物流管理的原理。

二、案例分析

“沃尔玛”降低运输成本的学问

沃尔玛公司是世界上最大的商业零售企业，在物流运营过程中，尽可能地降低成本是其经营的哲学。

沃尔玛有时采用空运，有时采用船运，还有一些货物采用卡车公路运输。在中国，沃尔玛百分之百地采用公路运输，所以如何降低卡车运输成本是沃尔玛物流管理面临的一个重要问题。为此他们主要采取了以下措施：

（1）沃尔玛使用一种尽可能大的卡车，大约有16米加长的货柜，比集装箱运输卡车更长或更高。沃尔玛把卡车装得非常满，产品从车厢的底部一直装到最高，这样非常有助于节约成本。

（2）沃尔玛的车辆都是自有的，司机也是它的员工。沃尔玛的车队大约有5 000名非司机员工，还有3 700多名司机，车队每周每一次运输可以达7 000~8 000公里。

沃尔玛知道，卡车运输是比较危险的，有可能会出交通事故。因此，对于运输车队来说，保证安全是节约成本最重要的环节。沃尔玛的口号是“安全第一，礼貌第一”，而不是“速度第一”。在运输过程中，卡车司机们都非常遵守交通规则。沃尔玛定期在公路上对运输车队进行调查，卡车上都带有公司的号码。如果看到司机违章驾驶，调查人员就可以根据车上的号码报告，以便于进行惩处。沃尔玛认为，卡车不出事故，就是节省公司的费用，就是最大限度地降低物流成本。由于狠抓了安全驾驶，运输车队已经创造了300万公里无事故的纪录。

（3）沃尔玛采用全球定位系统对车辆进行定位，因此在任何时候，调度中心都可以知道这些车辆在什么地方、离商店有多远、还需要多长时间才能运到商店。这种估算可以精确到小时。沃尔玛知道卡车在哪里、产品在哪里，就可以提高整个物流系统的效率，有助于降低成本。

(4) 沃尔玛连锁商场的物流部门24小时进行工作，无论白天还是晚上，都能为卡车及时卸货。另外，沃尔玛的运输车队利用夜间进行从出发地到目的地的运输，从而做到了当日下午进行集货，夜间进行异地运输，翌日上午即可送货上门，保证在15~18个小时内完成整个运输过程，这是沃尔玛在速度上取得优势的重要措施。

(5) 沃尔玛的卡车把产品运到商场后，商场可以把它整个地卸下来，而不用对每个产品逐个检查，这样就可以节省很多时间和精力，加快了沃尔玛物流的循环过程，从而降低了成本。这里有一个非常重要的先决条件，就是沃尔玛的物流系统能够确保商场所得到的产品是与发货单完全一致的产品。

(6) 沃尔玛的运输成本比供货厂商自己运输产品要低，所以厂商也使用沃尔玛的卡车来运输货物，从而做到了把产品从工厂直接运送到商场，大大节省了产品流通过程中的仓储成本和转运成本。

沃尔玛的集中配送中心把上述措施有机地组合在一起，做出了一个最经济、合理的安排，从而使沃尔玛的运输车队能以最低的成本高效率地运行。当然，这些措施的背后包含了许多艰辛和汗水，相信我国的本土企业也能从中得到启发，创造出沃尔玛式的奇迹来。

思考：

1. 沃尔玛降低运输成本的做法对于企业实施运输管理有何启示？

2. 降低运输成本对于企业的生存和发展而言有何意义？

三、实践训练

1. 组织全班同学或分成若干小组，每一小组分别调研一个当地的企业，了解物流成本在该企业的运营成本中所占的比例，并讨论如何节约该企业的物流成本。

2. 查阅资料，了解我国及日本、美国等几个国家物流成本占GDP的比例，比较这些国家的物流发展水平。

第十章
现代企业企业文化

学习目标

通过本章的学习，能够掌握企业文化的概念、功能及影响因素；正确理解企业文化建设的目标、原则；掌握企业文化建设的程序与方法，了解企业文化塑造。

引导案例

最后的愿望

有一位姑娘在海尔集团的一家洗衣机厂工作。她 19 岁进海尔集团，接受了 3 年海尔文化的洗礼，3 年之后得了疾病，被诊断为白血病。就在她将要离开人间的时候，她向家人提出最后一个愿望：她要最后再看一眼自己所工作的海尔。就在她去世之后，她的家人让灵车在海尔的大门口足足停了 15 分钟。这说明了什么呢？只有一点，那就是海尔的文化使得海尔人这样热爱这个集体。

通过海尔的案例，我们可以看到，优秀的企业文化使员工产生了强烈的归属感，以至于那名女工临死前都要再看一眼自己工作的海尔。由此可见企业文化的魅力是非常大的，它的力量超乎想象。

第一节　企业文化概述

现代企业间最高层次的竞争是企业文化竞争。没有文化的企业不可能实现可持续发展。

一、企业文化的概念

企业文化是指企业全体员工在长期的创业和发展过程中培育形成，被组织成员普遍认可而共享，并共同遵循的价值标准、基本信念及行为规范。企业文化集中体现了一个企业经营管理的核心主张，以及由此产生的组织行为。企业文化，或称组织文化（Corporate Culture 或 Organizational Culture），是一个组织由其价值观、信念、仪式、符号、处事方式等组成的特有的文化形式。

二、企业文化的层次

企业文化的结构层次划分有多种观点。一种是将其分为两个层次，如有形文化和无形文化、表层文化与深层文化、“硬S”和“软S”等；一种是将其分为三个层次，即物质层文化、制度层文化和精神层文化。也有一种将其分为四个层次，即物质层文化、行为层文化、制度层文化和精神层文化。这些不同的结构划分都有其各自的合理性，使用不同的结构划分对认识企业文化并无大碍。结合企业文化实际，我们将企业文化分为物质层文化、行为层文化、制度层文化和精神层文化四个层次（如图10-1所示）。

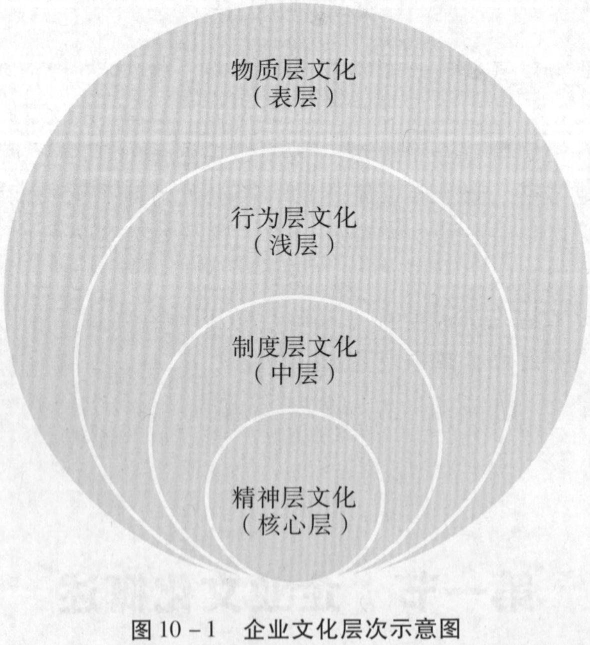

图10-1　企业文化层次示意图

（一）物质层文化

物质层文化是产品和各种物质设施等构成的器物文化，是一种以物质形态加以表现的表层文化。企业生产的产品和提供的服务是企业生产经营的成果，是物质文化的首要内容。其次企业的生产环境、企业容貌、企业建筑、企业广告、产品包装与设计等也构成企业物质文化的重要内容。具体而言，企业物质层文化主要包括以下内容：

（1）企业名称、标志、标准字、标准色。这是企业物质文化的外在体现。

（2）企业外貌、自然环境、建筑风格、办公室与车间的设计和布置方式、绿化美化情况等。这是人们对企业的第一印象，也是企业文化的反映。

（3）产品的特色、式样、外观和包装。产品的这些因素是企业文化的具体反映。

（4）技术工艺设备特性。

（5）企业的徽记、旗帜、歌曲、服装。这些因素中包含了很强烈的企业物质文化内容，是企业文化的一种较为形象化的反映。

（6）企业的文化、体育、生活实施。

（7）企业造型和纪念性建筑，包括厂区雕塑、纪念碑、英模塑像等。

（8）企业纪念品。

（9）企业的文化传播网络，包括企业自办的报纸、刊物、有线广播、闭路电视、计算机网络、宣传册、广告牌、招贴画等。

（二）行为层文化

行为层文化是员工在生产经营及学习娱乐活动中产生的活动文化。行为层文化是在企业经营、教育宣传、人际关系活动、文娱体育活动中产生的文化现象，包括企业行为的规范、企业人际关系的规范和公共关系的规范。企业行为包括企业与企业之间、企业与顾客之间、企业与政府之间、企业与社会之间的行为。

（1）企业行为的规范是指围绕企业自身目标、社会责任、保护消费者的利益等方面所形成的基本行为规范。企业行为的规范从人员结构上划分为企业家的行为、企业模范人物行为和员工行为等。

（2）企业人际关系分为对内关系与对外关系两部分。对外关系主要指企业经营面对不同的社会阶层、市场环境、国家机关、文化传播机构、主管部门、消费者、经销者、股东、金融机构、同行竞争者等方面所形成的关系。

（3）企业公共关系规范是企业公关策划及其规范。

（三）制度层文化

企业制度层文化是企业行为文化得以贯彻的保证，是企业为实现自身目标对员工的行为给予一定限制的文化。它具有共性和强有力的行为规范的要求，规范着企业的每一个人。企业工艺操作流程、厂纪厂规、经济责任制、考核奖惩等都是企业制度层文化的内容。企业制度层文化主要包括企业领导体制、企业组织机构和企业管理制度三个方面。

（1）企业领导体制是企业领导方式、领导结构、领导制度的总称。

（2）企业组织结构是企业为有效实现企业目标而筹划建立的企业内部各组成部分及其关系。企业组织结构的选择与企业文化的导向相匹配。

（3）管理制度是企业为求得最大利益，在生产管理实践活动中制定的各种带有强制性义务并能保障一定权利的各项规定或条例，包括企业的人事制度、生产管理制度、民主管理制度等一切规章制度。

（四）精神层文化

精神层文化是指企业生产经营过程中，受一定的社会文化背景、意识形态影响而长期形成的一种精神成果和文化观念，包括企业最高目标、企业经营哲学、企业精神、企业风气、企业道德、企业宗旨，是企业意识形态的总和。

（1）企业最高目标是企业全体员工的共同追求。有了明确的最高目标就可以充分发动企业的各级组织和干部员工，增强他们的积极性、主动性和创造性，使广大员工将自己的岗位工作与实现企业的奋斗目标联系起来，把企业的生产经营发展转化为每一位员工的具体责任。企业最高目标是企业领导者和员工的追求和理想，是企业文化建设的出发点和归宿。

（2）企业经营哲学是企业领导者为实现企业目标而在整个生产经营管理活动中的哲学思考。企业经营哲学是处理企业经营过程中发生的一切问题的基本指导思想和依据。企业经营哲学的形成首先是由企业所处的周围环境等客观因素决定的，同时也受企业领导者的思想方法、政策水平、科学素质、实践经验、工作作风及性格等主观因素的影响。

（3）企业精神是企业有意识地提倡、培养员工群体的优良精神风貌，是对企业现有的观念意识、传统习惯、行为方式中的积极因素进行总结、提炼及倡导的结果，是全体员工有意识地实践所体现出来的。企业文化是企业精神的源泉，企业精神是企业文化发展到一定阶段的产物。

（4）企业风气是指企业及其员工在生产经营活动中逐步形成的一种带有普遍性的、重复出现且相对稳定的行为心理状态，是影响整个企业活动的重要因素。企业风气是企业文化的直观表现，企业文化是企业风气的本质内涵。企业风气一般包括两层含义：一是指许多企业共有的良好风气，如团结友爱之风、开拓进取之风等；二是指一个企业区别于其他企业的独特风气，即在一个企业的诸多风气中最具特色、最突出和最典型的某些作风，它体现在企业活动的方方面面，形成全体员工特有的活动方式，构成该企业的个性特点。

企业风气是约定俗成的行为规范，是企业文化在员工的思想作风、传统习惯、工作方式等方面的综合反映。企业风气一旦形成便会在企业中造成一定的氛围，并形成企业员工群体的心理定势，导致多数员工一致的态度和共同的行为方式，因而成为影响全体员工的无形的巨大力量。企业风气健康，比较容易促使全体员工与企业同呼吸、共命运，同舟共济，战胜困难，渡过难关。而企业风气差则很容易造成员工劳动积极性下降、人际关系紧张、凝聚减弱、离心力加大等灾难性后果。

（5）企业道德是指企业内部调整人与人、单位与单位、个人与集体、个人与社会、企业与社会之间关系的行为准则。企业道德是指调整该企业与其他企业之间、企业与顾客之间、企业内部职工之间关系的行为规范的总和。它是从伦理关系的角度，以善与恶、公与私、荣与辱、诚实与虚伪等道德范畴为标准来评价和规范企业。

企业道德与法律规范和制度规范不同，它不具有强制性和约束力，但具有积极的示范效应和强烈的感染力，当被人们认可和接受后具有自我约束的力量。因此，它具有更广泛的适应性，是约束企业和职工行为的重要手段。如，中国老字号同仁堂药店之所以三百多年长盛不衰，在于它把中华民族的优秀传统美德融于企业的生产经营过程之中，形成了具有行业特色的职业道德，即“济世养生、精益求精、童叟无欺、一视同仁”。

企业道德从其内容结构来看，主要包括调节员工与员工、员工与企业、企业与社会三方面关系的行为准则和规范。作为微观的意识形态，它是企业文化的重要组成部分。

（6）企业宗旨是指企业存在的价值及其作为经济单位对社会的承诺。企业作为一个社会组织，对内、对外都承担着相应的义务。对内，企业要保证自身的生存与发展，使员工得到基本的生活保障，并不断改善他们的生活福利待遇，帮助员工实现人生价值。对外，企业要生产合格的产品，提供优质的服务，满足消费者的需要，从而为社会的进步做出应有的贡献。

总之，企业文化的四个层次紧密相连。物质层、行为层文化是企业文化的外在表现和载体，是制度层和精神层文化的物质基础；制度层文化则约束和规范着物质层、行为层和精神层文化的建设；精神层文化指导着行为层文化，是形成物质层和制度层文化的思想基础，也是企业文化的核心和灵魂。

三、企业文化的特征

（一）独特性

企业文化具有鲜明的个性和特色，具有相对独立性。每个企业都有其独特的文化积淀，这是由企业的生产经营管理特色、企业传统、企业目标、企业员工素质以及内外环境不同所决定的。

（二）继承性

企业在一定的时空条件下产生、生存和发展，企业文化是历史的产物。企业文化的继承性体现在三个方面：一是继承优秀的民族文化精华；二是继承企业的文化传统；三是继承外来的企业文化实践和研究成果。

（三）相融性

企业文化的相融性体现在它与企业环境的协调和适应性方面。企业文化反映了时代精神，它必然要与企业的经济环境、政治环境、文化环境以及社区环境相融合。

（四）人本性折叠

企业文化是一种以人为本的文化，最本质的内容，就是强调人的理想、道德、价值观、行为规范在企业管理中的核心作用，强调在企业管理中要理解人、尊重人、关心人。它注重人的全面发展，用愿景鼓舞人，用精神凝聚人，用机制激励人，用环境培育人。

（五）整体性

企业文化是一个有机的统一整体。人的发展和企业的发展密不可分，引导企业职工把个人奋斗目标融于企业整体目标之中，追求企业的整体优势和整体意志的实现。

（六）创新性

创新既是时代的呼唤，又是企业文化自身的内在要求。优秀的企业文化往往在继承中创新，随着企业环境和国内外市场的变化而改革发展，引导大家追求卓越、追求成效、追求创新。

四、企业文化的内容

根据企业文化的定义，其内容是十分广泛的，但其中最主要的应包括如下几点。

（一）经营哲学

经营哲学也称企业哲学，源于社会人文经济心理学的创新运用，是一个企业特有的从事生产经营和管理活动的方法论原则。它是指导企业行为的基础。一个企业在激烈的市场竞争环境中面临着各种矛盾和多种选择，这要求企业有一个科学的方法论来指导，有一套逻辑思维的程序来决定自己的行为，这就是经营哲学。例如，日本松下公司“讲求经济效益，重视生存的意志，事事谋求生存和发展”，这就是它的战略决策哲学。北京蓝岛商业大厦创办于1994年，它以“诚信为本，情义至上”的经营哲学为指导，“以情显义，以义取利，义利结合”，使之在创办三年的时间内营业额就翻了一番，跃居首都商界第4位。

（二）价值观念

价值观念是人们基于某种功利性或道义性的追求而对人们（个人、组织）本身的存在、行为和行为结果进行评价的基本观点。可以说，人生就是为了价值的追求，价值观念决定着人生追求行为。价值观不是人们在一时一事上的体现，而是在长期实践活动中形成的关于价值的观念体系。企业的价值观，是指企业职工对企业存在的意义、经营目的、经营宗旨的价值评价和为之追求的整体化、个性化的群体意识，是企业全体职工共同的价值准则。只有在共同的价值准则基础上才能产生企业正确的价值目标。有了正确的价值目标才会有奋力追求价值目标的行为，企业才有希望。因此，企业价值观决定着职工行为的取向，关系企业的生死存亡。只顾企业自身经济效益的价值观，就会偏离社会主义方向，不仅会损害国家和人民的利益，还会影响企业形象；只顾眼前利益的价值观，就会急功近利，搞短期行为，使企业失去后劲，导致灭亡。

（三）企业精神

企业精神是指企业基于自身特定的性质、任务、宗旨、时代要求和发展方向，并经过精心培养而形成的企业成员群体的精神风貌。

企业精神要通过企业全体职工有意识的实践活动体现出来。因此，它又是企业职工观念意识和进取心理的外化。

企业精神是企业文化的核心，在整个企业文化中处于支配地位。企业精神以价值观念为基础，以价值目标为动力，对企业经营哲学、管理制度、道德风尚、团体意识和企业形象起着决定性的作用。可以说，企业精神是企业的灵魂。

企业精神通常用一些既富于哲理又简洁明快的语言予以表达，便于职工铭记在心，时刻用于激励自己；也便于对外宣传，容易在人们脑海里形成印象，从而在社会上形成个性鲜明的企业形象。如王府井百货大楼的“一团火”精神，就是用大楼人的光和热去照亮、温暖每一颗心，其实质就是奉献服务；北京西单商场的“求实、奋进”精神，体现了以求实为核心的价值观念和真诚守信、开拓奋进的经营作风。

（四）企业道德

企业道德的含义在前文（本书第206页）已有详述。

（五）团体意识

团体即组织，团体意识是指组织成员的集体观念。团体意识是企业内部凝聚力形成的重要心理因素。企业团体意识的形成使企业的每个职工把自己的工作和行为都看成是实现企业目标的一个组成部分，使他们对自己作为企业的成员而感到自豪，对企业的成就产生荣誉感，从而把企业看成是自己利益的共同体和归属。因此，他们就会为实现企业的目标而努力奋斗，自觉地克服与实现企业目标不一致的行为。

（六）企业形象

企业形象是企业通过外部特征和经营实力表现出来的，被消费者和公众所认同的企业总体印象。由外部特征表现出来的企业的形象称表层形象，如招牌、门面、徽标、广告、商标、服饰、营业环境等，这些都给人以直观的感觉，容易形成印象；通过经营实力表现出来的形象称深层形象，它是企业内部要素的集中体现，如人员素质、生产经营能力、管理水平、资本实力、产品质量等。表层形象以深层形象为基础。没有深层形象这个基础，表层形象就是虚假的，也不能长久地保持。流通企业由于主要是经营商品和提供服务，与顾客接触较多，所以表层形象显得格外重要，但这决不是说深层形象可以放在次要的位置。北京西单商场以“诚实待人、诚心感人、诚信送人、诚恳让人”来树立全心全意为顾客服务的企业形象，而这种服务是建立在优美的购物环境、可靠的商品质量、实实在在的价格基础上的，即以强大的物质基础和经营实力作为优质服务的保证，达到表层形象和深层形象的结合，赢得了广大顾客的信任。

企业形象还包括企业形象的视觉识别系统，比如 CIS 系统，是企业对外宣传的视觉标识，是社会对这个企业的视觉认知的导入渠道之一，也标志着该企业是否进入现代化管理。

（七）企业制度

企业制度是在生产经营实践活动中所形成的，对人的行为带有强制性，并能保障一定权利的各种规定。从企业文化的层次结构看，企业制度属中间层次，它是精神文化的表现形式，是物质文化实现的保证。企业制度作为职工行为规范的模式，使个人的活动得以合理进行，内外人际关系得以协调，员工的共同利益受到保护，从而使企业有序地组织起来为实现企业目标而努力。

（八）文化结构

企业文化结构是指企业文化系统内各要素之间的时空顺序、主次地位与结合方式。企业文化结构就是企业文化的构成、形式、层次、内容、类型等的比例关系和位置关系。它表明各个要素如何链接、形成企业文化的整体模式。这些要素包括企业物质文化、企业行为文化、企业制度文化、企业精神文化形态。

（九）企业使命

所谓企业使命是指企业在社会经济发展中所应担当的角色和责任，是指企业的根本性质和存在的理由，说明企业的经营领域、经营思想，为企业目标的确立与战略的制定提供依据。企业使命要说明企业在全社会经济领域中所经营的活动范围和层次，具体地表述企业在社会经济活动中的身份或角色。它的内容包括企业的经营哲学、企业的宗旨和企业的形象。

五、企业文化的功能

（一）导向功能

所谓导向功能，就是通过它对企业的领导者和职工起引导作用。企业文化的导向功能主要体现在以下两个方面。

（1）经营哲学和价值观念的指导。经营哲学决定了企业经营的思维方式和处理问题的法则。这些方式和法则指导经营者进行正确的决策，指导员工采用科学的方法从事生产经营活动。企业共同的价值观念规定了企业的价值取向，使员工对事物的评判形成共识，有着共同的价值目标。企业的领导和员工为着他们所认定的价值目标去行动。美国学者托马斯·彼得斯和小罗伯特·沃特曼在《追求卓越》一书中指出："我们研究的所有优秀公司都很清楚他们的主张是什么，并认真建立和形成了公司的价值准则。事实上，一个公司缺乏明确的价值准则或价值观念不正确，我们则怀疑它是否有可能获得经营上的成功。"

（2）企业目标的指引。企业目标代表着企业发展的方向，没有正确的目标就等于迷失了方向。完美的企业文化会从实际出发，以科学的态度去制立企业的发展目标，这种目标一定具有可行性和科学性。企业员工就是在这一目标的指导下从事生产经营活动。

（二）凝聚功能

企业文化以人为本，尊重人的感情，从而在企业中造成了一种团结友爱、相互信任的和睦气氛，强化了团体意识，使企业职工之间形成强大的凝聚力和向心力。共同的价值观念形成了共同的目标和理想，职工把企业看成是一个命运共同体，把本职工作看成是实现共同目标的重要组成部分，整个企业步调一致，形成统一的整体。这时，"厂兴我荣，厂衰我耻"成为职工发自内心的真挚感情，"爱厂如家"就会变成他们的实际行动。

（三）激励功能

共同的价值观念使每个职工都感到自己存在和行为的价值。自我价值的实现是人的最高精神需求的一种满足，这种满足必将形成强大的激励。在以人为本的企业文化氛围中，领导与职工、职工与职工之间互相关心、互相支持。特别是领导对职工的关心会使职工感到受人尊重，自然会振奋精神、努力工作。另外，企业精神和企业形象对企业职工有着极大的鼓舞作用，特别是企业文化建设取得成功，在社会上产生影响时，企业职工会产生强烈的荣誉感和自豪感，他们会加倍努力，用自己的实际行动去维护企业的荣誉和形象。

（四）约束功能

企业文化的约束功能主要是通过完善管理制度和道德规范来实现的。

（1）有效规章制度的约束。企业制度是企业文化的内容之一。企业制度是企业内部的法规，企业的领导者和企业职工必须遵守和执行，从而形成约束力。

（2）道德规范的约束。道德规范是从伦理关系的角度来约束企业领导者和职工的行为。如果人们违背了道德规范的要求，就会受到舆论的谴责，心理上会感到内疚。

（五）辐射功能

企业文化关系到企业的公众形象、公众态度、公众舆论和品牌美誉度。企业文化不仅在企业内部发挥作用，对企业员工产生影响，它也能通过传播媒体、公共关系活动等各种渠道对社会产生影响，向社会辐射。企业文化的传播对树立企业在公众中的形象有很大帮助，优秀的企业文化对社会文化的发展有很大的影响。

课堂讨论

长寿公司的启示：世界著名的基业长青公司的根源在于优秀的企业文化——“坚硬的内核”和“柔软的外壳”。“坚硬的内核”即企业有一套坚定不懈的核心价值观。“柔软的外壳”即企业有与时俱进的边缘文化。

怎样的文化才是优秀的企业文化?

六、企业文化的影响因素

企业是一个开放系统，它不能脱离社会环境而存在。自然，企业文化也不能脱离社会环境而生成。因此，要塑造良好的企业文化，就必须认真分析影响企业文化生成的环境因素。

（一）民族文化因素

文化是与民族分不开的，一定的文化总是一定民族的文化。企业文化是一个国家的微观组织文化，它是这个国家民族文化的组成部分，所以一个国家企业文化的特点实际代表这个国家民族文化的特点。

（二）社会制度因素

社会制度决定文化的发展方向。企业文化是社会文化的一部分，因此，企业文化的建设必须以制度作基础。社会制度是通过权利和义务来规范主体行为和调整主体间关系的规则体系。从这个内涵上看，制度作为一种权利与义务的分配规则体系，规定了人们在现实生活中的实际活动范围及基本行为方式或模式；从外延看，制度作为一种社会的规范形态，是通过特定组织的强制力来保证实施的制约主体行为和主体间关系的特定规范。因此，企业必须要在符合社会制度的基础前提下运行。

（三）外来文化因素

外来文化指的是一个企业从其他国家、民族、地区、行业或企业引进的文化。企业作为一个组织是在不断地与外界交往的过程中生存和发展的。在全球化时代，不但各国的政治经济发生了翻天覆地的变化，同时外来文化和本土文化、传统文化和现代文化也出现了激烈的融合和冲突。

（四）企业传统因素

“吃一堑，长一智。”企业在实践经验中不断积累经验和教训，形成传统，即转化为企业认同的价值观和行为方式，形成企业文化。从这一意义上说，企业文化的发展过程在很大程度上就是企业传统的去粗取精、扬善抑恶的过程。

（五）个人文化因素

个人文化因素指的是企业领导者和员工的文化因素。企业领导对企业文化起着至关重要的作用。企业领导的价值观决定着企业文化的基调，其领导风格影响企业的气氛，其行为举止影响企业的作风，其观念创新带动企业文化的革新，其素质提升促进企业文化的完善。

企业员工素质也在一定程度上影响着企业文化。员工素质高，是“自我实现人”和“文化人”，则更注重职业生活质量，事业心、成就感、归属感更强，参与企业管理的意识和能力更强，更需要企业文化建设。反之，员工素质低，是“经济人”或“社会人”等，参与企业管理的意识和能力更弱，企业文化建设容易被忽视。

案例分析

复星集团轨迹

复星集团创立于1992年11月，发展轨迹非常清晰。

第一个百万元靠咨询、靠知识市场文化赚得。

第一个千万元靠房地产营销做到。

第一个亿元靠生物制药赚得。

第一个十亿元靠资本和产业结合达到。

到2001年，复星集团由10万元演变成了198亿元，创造了一个财富神话。郭广昌被誉为“上海的比尔·盖茨”。

复星集团的愿景：打造企业家群体。

郭广昌说：“企业的发展就像一条河，每个人正像河中的一点水，无论在上游、中游，还是下游，都能找到自己汇入大海的位置。”

复星集团志在培养一个志同道合的青年企业家群体和一个朝气蓬勃的创业团队，构建了一整套“以发展吸引人、以事业凝聚人、以工作培养人、以业绩考核人”的用人制度，以企业精神和团队创业氛围吸引了来自国内外的人才。

郭广昌认为企业是社会的经济细胞。在实现中华民族伟大复兴的新世纪，知识分子实现价值选择是企业助天下，即产业报国。

郭广昌将“修身、齐家、治国、平天下”改为了“修身、齐家、产业、助天下”。

复星集团以事业为载体来实现创造财富，以回报社会的理想来获得个人价值的实现。

（六）企业发展因素

企业的发展历程对企业文化的形成有着不可磨灭的作用。企业发展的不同时期，其文化也各不相同。企业创业期，重点关注生存和市场情况，内部规范管理顾及较少，利润导向明显，短期行为倾向突出，企业文化受创业者的企业目标定位决定。企业成长期，企业运作有序，文化渐渐形成，是文化建设的关键时期，企业应注意塑造可传承的合适的企业文化。当企业进入成熟期后，企业文化基本盛开，并趋于保守，此时应注意惰性习惯的产生，同时要注重文化创新。

课堂讨论

影响企业文化的上述因素中，哪些是企业可作为的因素？

第二节　企业文化建设与塑造

一、企业文化建设的目标

（一）确定理念识别（MI）

1. 确定全体职工的价值观

企业价值观是企业文化的核心，决定企业的命脉，关系企业的兴衰。现代企业不仅要实现物质价值，还要实现文化价值，要充分认识企业竞争不仅是经济竞争，更是人的竞争、文化的竞争、伦理智慧的竞争。企业的最终目标是服务社会，实现社会价值最大化。

2. 确立企业精神和理念

培育有个性的企业精神和理念是加强企业文化建设的核心。培育具有鲜明个性和丰富内涵的企业精神和理念，最大限度地激发职工内在潜力，是企业文化的首要任务和主要内容。企业精神和理念是指：企业广大职工在长期的生产经营活动中逐步形成的，由企业的传统、经历、文化和企业领导人的管理哲学共同孕育的，并经过有意识的概括、总结、提炼而得到的确立的思想成果和精神力量，必须是集中体现一个企业独特的、具有鲜明的经营思想和个性风格，反映企业的信念和追求，并由企业倡导的一种精神。培养企业精神和理念，要遵循时代性、先进性、激励性、效益性等原则，不仅要反映企业本质特征，而且要反映出行业的特点和本单位特色，体现出企业的经营理念。

3. 确立符合公司实际的企业愿景和使命

企业愿景和使命是企业生存发展的主要目的和根本追求，它是以企业发展的目标、目的和发展方向来反映企业价值观。

（二）确立视觉识别（VI）

统一标识、服装、产品品牌、包装等，实施配套管理。在企业发展中还要以务实的态度不断完善企业视觉识别各要素，做到改进—否定—再改进—再确定，包含企业标识、旗帜、广告语、服装、信笺、工号牌、印刷品统一模式等，以此规范员工行为礼仪和精神风貌，在社会上建立起企业的高度信任感和良好信誉。

（三）确立行为识别（BI）

确立 BI 主要体现在两个方面，一方面是企业内部对职工的宣传、教育、培训；另一方面是对外经营、社会责任等内容。要通过组织开展一系列活动，将企业确立的精神、理念融入到企业的实践中，指导企业和员工行为。

（四）以人为本，树立精干高效的队伍形象，打造精神文化

企业文化实质是“人的文化”，人是生产力中最活跃的因素，人是企业的立足之本。企业员工是企业的主体，建设企业文化就必须以提高人的素质为根本把着眼点放在人上，分别达到凝聚人心，树立共同理想，规范行动形成良好行为习惯，塑造形象扩大社会知名度的目的。为此要做好建立学习型组织，抓好科学文化知识和专业技能培训，培育卓越的经营管理者，带动企业文化建设。

（五）内外并举，塑造品质超群的产品形象，打造物质文化

企业文化建设应与塑造企业形象相统一，实现技术创新，做到群众性合理化建议活动持之以恒，使企业具备独特的技术特色和产品特色。创品牌，教育员工要像爱护自己的眼睛一样爱护企业的品牌声誉，使企业的产品、质量在社会上叫得响、打得硬、占先机，展示企业精华。要做到在经营过程中的经营理念和经营战略的统一；做到在实际经营过程中所有员工行为及企业活动的规范化、协调化；做到视觉信息传递的各种形式相统一，为促进企业可持续发展奠定坚实基础。

（六）目标激励，塑造严明和谐的管理形象，打造制度文化

企业管理和文化之间的联系是企业发展的生命线，战略、结构、制度是硬性管理，技能、人员、作风、目标是软性管理。强化管理，要坚持把人放在企业的中心地位，在管理中尊重人、理解人、关心人、爱护人，确立员工的主人翁地位，使之积极参与企业管理，尽其责任和义务。强化管理要实现与现代企业制度、管理创新、市场开拓、实现优质服务等的有机结合，还要修订并完善职业道德准则、强化纪律约束机制，使企业各项规章制度成为员工的自觉行为。提倡团队精神，成员之间保持良好的人际关系，增强团队凝聚力，有效发挥团队作用。

（七）寓教于文，塑造优美整洁的环境形象，打造行为文化

人改造环境，环境也改造人。因此，要认真分析企业文化发育的环境因素，使有形的和无形的各种有利因素成为企业文化建设的动力源泉。采取强化措施，做到绿化、净化、美化并举，划分区域，责任明确，做到治理整顿并长期保持卫生环境。要开展各种游艺文体活动，做到大型活动制度化，如体育活动（趣味运动会）等；小型活动经常化，如利用司庆、文体活动等形式丰富员工文化生活，赋予各种活动生命力，强化视觉效应。技能、人员、作风、目标是软性管理。强化管理，要坚持把人放在企业中心地位。

二、企业文化建设的原则

企业文化建设是一项长期而复杂的系统工程。企业文化建设涉及的问题比较多，不同的国家制度、不同的民族特点、不同的经济政治环境、不同的行业、不同的地域等都会影响到企业文化的建设。企业文化建设应遵循以下原则。

（一）目标性原则

在管理学中，目标是指人们通过自身的各种活动，在一定时期内所要达到的预期结

果。人们从事任何管理活动都应该有设想、有目标。企业文化建设作为企业管理活动的高层次追求更不可缺少目标。

在企业文化建设中，坚持目标原则的作用在于：第一，有效地引导企业员工的认识与行为；第二，激励人们的工作热情和创新精神；第三，为考核与评价企业员工的工作业绩和文化行为提供依据，使考核与评价过程成为总结经验、杜绝“第二次失误”、推进工作良性循环和文化进步的过程。

在企业文化建设中坚持目标原则，首先意味着要科学合理地制定企业文化的发展目标，即明确企业的基本信念和基本哲学。其次，意味着要采取有效的办法实现既定的文化目标。

（二）共识性原则

所谓“共识”，是指共同的价值判断。企业文化建设之所以强调共识原则，是因为：

首先，这是由企业文化的本质所决定的。企业文化不是企业中哪个人的“文化”，而是全体成员的文化，因此，只有从多样化的群体及个人价值观中抽象出一些基本信念，然后再由企业在全体成员中强化这种信念，进而达成共识，才能使企业产生凝聚力。可以说，优秀的企业文化本身即是“共识”的结果，因此，建设企业文化必须不折不扣地贯彻这一原则。

其次，是由现代企业发展的内外环境所决定的。只有强调共识，全员参与，集思广益，使决策与管理建立在全员聪明才智与经验的基点上，才能实现最科学的决策与管理。

再次，这是由人的心理规律所决定的。在现代企业中，员工受教育的程度越来越高，脑力劳动在全体劳动中所占的比例越来越大，人们的主动精神和参与意识也越来越强。只有把握员工的这种心理需求特点，创造更多的使员工参与管理的机会和条件，才能激发人们把实现自身价值与为企业奉献结合起来，促使全员共同信念的形成。

（三）一体性原则

所谓一体性原则，即坚持企业管理者和一线员工之间关系一体化。在企业文化建设中，坚持一体性原则，能够有效地建立起组织内部人与人之间相互信赖的关系，为实现价值体系的“一体化”创造条件。

实行一体性原则，最重要的是要弱化等级制度的影响，把原来“干部—工人”“脑力劳动者—体力劳动者”等带有等级色彩的关系转变为一种带有人情色彩的分工协作关系，千方百计赋予一线员工更大的权利与责任。实践证明，这样做的结果是，一线员工大多数希望负责任，希望接受富有挑战性的工作，希望参加各种竞赛并获胜。只有给他们创造了这种条件，他们才能减少不满情绪，主动思考如何把工作做得更好、更出色，由过去纯粹的外部控制和外部激励变成自我控制和自我激励。

建立一体化关系，从所有权的角度讲，伴随着企业改革的深化，尤其是股份制的推行，应创造条件使员工持有部分股份，变过去的名义所有为实际所有。这是实现“一体化”的物质基础。

（四）卓越性原则

卓越是一种心理状态，也是一种向上精神。这种心理状态和向上精神是区别企业文化良莠的标志之一。追求卓越是一个优秀的人，也是一个优秀的企业之所以优秀的生命与灵魂。它作为一种动力，促使一个人或一个企业去努力学习、努力适应环境、努力创造事业上的佳绩。显而易见，坚持卓越原则是企业文化的内在要求，因为任何企业在竞争的环境里都不甘于做平庸者，构建文化的目的就是为了创造卓越的精神，营造卓越的氛围。

（五）绩效性原则

绩效是一项工作的结果，也是一项新工作的起点。

在企业文化建设中坚持绩效原则，就要改变传统管理的思维逻辑，建立起“只要结果正确，过程可以自主”的观念。在管理实践中应引入目标管理的体制，坚持以个人为主、自下而上协商制定目标的办法，执行目标过程中以自我控制为主，评价目标也以自我检查、自我评价为主。企业最终以目标执行结果——工作绩效为唯一尺度进行奖惩，并以此作为晋级、提升和调资的依据，从而鼓励员工积极探索、创新，谋求使用最好的方式与方法，走最佳捷径，完成工作任务，提高工作效率。

坚持绩效原则，同样要求企业转变管理方式，减少发号施令和外部监督，多为下级完成目标创造条件、提供服务，帮助员工学会自主管理、自我控制、自我激励。

（六）亲密性原则

现代市场经济所奉行的等价交换原则以及科学管理所倡导的严密分工原则，带来的最大危害就是人与人之间关系淡漠、缺少和谐、缺乏人情味。企业作为人的集合体，不同于机器各部件之间的机械组合，而是一种有机组合。人是有思想、有感情的，人与人之间的关系在企业中除了在总体目标下进行分工协作，即处理工作关系外，还保持着感情联系，即体现“亲密性”。可以说，这是一切成功企业或者说是一切优秀企业文化所具备的共同特性。

在企业文化建设中坚持亲密性原则，是由人的社会属性决定的。企业为员工发展铺设阳光大道，员工对企业才能产生归属感和忠诚心，进而才会有敬业精神和献身精神。

第三节　企业文化建设的程序与方法

企业文化建设是一项复杂而艰巨的系统工程。一种优秀的企业文化的构建不像制定一项制度、提一个宣传口号那样简单，它需要企业有意识、有目的、有组织地进行长期的总结、提炼、倡导和强化。

一、企业文化建设的程序

建设企业文化的基本程序，一般包括调查研究、定格设计、实践巩固和完善提高四个环节。

（一）调查研究

除了新创建的企业外，多数企业对自身文化的建设都是在原有“文化”的基础上进行的，即都是“非零起点”。所以，建设企业文化，应首先做好调查研究，把握企业现有的文化状况及影响企业文化的各种因素，为企业文化的定格做好准备。调查研究的主要内容包括：企业的经营领域、企业领导者的个人修养和风范、企业员工的素质及需求特点、企业的优良传统及成功经验、企业现有文化理念及其适应性、企业面临的主要矛盾和企业所处地区的环境等方面。

（二）定格设计

企业文化的定格设计，即在分析总结企业现有文化状况的基础上，充分考虑企业的经营领域、企业领导者的个人修养和风范、企业员工的素质及需求特点、企业的优良传统及成功经验、企业现有文化理念及其适应性、企业面临的主要矛盾和所处地区的环境等因素的影响，用确切的文字语言，把肯定的企业价值观念表述出来，成为固定的理念体系。企业理念体系大体包括企业使命、企业目标、企业价值观、企业道德、企业精神、经营观、管理观、人才观、服务观、员工基本行为准则及企业风尚等。

企业文化定格设计应遵从下述原则：从实际出发和积极创新相结合、创造个性与体现共性相结合、领导组织和群众参与相结合。

（三）实践巩固

企业文化定格后，就要创造条件付诸实践并加以巩固。即把企业文化所确定的价值观全面地体现在企业的一切经济活动和员工行为之中，同时采取必要的手段，强化新理念，使之在实践中得到员工的进一步认同，使新型的企业文化逐步得到巩固。

具体需要做好以下工作：积极创造适应新的企业文化运行机制的条件，加强精神灌输和舆论宣传，企业领导者以身作则、积极倡导，利用制度、规范、礼仪、活动等进行强化，鼓励正确行为。

（四）完善提高

企业文化定格并在实践中得到巩固以后，尽管其核心的和有特色的内容不易改变，但随着企业经营管理实践的发展、内外环境的改变，企业文化还需要不断充实、完善和发展。企业领导者要依靠群众，积极推进企业文化建设，及时吸收社会文化和外来文化中的精华，剔除本企业文化中沉淀的消极成分，不断对现有文化进行提炼、升华和提高，从而使之更好地适应企业变革与发展的需要。

二、企业文化建设的基本方式与方法

建设企业文化的方式与方法是多种多样的，它与企业经营管理活动相伴随，相互渗透、相互推动。但从相对独立的角度来讲，建设企业文化的方式与方法主要有以下几个方面。

（一）创立企业文化礼仪

1. 企业文化礼仪的概念及作用

企业文化礼仪是指企业在长期的文化活动中所形成的交往行为模式、交往规范性礼节和固定的仪式。它规定了在特定文化场合企业成员所必须遵守的行为规范、语言规范、着装规范，若有悖礼节，便被视为“无教养”行为。企业文化礼仪根据不同的文化活动内容具体规定了活动的规格、规模、场合、程序和气氛。这种礼仪往往有固定的周期性。不同企业的礼仪体现了不同企业文化的个性及传统。

企业文化礼仪在企业文化建设中的作用主要在于：使企业理性上的价值转化为对其成员行为的约束力量；企业文化礼仪是企业文化传播最现实的形式；企业文化礼仪是企业成员的情感体验和人格体验的最佳形式。

2. 企业文化礼仪的类型

企业文化礼仪不是企业文化活动中的静态构成，而是在实践中不断补充、丰富和创新的。具有优良传统的企业，其文化礼仪也是丰富多彩的。

(1) 纪念性礼仪。主要是指对企业具有重要意义的纪念活动中的礼仪，举行这类礼仪的目的是使员工产生强烈的自豪感、归属感，增强自我约束力。

(2) 服务性礼仪。主要是指在营销服务中接待顾客的礼仪，规定这类礼仪的目的主要是提高企业服务质量和服务品位，满足顾客的精神需要。

(3) 交往性礼仪。主要是指企业员工在社会公众联系、交际过程中的礼仪，规定这类礼仪的目的主要是对内创造文明、庄重的工作氛围，对外树立企业良好的形象。

3. 创立具有自身特色的企业文化礼仪

企业文化礼仪既可以是自发产生的，也可以是由企业组织推行的。企业如果能够自觉地创立具有自身特色的企业文化礼仪体系，使企业文化礼仪与企业价值观相一致，就能更有效地发挥企业文化礼仪在建设、强化、传播企业文化中的积极作用。企业文化礼仪有自身活动的特点，若不注意，则易流于形式、浮于表层，不但起不到对企业文化的促进作用，还可能压抑企业的活力。因此，在创立具有企业自身特色的企业文化礼仪时，应注意以下几个方面：①重视弘扬企业的优良传统，使用具有价值的文化活动素材，继承企业发展的传统习惯和做法。②赋予企业文化礼仪明确的指导思想，将企业倡导的价值观渗透到企业文化礼仪活动中去。③认真组织、精心设计企业文化礼仪的场景，善于制造良好的气氛，使员工通过参加礼仪受到感染和教育。④企业文化礼仪一经创立，就要保持稳定性和连续性，避免朝令夕改。⑤积极吸收员工参与创造礼仪，员工参与创造的礼仪活动最具生命力，也能最有效地发挥其在企业文化构塑和传播中的积极作用。

(二) 营造企业文化氛围

1. 企业文化氛围的概念

所谓氛围，一般是指特定环境中的气氛和情调，能够形成氛围，必定使人产生一种强烈的感觉，这种感觉来自特定环境中所体现的精神。企业文化氛围是指笼罩在企业整体环境中，体现企业所推崇的特定传统、习惯及行为方式的精神格调。企业文化氛围是无形的，以其潜在运动形态使企业全体成员受到感染，体验到企业的整体精神追求，因而产生思想升华和自觉意愿。因此，企业文化氛围对于企业成员的精神境界、气质风格的形成都具有十分重要的作用。

2. 企业文化氛围的构成

企业文化氛围由物质氛围、制度氛围、感情氛围等三部分构成。

(1) 物质氛围。主要是从企业物质要素及其组合中反映出企业主体的情趣、格调。良好的物质氛围表现为企业环境（厂区、车间、办公室、生活区等）洁净、井然有序。

（2）制度氛围。主要是企业成员对企业各项政策、制度及规定的态度、情绪等。良好的制度氛围表现为制度与企业成员行为的一体化。企业成员形成了自觉维护、遵守企业各项政策、制度及规定的习惯和气氛。

（3）感情氛围。主要是企业成员在相互交往及工作中所表现出来的气氛和态度。良好的感情氛围表现为企业成员之间相互尊重与信任，工作配合默契，心情舒畅，相互之间的摩擦、冲突和矛盾现象较为少见，员工对企业有强烈的归属意识，工作中追求成就，追求创新，人人不言落后。

上述企业文化氛围构成的诸要素中，感情氛围是核心，它是企业文化最直接的表观。物质氛围和制度氛围的好坏从根本上讲取决于感情氛围的好坏。因此，创造企业文化氛围的重点是创造企业文化的感情氛围。

3. 创造良好的企业文化氛围

在积极创造物质氛围和制度氛围的基础上，要把创造良好的企业感情氛围作为重点。企业创造良好的感情氛围，第一，要从思想上、事业上关心员工，如关心员工政治思想上的进步，文化、技术水平的提高，在工作上给予支持和帮助等，使员工感受到企业的重视与尊重，感觉到事业上有发展前途，从而促使上下级之间感情的融合。第二，应善于利用各种文化活动，沟通员工个体与个体之间、个体与群体之间、群体与群体之间的感情，协调相互关系，增进情谊。第三，应从生活上关心员工，尽力为其办实事，解决实际困难，增强员工的归属感。第四，要利用各种场合进行感情投资，建立企业领导者与员工相互信任、相互支持的新型关系。第五，要通过做思想政治工作、宣传企业目标、开展民主管理、进行物质和精神激励等办法加强对企业内部各类非正式组织的引导，使之在思想感情上与企业保持一致。第六，要创造良好的学习环境，鼓励企业成员求知上进，使企业内形成浓厚的学习风气。

（三）建设企业文化的其他方法

在建设企业文化的过程中，除了创立企业文化礼仪、开展企业文化活动、创造企业文化氛围等基本方法外，还可以根据企业的具体情况有针对性地采取一些具体的方法。

1. 教育输入法

当企业文化的积累达到一定的量，企业内外环境迫切需要推行新的价值体系时，企业文化的倡导者应通过各种形式，如会议、讲座、报告、报刊、黑板报、墙报、宣传栏、广播、网络及宣传材料等向员工输入企业新的价值观，使员工尽快了解、理解企业的意图，从而在较短的时期内，在企业价值观上达成“共识”。

2. 舆论导向法

企业发展进入关键时刻，新旧文化的冲突和摩擦非常激烈，企业员工所信奉的价值观不一致。这时企业应有目的地组织各种系统的宣传活动，包括内部宣传和对外宣传，让员工知道什么是好的、什么是不好的、什么行为是正确的、什么行为是错误的，从而为员工提供正确的价值导向和行为导向。

3. 领导垂范法

企业领导者作为企业文化的发起者和新文化的积极倡导者，他的言行和形象对文化的发展影响极大。企业领导者只有使自身的品德、情感、能力、作风、行为更充分展示所倡导的文化的特点，身体力行，率先垂范，才有可能在企业培养出一种好作风，展现良好的精神面貌。

4. 行为激励法

当企业员工的某些需要长期无法实现时，企业员工个体或某些群体的意识与行为就会出现惰性，以至于对企业倡导的价值体系持淡漠或反感态度。这时就应采用激励的方法，如物质激励、目标激励、反馈激励、强化激励、成就激励、参与激励、信息激励、情感激励等，满足员工物质上或精神上的迫切需要，激发员工的积极性，使员工看到并体验到企业倡导的价值观并不是空洞无物、脱离实际的，促使员工调整自己的心理和行为。

5. 活动感染法

活动感染法即通过举办各种形式的政治、文化、娱乐活动，如英模报告会、革命传统报告会、读书会、经验交流会、运动会、文艺晚会、智力竞赛、技术比赛、合理化建议以及各种主题营销和服务活动等，突出体现企业价值观的主题，创造良好的活动气氛，使员工在其中潜移默化地受到企业优秀文化的感染，思想得到升华，士气得到提高，尤其是使价值取向、追求、行为准则等渐渐得到调整，并向着企业倡导的文化方向发展。

6. 利用事件法

利用事件法即积极利用企业发展或对外交往中正反两个方面的重大事件，如技术发明或泄密事件，生产、经营、管理成功事例或责任事故，质量评比获奖或消费者投诉事件，新闻报道中的表彰或批评事件，参与社会公益活动或破坏环境事件等，大力渲染，强调某一事件的积极意义或给企业带来的重大损失，借以给员工带来心理震撼和震动，使员工产生强烈的印象，无形之中受到教育和启发，从而接受正确的价值观行为方式。

上述方法在使用中不是孤立的，根据企业文化建设的特点和难度，可以以一种方法为主、其他方法为辅，也可以把几种方法结合在一起，使之相互渗透、相互补充，综合发挥作用。

三、企业文化建设的切入点和变革时机的选择

从企业文化的现实特点出发，依据有企业自身特色文化的目标模式，进行企业文化的微观再造和重塑，必须选准切入点和有利时机。

（一）企业文化建设的切入点

除了新创办的企业外，多数企业建设自身的文化都是在原有“文化”的基础上进行的，即都是“非零起点”。所以选择建设企业文化的切入点，必须从企业现有的文化状况出发。

（1）从企业内部面临的主要矛盾入手。如有些企业产品质量不高或服务水平较差，竞争能力不强；有些企业管理混乱，浪费惊人，效率低下；有些企业员工素质差，不能适应生产需要；有些企业人心涣散，士气低落；有些企业人际关系不协调，相互拆台，能量内耗等。从解决企业面临的上述某一方面的主要矛盾入手，倡导某种正确的价值观，建立良好的企业行为方式，培养良好的企业风气，纠正偏离企业文化目标模式的思想和

行为。这样做，容易引起全员的共鸣和反响，增强企业文化的实用价值。

（2）从总结企业的优良传统入手。企业的优良传统是企业历史上形成的文化精华和闪光点，包括经营管理经验、习惯、风俗、传统和领导者的特殊工作作风及模范人物的先进事迹等。总结这些优良传统，宣传模范人物的事迹，并在实际工作中把这些闪光的东西继承下来，容易抓住企业文化生长的根基，促进企业特色文化的形成。

（3）从企业环境的重大变化和组织结构的重大改组、制度的重大创新入手。在我国市场经济体制的建立过程中，市场成为配置社会资源的主要手段。随着产业结构在市场竞争中不断得到调整和优化，企业正在进行急骤的重组，原有企业有的迅速崛起，有的发展，有的转产，有的被淘汰，有的被兼并。在竞争中生存下来并得到发展的企业，其规模和内部结构发生了重大变化，这恰恰是植入一种新文化或发展某种特色文化的极好时机。

（二）企业文化变革时机的选择

总结国内外成功企业的经验，以下几种情况和征兆出现时，是企业文化变革的最佳时机。

（1）企业进入快速增长期。企业发展越迅速，文化危机就越大。只有抓住适当时机，变革文化，创新文化，才能保证企业经营稳定持续地发展下去。

（2）企业经营业绩平平或陷入困境。企业的发展不可能一帆风顺，当企业经营效益低下或陷入困境而找不到直接原因或明显原因时，就应该检查一下本身的文化是否滞后，是否阻碍了企业经营的发展。及时变革文化是改善经营的首要任务。

（3）企业管理掣肘增多、效率低下。实际上，企业管理掣肘增多、效率低下的根本原因，一般是文化滞后造成的。如果只在机构上做文章，不去变革文化，就不可能从根本上解决问题。因此，当企业出现了上述不正常现象时，应配合机构变革，大力推进文化的革新，用一种新文化武装一个新机构，才能赋予它新的生命。

（4）企业面临的科学技术环境迅猛发展。科学技术的进步同企业文化相比总是超前的，只有抓住时机，推动企业文化的进步，才能使之与科学技术的进步相适应。

（5）企业面对的市场环境发生巨大变化。市场瞬息万变，总是会给企业营销方面的发展带来这样或那样的影响。

近年来，由于我国企业所面临的内外环境与条件急剧变化，一方面给企业经营带来了危机，迫使企业必须审时度势，改变组织形式、经营方式与管理制度；另一方面也对企业传统文化提出了挑战，迫使企业激浊扬清，挣脱传统企业文化的束缚，树立与市场经济相适应的新的价值观、思维方式和行为方式。所以企业必须抓住目前的极好时机，经过自身的努力，并依靠或借助社会力量来推动企业改革的深化和企业文化的革命性进步。

第四节　企业形象建设

一、企业形象的概念

企业形象是指人们通过企业的各种标志（如产品特点、行销策略、人员风格等）而建立起来的对企业的总体印象，是企业文化建设的核心。

企业形象作为企业进入现代社会的一张“绿卡”，在竞争日益激烈的市场经济中备受人们的青睐。一个企业的形象既是它的文化的具体体现，也是它非常宝贵的无形资产。企业形象的设计工作主要包括理念识别系统、行为识别系统和视觉识别系统三个方面的设计，它是一项完整的系统性设计活动，也是一种新文化的营造过程。优秀的企业形象设计，必将建立卓越的企业文化，从而使企业声名鹊起、信誉度大增，促进企业经济利益的上升和社会地位的提高。

二、企业形象的特征

（一）一体性

企业形象是一个有机的整体。企业形象是由企业内部的诸多因素组成的，如企业历史、社会地位、经济效益、社会贡献等综合性因素，员工的思想、文化、技术素质及服务的态度、方式、质量等人员素质因素，产品质量、产品结构、经营方针、经营特色、基础管理、专业管理、综合管理等生产经营管理因素，以及技术因素、物质设施等因素。这些不同的因素形成不同的企业形象。

（二）客观性

企业形象是人们在获取客观事物的大量信息后所形成的综合印象，因此，企业形象的物质载体——企业原型是客观的。形象是一种观念，观念是对客观事物的反映。

（三）主观性

企业形象虽然是在企业实体的基础上形成的，具有客观的现实基础，但是评价主体是社会公众。社会公众本身具有差异性，即他们的社会地位、价值观念、思维方式、认识能力、审美标准、经济利益、生活经历等各不相同，所以对企业的认识和评价必然不同，带有一定的主观性。

（四）相对稳定性

当社会公众对企业产生一定的认识和看法以后，一般不会轻易地改变或消失，因而具有相对的稳定性。即使企业行为可能发生这样或那样的变化，这种变化也不会马上改变企业已存在的形象模式。

三、企业形象战略的构成要素

企业形象战略（Corporate Identity System，CIS）又称企业识别系统，它把企业及产品形象中的个性与特点有效地传达给一切可接收信息的消费者，使其对企业及产品产生统一的认同感和价值观，从而达到提高企业竞争力的目的。其内容包括理念识别系统（Mind Identity System，MI）、行为识别系统（Behavior Identity System，BI）和视觉识别系统（Visual Identity System，VI）三个方面。

四、企业形象与企业文化的关系

由于企业形象的塑造过程是一种新文化的营造过程，所以人们也十分重视企业形象在企业文化建设中的地位与作用。中国社会科学院陈佳贵教授指出："CIS（企业形象识别系统）的核心目的在于通过企业行为识别系统和企业视觉识别系统传达企业理念文化，树立企业形象。……而管理学中企业文化理论的兴起，又赋予 CIS 真正的灵魂，使 CIS 又有了现代管理理论的支撑。"这既强调了企业形象对企业文化的重要性，也阐明了它们之间的相互依存关系。

从某种意义上来说，企业形象是企业文化的外显形式，通过企业形象活动可以使企业文化具体化、具有可操作性，也可将企业形象视为把企业经营行为以及支撑此经营行为的企业经营理念或经营哲学等企业文化，通过传达媒体转换成增进社会认同的符号系统。每个企业都有一种文化存在，且不管是否被人们意识到，均对企业经营定位、决策方式、产品与服务、员工行为等方面产生深刻影响。只有通过构筑新的企业文化，才能为企业提供一种新的生存方式。所以我们把有助于构筑新的企业文化的口号看成是"企业文化的社会传达"。企业形象设计中最根本的是理念识别系统的设计，这种设计解决的是价值观的问题，与企业文化的核心是一致的。实际上设计的所有方面都与企业文化或形成企业文化密切相关，均可从企业文化的意义上来概括和认识。很多日本企业形象设计专家将企业文化与企业形象视为同质的东西。

尽管这样，在实践中，由于企业形象与企业文化所涉及的使用范围和侧重点有所不同，因此，企业形象与企业文化又是两个不同的范畴，主要表现在以下方面。

（1）着眼点不同。企业形象着眼于企业给社会公众产生的印象和影响；企业文化则着眼于企业内藏力量的聚集。企业形象可以进行理性策划、强力推行；企业文化则是在潜移默化中逐渐形成的。

（2）形成历史不同。企业形象通过重新设计，可以推出新的形象；企业文化则是企业长期沉淀的结果，具有历史长期性。企业形象面向未来；企业文化与传统文化相关联。

（3）认知顺序不同。企业形象引起公众的注意往往是由表及里、由具体到抽象的过程；企业文化则是从里到外的过程。

（4）评价层面不同。企业形象的评价多从企业的社会反映层面来考核；企业文化则要从企业的深层管理及经营业绩进行评价。前者的评价依据易于流于表层；后者的评价依据则要深入里层。

第五节　企业文化塑造

一、企业文化塑造的基本内容

企业文化反映了一种致力于物质生产的精神气质、一种企业经营哲学和自我超越的生活态度。塑造企业文化可从以下方面着手:

(1) 加大宣传,通过正面灌输等方法,教育企业全体成员树立正确的思想与价值观。

(2) 采用激励与自我教育的方法,培育热爱本职工作、敢于拼搏与勤奋努力的精神。

(3) 发挥领导和模范人物的示范作用,关心和满足员工需要,培养组织凝聚力,培育良好的组织风气。

(4) 通过各种交际活动,培养企业成员崇高的思想境界与健康的人格。

(5) 通过各种生产经营实践,培养敢于创新、从实际出发的科学精神。

课堂讨论

塑造企业文化的基本途径有哪些?

二、企业文化的塑造

打造优秀的企业文化,是一个复杂而长期的系统工程。打造优秀企业文化需要立足现实、统筹考虑、长远规划、长期打造。

(一) 要注重塑造企业核心价值观

核心价值观是企业在经营过程中坚持不懈、努力使全体员工都必须信奉的信条,体现了企业核心团队的精神,也是企业家身体力行并坚守的理念。企业文化的核心是价值观,表现为行为,即企业的凝聚力,员工对企业的忠诚度、责任感、自豪感、精神面貌和职业化行为规范。企业文化建设始于核心价值观的精心培育,终于核心价值观的维护、延续和创新。这是成功企业的不变法则。为此,应当注重以下方面:一要着力挖掘自身文化。要注意从企业特定的外部环境和内部条件出发,把共性和个性、一般和个别有机地结合起来,总结出本企业的优良传统和经营风格,挖掘出本企业长期形成的宝贵的文化资源,在企业精神提炼、理念概括、实践方式上体现出鲜明的特色,形成既具有时代特征又独具魅力的企业文化。二要着力博采众长。广泛借鉴国外先进企业的优秀文化成果,大胆吸取世界新文化、新思想、新观念中的先进内容,扬长避短,为我所用。三要根据塑造形成的核心价值观指导企业的实际行动。

(二) 要重点打造以主业为核心的品牌

企业产品或服务的品牌与企业的整体形象联系在一起,是企业的"脸面"或"标识"。

（三）要充分体现以人为本的理念

“以人为本”是企业文化建设应当信守的重要原则。企业要在企业文化建设过程中牢固树立“以人为本”的思想，坚持全心全意依靠全体员工办企业的方针，把尊重人的个性、关注人的价值、激发人的潜能，作为企业文化建设的立足点。在企业文化建设中，应坚持以人为中心，用科学的机制激励人，用优美的环境熏陶人，要让员工有荣誉感、成就感和归属感，有家的温暖。

同时，要尊重全体员工的首创精神，在统一领导下，有步骤地发动全体员工广泛参与，从基层文化抓起，集思广益，群策群力，全员共建；努力使全体员工在主动参与中了解企业文化建设的内容，认同企业的核心理念，形成上下同心、共谋发展的良好氛围。

（四）要强化企业文化建设中的领导责任

在建设优秀的企业文化过程中，领导是关键。与此同时，企业要深入调研、制定规划，认真梳理整合各项工作任务，分清轻重缓急，扎实推进。要着力将核心价值观转化为企业文化规范，通过梳理完善相关管理制度，对员工日常行为和工作行为进行细化，逐步形成企业文化规范，以理念引导员工的思维，以制度规范员工的行为，使企业全体员工增强主人翁意识，做到员工与企业“风雨同舟、合力共赢”，真正实现“人企合一”，充分发挥核心价值观对企业发展的强大推动作用。

（五）加强企业和员工的融合，增强企业发展壮大的强大动力

企业和员工是实现企业共同价值的共同体。建设企业文化，要发挥企业领导和员工两个积极性，做到心心相印、同心同德，形成“积极进取、团结向上、齐心协力、共同作为”的良好企业文化环境，使企业成为真正具有核心竞争力的优秀企业，在市场经济的大潮中立于不败之地。

案例分析

生生不息的华为文化

华为技术有限公司（以下简称“华为”）成立于1988年。经过20年的艰苦创业，华为建立了良好的组织体系和技术网络，市场覆盖全国，并延伸到欧洲、中亚。华为不仅在经济领域取得了巨大发展，而且形成了强有力的企业文化。因为华为人深知，文化资源生生不息，在企业物质资源十分有限的情况下，只有靠文化资源，靠精神和文化的力量，才能战胜困难，获得发展。

一、民族文化、政治文化企业化

华为人认为，企业文化离不开民族文化与政治文化，中国的政治文化就是社会主义文化。华为把中国共产党的最低纲领分解为可操作的标准，来约束和发展企业高中层管理者，以高中层管理者的行为带动全体员工的进步。华为管理层在号召员工向雷锋、焦裕禄学习的同时，又奉行决不让“雷锋”吃亏的原则，坚持以物质文明巩固精神文明，以精神文明促进物质文明来形成千百个“雷锋”成长且源远流长的政策。华为把实现先辈的繁荣梦想、民族的振兴希望、时代的革新精神，作为华为人义不容辞的责任，铸造

华为人的品格。其坚持宏伟抱负的牵引原则、实事求是的科学原则和艰苦奋斗的工作原则，使政治文化、经济文化、民族文化与企业文化融为一体。

二、双重利益驱动

华为人坚持为祖国昌盛、为民族振兴、为家庭幸福而努力奋斗的双重利益驱动原则。这是因为，没有为国家的个人奉献精神，就会变成自私自利的小人。随着现代高科技的发展，决定了坚持集体奋斗不自私的人才能结成一个团结的集体。同样，没有促成自己体面生活的物质欲望，没有以劳动来实现欲望的理想，就会因循守旧，固步自封，进而滋生懒惰。因此，华为提倡欲望驱动、正派手段，使群体形成蓬勃向上、励精图治的风尚。

三、同甘共苦，荣辱与共

团结协作、集体奋斗是华为企业文化之魂。成功是集体努力的结果，失败是集体的责任，不将成绩归于个人，也不把失败视为个人的责任，一切都由集体来共担，“官兵”一律同甘苦，除了工作上的差异外，华为人的高层领导不设专车，吃饭、看病一样排队，付同样的费用。在工作和生活中，上下平等，不平等的部分已用工资形式体现了。华为无人享受特权，大家同甘共苦，人人平等，集体奋斗，任何个人的利益都必须服从集体的利益，将个人努力融入集体奋斗之中。自强不息，荣辱与共，胜则举杯同庆，败则拼死相救的团结协作精神，在华为得到了充分体现。

四、华为基本法

从 1996 年初开始，公司开展了“华为基本法”的起草活动。“华为基本法”总结、提升了公司成功的管理经验，确定华为二次创业的观念、战略、方针和基本政策，构筑公司未来发展的宏伟架构。华为人依照国际标准建设公司管理系统，不遗余力地进行人力资源的开发与利用，强化内部管理，致力于制度创新，优化公司形象，极力拓展市场，建立具有华为特色的企业文化。“华为基本法”主要从核心价值观、基本目标、公司的成长等方面将公司的企业文化细化，并落实到文字。

第六节　东西方文化对企业管理建设的影响

一、西方管理模式的本质

西方管理模式的本质是个体本位下的制度管理。

西方文化形成了以法律保护个人权利的个人本位价值观。在人力资源管理中，表现为与个人本位取向一致的绩效考核评价，明确界定各个岗位的岗位职责与价值是组织分工的价值观依据，也是科学管理在西方管理模式中的本意。个人在群体、组织中形成合作的条件体现为外在规章制度的明文规定。

二、东方管理模式的本质

东方管理模式的本质是群体本位下的文化管理。

东方文化形成了群体本位价值观。在企业管理中，更强调集体利益、团队合作等。个人在群体、组织生活中形成的合作的条件体现为以人们信仰的强势企业文化为核心，根据各自所处位置与身份“自律”为主的控制方式。

三、日本企业管理经验的文化实现

日本企业管理经验模式是属于群体本位的文化模式。在以和为本的日本文化的影响下，日本在发展市场经济过程中形成了很多不同于西方企业管理原则要求的做法。

在日本企业管理内部，有质量圈活动、工作小组、全面质量管理和集体奖励制度等；在市场上，有大企业和小企业、企业与银行之间结盟共赢，从而形成了以群体、集体为单位的市场竞争主体及其相应的生产管理模式。

综合练习与实践

一、复习思考题

1. 什么是企业文化？
2. 企业文化可划分为哪几个层次？
3. 企业文化建设的基本原则有哪些？
4. 企业文化的影响因素有哪些？

二、案例分析

两尊雕像的喻义

某民营企业老板，为了搞好企业的文化建设，把厂门改为大拇指的形状，喻为“永争第一”的企业精神；门两侧分别是马和牛的两尊雕像，喻为广大企业职工要有千里马那种不待扬鞭自奋蹄和老黄牛那种踏踏实实、埋头苦干的精神。可是，他没有向广大职工宣传解释、及时沟通。于是，当有人问该企业的职工时，回答说，大拇指意为企业是老板一人的，他是企业老大，我们这些人都必须像牛和马一样为他效力。

思考：

1. 本案例的问题出在哪里？应怎样避免出现类似的问题？
2. 企业文化建设的目的是什么？应怎样进行企业文化建设？

三、实践训练

1. 组织全班同学或分成若干小组，建立小组的口号、组名和标志，讨论：为什么以这种形式作为建立团队的第一步？如果不是这种形式，还可以是什么形式？你们的创作是从哪里得到启发和借鉴的？主题是什么？本练习给你们的启发是什么？

2. 选择学校附近的一家企业，了解其企业文化。

第十一章
现代企业法律法规管理

学习目标

通过本章的学习，了解经济法的概念、渊源；了解违反公司法、合同法及劳动合同法的法律责任，掌握公司法、合同法及劳动合同法的主要法律知识；理解经济纠纷诉讼常用的法律文书，了解经济纠纷案件法院收费标准，掌握经济纠纷诉讼指南及流程，学会处理企业管理过程中引发的经济纠纷。

引导案例

奥运标志上了月饼包装盒　销售商索赔35万元

2009年9月，某食品公司将一批月饼转售给某销售商销售。因包装盒上使用了奥运会“祥云”图案和“五环”标志，但未经第29届奥委会和国际奥委会许可，侵犯了奥林匹克标志专有权，该销售商被工商行政部门查处，没收违法所得并处罚款，同时扣留未销售的货物，共计损失35万元。

该销售商缴纳上述罚款后，与食品公司、包装装潢公司和包装制品公司协商，要求三方赔偿其相关损失。因协商未果，销售商遂将三家公司告上法庭。

庭审中，包装装潢公司辩称，自己接受食品公司委托向包装制品公司定做包装盒，约定包装盒由包装制品公司设计、加工、生产完成后直接将货发给食品公司，故侵权的月饼包装盒图案是包装制品公司设计和加工的，由此造成的损失理应由图案的设计和制作者最终承担。食品公司同样认为月饼包装盒是由包装制品公司生产的，侵权责任应当由包装制品公司承担。包装制品公司未作答辩。

近日，区人民法院判决原告销售商承担50%责任，被告包装制品公司、包装装潢公司和食品公司分别承担30%、20%、20%的责任。

法院认为，作为销售方，应当对食品公司的月饼及包装盒尽到检验义务，以避免出现问题。然而，销售方未能尽到检验义务且在收到工商部门的行政处罚决定书后，也未能穷尽法律手段提出行政复议或行政诉讼进行救济以尽量避免损失的发生，因此，销售方应对行政处罚后果承担一半责任。包装制品公司理应尽到审慎注意的义务，确保加工的产品不存在瑕疵，因此，包装制品公司承担一定的责任。包装装潢公司和食品公司作为委托方，应当对包装制品公司加工的产品尽到检验、审查义务，确保其加工的产品不存在瑕疵，因此，包装装潢公司和食品公司承担相应的责任。故法院做出上述判决。

第一节 经济法概述

作为一个独立的、新兴的法律部门，经济法是调整宏观经济调控关系和市场规制关系的法律规范的总称。经济法的调整对象是社会生产和再生产过程中，以各类组织为基本主体所参加的经济管理关系和一定范围的经营协调关系。

一、经济法的概念

从本质看，经济法就是以社会为本位，通过国家、社会团体和市场将有限经济利益和稀缺经济资源合理地分配，以营造一个平衡和谐的社会经济环境，最终实现社会整体经济可持续发展的独立部门法律体系。经济法是“社会本位法”“利益和资源分配法”和“经济发展法”，这三个本质属性从三个方面共同构建出了经济法的本质。

二、经济法的渊源

经济法的渊源，从形式意义上说，就是指经济法的表现形式。在我国，经济法的渊源表现为以下几种形式：

（一）宪法

宪法作为国家的根本大法，具有最高的法律效力。宪法是由全国人民代表大会制定的规范性文件，是经济法的重要渊源。

（二）法律

由于经济法的调整涉及国民的基本权利，因而需要通过法律的形式来加以保护。其法律效力仅次于宪法，是由全国人民代表大会及其常务委员会制定的规范性文件。如《中华人民共和国公司法》（以下简称《公司法》）、《中华人民共和国合同法》（以下简称《合同法》）、《中华人民共和国劳动合同法》（以下简称《劳动合同法》）等。另外，全国人民代表大会每年审批通过的年度预算和年度计划，从法理上说，应与其他法律具有相同的法律效力，因而也是经济法的重要渊源。

（三）行政法规

行政法规是由国务院制定的，名称形式一般是《××条例》，也可以称为“规定”

“办法”等。

（四）地方性法规

地方性法规是指省、自治区、直辖市和经国务院批准的较大的市人民代表大会及其常务委员会可以根据本地方的具体情况和实际需要，在不与宪法、法律、行政法规相抵触的前提下制定的法规。

（五）规章

规章包括部门规章和地方规章。部门规章由国务院各部、委员会、财政部、国家税务总局、中国人民银行、国家发展和改革委员会、国家工商行政管理总局、国家质检总局、商务部以及相关的各类监督管理委员会（如银监会、证监会）等部门所制定的规章，都是经济法的重要渊源。地方规章是指省、自治区、直辖市人民政府以及省、自治区人民政府所在地的市和经国务院批准的较大的市人民政府依照法定职权和程序制定的规范性文件。

课堂讨论

请根据法律效力的大小，对经济法的几种渊源进行排序。

第二节　公司法

公司法有广义和狭义之分。狭义的公司法是指为了规范公司的组织和行为，保护公司、股东和债权人的合法权益，维护社会经济秩序，促进社会主义市场经济的发展而制定的《中华人民共和国公司法》（以下简称《公司法》）。本法于 1993 年 12 月 29 日第八届全国人民代表大会常务委员会第五次会议通过，1999 年、2004 年、2005 年多次修正，现行版本由全国人民代表大会常务委员会于 2013 年 12 月 28 日发布。广义的公司法是指规定公司设立、组织、活动、解散及其他对内对外关系的法律规范的总称，它除包括《公司法》外，还包括其他法律、行政法规中的有关公司的规定。

一、公司法的主要法律知识

《公司法》所称公司是指依照本法在中国境内设立的有限责任公司和股份有限公司。

公司是企业法人，有独立的法人财产，享有法人财产权。公司以其全部财产对公司的债务承担责任。有限责任公司的股东以其认缴的出资额为限对公司承担责任；股份有限公司的股东以其认购的股份为限对公司承担责任。公司股东依法享有资产收益、参与重大决策和选择管理者等权利。公司从事经营活动，必须遵守法律、行政法规，遵守社会公德、商业道德，诚实守信，接受政府和社会公众的监督，承担社会责任。公司的合法权益受法律保护，不受侵犯。

设立公司，应当依法向公司登记机关申请设立登记。符合《公司法》规定的设立条件的，由公司登记机关分别登记为有限责任公司或者股份有限公司；不符合《公司法》规定的设立条件的，不得登记为有限责任公司或者股份有限公司。法律、行政法规规定设立公司必须报经批准的，应当在公司登记前依法办理批准手续。公众可以向公司登记机关申请查询公司登记事项，公司登记机关应当提供查询服务。

依法设立的公司，由公司登记机关发给公司营业执照。公司营业执照签发日期为公司成立日期。公司营业执照应当载明公司的名称、住所、注册资本、经营范围、法定代表人姓名等事项。公司营业执照记载的事项发生变更的，公司应当依法办理变更登记，由公司登记机关换发营业执照。

（一）有限责任公司的设立条件

根据《公司法》规定，设立有限责任公司应当具备如下条件：

1. 股东符合法定人数

有限责任公司由50个以下股东出资设立。

2. 有符合公司章程规定的全体股东认缴的出资额

有限责任公司的注册资本为在公司登记机关登记的全体股东认缴的出资额。法律、行政法规以及国务院决定对有限责任公司注册资本实缴、注册资本最低限额另有规定的，从其规定。

股东可以用货币出资，也可以用实物、知识产权、土地使用权等可以用货币估价并可以依法转让的非货币财产作价出资。但是，法律、行政法规规定不得作为出资的财产除外。

对作为出资的非货币财产应当评估作价，核实财产，不得高估或者低估作价。法律、行政法规对评估作价有规定的，从其规定。

股东应当按期足额缴纳公司章程中规定的各自所认缴的出资额。股东以货币出资的，应当将货币出资足额存入有限责任公司在银行开设的账户；以非货币财产出资的，应当依法办理其财产权的转移手续。

股东不按照前款规定缴纳出资的，除应当向公司足额缴纳外，还应当向已按期足额缴纳出资的股东承担违约责任。

股东认足公司章程规定的出资后，由全体股东指定的代表或者共同委托的代理人向公司登记机关报送公司登记申请书、公司章程等文件，申请设立登记。

有限责任公司成立后，发现作为设立公司出资的非货币财产的实际价额显著低于公司章程所定价额的，应当由交付该出资的股东补足其差额。公司设立时的其他股东承担连带责任。

有限责任公司成立后，应当向股东签发出资证明书。出资证明书应当载明公司名称，公司成立日期，公司注册资本，股东的姓名或者名称、缴纳的出资额和出资日期，出资证明书的编号和核发日期。出资证明书由公司盖章。

3. 股东共同制定公司章程

公司章程是记载公司组织、活动基本准则的公开性法律文件。设立有限责任公司的公司必须由股东共同依法制定公司章程。

有限责任公司章程应当载明下列事项：公司名称和住所；公司经营范围；公司注册

资本；股东的姓名或名称；股东的出资方式、出资额和出资时间；公司机构及其产生办法、职权、议事规则；公司法定代表人；股东会议认为需要规定的其他事项。股东应当在公司章程上签名、盖章。

4. 有公司名称，建立符合有限责任公司要求的组织机构

公司设立自己的名称时，必须符合法律法规的规定，并经过核准。公司的组织机构包括股东会、董事会或执行董事、监事会或监事等。

5. 有公司住所

公司以其主要办事机构所在地为公司住所。

（二）有限责任公司的组织机构

1. 股东会

有限责任公司的股东会由全体股东组成。股东会是公司的权力机构，依照《公司法》行使下列职权：

（1）决定公司的经营方针和投资计划。

（2）选举和更换非由职工代表担任的董事、监事，决定有关董事、监事的报酬事项。

（3）审议批准董事会的报告。

（4）审议批准监事会或者监事的报告。

（5）审议批准公司的年度财务预算方案、决算方案。

（6）审议批准公司的利润分配方案和弥补亏损方案。

（7）对公司增加或者减少注册资本作出决议。

（8）对发行公司债券作出决议。

（9）对公司合并、分立、解散、清算或者变更公司形式作出决议。

（10）修改公司章程。

（11）公司章程规定的其他职权。

首次股东会会议由出资最多的股东召集和主持，依照《公司法》规定行使职权。股东会会议分为定期会议和临时会议。定期会议应当依照公司章程的规定按时召开。代表十分之一以上表决权的股东，三分之一以上的董事，监事会或者不设监事会的公司的监事提议召开临时会议的，应当召开临时会议。

召开股东会会议，应当于会议召开十五日前通知全体股东；但是，公司章程另有规定或者全体股东另有约定的除外。

股东会应当对所议事项的决定做成会议记录，出席会议的股东应当在会议记录上签名。股东会会议由股东按照出资比例行使表决权；但是，公司章程另有规定的除外。股东会的议事方式和表决程序，除《公司法》有规定的外，由公司章程规定。股东会会议作出修改公司章程、增加或者减少注册资本的决议，以及公司合并、分立、解散或者变更公司形式的决议，必须经代表三分之二以上表决权的股东通过。

2. 董事会

董事会是公司股东会的执行机构，对股东会负责。董事会对股东会负责，行使下列职权：召集股东会会议，并向股东会报告工作；执行股东会的决议；决定公司的经营计划和投资方案；制订公司的年度财务预算方案、决算方案；制订公司的利润分配方案和弥补亏损方案；制订公司增加或者减少注册资本以及发行公司债券的方案；制订公司合并、分立、解散或者变更公司形式的方案；决定公司内部管理机构的设置；决定聘任或者解聘公司经理及其报酬事项，并根据经理的提名决定聘任或者解聘公司副经理、财务负责人及其报酬事项；制定公司的基本管理制度；公司章程规定的其他职权。

董事会会议由董事长召集和主持；董事长不能履行职务或者不履行职务的，由副董事长召集和主持；副董事长不能履行职务或者不履行职务的，由半数以上董事共同推举一名董事召集和主持。

董事会的议事方式和表决程序，除本法有规定的外，由公司章程规定。董事会的议事方式和表决程序，董事会应当将所议事项的决定做成会议记录，出席会议的董事应当在会议记录上签名。董事会决议的表决，实行一人一票。

3. 监事会

监事会是公司的监督机构。监事会的议事方式和表决程序，一般由公司章程规定。监事会、不设监事会的公司的监事行使下列职权：检查公司财务；对董事、高级管理人员执行公司职务的行为进行监督，对违反法律、行政法规、公司章程或者股东会决议的董事、高级管理人员提出罢免的建议；当董事、高级管理人员的行为损害公司的利益时，要求董事、高级管理人员予以纠正；提议召开临时股东会会议，在董事会不履行本法规定的召集和主持股东会会议职责时召集和主持股东会会议；向股东会会议提出提案；公司章程规定的其他职权。

监事会、不设监事会的公司的监事发现公司经营情况异常，可以进行调查；必要时，可以聘请会计师事务所等协助其工作，费用由公司承担。监事会应当对所议事项的决定做成会议记录，出席会议的监事应当在会议记录上签名。

4. 经理

有限责任公司可以设经理，由董事会决定聘任或者解聘。经理对董事会负责，行使下列职权：主持公司的生产经营管理工作；组织实施董事会决议；组织实施公司年度经营计划和投资方案；拟订公司内部管理机构设置方案；拟订公司的基本管理制度；制定公司的具体规章；提请聘任或者解聘公司副经理、财务负责人；决定聘任或者解聘除应由董事会决定聘任或者解聘以外的负责管理人员；董事会授予的其他职权。公司章程对经理职权另有规定的，从其规定。经理列席董事会会议。

（三）有限责任公司的股权转让

1. 股东之间转让股权

股权的内部转让，一般不需要经过其他股东同意。《公司法》规定，有限责任公司的股东之间可以相互转让其全部或者部分股权，即对内部转让未做限制。

2. 股东向股东以外的人转让股权

《公司法》规定，股东向股东以外的人转让股权，应当经其他股东过半数同意。股东应就其股权转让事项书面通知其他股东征求同意，其他股东自接到书面通知之日起满三十日未答复的，视为同意转让。其他股东半数以上不同意转让的，不同意的股东应当购买该转让的股权；不购买的，视为同意转让。

经股东同意转让的股权，在同等条件下，其他股东有优先购买权。两个以上股东主张行使优先购买权的，协商确定各自的购买比例；协商不成的，按照转让时各自的出资比例行使优先购买权。公司章程对股权转让另有规定的，从其规定。

3. 人民法院强制转让股东股权

人民法院依照法律规定的强制执行程序转让股东的股权时，应当通知公司及全体股东，其他股东在同等条件下有优先购买权。其他股东自人民法院通知之日起满二十日不行使优先购买权的，视为放弃优先购买权。

4. 股东的股权回购请求权

股权回购请求权指的是，对股东会决议投反对票的股东可以请求公司按照合理的价格收购其股权。行使该权利的条件是出现以下情形之一：公司连续 5 年不向股东分配利润，而公司该 5 年连续盈利，并且符合《公司法》规定的分配利润条件的；公司合并、分立、转让主要财产的；公司章程规定的营业期限届满或章程规定的其他解散事由出现，股东会会议通过决议修改章程使公司存续的。

自股东会会议决议通过之日起六十日内，股东与公司不能达成股权收购协议的，股东可以自股东会会议决议通过之日起九十日内向人民法院提起诉讼。

二、违反公司法的法律责任

（一）公司发起人、股东的法律责任

（1）违反《公司法》规定，虚报注册资本、提交虚假材料或者采取其他欺诈手段隐瞒重要事实取得公司登记的，由公司登记机关责令改正，对虚报注册资本的公司，处以虚报注册资本金额 5% 以上 15% 以下的罚款；对提交虚假材料或者采取其他欺诈手段隐瞒重要事实的公司，处以 5 万元以下的罚款；情节严重的，撤销公司登记或者吊销营业执照。

（2）公司的发起人、股东虚假出资，未交付或者未按期交付作为出资的货币或者非货币财产的，由公司登记机关责令改正，处以虚假出资金额 5% 以上 15% 以下的罚款。

（3）公司的发起人、股东在公司成立后，抽逃其出资的，由公司登记机关责令改正，处以所抽逃资金额 5% 以上 15% 以下的罚款。

（二）承担资产评估、验资或验证的机构的法律责任

（1）承担资产评估、验资或验证的机构提供虚假材料的，由公司登记机关没收违法所得，处以违法所得 1 倍以上 5 倍以下的罚款，并可以由有关主管部门依法责令该机构停业、吊销直接责任人员的资格证书，吊销营业执照。

（2）承担资产评估、验资或验证的机构因过失提供有重大遗漏的报告的，由公司登记机关责令改正，情节较重的，处以所得收入 1 倍以上 5 倍以下的罚款，并可以由有关主管部门依法责令该机构停业、吊销直接责任人员的资格证书，吊销营业执照。

（3）承担资产评估、验资或验证的机构因其出具的评估结果、验资或验证证明不实，给公司债权人造成损失的，除能够证明自己没有过错的外，在其评估或证明不实的金额范围内承担赔偿责任。

案例分析

经协商决定，甲、乙、丙3人各出资人民币10万元，丁以其劳务及厂房作价15万元，拟创建一家饲料加工企业，企业名称为江河饲料加工有限责任公司。但当地工商行政管理部门未予登记。后来4人按照工商部门要求，进行了调整，最终核准登记成立了该公司。公司开始营业后，由于市场行情变化太快，4人又缺乏经营经验，第一年公司亏损人民币15万元。随着市场行情的好转，再加上4人起早贪黑搞生产、跑业务，第二年公司盈利10万元。考虑到两年来的辛苦，4人决定将这10万元按约定比例进行分配，以鼓舞士气。问：

(1) 江河公司设立过程中存在什么问题导致工商管理部门不予核准登记？

(2) 甲、乙、丙、丁四人分配利润的决定是否正确？为什么？

分析：

(1) 本案涉及公司资本问题。我国《公司法》规定，设立有限责任公司时，劳务不能作为设立公司的出资方式。另外，《公司法》规定，以生产经营为主的公司，其注册资本不得少于人民币50万元。而该公司第一次申请注册时，申报注册资本仅为45万元，未能达到法定的最低资本金要求，因此工商管理部门未予核准登记。

(2) 不正确。根据《公司法》规定，有限责任公司的年度盈利，首先应用于弥补往年亏损和缴纳税款，然后提取法定公积金和法定公益金，剩余部分才能向公司股东分配利润。本案股东未将第二年的盈利首先用于弥补第一年亏损，也未提取法定公积金和法定公益金就进行利润分配，违反了上述规定。

第三节　合同法

合同法是调整平等主体的自然人、法人、其他组织之间在设立、变更、终止合同时所发生的社会关系的法律规范的总称。合同法在为经济交易关系提供准则、保护合同当事人的合法权益、维护正常的交易秩序方面具有重大意义。

一、合同法的主要法律知识

(一) 合同的主要条款

合同条款是合同条件的表现和固定化，是确定合同当事人权利和内务的根据。从法律文书而言，合同的内容是指合同的各项条款。因此，合同条款应当明确、肯定、完整，而且条款之间不能相互矛盾，否则将影响合同成立、生效和履行以及实现订立合同的目的，所以准确理解条款含义有重要作用。

合同的主要条款又称合同的必备条款，是指根据合同的性质和当事人的特别约定所必须具备的条款，缺少这些条款将影响合同的成立。合同的主要条款如下：

1. 当事人的名称或者姓名与住所

当事人是合同权利义务的承受者，没有当事人，合同权利义务就失去存在的意义，给付和受领给付便无从谈起，因此，订立合同须有当事人这一条款。当事人由其名称或者姓名及住所加以特定化、固定化。所以，具体合同条款的草拟必须写清当事人的名称或者姓名和住所。

2. 标的

标的是合同权利义务指向的对象。

3. 质量和数量

标的的质量和数量是确定合同标的的具体条件，是这一标的区别于同类另一标的的具体特征。标的（物）的质量需订得详细具体，如标的（物）的技术指标、质量要求、规格、型号等要明确。标的（物）的数量要确切。首先应选择双方共同接受的计量单位；其次要确定双方认可的计量方法；再次应允许规定合理的磅差或尾差。标的物的数量为主要条款；标的物的质量若能通过有关规则及方式推定出来，则合同欠缺这样的条款也不影响成立。

4. 价款和酬金

价款和酬金是有偿合同的主要条款。价款是取得标的物所应支付的代价；酬金是获得服务所应支付的代价。价款通常指标的物本身的价款，但因商业上的大宗买卖一般是异地交货，便产生了运费、保险费、装卸费、保管费、报关费等一系列额外费用。它们由哪一方支付，需在价款条款中写明。

5. 履行的期限、地点和方式

履行期限直接关系到合同义务完成的时间，涉及当事人期限利益，也是确定违约与否的因素之一。履行期限可以规定为及时履行，也可以规定为定时履行，还可以规定为在一定期限内履行。如果是分期履行，应写明每期的准确时间。履行地点是确定验收地点的依据，是确定运输费用由谁负担、风险由谁承受的依据，有时是确定标的物所有权是否转移、何时转移的依据，还是确定诉讼管辖的依据之一，对于涉外合同纠纷，它是确定法律适用的一项依据，十分重要。履行方式有多种选择，如一次交付或分期分批交付、交付实物或交付标的物的所有权凭证、铁路运输、空运、水运等。履行的期限、地点、方式若能通过有关方式推定，则合同即使欠缺相关约定，也不影响成立。

6. 争议解决方法

争议解决方法是指有关解决争议运用什么程序、适用何种法律、选择哪家检验或者鉴定的机构等内容。当事人双方在合同中约定的仲裁条款、选择诉讼法院的条款、选择检验或者鉴定机构的条款、涉外合同中的法律适用条款、协商解决争议的条款等，均属解决争议的方法的条款。

（二）合同的订立

合同的订立是合同双方动态行为和静态协议的统一，它既包括缔约各方在达成协议之前接触和洽谈的整个动态的过程，也包括双方达成合作意向、确定合同的主要条款或者合同的条款之后所形成的协议。前者如要约邀请、要约、反要约等等，包括先行合同义务和缔约过失责任；后者如承诺、合同成立和合同条款等。合同订立，指的是两方以上当事人通过协商而于相互之间建立合同关系的行为。

1. 要约

（1）要约是希望和他人订立合同的意思表示，该意思表示应当符合下列规定：内容具体确定；表明经受要约人承诺，要约人即受该意思表示约束。要约取得法律效力，应具备以下条件：

① 要约必须是特定人的真实意思表示。

② 要约必须是向相对人发出的意思表示。要约的相对人可以是特定的人，也可以是不特定的人。向特定人发出要约，通常是指某一具体的法人或自然人。向不特定的人发出要约，一般是指向社会公众发出的要约。

③ 要约必须是能够反映所要订立合同主要内容的意识表示。要约的目的在于取得相对人的承诺，建立合同关系。

（2）要约的形式。要约作为一种意思表示，可以以书面形式、也可以以对话形式作出。

（3）要约的法律效力和要约的撤回、撤销。要约的生效时间因要约形式的不同而不同。对话形式要约，自受要约人了解时，要约发生效力。书面形式的要约于到达受要约人时生效。

要约人向受要约人发出要约后，在要约生效之前是可以撤回的。但其撤回应在要约到达受要约人之前，或在要约人作出承诺之前作出。

2. 承诺

（1）承诺是指受要约人，在要约有效期内，完全同意要约内容的意思表示。承诺应具备以下条件：

① 承诺必须由受要约人作出。

② 承诺必须是在有效期内作出。

③ 承诺必须与要约的内容相一致。

（2）作为意思表示的承诺，其表现形式应与要约完全一致。

（3）因承诺的生效也就意味着合同的成立，因此承诺时间至关重要，《合同法》规定“承诺通知到达要约人时生效”。

但承诺生效前也是可撤回的。撤回的程序、要求与要约撤回的程序、要求完全相同。

3. 合同成立

当受要约人正式按照有关规定、要求作出承诺时，合同成立。

（三）合同的形式

1. 口头形式

口头形式一般出现在现金交易或数额较小的交易。它的优点是简单、方便、迅速，缺点是发生争议时不易取证，难以分清是非责任。

2. 书面形式

书面形式是指合同书、信件和数据电文（包括电报、电传、传真、电子数据交换和电子邮件）。关于书面形式的合同应注意两个问题：一方面是数据电文，如传真、电子邮件有可能不被对方认可。另一方面是格式合同问题。格式合同是指当事人为了重复使用而预先拟定，并在订立合同时未与对方协商的合同。但格式合同最大的问题是剥夺了对方的合同自由，为此，《合同法》制定了一套规则来管理格式合同。

（1）提供格式合同的一方负有提示义务，即提供格式合同的一方要采取合理方式提请对方注意免除或限制其责任的条款，按照对方的要求，对该条款予以说明。企业销售产品，一般都会有免责条款。如将免责条款用大的字体、黑体字印在合同中比较显眼的地方，或是用显眼的文字要对方注意当中第几条的免责条款。没有履行提示义务，该免责条款无效。

（2）在格式合同中，提供格式合同的一方免除其责任、加重对方责任、排除对方主要权利的条款无效。排除对方主要权利已直接违反了公平原则，当然无效，因为对方的主要权利都没有了。加重对方责任，这样权利义务不对等，也违反了公平原则，也应无效。免除其责任，应理解是免除其全部责任，而不是一般的免责条款。

（3）对格式条款有两种以上解释的，应当做出不利于提供格式条款一方的解释。

3. 其他形式

其他形式又分为默示形式和视听资料形式。默示前面已介绍。视听资料主要为录像和录音，依最高人民法院关于民事证据有关方面的规定。双方对视听资料同有异议，则可以认定。如一方有异议，则要具备三个条件才能认定：第一，要以合法方式取得，如不能偷录电话中的通话；第二，要有其他证据佐证；第三，要没有疑点。

（四）合同的效力

1. 合同的生效时间

根据《合同法》的规定，合同生效的时间包括以下几种情况：

（1）依法成立的合同，自成立时起生效。即一般情况下，合同依法成立，意味着生效。

（2）办理批准、登记手续后生效。法律、行政法规规定应当办理批准、登记等手续生效的，依照其规定。目前，涉及合同审批、登记的有关法律、行政法规主要有《中华人民共和国海商法》《中华人民共和国中外合资经营企业法》《中华人民共和国担保法》《中华人民共和国技术引进合同条件》等。

（3）条件成就时生效、失效。《合同法》第四十五条规定："当事人对合同的效力可以约定附加条件。附生效条件的合同，自条件成就时生效。附解除条件的合同，自条件成就时失效。"最高人民法院关于《合同法》的解释第九条规定："以批准、登记为生效前提的合同，在一审法庭辩论终结前，当事人办理了批准、登记手续的，应认定合同已生效。规定应当办理登记手续，但未规定登记后生效的，当事人未办理登记手续，不影响合同的效力。"值得注意的是，这时所说的条件是：

① 这种条件是当事人自己设定的，不是法律规定的。

② 这种条件是将来可能发生，也可能不发生的，不是必定发生，也不是根本不可能发生。也就是条件处于不确定状态。

③ 条件必须是合法的。

另外，《合同法》第四十五条第二款规定："当事人为自己的利益不正当地阻止条件成就的，视为条件已成就；不正当地促成条件成就的，视为条件不成熟。"

（4）期限届至时生效、届满时失效。《合同法》第四十六条规定：“当事人对合同的效力可以约定附期限。附生效期限的合同，自期限届至时生效。附终止期限的合同，自期限届满时失效。”

2. 无效合同

无效合同是指没有法律效力的合同，合同无效与合同没有生效是两个不同的概念。

根据《合同法》第五十二条的规定，有下列情形之一的，合同无效：

（1）一方以欺诈、胁迫的手段订立合同，损害国家利益。

（2）恶意串通，损害国家、集体或者第三人利益。

（3）以合法形式掩盖非法目的。

（4）损害社会公共利益。

（5）违反法律、行政法规的强制性规定。

根据《合同法》第五十三条的规定，合同中的下列免责条款无效：

（1）造成对方人身伤害的。

（2）因故意或者重大过失造成对方财产损失的。

3. 可撤销合同

可撤销合同是指因意思表示不真实、由有撤销权的一方当事人向法院或仲裁机关申请行使撤销权，而使已生效的合同归于无效。

根据《合同法》规定，可撤销合同包括以下几种情形：

（1）因重大误解订立的合同。误解一般是基于当事人缺乏必要的知识、技术、信息或经验而造成的。

（2）显失公平的合同。显失公平的合同一般是在一方缺乏经验或紧迫的情况下订立的。

（3）采取欺诈、胁迫手段或乘人之危订立的合同。乘人之危是指行为人利用他人的危难处境或紧迫需要，使他人违背其真实意思而做出的行为。

上述撤销权的行使人为重大误解合同中的误解人，显失公平合同中的受害人，欺诈、胁迫、乘人之危行为的受害人。撤销权应当自知道撤销事由之日起一年内行使。即须在一年内向人民法院走访或申请仲裁。

4. 效力待定合同

所谓效力待定合同，是指合同虽然已经成立，但因其不完全符合有关生效要件的规定，因此其效力能否发生，尚未确定，一般须经有权人表示承认才能生效。效力待定合同已经成立，其效力不确定，它既非有效，也非无效，而是处于悬而未决的不确定状态之中，既不同于有效合同，也不同于无效合同，也有别于可变更可撤销合同。效力待定合同效力的确定，取决于享有追认权的第三人在一定期限内的追认。

效力待定合同经追认权人同意后，其效力溯及于行为成立之时。效力待定合同经追认权人拒绝后，自始无效。

根据《合同法》的相关规定，效力待定合同包括：限制民事行为能力人订立的合同；无权代理人以本人名义订立的合同；无处分权人处分他人财产而订立的合同三种类型。

(1) 限制民事行为能力人订立的合同。《合同法》第四十七条规定:“限制民事行为能力人订立的合同,经法定代理人追认后,该合同有效,但纯获利益的合同或者与其年龄、智力、精神健康状况相适应而订立的合同,不必经法定代理人追认。相对人可以催告法定代理人在一个月内予以追认。法定代理人未作表示的,视为拒绝追认。合同被追认之前,善意相对人有撤销的权利。撤销应当以通知的方式作出。”

(2) 无权代理人以本人名义订立的合同。《合同法》第四十八条规定:“行为人没有代理权、超越代理权或者代理权终止后以被代理人名义订立的合同,未经被代理人追认,对被代理人不发生效力,由行为人承担责任。相对人可以催告被代理人在一个月内予以追认。被代理人未作表示的,视为拒绝追认。合同被追认之前,善意相对人有撤销的权利。撤销应当以通知的方式作出。”《合同法》第四十九条规定:“行为人没有代理权、超越代理权或者代理权终止后以被代理人名义订立合同,相对人有理由相信行为人有代理权的,该代理行为有效。”《合同法》第五十条规定:“法人或者其他组织的法定代表人、负责人超越权限订立的合同,除相对人知道或者应当知道其超越权限的以外,该代表行为有效。”

(3) 无权处分他人财产而订立的合同。《合同法》第五十一条规定:“无处分权的人处分他人财产,经权利人追认或者无处分权的人订立合同后取得处分权的,该合同有效。”

二、合同的履行

(一) 合同履行的原则

合同的履行是指合同的双方当事人正确、适当、全面地完成合同规定的各项义务的行为,履行合同应当遵循下列两项原则:

1. 全面履行原则

当事人应当按照约定全面履行自己的义务,即按照合同规定的标的及其质量、数量,由适当的主体在适当的履行期限、履行地点以适当的履行方式,全面完成合同义务。当事人一方在履行中对合同约定义务的任何一个环节的违反,都是违反了全面履行原则。

2. 诚实信用原则

当事人应当遵循诚实信用原则,根据合同的性质、目的和交易习惯履行通知、协助、保密等义务。

(二) 合同履行的抗辩权

在合同履行中,当事人可享有同时履行抗辩权、先履行抗辩权、不安抗辩权。这些抗辩权利的设置,使当事人在法定情况下可以对抗对方的请求权,使当事人的拒绝履行不构成违约,可以更好地维护当事人的权益。

1. 同时履行抗辩权

当事人互负到期债务,有先后履行顺序,先履行一方未履行的,后履行一方有权拒绝其履行要求。先履行一方履行债务不符合约定时,后履行一方有权拒绝其相应的履行要求。

2. 先履行抗辩权

当事人互负债务，有先后履行顺序，先履行一方未履行的，后履行一方有权拒绝其履行要求。先履行一方履行债务不符合约定时，后履行一方有权拒绝其相应的履行要求。

3. 不安抗辩权

不安抗辩权的行使分为两个阶段：第一阶段为中止履行。应当先履行债务的当事人，有确切证据证明对方有下列情况之一的，可以中止履行：经营状况严重恶化；转移财产、抽逃资金，以逃避债务；丧失商业信用；有丧失或可能丧失履行债务能力的其他情形。第二阶段为解除合同。当事人依照上述规定中止履行的，应当及时通知对方。对方提供适当担保的，应当恢复履行。中止履行后，对方在合理期限内未恢复履行能力并未提供适当担保的，中止履行的一方可以解除合同。

另外，不安抗辩权的行使有一定的条件和限制。如果没有确切证据证明对方没有履行能力而中止履行，或中止履行后，对方提供适当担保时而拒不恢复履行的，不安抗辩权人承担违约责任。

三、违反合同的法律责任

（一）合同违约形态

合同违约形态有预期违约、不履行、迟延履行、不适当履行等形式。

1. 预期违约

预期违约亦称先期违约，包括明示毁约和默示毁约两种。所谓明示毁约，是指在合同履行期到来之前，一方当事人无正当理由而明确、肯定地向另一方表示他将不履行合同。所谓默示毁约，是指在履行期到来之前，一方当事人有确凿的证据证明另一方当事人在履行期到来时将不履行或不能履行合同，而另一方又不愿提供必要的履约担保。《合同法》第一百零八条规定："当事人一方明确表示或者以自己的行为表明不履行合同义务的，对方可以在履行期满之前要求其承担违约责任。"也就是说，预期违约分为明示违约和默示违约两种形式，且守约方有选择权，可以积极要求赔偿，也可消极等待。

明示毁约即一方当事人无正当理由而明确肯定地向另一方当事人表示他将不履行合同。明示毁约必须具备以下要件：①明示毁约方必须明确地、肯定地、自愿地、不附加任何条件向对方提出违约的意思表示，如果毁约方在做出违约表示时附有条件，则其毁约的意图是不确定的，不构成预期违约。②必须在合同履行期限到来之前向对方表示不履行合同义务，如果在履行期到来后才提出毁约的属于实际违约。③必须表示不履行合同主要义务，妨碍对方追求合同的根本目的，如果被拒绝履行的只是合同部分内容或附属义务，不构成预期违约。④明示毁约无正当事由，即毁约方无法定的解除权、撤销权，不可抗力，合同无效等正当理由。明示毁约构成违约，却是一种独立特殊的违约形态，它与履行拒绝在许多方面构成违约存在着区别，若将两者合二为一，既不利于确定不同的违约行为，也不利于非违约方选择补救措施。

默示毁约是指在合同履行期限到来之前，一方当事人有确凿的证据证明另一方当事人在履行期限到来时，将不履行或不能履行合同，而另一方当事人又不愿提供必要的担保。默示毁约必须具备以下要件：①一方预见到另一方到合同履行期到来之时将不履行或不能履行合同，预见的内容一般包括对方资金紧张，支付能力欠缺，欠债过多无法清偿债务，商业信用不佳，资产变卖等情况。②一方的预见有确切的证据，预见是一种主观臆断，具有强烈的主观因素，为平衡双方的利益，预见方必须以一定的证据来说明自己判断的恰当性。③被要求提供履行保证的一方不能在合理的期间内提供充分的保证，若对方在合理的期限内提供充分的保证，则不构成预期违约。

2. 不履行

这里所说的不履行是指完全不履行，是指当事人根本未履行任何合同义务的违约情形。不履行的原因可能是当事人虽然能够履行但拒绝履行，也可能是由于某种原因导致当事人能力不足而不能履行合同。根据《合同法》的相关规定，合同一方当事人不能履行或拒绝履行合同的，另一方当事人可以解除合同，并追究债务人的违约责任。

3. 迟延履行

迟延履行是指在合同履行期限届满而未履行合同义务。迟延履行包括给付迟延（债务人的迟延）和受领迟延（债权人的迟延）两种。

给付迟延，是指债务人在履行期限到来时，能够履行而没有按期履行债务。其构成要件为：①须有债务存在；②履行须为可能；③须债务履行期已届满；④须因可归责于债务人的事由而未履行；⑤须无法律上的正当理由。

给付迟延的法律后果为：①债权人可诉请强制执行；②债务人赔偿因迟延而给债权人造成的损失；③在给付迟延后，如遇有不可抗力致使合同标的物毁损，债务人须承担履行不能的责任，不得以不可抗力为由主张免责。但如债务人能证明纵然没有给付迟延，损失仍将发生的，则可免责；④当事人一方迟延履行其主要债务，经催告后在合理期限内仍未履行，或当事人一方迟延履行债务致使不能实现合同目的的，当事人可以解除合同并请求赔偿损失。

受领迟延，是指债权人对于债务人的履行应当受领而不为受领。其构成要件为：①须有债权存在；②须债务人的履行需要债权人的协助；③须债务已届履行期且债务人已履行或提出履行；④须债权人未受领给付，且迟延受领无正当理由。

在迟延受领的情况下，债权人应依法支付违约金，因此给债务人造成损害，则应负损害赔偿责任。债务人得依法自行消灭其债务，如以提存的方式消灭债务。

4. 不适当履行

不适当履行是指虽有履行但履行质量不符合合同约定或法律规定的违约情形，包括瑕疵履行和加害给付两种情形。瑕疵履行指的是通常意义上的履行质量不合格的违约情形。加害履行指的是负有交付义务的一方因交付的标的物的缺陷而造成他人的人身、财产损害的违约情形。

不适当履行分为以下几种：①履行在数量上不完全；②标的物的品种、规格、型号等不符合合同规定，或者标的物有缺陷；③加害给付，所谓加害给付，是指履行对债权有积极的侵害，也就是超过履行利益或者于履行利益之外发生的其他损害的违约形态；④履行方式的不完全；⑤违反附随义务的不完全履行。

（二）合同违约责任的承担方式

《合同法》第一百零七条规定："当事人一方不履行合同的义务或者履行合同义务并不符合约定的，应当承担继续履行、采取补救措施或者赔偿损失等违约责任。"在实践中，承担违约责任的具体方式包括以下几种。

1. 实际履行

根据《合同法》的相关规定，金钱债务应当实际履行。非金钱债务在特殊情况下不适用实际履行。特殊情况包括法律上或事实上不能履行；债务的标的不适于强制履行或履行费用过高；债权人在合理期限内未要求履行。

2. 采取补救措施

《合同法》第一百一十一条规定："质量不符合约定的，应当按照当事人的约定承担违约责任。对违约责任没有约定或者约定不明确，依照本法第六十一条的规定仍不能确定的，受损害方根据标的的性质以及损失的大小，可以合理选择要求对方承担修理、更换、重做、退货、减少价款或者报酬等违约责任。"根据《合同法》第一百一十二条规定，受损害方在要求违约方采取合理的补救措施后，若仍有其他损失，还有权要求违约方赔偿损失。

3. 赔偿损失

赔偿损失又称损害赔偿，指的是违约人补偿、赔偿受害人因违约所遭受的损失的责任承担方式，它是一种最常见的重要违约补救方法。《合同法》所指的赔偿损失指的是金钱赔偿，包括实物赔偿及限于以合同物以外的物品予以赔偿。损害赔偿具有典型的补偿性，它以违约行为造成对方财产损失的事实为基础。没有损害事实就谈不上损害赔偿。这也是损害赔偿不同于违约金的根本之所在。赔偿损失其损害赔偿额应相当于因违约所造成的损失，包括合同履行后或获得的利益，但不得超过违反合同一方订立合同时预见到期或应当预见到的因违反合同可能造成的损失，即合理预见规则。损害赔偿直接关系到当事人双方的物质利益分配，体现着违约责任的作用，是一种较普遍的责任方式。

4. 支付违约金

违约金是指合同当事人在合同中约定的，在合同债务人不履行或不适当履行合同义务时，向对方当事人支付的一定数额的金钱。当事人可以在合同中约定违约金，未约定则不产生违约金责任，且违约金的约定不应过高或过低。

5. 定金罚则

当事人可以约定定金，定金按担保法规定执行，但如果同时约定定金和违约金，当事人可选择适用其一。定金的标准，《合同法》第一百一十五条规定："当事人可以依照《中华人民共和国担保法》约定一方向对方给付定金作为债权的担保。债务人履行债务后，定金应当抵作价款或收回。给付定金的一方不履行约定的债务的，无权要求返还定金；收受定金的一方不履行约定的债务的，应当双倍返还定金。"

第四节　劳动合同法

一、劳动合同法概述

（一）劳动合同的概念与特征

1. 劳动合同的概念

劳动合同是劳动者与用人单位之间依法确立劳动关系，明确权利义务的书面协议。

2. 劳动合同的特征

与一般民事合同相比，劳动合同具有其自身独特的特征：

（1）劳动合同主体具有特定性。劳动合同的主体一方是劳动者，另一方是用人单位。

（2）劳动合同的内容具有较强的特征。一般民事合同，双方当事人对合同的内容、形式、解除等都可以自行约定，但是劳动合同由于涉及财产和人身关系，劳动者在签订劳动合同后，就隶属于用人单位，受到用人单位的管理。为了保护建立劳动关系后处于弱势的劳动者的权益，法律规定了较多的强制性规范，当事人双方签订劳动合同不得违反强制性规定，否则无效。

（3）劳动者在签订和履行劳动合同过程中的地位在发生变化。劳动者与用人单位在签订劳动合同过程时，遵循平等、自愿、协商一致的原则，双方法律地位是平等的，但是在履行劳动合同的过程中，用人单位和劳动者就具有了支配与被支配、管理与服从的从属关系。

（二）劳动合同法的定义和适用范围

1. 劳动合同法的定义

劳动合同法有广义与狭义之分。狭义的劳动合同法指的是 2007 年 6 月 29 日第十届全国人民代表大会常务委员会第 28 次会议全文通过，自 2008 年 1 月 1 日起实施的《中华人民共和国劳动合同法》（以下简称《劳动合同法》）。广义的劳动合同法指的是我国现行的有关劳动方面的法律、法规和规章，即广义的劳动合同法除《劳动合同法》外，还包括 2007 年 12 月 29 日第十届全国人民代表大会常务委员会第 31 次会议通过的《中华人民共和国劳动争议调解仲裁法》（以下简称《劳动争议调解仲裁法》）。2008 年 9 月 3 日国务院第 25 次常务会议通过的《中华人民共和国劳动合同法实施条例》（以下简称《劳动合同法实施条例》、2007 年 12 月 7 日国务院第 198 次常务会议通过的《职工带薪年休假条例》等。

2. 劳动合同法的适用范围

（1）中华人民共和国境内的企业、个体经济组织、民办非企业单位、依法成立的合伙组织和基金会等组织（以下称为用人单位）与劳动者建立劳动关系，订立、履行、变更、解除或终止劳动合同，适用劳动合同法。

（2）国家机关、事业单位、社会团体和与其建立劳动关系的劳动者，订立、履行、变更、解除或终止劳动合同，依照劳动合同法执行。

（3）事业单位与实行聘用制的工作人员订立、履行、变更、解除或终止劳动合同，法律、行政法规或国务院另有规定的，依照其规定；未作规定的，依照劳动合同法有关规定执行。

二、劳动合同的订立

（一）劳动合同订立的概念和原则

1. 劳动合同订立的概念

劳动合同的订立是指劳动者和用人单位经过相互选择和平等协商，就劳动合同的各项条款协商一致，并以书面形式明确规定双方权利、义务及责任，从而确立劳动关系的法律行为。

2. 劳动合同订立的原则

（1）合法性原则。签订劳动合同应做到主体合法、内容合法、形式合法、程序合法。只有合法的劳动合同才能产生相应的法律效力。任何一方面不合法的劳动合同，都是无效合同，不受法律承认和保护。按照劳动合同法的规定，除非全日制用工外，都应当以书面形式订立劳动合同。

（2）公平原则。公平是指劳动合同的内容应当公平、合理。公平原则要求劳动合同内容公平合理，用人单位不得以强势地位压制劳动者而制定显失公平的合同条款。

（3）平等自愿原则。平等是指劳动者和有人单位在订立劳动合同时法律地位是平等的，没有高低之分，不存在服从与被服从的关系。自愿是指订立劳动合同完全是出于劳动者和用人单位双方的真实意思的表示，出于自愿而签订。

（4）协商一致原则。协商一致是指用人单位和劳动者要对合同的内容达成一致意见，任何一方不得把自己的意志强加给另一方。

（5）诚实信用原则。诚实守信是指订立劳动合同要诚实、讲信用，任何一方不得有欺诈行为。根据劳动合同法的规定，用人单位招用劳动者时，应当如实告知劳动者工作内容、工作条件、工作地点、职业危害、安全生产状况、劳动报酬，以及劳动者要求了解的其他情况；用人单位有权了解劳动者与劳动合同直接相关的基本情况，劳动者应当如实说明。

（二）劳动合同订立的主体

1. 劳动合同订立主体的资格要求

订立劳动合同的双方当事人需具备主体的合法性。

（1）劳动者需年满16周岁（文艺、体育、特种工艺单位录用人员可以例外），有劳动权利能力和行为能力。

（2）用人单位有用人权利能力和行为能力。用人单位设立的分支机构，依法取得营业执照或登记证书的，可以作为用人单位与劳动者订立劳动合同；未依法取得营业执照或登记证书的，受用人单位委托可以与劳动者订立劳动合同。

课堂讨论

小张因学习成绩不好，初中未毕业辍学后，虚岁16岁，到某电子厂打工。该电子厂与其签订了为期一年的劳动合同。问：小张与该电子厂签订的该劳动合同是否合法？

2. 劳动合同订立主体的义务

（1）用人单位的义务和责任。用人单位招用劳动者时，应当如实告知劳动者工作内容、工作条件、工作地点、职业危害、安全生产状况、劳动报酬及劳动者要求了解的其他情况。

用人单位招用劳动者，不得扣押劳动者居民身份证和其他证件，不得要求劳动者提供担保或以其他名义向劳动者收取财物。

用人单位扣押劳动者居民身份证等证件的，由劳动行政部门责令限期退还劳动者本人，并依照有关法律规定给予处罚。用人单位以担保或其他名义向劳动者收取财物的，由劳动行政部门责令限期退还劳动者本人，并以每人500元以上2 000元以下的标准对用人单位处以罚款；给劳动者造成损害的，应当承担赔偿责任。

（2）劳动者的义务。用人单位有权了解劳动者与劳动合同直接相关的基本情况，劳动者应当如实说明。

案例分析

某酒店招聘，在签订劳动合同时要求员工交500元制服押金，表示在员工与公司结束劳动关系并将制服完好返还酒店后，将该押金全额退还给员工。部分员工认为公司收取押金违反了法律规定，遂向劳动行政部门投诉。请问劳动行政部门是否可以就此事做出行政处理？

分析：根据法律规定，用人单位不得以任何名义向劳动者收取财物，该酒店以提供制服为名收取押金违反了法律规定，劳动行政部门可以责令该酒店将该押金返还给员工，并可以根据实际收取押金的员工人数按每人500元以上2 000元以下的标准对酒店处以处罚。

（三）劳动合同订立的形式

1. 书面形式及要求

劳动合同自用人单位用工之日起成立。劳动者与用人单位建立劳动关系，应当订立书面劳动合同。

对于已建立劳动关系，未同时签订书面劳动合同的，应当自用工之日起1个月内订立书面劳动合同。用人单位与劳动者在用工前订立劳动合同的，劳动关系自用工之日起建立。

为了规范现实中存在的用人单位和劳动者已建立劳动关系，但未同时订立书面劳动合同的情形，《劳动合同法》针对不同情况进行了相应的规定。

（1）自用工之日起1个月内，经用人单位书面通知后，劳动者不与用人单位订立书面劳动合同的，用人单位应当书面通知劳动者终止劳动关系，无需向劳动者支付经济补偿，但应当依法向劳动者支付其实际工作时间的劳动报酬。

（2）用人单位自用工之日起超过1个月不满1年未与劳动者订立书面劳动合同的，应当向劳动者支付2倍的工资，并与劳动者补订书面劳动合同；劳动者不与用人单位订立书面劳动合同的，用人单位应当通知劳动者终止劳动关系，并支付经济补偿。

用人单位向劳动者每月支付2倍工资的起算时间为用工之日起满1个月的次日，截止时间为补订书面劳动合同的前一日。

（3）用人单位自用工之日起满1年未与劳动者订立书面劳动合同的，自用工之日起满1个月的次日至满1年的前一日应当向劳动者每月支付2倍的工资补偿，并视为自用工之日起满1年的当日已经与劳动者订立无固定期限劳动合同，应当立即与劳动者补订书面劳动合同。

用人单位应当建立职工名册备查。职工名册应包括劳动者姓名、性别、居民身份证号、户籍地址及现住址、联系方式、用工形式、用工起始时间、劳动合同期限等。

2．例外情况

《劳动合同法》规定，非全日制用工双方当事人可以订立口头协议。

案例分析

张强自2014年2月10日起为一家传媒公司工作，工资每月4 000元，双方未订立书面劳动合同。其后张强曾多次向公司提出订立书面合同的要求，公司却没有回应。2015年3月，公司突然通知小王签订书面合同，薪水降为3 500元，张强不同意签订该劳动合同。该案例应如何解决？

分析：从2014年2月至2015年3月，张强在该公司工作已满1年，用人单位未与张强签订书面劳动合同，那么视为用人单位与张强签订了无固定期限劳动合同，张强可要求公司签订无固定期限劳动合同，同时张强可获得从2014年3月11日起至2015年2月9日共11个月的双倍工资补偿，即除了正常的工资之外，张强可再获得44 000元。

（四）劳动合同的类型

根据《劳动合同法》的规定，劳动合同分为固定期限劳动合同、无固定期限劳动合同和以完成一定工作任务为期限的劳动合同。

1．固定期限劳动合同

固定期限劳动合同即用人单位与劳动者约定了具体的合同终止时间的劳动合同。有固定期限劳动合同的期限由劳动者与用人单位协商一致即可。

2．无固定期限劳动合同

无固定期限劳动合同即用人单位与劳动者约定无确定终止时间的劳动合同。

用人单位与劳动者签订无固定期限劳动合同的，如果出现法律规定或合同约定的解除或终止条件的，劳动者和用人单位也可以解除或终止无固定期限劳动合同。实践中，签订这种劳动合同一般都会在劳动合同中注明“无固定期限劳动合同”。

劳动者与用人单位协商一致可以订立无固定期限劳动合同。根据《劳动合同法》的相关规定，有下列情形之一，劳动者提出或同间续订、订立劳动合同的，除劳动者提出订立固定期限劳动合同外，应当订立无固定期限劳动合同：

（1）劳动者在该用人单位连续工作满10年的。

（2）用人单位初次实行劳动合同制度或国有企业改制重新订立劳动合同时，劳动者在该用人单位连续工作满10年且距法定退休年龄不足10年的。

连续订立2次固定期限劳动合同，且劳动者没有下述情形，续订劳动合同的：

（1）严重违反用人单位的规章制度。

（2）严重失职，营私舞弊，给用人单位造成重大损害的。

（3）劳动者同时与其他用人单位建立劳动关系，对完成本单位的工作任务造成严重影响，或经用人单位提出，拒不改正的。

（4）以欺诈、胁迫的手段或乘人之危，使用人单位在违背真实意思的情况下订立或变更劳动合同，致使劳动合同无效的。

（5）被依法追究刑事责任的。

（6）劳动者患病或非因工负伤，在规定的医疗期满后不能从事原工作，也不能从事由用人单位另行安排的工作的。

（7）劳动者不能胜任工作，经过培训或调整工作岗位，仍不能胜任工作的。

连续工作满10年的起始时间，自用人单位用工之日起计算，包括《劳动合同法》施行前的工作年限。劳动者非因本人原因从原单位被安排到新用人单位工作的，劳动者在原用人单位的工作年限合并计算为新用人单位的工作年限。原用人单位已向劳动者支付经济补偿的，新用人单位在依法解除、终止劳动合同计算支付经济补偿的工作年限时，不再计算劳动者在原用人单位的工作年限。

连续订立固定期限劳动合同的次数，应当自《劳动合同法》2008年1月1日施行后，续订有固定期限劳动合同时开始计算。

用人单位自用工之日起满1年不与劳动者订立书面劳动合同的，视为用人单位自用工之日起满1年的当日已与劳动者订立无固定期限劳动合同。

地方各级人民政府及县级以上地方人民政府有关部门为安置就业困难人员提供的给予岗位补贴和社会保险补贴的公益性岗位，其劳动合同不适用劳动合同法有关无固定期限劳动合同的规定及支付经济补偿的规定。

3. 以完成一定工作任务为期限的劳动合同

以完成一定工作任务为期限的劳动合同即用人单位与劳动者约定以某项工作任务的完成为合同期限的劳动合同。

案例分析

孙山是某私营企业的员工，从2013年开始在这家企业工作。2年间，他签过2份期限各为1年的劳动合同。如果双方再签订劳动合同，孙山可不可以要求和这家私营企业签订无固定期限的劳动合同？

分析：根据《劳动合同法》的规定，在2008年1月1日后签订的劳动合同，可以开始计算连续订立固定期限劳动合同的次数。孙山的两份合同均是在2008年1月1日之后订立的，因此，他可以要求和这家私营企业签订无固定期限的劳动合同。

（五）劳动合同的效力

1. 劳动合同的生效

劳动合同由用人单位与劳动者协商一致，并经用人单位与劳动者在劳动合同文本上签字或盖章生效。劳动合同文本由用人单位和劳动者各执一份。

劳动合同依法订立即生效，具有法律约束力。如果劳动合同当事人对劳动合同生效有特殊约定的，如约定须经公证或鉴证方能生效的劳动合同，其生效时间开始于鉴证、公证手续办理完毕之日。

2. 无效劳动合同

无效劳动合同指的是劳动合同虽然已经订立，但因违反了法律、行政法规的强制性规定而被确认为无效的劳动合同。

劳动合同无效或部分无效的包含以下几种：

（1）以欺诈、胁迫的手段或乘人之危，使对方在违背真实意思的情况下订立或变更劳动合同的。

（2）用人单位免除自己的法定责任、排除劳动者权利的。

（3）违反法律、行政法规强制性规定的。

劳动合同当事人对劳动合同的无效或部分无效有争议的，由劳动争议仲裁机构或者人民法院确认。

3. 无效劳动合同的法律后果

无效劳动合同从订立时起就没有法律约束力。劳动合同部分无效，不影响其他部分的效力，即其他部分仍有效。

劳动合同被确认无效，劳动者已付出劳动的，用人单位应当向劳动者支付劳动报酬。劳动报酬的数额，参照本单位相同或相近岗位劳动者的劳动报酬确定。

三、劳动合同的主要内容

（一）劳动合同必备条款

劳动合同必备条款是指劳动合同必须具备的内容。根据《劳动合同法》的规定，劳动合同的必备条款包括：

1. 用人单位的名称、住所和法定代表人或主要负责人

用人单位的名称指的是用人单位注册登记时所登记的名称。用人单位的住所是用人单位劳动者发生法律关系的中心区域。劳动合同文本中要标明用人单位住所的具体地址。有两个以上办事机构的，以用人单位的主要办事机构所在地为住所。具有法人资格的用人单位，要注明单位的法定代表人；不具有法人资格的用人单位，必须在劳动合同中写明该单位的主要负责人。

2. 劳动者的姓名、住址和居民身份证或其他有效身份证件号码

劳动者的姓名以户籍登记，即居民身份证上所载为准。劳动者的住址，以其户籍所在的居住地为住址，其经常居住地与户籍所在地不一致的，以经常居住地为住址。居民身份证号码是每个公民唯一的、终身不变的身份代码，由公安机关按照居民身份号码国家标准编制。

3. 劳动合同期限

劳动合同双方当事人可以选择订立固定期限劳动合同、无固定期限劳动合同或以完成一定工作任务为期限的劳动合同。

4. 工作内容和工作地点

工作内容包括劳动者从事劳动的工种、岗位和劳动定额、产品质量标准的要求等。工作内容是劳动者可能提供劳动的具体内容，是劳动者判断自己是否胜任该工作、是否愿意从事该工作的关键信息。工作地点是指劳动者可能从事工作的具体地理位置。工作地点与劳动者的生活密切相关，直接关系到劳动者的切身利益。劳动者为用人单位提供劳动是在工作地点，劳动者生活则在居住地点。工作地点与劳动者的居住地点的距离，决定着劳动者上下班所需时间，进而影响劳动者的生活。这常常也是劳动者判断是否订立劳动合同的必不可少的信息，因而工作地点是用人单位必须告知劳动者的内容。

5. 工作时间和休息休假

（1）工作时间。

工作时间指的是劳动者为履行劳动义务，在法律规定的标准下，根据劳动合同和集体合同的规定提供劳动的时间。工作时间通常指的是劳动者在一昼夜或一周内从事生产或工作的时间，即劳动者每天应工作的时数或每周应工作的天数。

在我国，目前实行的工时制度主要有标准工时制、不定时工作制和综合计算工时制三种。

①标准工时制，也称标准工作日，指的是国家法律统一规定的劳动者从事工作或劳动的时间。目前我国的标准工时制是劳动者每日工作 8 小时、每周工作 40 小时。有些用人单位因工作性质和生产特点不能实行标准工时制度，应保证劳动者每天工作不超过 8 小时，每周工作不超过 40 小时，每周至少休息 1 天。

用人单位由于生产经营需要，经与工会及职工协商后可延长工作时间，一般每日不得超过 1 小时；因特殊情况需要延长工作时间的，在保障劳动者身体健康的前提下延长工作时间，每日不得超过 3 小时，每月不得超过 36 小时。但有下列情形之一的，延长工作时间不受上述规定的限制：一是发生自然灾害、事故或因其他原因，威胁劳动者生命健康和财产安全，需要紧急处理的；二是生产设备、交通运输线路、公共设施发生故障，影响生产和公众利益，必须及时抢修的；三是法律、法规规定的其他情形。

②不定时工作制，也称无定时工作制、不定时工作日，指的是没有固定工作时间限制的工作制度，主要适用于一些因工作性质或工作条件不受标准工作时间限制的工作岗位。

③综合计算工时制，也称综合计算工作日，指的是用人单位根据生产和工作的特点，分别以周、月、季、年等为周期，综合计算劳动者工作时间，但其平均日工作时间和平

均周工作时间仍与法定标准工作时间基本相同的一种工时形式。

因工作性质或生产特点的限制，实行不定时工作制或综合计算工时制等其他工作和休息办法的劳动者，用人单位应根据国家有关规定，在保障职工身体健康并充分听取职工意见的基础上，采取集中工作、集中休息、轮休调休、弹性工作时间等适当的工作和休息方式，确保职工的休息、休假权利和生产、工作任务的完成。

（2）休息、休假。

休息指的是职工在任职期间，在国家规定的法定工作时间以外，无需履行劳动义务而自行支配的时间，包括工作日内的间歇时间、工作日之间的休息时间和公休假日。

休假指的是职工无需履行劳动义务且一般有工资保障的法定休息时间。如法定假日、年休假等。法定假日即由国家法律统一规定的用以开展纪念、庆祝活动的休息时间，包括新年、春节、清明节、劳动节、端午节、中秋节、国庆节等。年休假即劳动者工作满一定年限，每年可享有的保留工作岗位、带薪连续休息的时间。

根据国务院 2007 年 12 月 14 日《职工带薪年休假条例》规定，机关、团体、企业、事业单位、民办非企业单位、有雇工的个体工商户等用人单位的职工连续工作 1 年以上的，享受带薪年休假（简称年休假）。职工在年休假期间享受与正常工作期间相同的工资收入。职工累计工作已满 1 年不满 10 年的，年休假 5 日；已满 10 年不满 20 年的，年休假 10 日；已满 20 年的，年休假 15 日。国家法定休假日、休息日不计入年休假的假期。用人单位应根据生产、工作的具体情况，并考虑职工本人意愿，统筹安排职工年休假。年休假在 1 个年度内可以集中安排，也可分段安排。用人单位因生产、工作特点确有必要跨年度安排职工年休假的，可以跨 1 个年度安排。

用人单位的职工有下列情形之一的，不享受当年的年休假：①职工依法享受寒暑假，其休假天数多于年休假天数的；②职工请事假累计 20 天以上且单位按照规定不扣工资的；③累计工作满 1 年不满 10 年的职工，请病假累计 2 个月以上的；④累计工作满 10 年不满 20 年的职工，请病假累计 3 个月以上的；⑤累计工作满 20 年以上的职工，请病假累计 4 个月以上的。

案例分析

小史在 A 公司任文员 3 年，在 B 公司任客服 2 年，在 C 公司做市场部经理助理 4 年。C 公司安排小史在“五一”期间休带薪年休假，请问小史应当享有的带薪年休假是多少天？

分析：小史在 A、B、C 三个公司累计工作时间是 9 年，不满 10 年。依据《职工带薪年休假条例》的规定，小史应当享有 5 天带薪年休假（不包括“五一”法定休假日和年休假期间的周六、周日法定休息日）。

6. 劳动报酬

（1）劳动报酬与支付。

劳动报酬即用人单位根据劳动者劳动的数量和质量，以货币形式支付给劳动者的工资。

根据《劳动合同法》规定，工资应当以法定货币支付，不得以实物及有价证券替代货币支付。工资必须在用人单位与劳动者约定的日期支付。如遇节假日或休息日，则应提前在最近的工作日支付。工资至少每月支付一次，实行周、日、小时工资制的可按周、日、小时支付。对完成一次性临时劳动或某项具体工作的劳动者，用人单位应按有关协议或合同规定在其完成劳动任务后即支付工资。

（2）特殊情况下的工资支付。

劳动者在法定休假日和婚丧假期间及依法参加社会活动期间，用人单位应当依法支付工资。在部分劳动者放假的节日期间（如妇女节、青年节等），对参加社会活动或单位组织庆祝活动和照常工作的职工，单位应支付工资报酬，但不支付加班工资。如果该节日恰逢星期六、星期日，单位安排职工加班工作，则应当依法支付休息日的加班工资。

用人单位在劳动者完成劳动定额或规定的工作任务后，根据实际需要安排劳动者在法定标准工作时间以外工作的，应当按照下列标准支付高于劳动者正常工作时间的工资报酬：①用人单位依法安排劳动者在日标准工作时间以外延长工作时间的，按不低于劳动合同规定的劳动者本人小时工资标准的150%支付劳动者工资；②用人单位依法安排劳动者在休息日工作，不能安排补休的，按照不低于劳动合同规定的劳动者本人日或小时工资标准的200%支付劳动者工资；③用人单位依法安排劳动者在法定休假日工作的，按照不低于劳动合同规定的劳动者本人日或小时工资标准的300%支付劳动者工资。

实行计件工资的劳动者，在完成计件定额任务后，由用人单位安排延长工作时间的，根据上述原则，分别按不低于其本人法定工作时间计件单价的150%、200%、300%支付其工资。

用人单位安排加班不支付加班费的，由劳动行政部门责令限期支付加班费，逾期不支付的，责令用人单位按应付金额50%以上100%以下的标准向劳动者加付赔偿金。

经劳动行政部门批准实行综合计算工时工作制的，其综合计算工作时间超过法定标准工作时间的部分，视为延长工作时间，按上述规定支付劳动者延长工作时间的工资。

实行不定时工时制度的劳动者，不执行上述规定。

因劳动者本人原因给用人单位造成经济损失的，用人单位可按劳动合同的约定要求其赔偿经济损失。经济损失的赔偿，可从劳动者本人的工资中扣除。但每月扣除部分不得超过劳动者当月工资的20%。若扣除后的剩余工资部分低于当地月最低工资标准，则按最低工资标准支付。

案例分析

王倩的日工资为150元，每周工作5日，每日工作8小时。她在2015年“五一”法定假期加班了1日，随后在5月的一个周末加班2日。请问王倩5月份可获得多少加班工资？如公司不给，王倩可得到什么救济？

分析：王倩法定假日加班可获得3倍工资报酬，$150\times3=450$（元），周末加班可获得2倍工资报酬，$150\times2\times2=600$（元），一共是$450+600=1\,050$（元）。如公司不给，王倩可向劳动行政部门反映，由劳动行政部门责令用人单位限期支付；公司逾期仍不支付的，由劳动行政部门责令公司支付，并按应付金额即1 050元的50%以上100%以下的标准向王倩加付赔偿金。

（3）最低工资制度。

国家实行最低工资保障制度。最低工资的具体标准由各省、自治区、直辖市人民政府规定，报国务院备案。确定和调整最低工资标准综合参考以上因素：①劳动者本人及平均赡养人中的最低生活费用；②社会平均工资水平；③劳动生产率；④就业状况；⑤地区之间经济发展水平的差异。

劳动合同履行地与用人单位注册地不一致的，有关劳动者的最低工资标准、劳动保护、劳动条件，职业危害防护和本地区上年度职工月平均工资标准等事项，按照劳动合同履行地的有关规定执行；用人单位注册地的有关标准高于劳动合同履行地的有关标准，且用人单位与劳动者约定按照用人单位注册地的有关规定招待的，从其约定。

7. 社会保险

社会保险包括养老保障、失业保险、医疗保险、工伤保险、生育保险五项。参加社会保险、缴纳社会保险费是用人单位与劳动者双方均必须履行的法定义务。

8. 劳动保护、劳动条件和职业危害防护

劳动保护即保护劳动者在工作过程中不受伤害。劳动条件即用人单位为劳动者提供正常工作所必需的条件，包括劳动场所和劳动工具。职业危害防护即工作可能产生的危害的防护措施。劳动保护、劳动条件和职业危害防护，是劳动合同中保护劳动者身体健康和安全的重要条款。

9. 法律、法规规定应当纳入劳动合同的其他事项

（二）劳动合同的约定条款

根据《劳动合同法》的规定，劳动合同除必备条款外，用人单位与劳动者可以在劳动合同中约定试用期、培训、保守秘密、补充保险和福利待遇等其他事项。但约定事项不能违反法律、法规的强制性规定，否则约定无效。

1. 试用期

试用期指的是用人单位和劳动者双方相互了解、确定对方是否符合自己的招聘条件或求职条件而约定的考察期。

试用期属于劳动合同的约定条款，即订立劳动合同的双方可约定试用期，也可不约定试用期。

（1）试用期期限。

根据《劳动合同法》的规定，劳动合同期限3个月以上不满1年的，试用期不得超过1个月；劳动合同期限1年以上（包括1年）不满3年（不包括3年）的，试用期不得超过2个月；3年以上（包括3年）固定期限和无固定期限的劳动合同，试用期不得超过6个月。

用人单位与同一劳动者只能约定一次试用期。也就是说，在试用期内解除劳动合同，不管是用人单位还是劳动者解除，用人单位再次招用该劳动者时，不得再约定试用期；劳动者试用期结束后，不管是在劳动合同期限内，还是劳动合同续订，用人单位不得再约定试用期；劳动合同续订或劳动合同终止后一段时间再招用劳动者的，对该劳动者，不得再约定试用期。

以完成一定工作任务为期限的劳动合同或劳动合同期限不满 3 个月的，不得约定试用期。

试用期包含在劳动合同期限内。劳动合同仅约定试用期的，试用期不成立，该期限为劳动合同期限。

用人单位违反规定与劳动者约定试用期的，由劳动行政部门责令改正；违法约定的试用期已经改造的，由用人单位以劳动者试用期满月工资为标准，按已经履行的超过法定试用期的期间向劳动者支付赔偿金。

(2) 试用期工资。

根据《劳动合同法》的规定，劳动者在试用期的工资不得低于本单位相同岗位最低档工资或劳动合同约定工资（劳动者与用人单位订立的劳动合同中约定的劳动者试用期满后的工资）的 80%，并不得低于用人单位所在地的最低工资标准。

(3) 试用期内劳动合同的解除。

①用人单位解除劳动合同。

根据《劳动合同法》的规定，试用期内劳动者有下列情形之一的，用人单位可以解除劳动合同，但应当向劳动者说明理由：

a. 劳动者在试用期间被证明不符合录用条件的；

b. 劳动者严重违反用人单位的规章制度的；

c. 劳动者严重失职，营私舞弊，给用人单位造成重大损害的；

d. 劳动者同时与其他用人单位建立劳动关系，对完成本单位的工作任务造成严重影响，或经用人单位提出，拒不改正的；

e. 劳动者以欺诈、胁迫的手段或乘人之危，使用人单位在违背真实意思的情况下订立或变更劳动合同的；

f. 劳动者被依法追究刑事责任的；

g. 劳动者患病或非因工负伤，在规定的医疗期满后不能从事原工作，也不能从事由用人单位另行安排的工作的；

h. 劳动者不能胜任工作，经过培训或调整工作岗位，仍不能胜任工作的。

②劳动者解除劳动合同。

劳动者在试用期内可以解除劳动合同，但应提前 3 日通知用人单位。

课堂讨论

2014 年，张鑫与某公司签订了 2 年期的劳动合同，合同约定试用期为 3 个月，试用期工资为 2 000 元，试用期满后工资为 2 500 元。请问该试用期约定是否有效，试用期工资约定是否合法？

2. 服务期

服务期指的是劳动者因享受用人单位给予的特殊待遇而作出的劳动履行期限承诺。

用人单位给予的特殊待遇，如，用人单位为劳动者提供专项培训费用，对其进行专业技术培训的，可以与该劳动者订立协议，约定服务期。培训费用包括用人单位为了对劳动者进行专业技术培训而支付的有凭证的培训费用、培训期间的差旅费用及因培训产生的用于该劳动者的其他直接费用。

服务期与劳动合同一般期限在时间长度上常常不一致，服务期一般长于劳动合同期；劳动合同期满，但用人单位与劳动者约定的服务期尚未到期的，劳动合同应当续延至服务期满；双方另有约定的，从其约定。

（1）劳动者违反服务期的违约责任。

根据《劳动合同法》的规定，劳动者违反服务期约定的，应当按照约定向用人单位支付违约金。违约金的数额不得超过用人单位提供的培训费用。对已经履行部分服务期限的，用人单位要求劳动者支付的违约金不得超过服务期尚未履行部分所应分摊的培训费用。

用人单位与劳动者约定的服务期，不影响按照正常工资调整机制提高劳动者在服务期期间的劳动报酬。

如用人单位没有对劳动者培训出资，则无权要求劳动者按约定承担违约责任；另外，即使用人单位单方面声称已出资，但不能提供相应的支付凭证的，则因其缺乏证据而不能要求劳动者承担违约责任。

通常只有劳动者在服务期内提出与单位解除劳动关系的，用人单位才可能要求其支付违约金。值得注意的是，如果劳动者因下列违纪等重大过错行为而被用人单位解除劳动关系的，用人单位仍有权要求其支付违约金：

①劳动者严重违反用人单位的规章制度的；

②劳动者严重失职，营私舞弊，给用人单位造成重大损害的；

③劳动者同时与其他用人单位建立劳动关系，对完成本单位的工作任务造成严重影响，或经用人单位提出，拒不改正的；

④劳动者以欺诈、胁迫的手段或乘人之危，使用人单位在违背真实意思的情况下订立或变更劳动合同的；

⑤劳动者依法追究刑事责任的。

（2）劳动者解除劳动合同又不属于违反服务期约定的情形。

根据《劳动合同法》的规定，用人单位与劳动者约定了服务期，劳动者依照下列情形的规定解除劳动合同的，不属于违反服务期的约定，用人单位不得要求劳动者支付违约金：

①用人单位未按照劳动合同约定提供劳动保护或劳动条件的；

②用人单位未及时足额支付劳动报酬的；

③用人单位未依法为劳动者缴纳社会保险费的；

④用人单位的规章制度违反法律、法规的规定，损害劳动者权益的；

⑤用人单位以欺诈、胁迫的手段或乘人之危，使劳动者在违背真实意思的情况下订立或变更劳动合同的；

⑥用人单位在劳动合同中免除自己的法定责任、排除劳动者权利的；

⑦用人单位违反法律、行政法规强制性规定的；

⑧法律、行政法规规定劳动者可以解除劳动合同的其他情形。

案例分析

某公司为员工王芳支付培训费9 000元，约定服务期为3年。2年后，王芳以劳动合同期满为由，不肯再续签合同。公司要求其支付违约金。请问王芳是否应支付违约金？数额是多少？

分析：王芳违反服务期约定，应支付违约金。公司为其支付的培训费为9 000元，约定的服务期为3年，每年扣减3 000元。因已履行劳动合同2年，王芳应支付违约金数额为余额3 000元。

（3）保守商业秘密和竞业限制。

用人单位与劳动者可以在劳动合同中约定保守用人单位的商业秘密和与知识产权相关的保密事项。

根据《劳动合同法》的规定，对负有保密义务的劳动者，用人单位可以在劳动合同或保密协议中与劳动者约定限制条款，并约定在解除或终止劳动合同后，在竞业限制期限内按月给予劳动者经济补偿。补偿金的数额由双方约定，劳动者违反竞业限制约定的，应当按照约定向用人单位支付违约金。

劳动者竞业限制的依据是劳动者和用人单位签订的竞业限制条款或协议。根据劳动者和用人单位签订的竞业限制条款或协议，在双方劳动关系解除或终止后，限制劳动者一定时期的择业权，对于因此给劳动者造成的损害，用人单位给予劳动者相应的经济补偿。用人单位如果要求劳动者签订竞业限制条款，又不给予劳动者相应的经济补偿，则该条款无效。

竞业限制条款仅适用于用人单位的高级管理人员、高级技术人员和其他负有保密义务的人员，因为这些人是负有保守用人单位商业秘密义务的劳动者。竞业限制的范围、地域、期限由用人单位与劳动者约定，竞业限制的约定不得违反法律、法规的规定。根据相关法律、法规的规定，从事同类业务的竞业限制期限不得超过2年。

3. 医疗期

医疗期指的是企业职工因患病或非因工负伤停止工作，治病休息，但不得解除劳动合同的期限。

职工因工作遭受事故伤害或患职业病需要暂停工作、接受工伤医疗的期间则称为停工留薪期。职工在停工留薪期享受工伤医疗待遇，工伤职工在停工留薪期满后仍需治疗的，继续享受工伤医疗待遇。用人单位依法终止工伤职工的劳动合同的，除依规定向劳动者支付经济补偿金外，还应当按照国家有关工伤保险的规定支付一次性工伤医疗补助金和伤残就业补助金。

四、劳动合同的履行和变更

（一）劳动合同的履行

1. 用人单位与劳动者应当按照劳动合同的约定，全面履行各自的义务

（1）用人单位应当按照劳动合同的约定和国家的相关规定，向劳动者及时足额支付劳动报酬。用人单位拖欠或未足额支付劳动报酬的，劳动者可依法向当地人民法院申请支付令，人民法院应当依法发出支付令。

（2）用人单位应当严格执行劳动定额标准，不得强迫或变相强迫劳动者加班。

（3）劳动者拒绝用人单位管理人员违章指挥、强令冒险作业的，不视为违反劳动合同。劳动者对危害生命安全和身体健康的劳动条件，有权对用人单位提出批评、检举和控告。

（4）用人单位变更名称，法定代表人、主要负责人或投资人等事项，不影响劳动合同的履行。

（5）用人单位发生合并或分立等情况，原劳动合同继续有效，劳动合同由承继其权利和义务的用人单位继续履行。

2. 用人单位应当依法建立和完善劳动规章制度，保障劳动者享有劳动权利、履行劳动义务

用人单位制定的劳动规章制度的内容不得违反劳动法律法规的义务性规范和劳动合同的约定条款。用人单位应本着民主协商与劳资共议的原则，对劳动规章制度的制定、修改及实施进行严格规范，其具体程序为：

（1）经职代会或全体职工讨论，提出方案和意见；

（2）与工会或职工代表平等协商确定；

（3）用人单位应当将直接涉及劳动者切身利益的规章制度和重大事项决定在单位内公示，或者告知劳动者。如果用人单位的规章制度未经公示或未对劳动者告知，该规章制度对劳动者不生效。公示或告知劳动者规章制度可采用张贴通告、员工手册送达、会议精神传达等方式。

（二）劳动合同的变更

劳动合同开始履行但尚未履行完毕之前，用人单位与劳动者协商一致，可以变更劳动合同约定的内容。变更劳动合同，应当采用书面形式。变更后的劳动合同文本由用人单位和劳动者各执一份。

五、劳动合同的解除和终止

（一）劳动合同的解除

劳动合同解除分为协商解除和法定解除两种。

1. 协商解除

在劳动合同订立后，双方当事人因某种原因，在完全自愿的基础上协商一致，解除劳动合同。协商解除具有以下法律特征：

（1）劳动者和用人单位具有平等的解除合同请求权，均可主动向对方提出解除劳动合同关系的请求。

（2）必须经双方平等自愿协商一致，才可解除合同。

（3）协商解除不受合同终止条件的约束。

（4）由用人单位提出解除劳动合同且与劳动者协商一致的，用人单位必须依法向劳动者支付经济补偿。由劳动者主动辞职而与用人单位协商一致的，用人单位无须向劳动者支付经济补偿。

2. 法定解除

劳动合同存续期间，出现国家法律、法规或劳动合同规定的可以解除劳动合同的情形时，不需双方一致同意，劳动合同效力可自然或由单方提前终止，即劳动合同法定解除。劳动合同法定解除分为劳动者单方解除和用人单位单方解除。

（1）劳动者可单方解除劳动合同的情形。

①劳动者提前通知解除劳动合同的情形。

a. 劳动者在试用期内提前 3 日通知用人单位，可以解除劳动合同；

b. 劳动者提前 30 日以书面形式通知用人单位，可以解除劳动合同。

以上情形下，劳动者不能获得经济补偿，且劳动者必须履行法定的通知程序。如果劳动者没有履行通知的法定程序，则属于违法解除，如因此对用人单位造成损失的，劳动者应对用人单位的损失承担赔偿责任。

②劳动者可随时通知解除劳动合同的情形

a. 用人单位未按劳动合同约定提供劳动保护或劳动条件的；

b. 用人单位未及时足额支付劳动报酬的；

c. 用人单位未依法为劳动者缴纳社会保险费的；

d. 用人单位的规章制度违反法律、法规的规定，损害劳动者权益的；

e. 用人单位以欺诈、胁迫的手段或乘人之危，使劳动者在违背真实意思的情况下订立或变更劳动合同的；

f. 用人单位在劳动合同中免除自己的法定责任、排除劳动者权利的；

g. 用人单位违反法律、法规强制性规定的；

h. 法律、法规规定劳动者可以解除劳动合同的其他情形。

以上情形下，解除劳动合同的，用人单位需向劳动者支付经济补偿。

③劳动者无需事先告知即可解除劳动合同的情形。

a. 用人单位以暴力、威胁或非法限制人身自由的手段强迫劳动者劳动的；

b. 用人单位违章指挥、强令冒险作业危及劳动者人身安全的。

上述情形下，解除劳动合同的，用人单位需向劳动者支付经济补偿。

（2）用人单位可解除劳动合同的情形。

①无过失性辞退。

有下列情形之一的，用人单位提前 30 日以书面形式通知劳动者本人或额外支付劳动者 1 个月工资后，可以解除劳动合同。

a. 劳动者患病或非因工负伤，在规定的医疗期满后不能从事原工作，也不能从事由用人单位另行安排的工作的；

b. 劳动者不能胜任工作，经过培训或调整工作岗位，仍不能胜任工作的；

c. 劳动合同订立时所依据的客观情况发生重大变化，致使劳动合同无法履行，经用人单位与劳动者协商，未能就变更劳动合同内容达成协议的。

用人单位选择额外支付劳动者 1 个月工资解除劳动合同的，其额外支付的工资应当按照该劳动者上 1 个月的工资标准确定。

如果在合法解除劳动合同时，用人单位应当但却没有及时向劳动者支付经济补偿的，用人单位按应付经济补偿金额 50% 以上 100% 以下的标准向劳动者加付赔偿金。

用人单位违反规定解除劳动合同，劳动者要求继续履行的，用人单位应当继续履行；劳动者不要求继续履行或劳动合同已不能继续履行的，用人单位应当依照劳动合同法规定的经济补偿标准的 2 倍向劳动者支付赔偿金，支付了赔偿金的，不再支付经济补偿。赔偿金计算年限自用工之日起计算。

②用人单位可随时通知劳动者解除合同的情形。

a. 劳动者在试用期间被证明不符合录用条件的；

b. 劳动者严重违反用人单位的规章制度的；

c. 劳动者严重失职，营私舞弊，给用人单位造成重大损害的；

d. 劳动者同时与其他用人单位建立劳动关系，对完成本单位的工作任务造成严重影响，或经用人单位提出，拒不改正的；

e. 劳动者以欺诈、胁迫的手段或乘人之危，使用人单位在违背真实意思的情况下订立或变更劳动合同的；

f. 劳动者被依法追究刑事责任的。

上述情形下解除劳动合同的，用人单位无需向劳动者支付经济补偿。

③经济性裁员。

用人单位有下列情形之一，需要裁减人员 20 人以上或裁减不足 20 人但占企业职工总数 10% 以上的，用人单位提前 30 日向工会或全体职工说明情况，听取工会或职工的意见后，裁减人员方案经向劳动行政部门报告，可以裁减人员：

a. 依照企业破产法规定进行重整的；

b. 生产经营发生严重困难的；

c. 企业转产、重大技术革新或经营方式调整，经变更劳动合同后，仍需裁减人员；

d. 其他因劳动合同订立时所依据的客观经济情况发生重大变化，致使劳动合同无法履行的。

裁员不足 20 人且占企业职工总数不足 10% 的，无需执行上述程序。

④用人单位不得解除劳动合同的情形。

劳动者有下列情形之一的，用人单位不得解除劳动合同：

a. 从事接触职业病危害作业的劳动者未进行离岗前职业健康检查，或疑似职业病病人在诊断或医学观察期间的；

b. 在本单位患职业病或因工负伤并被确认丧失或部分丧失劳动能力的；

c. 患病或非因工伤，在规定的医疗期内的；

d. 女职工在孕期、产期、哺乳期的；

e. 在本单位连续工作满 15 年，且距法定退休年龄不足 5 年的；

f. 法律、法规规定的其他情形。

如果用人单位在上述情形下解除劳动合同，属于违法解除劳动合同的情形，劳动者可要求继续履行劳动合同，享受在劳动关系存续期间的待遇；如果劳动者不愿意继续履行劳动合同或劳动合同的履行已不可能，劳动者可要求获得 2 倍经济补偿的赔偿金。

（二）劳动合同的终止

1. 劳动合同终止的情形

（1）劳动合同期满的。

（2）劳动者开始依法享受基本养老保险待遇的。

（3）劳动者达到法定退休年龄的。

（4）劳动者死亡，或者被人民法院宣告死亡或宣告失踪的。

（5）用人单位被依法宣告破产的。

（6）用人单位被吊销营业执照、责令关闭、撤销或用人单位决定提前解散的。

（7）法律、法规规定的其他情形。

用人单位与劳动者不得约定上述情形之外的其他劳动合同终止条件，即使约定也无效。

2. 劳动合同终止的限制性规定

一般情况下，劳动合同期满，劳动合同则终止。如果有下列情形，用人单位既不得解除劳动合同，也不得终止劳动合同，劳动合同应当续延至相应的情形消失时终止：

（1）从事接触职业病危害作业的劳动者未进行离岗前职业健康检查，或疑似职业病病人在诊断或医学观察期间的。

（2）在本单位患职业病或因工负伤并被确认丧失或部分丧失劳动能力的，对于丧失或部分丧失劳动能力的劳动者的劳动合同的终止，按照国家有关工伤保险的规定执行。

（3）患病或非因工负伤，在规定的医疗期内的。

（4）女职工在孕期、产期、哺乳期的。

（5）在本单位连续工作满 15 年，且距法定退休年龄不足 5 年的。

（6）法律、法规规定的其他情形。

六、劳动争议的解决

（一）劳动争议及解决方法

1. 劳动争议的适用范围

根据《争议调解仲裁法》和《劳动人事争议仲裁办案规则》，劳动争议的范围主要是指中华人民共和国境内的用人单位与劳动者发生的下列劳动争议：

（1）因确认劳动关系发生的争议。

（2）因订立、履行、变更、解除和终止劳动合同发生的争议。

（3）因除名、辞退和辞职、离职发生的争议。

（4）因工作时间、休息休假、社会保险、福利、培训及劳动保护发生的争议。

（5）因劳动报酬、工伤医疗费、经济补偿或赔偿金等发生的争议。

（6）法律、法规规定的其他劳动争议。

2. 劳动争议的解决原则和方法

劳动争议的解决应本着根据事实，遵循合法、公正、及时、着重调解的原则，依法保护当事人的合法权益。发生劳动争议，当事人对自己提出的主张，有责任提供证据。与争议事项有关的证据属于用人单位掌握管理的，用人单位应当提供；用人单位不提供的，应当承担不利后果。

用人单位与劳动者发生劳动争议，劳动者可以与用人单位协商，也可请工会或第三方共同与用人单位协商，达成和解协议；当事人不愿协商、协商不成或达成和解协议后不履行的，可向调解组织申请调解；不愿调解、调解不成或达成调解协议后不履行的，可向劳动仲裁委员会申请仲裁；对仲裁裁决不服的，可依法向人民法院提起诉讼或申请撤销仲裁裁决。

（二）劳动调解

1. 劳动争议调解组织

目前可受理劳动争议的调解组织有：

（1）企业劳动争议调解委员会。

（2）依法设立的基层人民调解组织。

（3）在乡镇、街道设立的具有劳动争议调解职能的组织。

2. 调解员

对于设有劳动争议调解委员会的企业，其调解委员会由职工代表和企业代表组成。职工代表由工会成员担任或由全体职工推举产生，企业代表由企业负责人指定。企业劳动争议调解委员会主任由工会成员或双方推举的人员担任。

3. 劳动调解程序

当事人申请劳动争议调解可以书面申请，也可口头申请。口头申请的，调解组织应当当场记录申请人基本情况、申请调解的争议事项、理由和时间。

调解劳动争议，应当充分听取双方当事人对事实和理由的陈述，耐心疏导，帮其达成协议。

经调解达成协议的，应当制作调解协议书。调解协议书由双方当事人签名或盖章，经调解员签名并加盖调解组织印章后生效。达成调解协议后，一方当事人在约定期限内不履行调解协议的，另一方当事人可依法申请仲裁。因支付拖欠劳动报酬、工伤医疗费、经济补偿或赔偿金事项达成调解协议，用人单位在协议约定期限内不履行的，劳动者可持调解协议书向人民法院申请支付令。人民法院应当依法发出支付令。

自劳动争议调解组织收到调解申请之日起 15 日内未达成调解协议的，当事人可以依法申请仲裁。

（三）劳动仲裁

在我国，劳动仲裁是劳动争议当事人向人民法院提起诉讼的必经程序。劳动争议仲裁不收费。劳动仲裁的法律依据是《劳动争议调解仲裁法》和《劳动人事争议仲裁办案规则》。

1. **劳动仲裁参与人、劳动仲裁机构和劳动仲裁管辖**

(1) 劳动仲裁参与人。

①当事人。当事人指的是发生劳动争议的劳动者和用人单位。

劳务派遣单位或用工单位与劳动者发生劳动争议的，劳务派遣单位与用人单位为共同当事人。

劳动者与个人承包经营者发生争议，依法向仲裁委员会申请仲裁的，应当将发包的组织和个人承包经营者作为当事人。

发生争议的用人单位被吊销营业执照、责令关闭、撤销及用人单位决定提前解散、歇业，不能承担相关责任的，依法将其出资人、开办单位或主管部门作为共同当事人。

因履行集体合同发生的劳动争议，经协商解决不成的，工会可以依法申请仲裁；尚未建立工会的，由上级工会指导劳动者推举产生的代表依法申请仲裁。

②当事人代表。发生争议的劳动者一方在 10 人以上，并有共同请求的，可以推举 3～5 名代表人参加仲裁活动。代表人参加仲裁的行为对其所代表的当事人发生效力，但代表人变更、放弃仲裁请求或承认对方当事人的仲裁请求，进行和解，必须经被代表的当事人同意。

③第三人。与劳动争议的处理结果有利害关系的第三人，可以申请参加仲裁活动或由劳动争议仲裁委员会通知其参加仲裁活动。

④代理人。当事人可以委托代理人参加仲裁活动。委托他人参加仲裁活动，应当向劳动争议仲裁委员会提交有委托人签名或盖章的委托书，委托书应当载明委托事项和权限。

丧失或部分丧失民事行为能力的劳动者，由其法定代理人参加仲裁活动；无法定代理人的，由劳动争议仲裁委员会为其指定代理人。劳动者死亡的，由其近亲属或代理人参加仲裁活动。

(2) 劳动仲裁机构。

劳动仲裁机构是劳动争议仲裁委员会。劳动争议仲裁委员会由劳动行政部门代表、工会代表和企业方面代表组成。劳动仲裁委员会仲裁员应符合下列条件之一：

①曾任审判员的；

②从事法律研究、教学工作并具有中级以上职称的；

③具有法律知识、从事人力资源管理或工会等专业工作满 5 年的；

④律师执业满 3 年的。

(3) 劳动仲裁管辖。

劳动争议由劳动合同履行地或用人单位所在地的劳动争议仲裁委员会管辖。双方当事人分别向劳动合同履行地和用人单位所在地的劳动争议仲裁委员会申请仲裁的，由劳动合同履行地的劳动争议仲裁委员会管辖。

2. **申请和受理**

(1) 申请时效。

①劳动争议申请仲裁的时效期间为 1 年。仲裁时效期间从当事人知道或应当知道其权利被侵害之日起计算。劳动关系存续期间因拖欠劳动报酬发生争议的，劳动者申请仲裁不受 1 年仲裁时效期间的限制；但劳动关系终止的，应当自劳动关系终止之日起 1 年

内提出。

②时效中断。劳动仲裁时效，因当事人一方向对方当事人主张权利，或向有关部门请求权利救济，或对方当事人同意履行义务而中断。从中断时起，仲裁时效期间重新计算。

③时效中止。因不可抗力或有其他正当理由，当事人不能在仲裁时效期间申请仲裁的，仲裁时效中止。从中止时效的原因消除之日起，仲裁时效期间继续计算。

（2）仲裁申请。

申请人申请仲裁应当提交书面仲裁申请，并按照被申请人人数提交副本。书写仲裁申请确有困难的，可以口头申请，由劳动争议仲裁委员会记入笔录，并告知对方当事人。

仲裁申请书应当载明以下事项：

①劳动者的姓名、性别、年龄、职业、工作单位和住所，用人单位的名称、住所和法定代表人或主要负责人的姓名、职务；

②仲裁请求和所根据的事实、理由；

③证据和证据来源、证人姓名和住所。

（3）仲裁受理。

劳动争议仲裁委员会收到仲裁申请之日起 5 日内，认为符合受理条件的，应当受理，并通知申请人；认为不符合受理条件的，应当书面通知申请人不予受理，并说明理由。

对于劳动争议仲裁委员会不予受理或逾期未作出决定的，申请人可以就该劳动争议事项向人民法院提起诉讼。

劳动争议仲裁委员会受理仲裁申请后，应当在 5 日内将仲裁申请书副本送达被申请人。被申请人收到仲裁申请书副本后，应当在 10 日内向劳动争议仲裁委员会提交答辩书。劳动争议仲裁委员会收到答辩书后，应当在 5 日内将答辩书副本送达申请人。被申请人未提交答辩书的，不影响仲裁程序的进行。

3. 开庭和裁决

（1）基本制度。

①公开仲裁制。劳动争议仲裁公开进行，但当事人协议不公开进行或涉及国家秘密、商业秘密和个人隐私的除外。

②仲裁庭制。劳动争议仲裁委员会裁决劳动争议实行仲裁庭制。仲裁庭由 3 名仲裁员组成，设首席仲裁员。简单劳动争议可以由 1 名仲裁员独任仲裁。

③回避制。仲裁员有下列情形之一的，应当回避，当事人也有权以口头或书面方式提出回避申请：

a. 是本案当事人或当事人、代理人的近亲属的；

b. 与本案有利害关系的；

c. 与本案当事人、代理人有其他关系，可能影响公正裁决的；

d. 私自会见当事人、代理人，或接受当事人、代理人请客送礼的。

劳动争议仲裁委员会对回避申请应当及时作出决定，并以口头或书面方式通知当事人。

（2）开庭程序。

①开庭通知和延期申请。

劳动争议仲裁委员会应当在受理仲裁申请之日起5日内将仲裁庭的组成情况书面通知当事人。

仲裁庭应当在开庭5日前，将开庭日期、地点书面通知双方当事人。当事人有正当理由的，可在开庭3日前请求延期开庭。由劳动仲裁委员会决定是否延期。

申请人收到书面通知，无正当理由拒不到庭或未经仲裁庭同意中途退庭的，可以视为撤回仲裁申请。被申请人收到书面通知，无正当理由拒不到庭或未经仲裁庭同意中途退庭的，可以缺席裁决。

②开庭审理。

开庭审理时，仲裁员应当听取申请人的陈述和被申请人的答辩，主持庭审调查、质证和辩论、征询当事人最后意见，并进行调解。

a. 当事人提供的证据经查证属实的，仲裁庭应当将其作为认定事实的根据。

劳动者无法提供由用人单位掌握管理的与仲裁请求有关的证据，仲裁庭可以要求用人单位在指定期限内提供。用人单位在指定期限内不提供的，应当承担不利后果。

b. 仲裁庭对专门性问题认为需要鉴定的，可以交由当事人约定的鉴定机构鉴定；当事人没有约定或无法达成约定的，由仲裁庭指定的鉴定机构鉴定。根据当事人的请求或仲裁庭的要求，鉴定机构应当派鉴定人参加开庭。当事人经仲裁庭许可，可向鉴定人提问。

c. 当事人在仲裁过程中有权进行质证和辩论。质证和辩论终结时，首席仲裁员或独任仲裁员应当征询当事人的最后意见。

d. 仲裁庭应当将开庭情况记入笔录。当事人和其他仲裁参与人认为对自己陈述的记录有遗漏或者差错的，有权申请补正。如果不予补正，应当记录该申请。笔录由仲裁员、记录人员、当事人和其他仲裁参加人签名或盖章。

（3）裁决。

①和解。当事人申请劳动争议仲裁后，可以自行和解。达成和解协议的，可以撤回仲裁申请。

②调解。仲裁庭在作出裁决前，应当先行调解。调解达成协议的，促裁庭应当制作调解书。调解书应当写明仲裁请求和当事人协议的结果。调解书由仲裁员签名，加盖劳动争议仲裁委员会印章，送达双方当事人。调解书经双方当事人签收后，发生法律效力。调解不成或调解书签收前，一方当事人反悔的，仲裁庭应当及时作出裁决。

③审理期限。仲裁庭裁决劳动争议案件，应当自劳动争议仲裁委员会受理仲裁申请之日起45日内结束。案情复杂需要延期，经劳动争议仲裁委员会主任批准，可以延期并书面通知当事人，但延长期限不得超过15日。逾期未作出仲裁裁决的，当事人可以就该劳动争议事项向人民法院提起诉讼。

④裁决。裁决应当按照多数仲裁员的意见作出，少数仲裁员的不同意见应当记入笔录。仲裁庭不能形成多数意见时，裁决应当按照首席仲裁员的意见作出。

下列劳动争议，除法律另有规定外，仲裁裁决为终局裁决，裁决书自作出之日起发生法律效力：

①追索劳动报酬、工伤医疗费、经济补偿或赔偿金，不超过当地月最低工资标准12个月金额的争议；

②执行国家的劳动标准在工作时间、休息休假、社会保险等方面发生的争议。

用人单位有证据证明上述仲裁裁决有下列情形之一的，可以自收到仲裁裁决书之日起30日内向劳动仲裁委员会所在地的中级人民法院申请撤销裁决：

①适用法律、法规确有错误的；

②劳动争议仲裁委员会无管辖权的；

③违反法定程序的；

④裁决所根据的证据是伪造的；

⑤对方当事人隐瞒了足以影响公正裁决的证据的；

⑥仲裁员在仲裁该案时有索贿、徇私舞弊、枉法裁决行为的。

当事人对上述终局裁决情形之外的其他劳动争议的仲裁裁决不服的，可自收到仲裁裁决书之日起15日内提起诉讼；期满不起诉的，裁决书发生法律效力。

（4）执行。

仲裁庭对追索劳动报酬、工伤医疗费、经济补偿或赔偿金的案件，根据当事人的申请，可以裁决先予执行，移送人民法院执行，劳动者申请先予招待的，可以不提供担保。

仲裁庭裁决先予执行的，应当符合下列条件：

①当事人之间权利义务关系明确；

②不先予执行将严重影响申请人的生活。

当事人对发生法律效力的调解书、裁决书，应当依照规定的期限履行。一方当事人逾期不履行的，另一方当事人可以依照民事诉讼法的有关规定向人民法院申请执行。受理申请的人民法院应当依法执行。

4. 劳动诉讼

劳动诉讼依照民事诉讼的规定执行。

劳动诉讼申请范围包括：

（1）对劳动争议仲裁委员会不予受理或逾期未作出决定的，申请人可就该劳动争议事项向人民法院提起诉讼。

（2）劳动者对劳动争议的终局裁决不服的，可自收到仲裁裁决书之日起15日内向人民法院提起诉讼。

（3）当事人对终局裁决情形之外的其他劳动争议案件的仲裁裁决不服的，可自收到仲裁裁决之日起15日内提起诉讼。

（4）终局仲裁裁决被人民法院裁定撤销的，当事人可自收到裁定书之日起15日内就该劳动争议事项向人民法院提起诉讼。

七、违反劳动合同法的法律责任

（一）用人单位违反劳动合同法的法律责任

1. 用人单位规章制度违法的法律责任

用人单位直接涉及劳动者切身利益的规章制度违反法律、法规规定的，由劳动行政部门责令改正，给予警告；给劳动者造成损害的，应当承担赔偿责任。

2. 用人单位订立劳动合同违法的法律责任

（1）用人单位提供的劳动合同文本未载明劳动合同必备条款或用人单位未将劳动合同文本交付给劳动者的，由劳动行政部门责令改正；给劳动者造成损害的，应当承担赔偿责任。

（2）用人单位自用工之日起超过1个月不满1年未与劳动者订立书面劳动合同的，应当向劳动者每月支付2倍的工资。

（3）用人单位违反规定不与劳动者订立无固定期限劳动合同的，自应当订立无固定期限劳动合同之日起向劳动者每月支付2倍的工资。

（4）劳动合同依法律规定被确认无效，给劳动者造成损害的，用人单位应当承担赔偿责任。

（5）用人单位违反法律规定与劳动者约定试用期的，由劳动行政部门责令改正；违反约定的试用期已经履行的，由用人单位以劳动者试用期满月工资为标准，按已经履行的超过法定试用期的期间向劳动者支付赔偿金。

（6）用人单位违反法律规定，扣押劳动者居民身份证等证件的，由劳动行政部门责令限期退还劳动者本人，并依照有关法律规定给予处罚。

（7）用人单位违反规定，以担保或其他名义向劳动者收取财物的，由劳动行政部门责令限期退还劳动者本人，并以每人500元以上2 000元以下的标准处以罚款；给劳动者造成损害的，应当承担赔偿责任。

3. 用人单位履行劳动合同违法的法律责任

（1）用人单位未按劳动合同的约定或国家规定及时足额支付劳动者劳动报酬的，低于当地最低工资标准支付劳动者工资的，安排加班不支付加班费的，解除劳动合同未依照法律规定向劳动者支付经济补偿的，由劳动行政部门责令限期支付劳动报酬、加班费或经济补偿；劳动报酬低于当地最低工资标准的，应当支付其差额部分；逾期支付的，责令用人单位按应付金额50%以上100%以下的标准向劳动者加付赔偿金。

（2）用人单位以暴力、威胁或者非法限制人身自由的手段强迫劳动的，或违章指挥或强令冒险作业危及劳动者人身安全的，或侮辱、体罚、殴打、非法搜查或拘禁劳动者的，或劳动条件恶劣、环境污染严重，给劳动者身心健康造成严重损害的，依法给予行政处罚；构成犯罪的，依法追究刑事责任；给劳动者造成损害的，应当承担赔偿责任。

4. 用人单位违法解除和终止劳动合同的法律责任

（1）用人单位违反劳动合同法规定解除或终止劳动合同的，应当依照劳动合同法规定的经济补偿标准的2倍向劳动者支付赔偿金。

（2）用人单位违反劳动合同法规定未向劳动者出具解除或终止劳动合同的书面证明，由劳动行政部门责令改正；给劳动者造成损害的，应当承担赔偿责任。

（3）劳动者依法解除或终止劳动合同，用人单位扣押劳动者档案或其他物品的，由劳动行政部门责令限期退还劳动者本人，并以每人500元以上2 000元以下的标准处以罚款；给劳动者造成损害的，应当承担赔偿责任。

5. 其他法律责任

用人单位招用与其他用人单位尚未解除或终止劳动合同的劳动者，给其他用人单位造成损失的，应当承担连带赔偿责任。

对不具备合法经营资格的用人单位的违法犯罪行为，依法追究法律责任；劳动者已经付出劳动的，该单位或其出资人应当依照劳动合同法的有关规定向劳动者支付劳动报酬、经济补偿、赔偿金；给劳动者造成损害的，应当承担赔偿责任。

个人承包经营违反劳动合同法规定招用劳动者，给劳动者造成损害的，发包的组织与个人承包经营者承担连带赔偿责任。

（二）劳动者违反劳动合同法的法律责任

（1）劳动合同被确认无效，给用人单位造成损失的，有过错的劳动者应当承担赔偿责任。

（2）劳动者违反劳动合同中约定的保密义务或竞业限制，应当按照劳动合同的约定，向用人单位支付违约金；给用人单位造成损失的，应当承担赔偿责任。

（3）劳动者违反劳动合同法规定解除劳动合同，给用人单位造成损失的，应当承担赔偿责任。

（4）劳动者违反培训协议，未满服务期解除或终止劳动合同的，或因劳动者严重违纪，用人单位与劳动者解除约定服务期的，劳动者应当按照劳动合同的约定，向用人单位支付违约金。

第五节 经济纠纷实务

一、经济纠纷诉讼指南

（一）起诉应符合的条件

发生经济纠纷的一方或双方当事人如果选择法律途径解决纠纷，则应就纠纷事项向相关法院提出诉讼请求，即起诉。对于当事人的起诉，经相应法院审理，认为符合起诉条件的，法院受理；否则，法院不予受理。根据相关法律规定，起诉应符合下列条件：

（1）原告是与本案有直接利害关系的公民、法人和其他组织。

（2）有明确的被告。被告是个人的，可查居民身份证、户口本或其他身份证明材料；被告是法人或其他经济组织的，可查工商登记材料等来确定。个体工商户以业主为原、被告。

（3）有具体的诉讼请求和事实、理由。具体的诉讼请求是指原告请求的事项、数额必须明确、具体，不能模棱两可，含糊不清。事实、理由是指原告在起诉状中写明法律关系发生、变更、消灭的事实、理由或者纠纷发生的事实和理由。

（4）属于法院受理民事诉讼的范围和受诉法院管辖。

（二）起诉应递交的材料

起诉时，起诉方应向相应法院递交的材料包括诉状、证据及双方主体资格证明。一般情况，起诉时应提交以下材料：

（1）起诉状正本一份，并按被告及第三人的人数提交起诉状副本。

（2）起诉状附有与原告诉讼请求及其主张相关的证据原件或经法院核对无异的证据复制件。

（3）原、被告诉讼主体资格证明。原告或被告是法人的，还需递交最近一次的工商年检材料证明。

（三）起诉状应包括的内容

起诉状主要包括的内容有当事人的自然情况、诉讼请求和所依据的事实和理由、证据和证据来源、证人姓名和住所地。

（1）当事人的自然情况。当事人是自然人的，其自然情况包括姓名、性别、年龄、民族、国籍、职业、工作单位和住所、邮编和联系电话；当事人一方是法人或其他组织的，其自然情况包括法人或其他组织的名称、住所和法定代表人或主要负责人姓名、职务、邮编和联系电话。自然人的姓名、法人的名称应与身份证、营业执照一致，当事人的住所地要准确、详细，要具体到门牌号。

（2）诉讼请求和所根据的事实和理由。诉讼请求即请求法院解决什么问题。诉讼请求应具体明确。如，请求履行合同、要求赔偿等。有几项诉讼请求的，应一一列出。如，某名誉权纠纷案件起诉状，其诉讼请求为：①要求被告停止对原告名誉权的侵害；②要求被告赔偿原告名誉权损失人民币1万元；③要求被告在公开发行的报刊上向原告赔礼道歉，为原告消除影响，恢复名誉。所根据的事实指的是双方纠纷的原因、经过、现状等。理由即针对事实，分清是非曲直，明确责任，并引用相关法律法规加以证明。

（3）证据和证据来源，证人姓名和住所。

注意，当事人的住所地与实际居住地不一致的，应当在起诉状中分别写明。

（四）当事人享有的诉讼权利

根据《中华人民共和国民事诉讼法》的规定，当事人享有的诉讼权利包括：起诉，委托代理人，收集、提供证据，申请回避，放弃、变更和承认、反驳诉讼请求，进行辩论，提起反诉，请求调解，自行和解，在法院规定的范围内查阅、复制本案有关材料和法律文书，提起上诉，申请执行。

（五）当事人承担的诉讼义务

（1）依法行使诉讼权利。

（2）遵守诉讼秩序。

（3）对自己提出的主张在举证期限内提供证据。

（4）主动履行发生法律效力的判决书、决定书和调解书。

(5) 按规定交纳案件受理费等诉讼费用。

(六) 证据的类型

证据是证明(案件)事实的材料，证据问题是诉讼的核心问题，全部诉讼活动实际上都是围绕证据的搜集和运用进行。

证据是法官在司法裁判中认定过去发生事实存在的重要依据，在任何一起案件的审判过程中，都需要通过证据和证据形成的证据链再现还原事件的本来面目。可以用来证明案件事实的材料都是证据。根据《民事诉讼法》的规定，证据包括：当事人的陈述、书证、物证、视听资料、电子数据、证人证言、鉴定意见、勘验笔录。

证据必须查证属实，才能作为认定事实的根据。

(七) 原告起诉时应提供有效的证据

(1) 证据必须注明证据的来源、证人的姓名和住址；书证应提交原件，物证应当提交原物；提交原件或原物确有困难的，可以提交复制品、照片、副本、节录本，但需经法院与原件核对无异议后加以注明；提交外文书证，必须附有中文译本；提交视听资料必须真实。

(2) 当事人应当在法院指定的举证期限内向法院提交证据材料，当事人在举证期限内不提交的，视为放弃举证权利。

(3) 当事人及其诉讼代理人可以根据最高人民法院《中华人民共和国诉讼证据的若干规定》第十七条的规定，向法院提出调查搜集证据的申请。是否准许，由法院决定。

(4) 当事人申请证人出庭作证，应当在举证期限届满十日前提出，并经人民法院许可。

(5) 经当事人申请，法院可以组织当事人在开庭审理前交换证据。

(6) 当事人在一审程序中提供新的证据的，应当在一审开庭前或开庭审理时提出。

(八) 被告如何进行答辩

答辩是被告根据原告的起诉，阐述自己认定的事实和理由，予以答复和辩驳。依照我国《民事诉讼法》的规定，人民法院应当在立案之日起 5 日内将起诉状副本发送被告，被告在收到之日起 15 日内提出答辩状。提出答辩状是当事人的一项诉讼权利，不是诉讼义务；但被告人逾期不提出答辩状，不影响法院审理。答辩状的内容，必须针对起诉状提出的事实和理由及证据展开，抓住关键，有的放矢地进行辩解，并提交有关的证据。

(九) 传票有何法律效力

传票(Summons)是指由原告(Plaintiff)准备、由法庭下达的用来通知答辩人(Defendant)其被起诉信息的法定文件。其法律效力如下：

(1) 法院对当事人及其法定代理人、法定代表人应使用传票传唤其到庭。

(2) 原告和有独立请求权的第三人及他们的法定代理人经传票传唤，无正当理由拒不到庭的，或未经法庭许可中途退庭的，可按撤诉处理。

(3) 被告和必须共同诉讼的原告、无独立请求权的第三人及他们的法定代理人经传票传唤，无正当理由拒不到庭，或未经法庭许可中途退庭的，可以缺席判决。

二、经济纠纷诉讼流程

（一）准备诉讼材料

拟好民事诉状，在民事诉状中写明请求事项，并以事实和理由简单说明请求事项的合法性和合理性。

（二）法院立案

将拟好的民事诉状到有管辖权的人民法院提交，以便于人民法院立案，立案时并垫交案件所需诉讼费用。

（三）参加庭审

案件立案后，根据法院通知，领取举证通知和开庭传票。在法院规定的举证期内，向法院提交本案所需的证据资料。在法院规定的开庭日期到庭参加庭审。

（四）领取法院判决书

法院开庭审理后，等待法院判决并领取判决书。

（五）决定上诉或申请执行

（1）如对法院判决不服，在规定的上诉期内，向第一审法院的上一级人民法院提交民事上诉状，提起上诉。

（2）按第二审法院的要求提交新的证据资料。

（3）按第二审法院的要求参加第二审庭审。

（4）领取第二审判决。

（5）判决生效进入执行阶段。

（6）如果被执行人未自动履行，权利人向法院提交强制执行申请书，申请强制执行。

（7）法院执行完毕。

（8）结案。

三、经济纠纷诉讼常用法律文书范本

（一）合同纠纷诉讼民事起诉状范本

民事起诉状

原告：

地址：

法定代表人：

被告：

地址：

法定代表人：

诉讼请求：____

____

____

事实和理由：______________________________________

____

____

此致

人民法院：

具状人：（盖章）

法定代表人：（签字或盖章）

年　　月　　日

附：合同副本　　　　份。

本诉状副本　　　　份。

其他证明文件　　　份。

（二）合同纠纷诉讼民事答辩状范本

民事答辩状

答辩人：
法定代表人：

被答辩人：
地 址：
法定代表人：

因____________诉我单位____________一案，答辩如下：____

此致

人民法院：

答辩人：（盖章）
法定代表人：（签字或盖章）
年 月 日

附：答辩状副本 份。
其它证明文件 份。

填写说明：

1. 答辩的理由，是答辩状的主体部分，通常包括以下内容：就案件事实部分进行答辩、就适用法律方面进行答辩。

2. 提出答辩主张，即对原告起诉状或上诉人上诉状中的请求是完全不接受，还是部分不接受，对本案的处理依法提出自己的主张，请求法院裁判时予以考虑。

（三）合同纠纷诉讼民事上诉状范本

民事上诉状

上诉人：
地　址：
法定代表人：

被上诉人：
地　　址：
法定代表人：

上诉人因_______________一案，不服_______________法院于__________年_____月_____日__________字第__________号判决，现提出上诉。

上诉理由及请求：____

此致

人民法院：
上诉人：（盖章）
法定代表人：（签字或盖章）
年　月　日

（四）合同纠纷诉讼法定代表人身份证明书范本

法定代表人身份证明书

_______________同志，在我单位任______________________________职务，特此证明。

单位全称：（盖章）
年　月　日

附：该代表人住址：
电话：

注：企业事业单位、机关、团体的主要负责人为本单位的法定代表人。

（五）合同纠纷诉讼财产保全申请书范本

财产保全申请书

申请人：
地　址：
法定代表人：

被申请人：
地　址：
法定代表人：

请求事项：

请求人民法院对被申请人的下列财产进行诉讼保全（写明财产的位置、数量、金额等情况）：

1. ______________________________

____

2. ______________________________

____

本申请人提供如下担保：

1. ______________________________

____

2. ______________________________

____

特此申请。

此致

人民法院：
申请人：（盖章）
法定代表人：（签字或盖章）
年　月　日

注：

财产保全申请书说明

财产保全申请书是民事诉讼中重要的文书。它是指人民法院在案件审理前或诉讼过程中，对当事人的财产或争议标的物所采取的一种强制措施。财产保全包括诉前保全和诉讼保全两种。在起诉前向法院申请保全的是诉前保全；在诉讼过程中申请保全的是诉讼保全。诉前保全的条件是：必须是紧急情况，不立即采取保全将会使申请人的权益遭到极大损害的；必须由利害关系人向财产所在地的法院提出申请保全；申请人必须提供担保。诉讼财产保全必须具备的条件是：案件必须具有给付内容，即属于给付之诉；必须是由于一方当事人的行为或其他行为，使判决有可能不能执行的；必须在诉讼过程中提出；申请人应当提供担保。

1. 申请财产保全程序

（1）申请。诉前保全由利害关系人提出申请，必须提供担保，否则，法院可以驳回申请；诉讼财产保全可以在起诉时也可以在诉讼中提出申请。

（2）财产保全的裁定。诉前财产保全必须在接受申请后48小时内作出裁定。诉讼保全如果是情况紧急的，也应48小时内作出裁定。裁定采取保全措施，应当立即执行。

（3）财产保全裁定不得上诉，一经作出，即发生法律效力。但当事人可以申请复议一次，复议期间，不停止裁定的执行。

（4）诉讼财产保全的解除。如果被申请人提供担保，诉前保全的申请人在15天内未起诉的或其他需要解除的情况出现时，法院应当裁定解除保全。

2. 填写财产保全申请书应当注意的问题

（1）需写明保全的理由，即为什么保全。

（2）需提供相应的担保，如果不提供担保，法院有可能拒绝保全请求。

（3）需提供被保全财产的具体位置和数量，否则法院无法执行。

（六）合同纠纷诉讼管辖异议申请书范本

诉讼管辖异议申请书

申请人：

请求事项：

______________合同纠纷一案，你院已于__________年______月______日受理。我们认为，你院对此案没有管辖权，现提出异议。

事实与理由（简单写明事情经过、合同约定的管辖内容及涉及的法律、法规依据等）：____

综上所述，请你院依法裁定将此案移送有管辖权的人民法院即__________人民法院审理。

此致

人民法院：

申请人：（盖章）

法定代表人：（签字或盖章）

年　月　日

（七）合同纠纷诉讼授权委托书范本

授权委托书

委托单位：
地　　址：
法定代表人：

受委托人1：
地　　址：

受委托人2：
地　　址：

现委托上列受托人在我单位与____________因____________纠纷一案中，作为我方诉讼代理人。

代理人____________的代理权限为：
代理人____________的代理权限为：

委托单位：（盖章）
法定代表人：（签字或盖章）
年　　月　　日

（八）合同纠纷诉讼申请执行书范本

申请执行书

申请执行人：
地　　址：
法定代表人：

被申请执行人：
地　　址：
法定代表人：

申请执行的标的：________________________申请执行的事实与理由：

申请人与被申请人因____________一案，____________人民法院________字第________号判决书（调解书）判决义务，根据《中华人民共和国民事诉讼法》有关规定，特向你院申请予以执行。

申请执行事项：________________________

此致

人民法院：
申请人：（盖章）
法定代表人：（签字或签章）
年　　月　　日

四、经济纠纷案件法院收费标准

法院受理经济纠纷案件，其收费标准（本标准自 2007 年 4 月 1 日起施行）如下：

（一）经济纠纷案件诉讼阶段收费标准

以经济纠纷所涉及的财产金额为基础，按照以下标准计算收费：

（1）1 万元以下部分：50 元。
（2）1 万 ~10 万元的部分：标的额 ×2.5% －200 元。
（3）10 万 ~20 万元的部分：标的额 ×2% +300 元。
（4）20 万 ~50 万元的部分：标的额 ×1.5% +1 300 元。
（5）50 万 ~100 万元的部分：标的额 ×1% +3 800 元。

（6）100万～200万元的部分：标的额×0.9%+4 800元。
（7）200万～500万元的部分：标的额×0.8%+6 800元。
（8）500万～1 000万元的部分：标的额×0.7%+11 800元。
（9）1 000万～2 000万元的部分：标的额×0.6%+21 800元。
（10）2 000万元以上的部分：标的额×0.5%+41 800元。

（二）经济纠纷案件执行费

（1）没有执行金额或价额：每件50～500元。
（2）执行金额不超过1万元：每件50元。
（3）超过1万～50万元的部分：执行金额×1.5%－100元。
（4）超过50万～500万元的部分：执行金额×1%+2 400元。
（5）超过500万～1 000万元的部分：执行金额×0.5%+27 400元。
（6）超过1 000万元的部分：执行金额×0.1%+67 400元。

（三）合同纠纷案件保全费

（1）财产数额不超过1 000元或不涉及财产数额：每件30元。
（2）超过1 000元至10万元的部分：1%。
（3）超过10万元的部分：0.5%，但最多不超过5 000元。

综合练习与实践

一、复习思考题

1. 什么是经济法？
2. 公司法的主要法律知识有哪些？
3. 违反合同法应承担哪些法律责任？
4. 劳动合同法的主要法律知识有哪些？
5. 经济纠纷案件诉讼流程是什么？

二、案例分析

1. 27岁的肖霞（化名）是渝北区五星级酒店重庆某大酒店销售部员工，已怀孕两个多月的她当前碰到一件揪心事——酒店对她下达了解除劳动合同书。她自称近日孕期反应强烈，甚至出现呕血。酒店的理由是按照制度执行。酒店方面称，肖霞是在给予客人积分券等返利中违反酒店政策，故酒店提出解除劳动合同。但是，肖霞却提出，酒店提出关于积分券等返利文件，自己并不知晓，其他销售人员也不知道。如果其所说属实，那么，这样的制度因为缺乏透明性而无效。

此外，肖霞处于怀孕的特殊时期，按照《劳动合同法》的规定，一般情形下，"女职工在孕期、产期、哺乳期"是不能解除劳动合同的，除非是严重违反用人单位规章制度。

案例中酒店的行为存在不合法的因素，这名孕妇或许能够讨回属于自己的公道，然而需要思考的是，为何孕妇总是遭遇不公正待遇？

2. 甲公司作为被告，被另一公司因运输纠纷起诉到人民法院，收到法院诉讼材料和证据如下：①法院传票；②原告起诉书；③举证通知书；④运输费对账单（该对账单没有甲公司盖章，但有甲公司的财务人员签名）。

说明：甲公司对运输费的金额没有异议，但认为根据合同约定，因原告运输的货物延误期限给甲公司造成损失，甲公司支付的运输费应扣除原告给甲公司造成的损失。

作为甲公司代理人，应诉需要准备哪些资料？

三、实践训练

组织全班同学或分成若干小组，调查某一企业的法律法规活动，了解与企业相关的法律法规知识，并就调查结果与全班同学进行交流。

第十二章
现代企业信息资源管理

学习目标

通过本章学习，能够理解和掌握信息资源的概念、特点；了解信息资源规划的意义和作用；理解和掌握管理信息系统的概念、结构和应用；了解企业管理信息化的内涵；熟悉企业电子商务的运用；熟悉企业电子商务方案设计。

引导案例

咖啡店的信息化管理

在广东深圳市蛇口区，有一家颇有情调的咖啡店。在深圳众多民族气息浓厚的休闲餐店中，这家带有欧美式风格的咖啡店显得别具一格。这家店的老板陈某半年前千里迢迢从东北来到深圳。尽管人生地不熟，但是挡不住陈某对这个繁华都市的喜爱，他决定在这里干一番事业。这家200多平方米的西餐咖啡店，陈某投资了60万元。200多平方米的店铺，在深圳不算大，但在寸金尺土的蛇口区也算是中等规模了。

为了规避风险，陈某初进这个行业的时候不想做很大规模，只想试一试，若成功更好，即使不成功也可积累一些经验。但一步步走过来，就把规模做大了。规模大了，自然就要请人来管理。陈某最初请了一个北方人，但觉得这个人的素质达不到自己的要求。而自己在深圳没根基，没熟人，要请到一个合适的、自己又信得过的人是非常困难的。

请不到合适的人，自己又照顾不过来，怎么办？在陈某束手无策的时候，他的一位朋友向他介绍了电脑管理的好处。万般无奈之下，陈某决定采用朋友的建议。陈某以前有过企业管理的经验，对于多花钱置备那些看似无用的信息系统，尽管有些迫不得已和感到无奈，但还是能很快接纳。在前期投资的基础上，陈某又咬咬牙花费了将近10万元购买了电脑硬件和相应的软件管理系统，包括库存系统、吧台结算系统以及点菜系统。

"这套系统能顶替我一个大脑，帮我记住那些复杂的库存到底有多少就行了，我的出发点没有别的。"陈老板说当时他并没有想到这套系统能给他带来多大的经济效益。

然而实际上，这套系统还是发挥了不少的作用。自己购买的物品清单，陈老板坚决由自己录入到系统中去，而出来的物品，账目单上会一清二楚，"这个物品的来龙去脉变不了，即使打折了，单子上都有记录。"通过这套系统，陈老板得到了一手清楚的账目。现在，在闲暇之余，陈老板也偶尔可以做个逍遥的甩手掌柜。而以前，他却是恨不得长出三头六臂来看着他的摊子。

第一节 信息资源管理概述

信息资源在现代企业的管理活动中起着举足轻重的作用。做好信息的收集、加工、传输、存储、探索工作，以及建立合理的、先进的信息资源管理系统，是现代企业信息资源管理的重要内容。

一、信息资源概述

（一）信息

信息是指依据一定需要而收集起来的、经过加工整理后具有某种使用价值的图形、文字、公式、方法、数据等知识元素的总称。

信息是企业管理中一项十分重要的资源，而它能否被正确使用，往往和它自身的特点有关。信息主要有以下几个特点：

1. 信息的客观性

信息反映的是客观事物的运动方式，不以人的意志为转移。反映客观存在的信息，才是真实有价值的信息，才能被人们所接收，并对以后的行动有指导意义。

2. 信息的共享性

信息通过信息源的传播，可以有多个接收者，被多个接收者利用，可以增加交流的内容。这就极大限度地扩展了信息，让信息得到了更为广泛的利用，对它本身却没有丝毫的影响。因此可以说，信息只能共享，而不能交换。

3. 信息的时效性

信息的价值和作用与时间有着直接的联系。信息有一定的时限，超过了这个限度，信息就失去或削弱了被利用的价值。一般来说，信息内容越新，传递得越快，信息的价值就越大。

4. 信息的转化性

从某种意义上讲，信息是可以转化的。在一定条件下，它可以转化为价值，可以被人们有效地利用。因此，管理者要善于转化信息，实现信息的价值。

（二）信息资源

信息资源是企业生产及管理过程中所涉及的一切文件、资料、图表和数据等信息的总称。它包括企业生产和经营活动过程中所产生、获得、处理、存储、传输和使用的一切信息，贯穿于企业管理的全过程。

随着社会的不断发展，信息资源对国家和民族的发展，对人们工作、生活起着至关重要的作用，成为国民经济和社会发展的重要战略资源。它的开发和利用是整个信息化体系的核心内容。信息资源与自然资源、物质资源相比，具有以下几个特点：

（1）能够重复使用，其价值在使用中得到体现。

（2）信息资源的利用具有很强的目标导向，不同的信息在不同的用户中体现不同的价值。

（3）具有整合性，人们对其检索和利用，不受时间、空间、语言、地域和行业的制约。

（4）它是社会财富，任何人无权全部或永久买下信息的使用权；它是商品，可以被销售、贸易和交换。

（5）具有流动性。

二、信息资源管理的含义和原则

（一）信息资源管理的含义

现代企业信息资源管理有两层含义：

（1）对信息资源本身实施科学的管理，即采取一套科学的理论和方法，对信息进行接收、加工、储存、交换和处理，化混乱的信息为有序的信息，变无用的信息为有用的信息。

（2）对信息工作进行有效的管理，即根据管理现代化的要求，对信息加工进行有效的计划、组织、指挥和控制，以尽可能少的劳动耗费去获取尽可能多的高质量的管理信息。

（二）信息资源管理的原则

1. 计划性和目的性

（1）计划性，即企业的信息管理必须要有周密的计划，从组织机构的建立、人员的选拔与培养到工作程序的安排、工作内容的确立，都应有序、合理。

（2）目的性，即企业的信息收集必须紧密地与企业生产经营结合起来，根据企业具体任务和实际需要，有的放矢地进行。

2. 时间性和准确性

（1）时间性，即企业对所收集和传递信息的及时性。为此，信息的收集和处理都要讲求一定的速度，做好信息的预测，抓住潜在的信息，走在时间的前面。信息必须在决策之前提供。

（2）准确性，即企业必须在信息的捕捉、分析、筛选和提炼过程中，进行反复核实和判断，力求信息能如实反映经济动态和市场行情并且清晰、可靠，把误差减少到最低限度。

3. 相关性和全面性

（1）相关性，即企业要保证信息收集和处理的统筹兼顾。为此，企业的信息工作必须按照经济信息、市场信息和企业信息的内在关系，随时满足企业信息系统的要求。收集和处理信息要注意信息之间的相关性，力求信息完整、全面。

（2）全面性，即企业对信息的收集必须全面、系统、完整，不仅要收集与企业经营管理活动直接有关的各种信息，还要收集对企业经营管理有间接影响的各种信息；不仅要收集历史的信息，还要收集现在和将来的信息；不仅要收集国内的信息，还要收集国际信息。总之，收集信息的面要尽可能宽，量要尽可能大，种类要尽可能全。

4. 典型性和权威性

（1）典型性，即企业在处理信息时，要注意代表性，经常利用具有典型意义的情报资料。

（2）权威性，即企业在收集信息时，要判断信息的发源地、信息的载体、信息的传递人员是否权威、能否真实反映所要了解的问题的特征及其变化。信息收集者要力争多获得第一手资料。

5. 科学性和先进性

（1）科学性，即现代企业信息资源管理要以信息学理论和企业经营管理理论为指导，采用科学的思维方式、灵活的信息策略。

（2）先进性，即企业收集信息要利用现有的行为科学与心理学研究成果，分析、存储和处理信息；要运用系统论、信息论、控制论和运筹学等理论及其成果，掌握先进的信息技术，使信息资源管理工作达到现代化水平。

6. 适用性和经济性

（1）适用性，即企业在收集和处理信息的过程中，要注意使工作的中心与企业经济活动相一致，即信息必须适用于本企业。

（2）经济性，即企业要坚持信息效益的价值计算，用尽量小的耗费取得尽可能大的成果，切不可盲目追求信息工作的设备和手段。

三、信息资源管理过程

信息资源管理的过程，实质上就是对信息的生产、流通、消费过程进行科学计划、合理组织和有效控制的过程。

（一）确定目标，制订计划

确定信息资源管理目标，就是选定在一定时期内信息工作的中心课题和主要范围。选定中心课题和主要范围的依据主要有三点：

（1）企业经营决策层在一定时期内所需要的定期信息内容。

（2）企业职能层在日常工作中所需要的定期信息内容。

（3）企业经营信息的结构体系和类型。

信息资源工作计划的内容主要有信息课题研究、课题调研计划、资料及情报工作配置计划和工作实施进度计划等。

（二）信息资源的收集和加工

信息资源的收集，是企业信息资源管理的起点。原始资料和数据的完整性、真实性直接关系到信息资源管理工作的质量。信息资源收集的方法一般有：资料调查法、询问法、阅读法、收听法、观察法、购买法、采集法、调查预测法等。企业可以根据自身实际灵活选择。

信息资源的加工是指根据特定的需求，对原始信息资源进行加工、分析、研究、改编、综合、重组，使之成为真实准确的信息资源，便于企业利用。

（三）信息资源的传递与存储

经过加工处理后的信息资源要传递给信息资源接收者。信息资源接收者在使用接收到的信息资源之前，要暂时存储大量信息资源，并建立档案以便查询。

（四）信息资源的应用与反馈

信息资源的应用过程，是人们应用信息进行决策和实施管理的过程，实质上是人们创造性地处理信息的过程。

信息资源的反馈过程是对信息资源实施控制的过程，也是企业把握经营机会的过程。如果能看准经营机会，就能对企业有限的资源进行合理的分配，以低费用获得高效益。为此，信息资源的反馈，主要取决于能否迅速及时反馈、沟通信息。

第二节　信息资源规划管理

在现代企业中，企业资源的优化配置是通过企业信息资源的开发和有效利用来实现的。没有反应快捷的现代信息网络，就不可能及时有效地优化配置企业资源，降低生产或服务的成本，提高产品质量，应对激烈的市场竞争。企业信息化建设必须以全面、正规的信息资源规划为基础工程和先导工程。

一、信息资源规划概述

我国自1993年推进国民经济和社会信息化以来，取得了明显的成绩，但是信息资源开发利用一直是我国信息化的薄弱环节。美国信息资源管理学家F. W. 霍顿（F. W. Horton）和马钱德（D. A. Marchand）等人在20世纪80年代初就指出：信息资源与人力、物力、财力和自然资源一样，都是企业的重要资源，因此，应该像管理其他资源那样管理信息资源。做好信息资源管理的目的是通过保持企业内外信息流的畅通和对信息资源的有效利用，来提高企业的效益和竞争力。显然，做好企业信息资源开发利用工作的前提是做好信息资源规划。

信息资源规划是指对企业生产经营所需要的信息，从采集、处理、传输到使用的全面规划。在企业的生产经营活动中，无时无刻不充满着信息的产生、流动和使用。要使每个部门内部、部门之间、部门与外部单位之间的频繁、复杂的信息流保持畅通，充分发挥信息资源的作用，必须进行统一、全面的规划。

二、信息资源规划的作用

信息资源规划的重要作用在于解决企业信息化的两类问题：

（1）系统集成问题。目前，有些企业特别是大型集团企业投以巨资建立起通信—计算机网络、各种生产自动化控制系统和经营管理信息系统，但由于缺乏高层的统筹规划和统一的信息标准，导致设计、生产和经营管理信息不能快捷流通，信息不能共享，形成了许多“信息孤岛”，系统集成难题一直无法解决，远没有发挥信息化投资的效益。

（2）系统再造问题。当新建的企业需要建立新一代信息网络，或者企业原有信息系统陈旧落后，需要重新建设时，整体引进企业管理软件能否成功。

这两类问题的解决都需要进行正规的信息资源规划，然后根据统一的功能模型、数据模型和数据标准来实施不同的应用软件项目。

（1）整合应用项目。对于已经成熟应用的系统，既要继续使用，又要解决信息孤岛问题，这就需要建立少量的数据转换接口，与新的数据环境交换数据，即通过数据集成实现新老应用系统的整合。

（2）改造应用项目。对于已经成熟应用的系统，如果建立数据转换接口与新的数据环境交换数据，其接口工作量庞大而且复杂，就应该按新的统一数据模型和数据标准改造原有的数据结构，同时相应地修改应用程序。

（3）定制应用项目。定制应用项目要求项目开发商按照统一规划建立功能模型、数据模型和数据标准，为企业开发新的应用系统。

（4）购入应用项目。选购能与统一规划建立的功能模型、数据模型和数据标准都匹配的应用软件。一般要求数据模型和数据标准都匹配是十分困难的，需要与供应商协商解决部分的定制或改制问题，以满足企业特定的需要。

（5）开发应用项目。

企业完全按照统一规划建立功能模型、数据模型和数据标准，组织自行开发、联合开发或委托开发。

解决系统集成和系统再造这两类问题的统一策略是：首先实施企业信息资源规划解决方案；然后实施企业集成化、网络化信息系统建设方案，即在信息资源规划方案的控制、指导和协调下实施计算机网络工程、数据库工程、应用软件工程三大工程。这就是基于信息资源规划的企业信息化工程整体解决方案的总体框架。

第三节　管理信息系统

现代企业的信息资源管理是一个系统工程，首先要求建立一个管理系统，这是现代企业应用信息技术的一种重要形式。

一、管理信息系统的概念及特征

（一）管理信息系统的概念

管理信息系统（Management Information System，MIS）是一个由人、计算机及其他外围设备等组成的能进行信息的收集、传递、存储、加工、维护和使用的系统。

其主要任务是：最大限度地利用现代计算机及网络通信技术加强企业信息管理，通过对企业拥有的人力、物力、财力、设备、技术等资源的调查了解，获取正确的数据，加工处理并编制成各种信息资料及时提供给管理人员，以便其进行正确的决策，不断提高企业的管理水平和经济效益。

（二）管理信息系统的特征

管理信息系统的特征如图 12－1 所示。

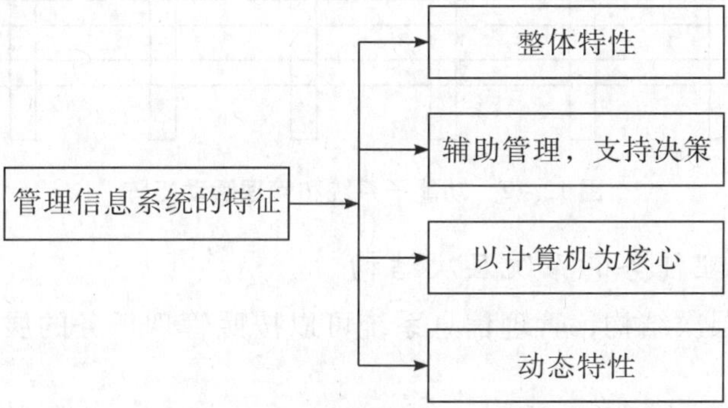

图 12－1　管理信息系统的特征

1. 整体特性

整体性即管理信息系统在功能内容上体现出的整体性，以及开发和应用技术步骤上的整体性。它要求即使实际开发的功能仅仅是组织中的一项局部管理工作，也必须从全局的角度规划系统的功能。

2. 辅助管理，支持决策

这是指在管理工作中应用管理信息系统只能辅助业务人员进行管理，提交有用的报告和方案来支持领导人员作出决策。因而，要发挥管理信息系统的这个特性，人员管理工作必须要有相应的管理思想、方式和流程。

3. 以计算机为核心

管理信息系统是一人一机系统，这是它与信息处理的其他人工手段的明显区别。

4. 动态特性

管理信息系统既具有时效性也具有关联性。当系统的某一要素（如系统的目标）发生变化时，整个系统也必须随之发生变化。因而管理信息系统的建立并不是一劳永逸的，还需要在实际应用中不断地完善和更新，以相对延长系统正常运行时间，提高系统效益。

二、管理信息系统的结构

管理信息系统是企业信息系统的核心，贯穿于企业管理的全过程，同时又覆盖了管理业务的各个层面，因而其结构也必然是一个包含各种子系统的广泛结构。图12-2是管理信息系统的结构矩阵，纵向概括了基于管理任务的系统层次结构，横向概括了基于管理职能的系统结构。

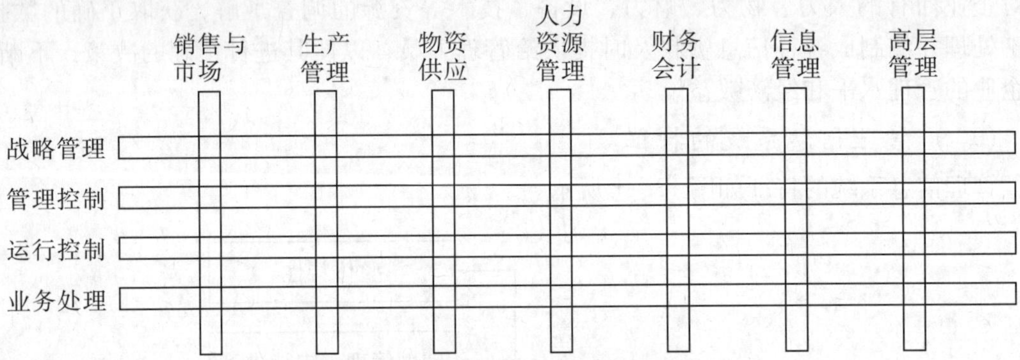

图12-2　功能子系统和管理活动矩阵

（一）基于管理任务的系统层次结构

管理任务具有层次结构，管理信息系统可以按照管理任务的层次进行分层（如表12-1所示）。

表12-1　管理任务的层次

层　次	内　容
战略管理	确定企业的目标、政策和方针，企业的组织层次；决定企业的任务
管理控制（战术管理）	包括资源的获得与组织、人员招聘与训练、资金的监控等
运行控制	有效利用现有设备和资源，在预算限制范围内活动
业务处理	涉及企业的每一项生产经营和管理活动

战略管理涉及企业的长远计划，处理的是中长期事件，如制定市场战略、确定产品品种等。管理控制属于中期计划范围，包括资源的获得与组织、人员招聘与训练、资金的监控等。运行控制涉及作业的控制，如作业计划和调度等。业务处理是企业最基本的活动，涉及企业的每一项生产经营和管理活动。

在实际的工作中，有时同一问题可以属于不同的管理层次，只是每个管理层次考虑问题的角度不同，且不同的管理层次对信息的需求是不同的。不同管理层次之间信息特性的差别如表12-2所示。由这些差别可以看出管理信息系统的不同层次具有不同的信息处理方法。

表 12－2　不同管理层次的信息特性

信息特性	运行控制	管理控制	战略管理
来　源	系统内部	系统内部	系统外部
范　围	确定	有一定确定性	很宽
概括性	详细	较概括	概括
时间性	历史	综合	未来
流通性	经常变化	定期变化	相对稳定
精确性要求	高	较高	低
使用频率	高	较高	低

从信息处理的工作量来看，信息处理所需资源的数量随管理任务的层次而变化，呈金字塔形（如图 12－3 所示）。一般业务的信息处理量越大，在系统结构中所处层次越高，其所需信息量越小。

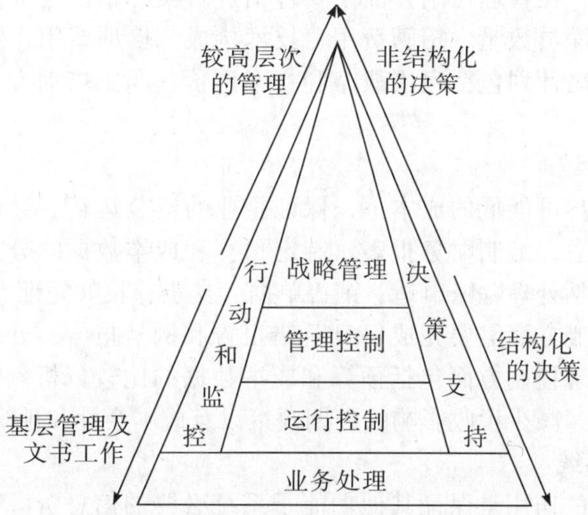

图 12－3　管理信息系统的金字塔结构

（二）基于管理职能的系统结构

管理信息系统结构也可以按照使用信息的组织职能加以描述。系统所涉及的各职能部门都有自己特殊的信息需求，需要专门设计相应的功能子系统，以支持其管理决策活动，同时各职能部门之间存在着各种信息联系，从而使各个功能子系统构成一个有机结合的整体。管理信息系统正是完成信息处理的各功能子系统的综合。

1. 销售与市场子系统

销售与市场子系统包含销售和推销以及售后服务的全部活动。该子系统在管理控制方面涉及总的销售成果与市场计划的比较，它所用的信息有顾客、竞争者、竞争产品和销售力量要求等；在战略计划方面包含新市场的开拓和新市场的战略，它使用的信息涉及客户分析、竞争者分析、客户调查，以及收入预测、产品预测、技术预测等。

2. 生产管理子系统

生产管理子系统中，典型的事务处理是生产指令、装配单、成品单、废品单和工时单等的处理。在作业控制方面要求将实际进度和计划进行比较，找出薄弱环节；在管理控制方面包括进行点调度、将单位成本和单位工时消耗的计划进行比较。战略计划要考虑加工方法和自动化的方法。

3. 物资供应子系统

物资供应子系统包括采购、收货、库存管理和发放等管理活动。在事务处理方面主要包括库存水平报告、库存缺货报告、库存积压报告等；在管理控制方面包括计划库存与实际库存水平的比较、采购成本、库存缺货分析、库存周转率分析等。战略计划包括新的物资供应战略、对供应商的新政策以及新技术信息、分配方案等。

4. 人力资源管理子系统

人力资源管理子系统包括人员的雇用、培训、考核、工资和解聘等。在事务处理方面主要包括产生有关雇用需求、工作岗位责任、培训计划、职员基本情况、工资变化、工作小时和终止聘用的文件及说明；在作业控制方面要完成聘用、培训、终止聘用、工资调整和发放津贴等；在管理控制方面主要包括进行实际情况与计划比较，产生各种报告和分析结果，说明职员数量、招聘费用、技术构成、培训费用、支付工资和分配是否符合要求的情况。战略计划包括雇用战略和方案评价、职工培训方式、就业制度及聘用留用人员的分析等。

5. 财务会计子系统

财务的职责是在尽可能低的成本下，保证企业的资金运转。会计的主要工作则是进行财务数据分类、汇总，编制财务报表，制定预算和成本数据的分类和分析。与财务会计有关的事务处理包括处理赊账申请、销售单据、支票、收款凭证、付款凭证、日记账、分类账等。在作业控制方面需要完成每日差错报告和例外报告，处理延迟记录及未处理的业务报告等；在管理控制方面包括预算和成本数据的比较分析。财会的战略计划关心的是财务的长远计划、减少税收影响的长期政策以及成本会计和预算系统的计划等。

6. 信息管理子系统

信息管理子系统的作用是保证其他功能子系统必要的信息资源和服务。其事务处理包括工作请求、收集数据、校正或变更数据和程序的请求、软硬件情况的报告以及规划和设计建议等。在作业控制方面包括日常任务调度、统计差错率和设备故障信息等；在管理控制方面包括计划和实际的比较，如设备费用、程序员情况、项目的进度和计划的比较等。战略计划包括整个信息系统总体计划、硬件和软件的总体结构、功能组织是分散还是集中等。

7. 高层管理子系统

高层管理子系统是为组织的高层管理者服务的。在事务处理方面主要包括信息查询、决策咨询、处理文件、向组织的其他部门发送指令等。在作业控制方面包括安排会议计划、控制文件、联系记录等；在管理控制方面要求各功能子系统执行计划的当前综合报告情况。战略计划要求广泛的、综合的外部信息和内部信息。这里可能包括特别数据检索和分析，以及决策支持系统。它所需要的外部信息可能包括：竞争者信息、区域经济指数、顾客喜好、提供的服务质量等。

三、管理信息系统的发展应用

（一）决策支持系统（DSS）

决策支持系统可以说是管理系统的高层决策部分。管理信息系统的高层决策系统，解决了组织中的一些结构化问题，但对半结构化、非结构化问题则无能为力。于是，20世纪70年代，决策支持系统应运而生。

1. 决策支持系统的概念

决策支持系统是以管理科学、运筹学、控制论、行为科学为基础，以现代信息技术和人工智能技术为手段，针对半结构化和非结构化问题，通过人机交互的方式辅助决策者制定决策的信息系统。决策支持系统发展的主要理论基础有：管理科学和运筹学、信息经济学、行为科学、信息论、计算机技术、人工智能。

2. 决策支持系统的产生与发展

20世纪六七十年代是管理信息系统蓬勃发展的时期。管理信息系统使信息获得了系统的开发和利用，将企业的管理水平提高到一个新的层次。然而，随着管理信息系统在管理领域发挥的作用越来越强大，人们却发现它不能像期望中的那样为企业带来巨大的效益，而它的局限性也日趋明显。管理信息系统的高层决策系统解决了组织中的一些结构化问题，但对半结构化、非结构化问题则无能为力。于是，人们意识到，如果要进一步发挥管理信息系统在管理中的作用，就必须要支持管理决策工作，这是决策支持系统产生和发展的内在动力。

20世纪70年代末，决策支持系统开始形成，它由模型库、数据库及人机交互系统三种部件组成。决策支持系统可以说是管理系统的高层决策部分，它利用计算机强大的信息处理能力和人的灵活判断能力来解决半结构化和非结构化的决策问题。决策支持系统是管理信息系统高级阶段的一种形式，可以单独作为有别于管理信息系统的系统而存在，因而被认为是管理信息系统的一种发展。

决策支持系统作为管理信息系统的一个发展方向，正在向决策支持中心（Decision Support Center，DSC），战略决策支持系统（Strategic Decision Support Systems，SDSS），管理支持系统（Management Systems，MSS），智能型、交互型、集成化决策支持系统（Intelligent，Interactive and Integrated DSS，I3DSS）和协作支持系统（CollaborativeSupport Systems）等多方面发展。

3. 决策支持系统的结构模式及基本功能

决策支持系统有两种主要的结构模式：一种是基于数据和模型的DDM结构模式；另一种是基于知识和问题求解的LKP结构模式。

（1）DDM结构模式。

DDM结构模式认为，决策支持系统由三部分构成，即数据库和数据库管理系统、模型库和模型库管理系统，以及对话生成管理系统。

① 数据库管理系统（DB和DBMS）。该系统存储和管理决策者所需的数据。它是开发决策支持系统的重要课题和重要构成部分，是建立决策支持系统的先决条件。

② 模型库管理系统（MB 和 DBMS）。该系统为决策者提供充分的分析问题的能力。正是由于模型的引入，才推动管理信息系统演变为决策支持系统。它是决策支持系统软件系统的核心。

③ 对话生成管理系统。决策支持系统的许多功能是通过对话生成的。对话生成管理系统是由用户与系统之间相互作用衍生出来的。

（2）LKP 结构模式。

LKP 结构模式把决策支持系统划分为三部分，即语言系统、知识系统和问题处理系统。其构成如图 12－4 所示。

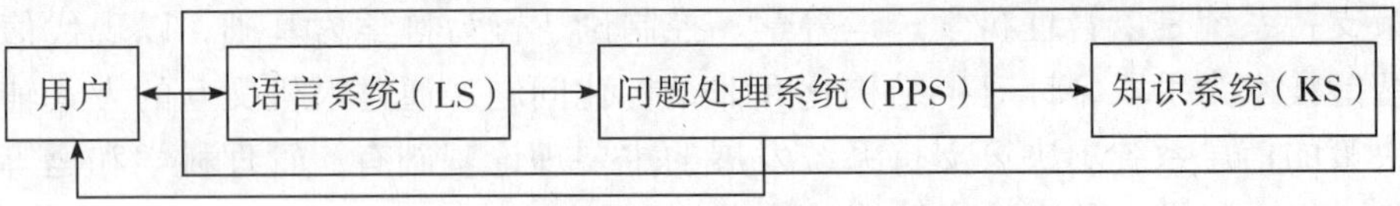

图 12－4　决策支持系统的 LKP 结构模式

（二）制造资源计划（MRP－2）

1. 制造资源计划的产生和发展

20 世纪 60 年代，制造业为了打破“发出订单，然后催办”的计划管理方式，设置了安全库存量，为需求与提前期提供缓冲。20 世纪 70 年代，企业的管理者们已经清楚地认识到，真正的需要是有效的订单交货日期，由此产生了对物料清单的管理与利用，形成了物料需求计划（Material Requirements Planning，MRP）。

MRP 系统是建立在两个假设基础上的：

假设 1：生产计划是可行的，即有足够的设备、人力和资金来保证生产计划的实现。

假设 2：物料采购计划是可行的，即有足够的供货能力和运输能力来保证物料供应。

为了能适应主生产计划的改变，又能适应现场情况的变化，出现了闭环式 MRP。它的出现加强了各子系统之间的联系。企业在制订主生产计划时，能够同时进行产能分析，如果可行就进行物料需求计划，如果不可行则要进行反馈，修订主生产计划。同样，在执行物料计划和车间计划时出现问题，也要进行反馈，并修改主生产计划或物料计划。

20 世纪 80 年代，企业的管理者们又认识到制造业要有一个集成的计划，以解决阻碍生产的各种问题，而不是以库存来弥补，或缓冲时间去补偿的方法来解决问题，要以生产与库存控制的集成方法来解决问题，于是制造资源计划产生了。

2. 制造资源计划的原理

物料需求计划的基本原理是：根据产品生产的特性和物料转化为产品的过程，组织生产制造所需的资源，实现按照需要准时进行生产。即将产品的全部零件及部件按日历时间编制出生产交货计划，使各零件及部件的交货日期恰好同产品部件装配及总装配所需求的日期相匹配，零件、部件的供货数量也恰好与装配数协调。

制造资源计划的基本原理是：确定制造的目标，确定制造的资源、协调能力需求与可用能力的差距。把企业作为一个有机整体，从整体最优的角度出发，运用科学方法对企业各种制造资源和产、供、销、财各个环节进行有效的计划、组织和控制，使它们得以协调发展，并充分地发挥作用。

（三）企业资源计划（ERP）

1. 企业资源计划的产生与发展

经济全球化使得企业竞争范围扩大了，这就要求企业在各个方面加强管理，并有更高的信息化集成。美国加特纳咨询公司（Gartner Group Inc.）根据市场的新要求在1993年首先提出了企业资源计划（Enterprise Resource Planning，ERP）概念。随着科学技术的进步及其不断向生产与库存控制方面的渗透，解决合理库存与生产控制问题所需要处理的大量信息和企业资源管理的复杂化，要求信息处理的效率更高，同时也要求对企业的整体资源进行集成管理。信息全球化趋势的发展要求企业之间加强信息交流和信息共享，因此，信息管理扩大到了整个供应链的管理。随着人们认识的不断深入，ERP覆盖了整个供需链的信息集成，并且不断被赋予更多的内涵，已经能够体现精益生产、敏捷制造、同步工程、全面质量管理、准时生产、约束理论等诸多内容。

2. 企业资源计划的概念

SAP公司对企业资源计划的定义提出了革命性的"管理+IT"的概念，那就是：ERP不只是一个软件系统，而是一个集组织模型、企业规范和信息技术、实施方法为一体的综合管理应用体系。

企业资源计划使得企业的管理核心从"在正确的时间制造和销售正确的产品"，转移到了"在最佳的时间和地点，获得企业的最大利润"。这种管理方法和手段的应用范围也从制造业扩展到了其他不同的行业。

简单来说，企业所有的资源包括三大流：物流、资金流和信息流。企业资源计划实际上就是对这三种资源的全面集成管理。概括地说，ERP就是利用现代企业的先进管理思想，把客户需求、企业的内部资源及其经营活动融合到一起，按照市场需求为企业提供决策、计划、控制与经营评估的系统化的管理平台。因此，ERP不仅仅是信息系统，更重要的是，它还是一种管理理论和管理思想。

3. ERP系统

一般的ERP系统包含以下功能子系统：

（1）生产控制管理子系统。该子系统是ERP系统的核心所在，它将企业的整个生产过程有机地结合在一起，使得企业能够有效地降低库存，提高效率；同时，各个原本分散的生产流程的自动连接，也使得生产流程能够前后连贯地进行，而不会出现生产脱节，耽误生产交货时间。它主要包括主生产计划（产品出产计划）、物料需求计划、能力需求计划、车间管理、制造标准等功能模块。

（2）财务管理子系统。主要包括以下几个方面：

① 会计核算。会计核算主要是记录、核算、反映和分析资金在企业经济活动中的变动过程及其结果。它由总账、应收账、应付账、现金、固定资产、多币制等部分构成。

② 财务管理。财务管理的功能主要是基于会计核算的数据加以分析，从而进行相应的预测、管理和控制活动。它侧重于财务计划、控制、分析和预测。

（3）物流管理子系统。主要包括以下几个方面：

① 分销管理。分销管理模块中大致有三个方面的功能：对于客户信息的管理和服务、对于销售订单的管理、对于销售的统计与分析。

② 库存控制。用来控制存储物料的数量，以保证稳定的物流支持正常的生产，但又最低限度地占用资本。

③ 采购管理。确定合理的订货量、优秀的供应商和保持最佳的安全储备。

(4) 人力资源管理子系统。主要包括人力资源规划的辅助决策、招聘管理、工资核算、工时管理、差旅核算等功能模块。

企业资源计划是一个高度集成的信息系统，体现了物流信息同资金流信息的集成。它已经成为一种适应性强、具有广泛应用意义的业务信息管理系统，实现了不同平台的相互操作，加强了用户的可配置功能，适应了不同行业不同用户的需要。

(四) 客户关系管理（CRM）

1. 客户关系管理的产生

20 世纪 80 年代开始的 ERP 建设实现了生产、库存、财务等业务流程的自动化，但销售服务领域还没有被重视。随着企业产品剩余的加剧，企业的发展逐步从产品价值转向客户需求，客户成为企业的核心资源。留住老客户和赢取新客户成为企业发展的重要问题，于是，客户关系的维护就成为企业发展与经营的重要工作。

2. 客户关系管理的概念和内容

客户关系管理是一个较新的概念，许多公司、研究机构和个人对客户关系管理的理解是不同的，典型的观点有以下几种：

(1) 客户关系管理是企业的一种商业策略，它按照客户的分割情况有效地组织企业资源，培养以客户为中心的经营行为以及实施以客户为中心的业务流程，并以此为手段提高企业的获利能力、收入以及客户满意度（Gartner Group）。

(2) 客户关系管理是为了消除企业在与客户交互活动时的“单干”现象，整合销售、营销和服务业务功能的一个企业经营策略，它需要企业全方位协调一致的行动（e－Business 2.0 by Dr. Ravi KalaKota）。

(3) 客户关系管理是通过赢得、发展、保持有价值的客户，增加企业收入，优化赢利性，提高客户满意度的商务战略。

(4) 客户关系管理是一种旨在健全、改善企业与客户之间关系的新型管理系统。也就是企业利用信息技术，通过有意义的交流来了解并影响客户的行为，以提高客户招揽率、客户保持率、客户忠诚度和客户收益率。

综合上面的客户关系管理定义，我们可以看出，客户关系管理是一种以客户为中心的经营策略和营销模型，通过对技术的运用，实现销售活动的自动化。企业实施客户关系管理主要有 6 个重要领域：理念、战略、战术、技术、技能、业务过程。其中，理念是客户关系管理成功的关键。

(五) 供应链管理（SCM）

供应链管理是随着供应链的产生而产生的一种管理模式，它指对由供应商、制造商、分销商、零售商和顾客所构成的供应链系统中的物流进行计划、协调、操作、控制和优化的各种活动和过程，其目标是要将顾客所需的正确的产品在正确的时间，按照正确的数量、质量和状态，送到正确的地点，并使总成本最小化。

随着经济全球化的发展，企业之间的竞争正日趋演变为供应链与供应链之间的角逐。因此，供应链管理的发展成为一种必然趋势。

第四节　企业管理信息化

随着信息技术的不断发展，企业面临着知识化、数字化、虚拟化、网络化、快捷化、全球化的深刻变革。企业的综合竞争力日益与企业信息化程度密切相关，信息战略成为企业战略不可缺少的一部分，企业信息化已经成为企业发展不可阻挡的必然趋势。

一、企业信息化概述

企业信息化是指企业广泛利用现代化的信息处理技术，通过信息资源的开发和信息技术的有效利用来提高企业的生产能力与经济管理水平，充分开发和利用企业内部和外部的相关资源以及与企业生产经营活动有关的各种信息，及时把握机会，做出决策，提高运行效率，从而提高企业竞争力水平和经济效益的过程。其本质是加强企业的核心竞争力。企业信息化的重要内涵就是用现代信息手段改造传统管理方式，创造新的管理概念和管理体系，提高管理水平和生产效率。

企业信息化的关键点在于信息的采集、集成和共享，即把关键的、准确的数据及时传递到相应的决策人手中，为辅助企业决策提供数据。企业信息化的实现是一个过程，包含了人才培养、咨询服务、方案设计、设备采购、网络建设、软件选型、应用培训、二次开发等过程。

企业信息化包括紧密联系的两个部分，即企业业务信息化与企业管理信息化。企业管理服务于企业业务，企业业务的进展则取决于企业管理的好坏。企业管理信息化同企业业务信息化一样，有共同规律可循。因此，企业管理信息化与企业业务信息化相比，在不同企业之间有更多的共性和相同的发展趋势。

二、企业管理信息化的层面

（一）以数据的信息化实现精确管理

对企业生产经营过程中发生的诸如采购、库存、销售以及相关成本、费用、收入等信息给予及时、准确的记录，以供有关方面查询。这样，通过信息的查询，就可以得到同样的业务在不同工作主体上的效果差异，进而提出业务改进的可靠依据。

随着经济的快速发展和现代信息技术在企业管理中的广泛应用，许多企业从财务管理中资金的精确管理，到库存物料价值的准确分析，再到整个供应链的执行过程，都进行了科学管理的信息化处理。实现精确管理，成为企业适应信息技术发展、提高管理水平的基础。

（二）以流程的信息化实现规范业务处理

把企业已经规范的一些流程以软件程序的方式固定下来，使得流程所涉及岗位员工的工作更加规范、高效，减少人为控制和“拍脑袋”的管理行为，提升客户满意度。规范化的业务模式，提高了业务交互过程和事务处理的效率，消除了信息传递的不规则问题，增加了单位时间内的企业效益。

（三）以决策的信息化改善企业经营

通过对已信息化的原始数据进行科学的加工处理，运用一定的计算模型，从而起到对管理和决策的支持作用。

（1）对经营各环节的状况进行及时反馈和跟踪，对关键环节如库存、销售、资金运用等进行预警。

（2）对关键业务的经济指标进行统计分析，如财务运营指标、库存周转率、销售业绩评估、生产成本分析等。

（3）提供企业整体运行的系统指标，而不是单独就一个局部进行分析，为经营决策提供可靠依据。

三、我国企业管理信息化存在的问题及分析

（一）高层管理者对企业信息化的认识不够正确和充分

（1）企业高层管理者对企业信息化的认识不够正确和充分，不能用长远眼光来看待问题，急功近利，不利于信息化建设的继续发展。有些企业的高层管理者在企业信息化初期，对信息技术抱有较高期望，希望通过企业信息化获得较高效益，一旦看到投资费用增多，而效益又未见明显提高便丧失信心。主要原因是他们对企业信息化管理是当今企业参与市场竞争的基础认识不足。

（2）对信息化管理的概念不够了解。不少人仍把实施信息化管理等同于实施一般的工程技术项目。

（3）重硬件轻软件，在软件上投入不足。经济较发达地区的企业信息化管理实施面和实施水平明显好于其他地区。欠发达地区的企业认为只要加大对硬件的投入就可以提升企业的管理水平，忽略了软件上的投入。

（二）软件投资存在盲目性

目前，企业信息化管理系统的软件市场较为混乱，软件价格高昂，超出了相当数量企业的经济承受能力和管理基础环境，使得很多企业的管理信息化在实施中充满艰辛。许多企业在软件的投资上存在相当大的盲目性。当企业的管理层认识到信息化管理的重要性后，往往有两种错误倾向：

（1）对管理软件的认识不足，认为管理软件无非就是一张光盘，不懂得其中的技术含量，忽略了提出后期服务所需技术支持的要求，以至于在使用后期系统升级换代时，由于原来购买时签订的协议对后期服务条款的规定不是很全面，软件供应商趁机提高升级换代的价格。

（2）认为管理软件是包治百病的良药，在还没有完全了解企业自身所需要的管理型软件和对软件市场的全面分析时，不惜重金购买一套企业资源计划软件。由于缺乏对该软件的了解，软件中的很多功能没有用到，这样就造成了投资的浪费。同时，由于该软件比较复杂，使用人员不易学习和掌握，因此根本不能解决管理中的问题。

（三）缺乏人才支持

企业的信息化管理需要既懂计算机又懂财务，还熟悉管理的复合型人才。但很多高级人才不愿意到中小企业就业。因此，中小企业在实施信息化管理时，缺乏人才支持。这就导致软件在使用过程中出现问题时无法得到及时有效的解决。长期以往，势必造成企业软件使用效率低下，从而导致人们最终放弃使用软件。另外，值得注意的是，管理者对于软件的使用不够。由于我国的中小型企业大部分是家族式作业，在进行日常管理活动时，不习惯于走计算机处理的流程。很多报告、决策仍然依靠通过人工传递、手工操作纸质载体来完成。他们认为电脑主要是用来打字的，没有将信息化管理的观念贯彻其中。上述两点原因导致信息化管理无从谈起。

（四）其他原因

政府对信息化管理系统应用的引导和支持不够系统、有力，存在多头管理的情况。经济管理、科技管理部门等都分别有自己的鼓励和扶持政策，相互协调力度不够。

缺乏相关的信息管理法律体系。随着知识管理的出现，产生了信息资源的安全问题、信息侵权问题、信息分配不公问题等。这些问题中除了一部分可以借助政策、纪律、规章、道德、民约及其他社会规范予以调整外，还有相当一部分需要依托法律武器来强制性地予以保障。随着信息管理应用的不断扩大，如何完善信息管理法律体系就变得尤为重要。

缺乏相关的规划和制度。计算机应用系统作为一种先进的作业方式和管理方式，它的采用必须统筹规划和有制度上的保障。但在许多企业中，应用系统的建设零敲碎打，应用系统的使用无章可循。

四、企业管理信息化的措施

（一）政府加强引导和扶持，提升高层管理者的认识

政府应提高对企业信息化管理的关注度，根据所掌握的资源予以必要的支持。扶植将起到积极的导向作用，例如设立企业信息化管理专项资金，给予贴息或者补助，将企业信息化管理项目作为重点技术改革和重点技术创新项目；在建设重大工程项目时，一并建设企业信息化管理系统，支持、鼓励信息化管理软件的研究开发；在行业管理中把信息化管理水平作为考核标准之一，根据企业的不同情况进行分类指导，特别要树立可供不同基础条件企业借鉴的典型。

高层管理者应该提高对企业信息化管理的认识，给予企业信息化管理的实施更大的支持，既要充分认识企业信息化管理是当今时代企业参与竞争的一项基础性工作，又要看到这是一项涉及企业方方面面的系统工程，需要遵循总体规划，分步实施，逐步升级，不断完善原则和规律，既要了解什么是真正意义上的信息化管理，又要根据企业需求和承受能力去务实地推进信息化管理。

（二）合理地选择软件，并正确地实施应用

重视软件选择，坚持先进适用的原则，通过广泛比较了解、掌握各类软件的特点、

优势和不足，从中选择符合本企业实际、能实现预定目标的软件，关注软件和商家以往的成功案例，看是否与本企业所在行业、规模、生产方式、实施内容相吻合，并坚持到实地考察了解。在选择合适的软件后，企业要对软件进行分阶段、有重点的实施，不能急于求成、一蹴而就。要根据本企业的实际情况，分阶段实施，每个阶段都有实施的重点。例如，对于 ERP 系统要有正确的预期：实施 ERP 系统主要是为了实现信息的共享和业务的集成，改善与供应商和客户的沟通能力，以便企业能快速地对市场变化作出反应，最终获得竞争优势。

（三）高度重视人才培养和队伍建设

要建立与企业信息化管理相适应的用人机制，发挥各类管理人才的积极性，要注重企业内部培训，提高各个层级人员的信息化管理知识和应用操作能力，要采取引进和培养并举的方针。

（四）完善信息管理法律体系、建立企业信息主管制度

完善的信息管理法律体系是一项复杂的系统工程，它涉及很多方面的内容。主要有：完善信息安全保密法，包括保密法、档案法、信息加密与解密管理条例、信息网络安全保护条例等；完善保护信息主体的信息权利的相关法律，包括著作权法、专利法、商标法、商业秘密保护法、计算机软件保护条例等。

众所周知，信息化是一项非常复杂的系统工程，一般应该有专门的部门和专门的人员来从事这项工作。因此，大型企业应该设有 CIO（Chief Information Officer）职位，把它当作现代企业制度的一个重要内容，并保证 CIO 有充分的行政权力，能负责信息技术机构与其他部门的协调与配合。

第五节　电子商务

一、电子商务概述

（一）电子商务的含义

电子商务，是指交易当事人或参与人利用计算机技术和网络技术（主要是因特网）等现代信息技术所进行的各类商务活动，包括货物贸易、服务贸易和知识产权贸易。这里的“利用计算机技术和网络技术”和进行的“各类商务活动”都具有丰富的含义。

（二）电子商务的分类

1. 按照交易对象分类

按照交易对象的不同，电子商务可分为以下 3 种类型：

（1）企业与消费者之间的电子商务，即 B2C（Business to Customer）电子商务。它类似于联机服务中进行的商品买卖，是利用计算机网络使消费者直接参与经济活动的高级形式。这种形式基本等同于电子化的零售，它随着因特网的出现迅速地发展起来。目前，

在因特网上遍布各种类型的商业中心，提供从鲜花、书籍到计算机、汽车等消费商品和服务。

（2）企业与企业之间的电子商务，即 B2B（Business to Business）电子商务。B2B 包括非特定企业间的电子商务和特定企业间的电子商务。非特定企业间的电子商务是在开放的网络中对每笔交易寻找最佳伙伴，与伙伴进行从订购到结算的全部交易行为。虽说是非特定企业占多数，但由于加入该网络的只限于需要这些商品的企业，因此可以将其设想为限于某一行业的企业。不过，它不以持续交易为前提，不同于特定企业间的电子商务。特定企业间的电子商务是过去一直有交易关系或今后一定要继续进行交易的企业间，为了相同的经济利益，共同进行设计、开发或全面进行市场及库存管理而进行的商务交易。企业可以使用网络向供应商订货、接收发票和付款。B2B 在这方面已经有了多年的运作历史，使用的情况也很好，特别是通过专用网络或增值网络上运行的电子数据交换（EDI）。

（3）企业与政府方面的电子商务，即 B2G（Business to Government）电子商务。这种商务活动覆盖企业与政府组织间的各项事务。例如，在美国，政府采购清单可以通过因特网发布，公司可以以电子化方式回应。同样，在公司税的征收上，政府也可以通过电子交换方式来完成。目前在这方面的应用还很少，但随着政府利用自己的行为去促进电子商务的发展，这方面的应用一定会迅速增长。例如，美国政府宣布从 1997 年 1 月起通过 EDI 完成政府年度采购任务，并于 1999 年最终取消了纸面单证。

按照商务活动的内容分类，电子商务主要包括两类商业活动：一是间接电子商务，即有形货物的电子订货，它仍然需要利用传统渠道（如邮政服务和商业快递车）送货；二是直接电子商务，即无形货物和服务，如计算机软件、娱乐内容的联机订购、付款和交付，或者全球规模的信息服务。直接或间接电子商务均提供特有的机会，同一公司往往两者兼营。间接电子商务要依靠一些外部要素，如运输系统的效率等。直接电子商务能使双方越过地理界线直接进行交易，充分挖掘全球市场的潜力。

2. 按照使用网络分类

根据使用网络类型的不同，电子商务目前主要有 3 种形式：第一种形式是电子数据交换（Electronic Data Interchange，EDI）商务；第二种形式是因特网（Internet）商务；第三种形式是内联网（Intranet）商务。

（1）电子数据交换商务。

按照国际标准组织的定义，EDI 商务是"将商务或行政事务按照一个公认的标准，形成结构化的事务处理或文档数据格式，从计算机到计算机的电子传输方法"。简单地说，EDI 就是按照商定的协议，将商业文件标准化和格式化，并通过计算机网络，在贸易伙伴的计算机网络系统之间进行数据交换和自动处理。

EDI 主要应用于企业与企业、企业与批发商、批发商与零售商之间的批发业务。相对于传统的订货和付款方式，EDI 大大节约了时间和费用。相对于因特网，EDI 较好地解决了安全保障问题。这是因为，使用者均有较可靠的信用保证，并有严格的登记手续和准入制度，加之多级权限的安全防范措施，从而实现了包括付款在内的全部交易工作计算机化。

但是，由于 EDI 必须租用 EDI 网络上的专线，即通过购买增值网（Value Added Network，VAN）服务才能实现，费用较高；同时由于需要有专业的EDI操作人员，并且需要贸易伙伴也使用EDI，所以阻碍了中小企业使用EDI。加之早期计算机昂贵，调制解调器（Modem）只有300bps，商品软件少，许多应用程序需要自行开发，因此只有大公司才有能力使用EDI。这种状况导致EDI虽然已经存在了20多年，但至今仍未得到广泛普及。近年来，随着计算机降价、Internet网络的迅速普及，基于因特网、使用可扩展标识语言（Extensible Mark Language，XML）的EDI，即Web－EDI，或称Open－EDI正在逐步取代传统的EDI。

（2）因特网商务。因特网商务是现代国际商业的最新形式。它以计算机、通信、多媒体、数据库技术为基础，通过互联网络，在网上实现营销、购物服务。它突破了传统商业生产、批发、零售及进销、存、调的流转程序与营销模式，真正实现了少投入、低成本、零库存、高效率，避免了商品的无效搬运，从而实现了社会资源的高效运转和最大节余。消费者可以不受时间、空间、厂商的限制，广泛浏览，充分比较，模拟使用，力求以最低的价格获得最为满意的商品和服务。

（3）内联网商务。在因特网基础上发展起来的企业内部网称为内联网。它在原有的局域网上附加一些特定的软件，将局域网与因特网连接起来，从而形成企业内部的虚拟网络。Intranet与Internet之间的最主要区别在于Intranet内的敏感或享有产权的信息受到企业防火墙安全网点的保护，它只允许有授权者介入内部网点，外部人员只有在许可条件下才可进入企业的Intranet。Intranet将大、中型企业分布在各地的分支机构及企业内部有关部门和各种信息通过网络予以连通，使企业各级管理人员能够通过网络读取自己所需的信息，利用在线业务的申请和注册代替纸张贸易和内部流通的形式，从而有效地降低了交易成本，提高了经营效益。

二、电子商务的意义及作用

（一）电子商务的意义

电子商务是企业的战略转折点。战略转折点越来越成为企业界对企业发展规律的共同认识，尤其在高科技领域。战略转折点是指由于技术、市场、企业环境等因素的变化，带来企业运作各因素间关系、经营方式、竞争方式的根本性改变，此时，企业管理面临挑战，老的管理方式失灵，出现变化加速效应，出现新的企业，而某些老企业迅速走向衰败，企业间频繁兼并和重组，主导企业群发生改变，产业发展进入转折期。所有企业都受此转折点影响。因势利导、抓住机遇的企业获得飞跃发展，缺乏应变能力的企业则开始走向衰落。

电子商务活动最终还是企业行为，受市场的引导和驱动。企业应根据市场需求和成本比较，决定在什么时候以什么形式开展电子商务活动。

（二）电子商务对企业的作用

（1）电子商务的出现完全改变了进行交易的企业间的关系，使双方在使用电子贸易手段处理和传送信息时，信息的互动能更及时、更协调、更准确，从而提高企业管理层的决策质量。

（2）电子商务为企业产品和服务的营销开拓了新的渠道。在企业间的贸易往来中，通过电子商务手段能提供更高水平、完全不受地域限制的便利服务，建立虚拟企业，同时也能降低成本，增强企业的赢利能力。

（3）电子商务简化了业务流程，使之更加合理。它消除了企业日常行政事务的拖延和出错问题，节省了业务开支。

（4）电子商务的应用使企业更加具有灵活性，反应更快，更能做到以顾客为导向。很难想象，任何致力于提高自身灵活性的企业在没有使用电子商务的情况下仍能取得发展。

三、电子商务的应用特性

（一）商务性

电子商务最基本的特性为商务性，即提供买、卖交易的服务、手段和机会。

网上购物提供了一种顾客所需要的方便途径，因而电子商务对任何规模的企业而言，都是一种机遇。

就商务性而言，电子商务可以扩展市场，增加客户数量；通过将因特网信息连至数据库，企业能记录每次访问、销售、购买形式和购货动态及客户对产品的偏爱，这样企业就可以通过统计这些数据来获知客户最想购买的产品是什么。

（二）服务性

在电子商务环境中，客户不再受地域的限制，也不再像以往那样忠实地只做某家邻近商店的老主顾，他们也不再仅将目光集中在最低价格上。因此，服务质量在某种意义上成为商务活动的关键。

显而易见，电子商务提供的客户服务具有一个明显的特性——方便。这不仅对客户来说如此，对于企业而言，同样也能受益。

（三）集成性

电子商务是一种新兴产物，其中用到了大量新技术，但并不是说新技术的出现就必须导致老设备的死亡。因特网的真实商业价值在于协调新老技术，使用户能更加行之有效地利用他们已有的资源和技术，更加有效地完成他们的任务。

电子商务的集成性还在于事务处理的整体性和统一性，它能规范事务处理的工作流程，将人工操作和电子信息处理集成为一个不可分割的整体。这样不仅能提高人力和物力的利用效率，也能提高系统运行的严密性。

（四）可扩展性

若使电子商务正常运作，必须确保其可扩展性。因特网上有数以百万计的用户，而传输过程中，时不时地会出现高峰状况。对于电子商务来说，可扩展的系统才是稳定的系统。如果在出现高峰状况时能及时扩展，就可使得系统阻塞的可能性大大下降。

（五）安全性

对于客户而言，如果他们对交易安全性缺乏把握，那么无论网上的物品如何具有吸引力，他们都不敢在网上进行买卖。企业和企业间的交易更是如此。

在电子商务中，安全性是必须考虑的核心问题。欺骗、窃听、病毒和非法入侵都在威胁着电子商务，因此要求网络能提供一种端到端的安全解决方案，包括加密机制、签名机制、分布式安全管理、存取控制、防火墙、因特网服务器安全、防病毒保护等。

（六）协调性

商务活动是一种协调过程，它需要员工和顾客、生产方、供货方及商务伙伴间的协调。为了提高效率，许多组织都提供了交互式的协议，电子商务活动可以在这些协议的基础上进行。

四、电子商务的应用方式

企业之所以要应用电子商务，是因为电子商务有着广泛的应用领域。下面从行业的角度应用电子商务方式与功能。

（一）电子商务在制造业中的应用

生产制造业在生产前的准备和生产后的销售中要进行大量的商务活动，如采购、生产、销售等一系列的以生产产品为中心的活动。在当今竞争越来越激烈的时代，要在商务活动中取胜，就不能不借助新的商务活动生产力——电子商务，以降低生产成本，提高生产效率和效益。

对生产制造企业来说，电子商务在生产领域中的应用表现在电子化采购、零库存与准时化生产、协同设计与生产、网络营销和客户关系管理等方面。

（二）电子商务在流通业中的应用

商品被生产出来后，必然要进入流通领域，以便能够到达最终消费者手里。商品由生产到消费者的过程是一个“惊险的跳跃”。对于流通业中的批发、零售及外贸企业来说，电子商务是有助于完成“跳跃”的重要手段。

在引入电子商务之后，世界上许多国家的企业的效率都得到了迅速的提高。电子商务在流通业中的应用主要在电子订货、电子销售、电子化管理、无纸贸易和电子物流等方面。

（三）电子商务在金融业中的应用

金融业在电子商务快速发展的时代，一方面是受到了挑战，另一方面也获得了新的发展机遇。金融业对电子商务发展所带来的变化特别敏感。首先，金融部门无论在批发还是零售的层面上，对所有其他经济部门都提供服务；其次，金融服务的交易工具完全是定量数据和定量分析的工具（如利率、收益曲线、股票价格等），它们是最有可能被数字革命和计算机技术等其他进步所完全改变的。

电子商务在金融业上的应用表现在网上银行、网上保险、网上证券等方面。

（四）电子商务在其他领域的应用

除了上述的应用领域外，电子商务还广泛应用于政府、税务、旅游、出版等行业。

五、电子商务的优势

（1）树立企业形象和品牌。在市场竞争中，对企业来说，一个良好的企业形象是关系到企业能否生存的至关重要的问题。在过去传统的商业模式下，要树立一个良好的企业形象或建立一个名牌产品要经过许多人长时间的努力才能达到，而利用电子商务却可以在较短时间内做到这一点。

（2）减少库存产品。电子商务能加快并减少失误，使产品更快地到达用户手中，其需求的应变能力强。由于正确管理存货及为客户提供更好的服务，它能使库存量减少。加快库存核查频率会减少与存货相关的利息支出和存储成本，减少库存量意味着现有的加工能力可更有效地得到发挥。

（3）缩短生产周期和销售时间。电子商务能缩短制作一件产品所花费的时间，因而减少设备折旧费、建筑物使用费、管理与监督费用等。使用电子手段可使供货商和客户间建立联系，促使企业比从前大大缩短了用于收发订单、发票和运输通知单的时间。

（4）降低企业进货成本。在传统贸易方式下，一家企业经常为了进货要向合作的供货商发出成百上千份的报价单，还要将存单、保险单、相关文件、征订表格等装入信封寄出，整个过程复杂、耗时，企业的进货部门可能一次仅能向2～3家厂商订货。电子商务使企业的材料部门从公司的其他部门收到网络传来的正式订货单后，通过因特因向全世界的有关厂家索取价格，系统将自动地把正确的图纸贴到电子订货表格上。企业很快会收到传来的信息，可以很快做出评估和决定。

（5）降低销售和市场成本。与传统贸易相比，电子商务可以大大减少推销人员和交通费用，同时也可以大大降低交易成本，使商品销售价格降低，吸引消费者。

（6）创造新的销售机会。由于网上商店一周7天、一天24小时营业，因而能让企业找到新的市场，吸引更多的客户。

（7）改变企业内部结构。以因特网为基础的电子商务正在改变公司和部门的内部结构。因特网通过降低通信成本来影响公司的纵向组织结构。公司为了提高效率，必须适应这种变化而采取新的结构重组。

（8）改变企业竞争方式。电子商务改变了上、下游企业之间的成本结构，使上、下游企业改变供销合同的机会成本提高，从而使上、下游企业间的战略联盟关系进一步密切。

电子商务不仅给消费者和企业提供了更多的选择消费与开拓销售市场的机会，而且也提供了更加密切的信息交流场所，从而提高了企业把握市场和消费者了解市场的能力，也提高了企业开发新产品和提供新型服务的能力。电子商务使企业可以迅速了解消费者的喜好和购买习惯，同时可以将消费者的需求及时反馈到决策层，从而促进了企业针对消费者需求而进行的研究与开发活动。

电子商务扩大了企业的竞争领域，使企业从常规的广告竞争、促销手段、产品设计与包装等领域的竞争扩大到无形的虚拟竞争空间。电子商务构成企业竞争的无形壁垒，这主要表现在大幅度提高了新企业进入竞争市场的初始成本。

（9）改变企业竞争基础。电子商务改变企业竞争基础的最显著作用在于改变了交易成本。电子商务具有一次性投入（固定成本）高和变动成本低的特征。那些年交易量大、批发数量大或用户多的企业发展电子商务，将比交易数量少、批量小、财力不足的企业更易获得收益，更具有竞争优势。

电子商务也使企业规模影响竞争力的基础发生改变。例如，在传统销售渠道中，大书商与小书商之间竞争力差别很大，但电子商务却使他们之间的规模差距的竞争变得微乎其微。

（10）形成新型的竞争模式和多元化的服务。低廉的交易成本和方便的市场准入环境，以及各国政府倾向于对因特网免征税收的做法，形成了对电子商务活动的事实上的鼓励。电子商务活动将导致国内和国际市场竞争的新形式，同时使信息服务和其他服务活动进一步多元化，消费者在电子商务竞争中将比传统消费方式享受到更多品种的商品和更高质量的服务。

（11）降低进入市场的条件。电子商务改变了以往的市场准入条件，使中小厂商从原先主要被大厂商占有或几乎垄断的市场中获得更多的利润。因特网能够影响市场的集中程度，便于新的竞争者进入竞争性市场，这对于中小厂商来说尤其有利。

（12）使用更灵活。基于因特网的电子商务可以不受特殊数据交换协议的限制，任何商业文件或单据可以直接通过填写与现行的纸面单据格式一致的屏幕单据来完成，不必再进行翻译，任何人都能看懂或直接使用。因特网可以全面支持不同类型的用户实现不同层次的商务目标，如发布商情信息、在线洽谈、建立虚拟商场、网上银行及提供更有成效的售后服务等。同时，因特网几乎遍及全球的各个角落，用户通过普通电话线就能方便地与贸易伙伴传递商业信息和文件。

（13）促进信息技术的发展。电子商务交易成本的下降既刺激了网上电子商务的需求，也刺激了消费者对网络的需求。这一点对积极推动信息基础设施建设的政府，以及开展网络接入服务的网络服务商来说是有利的。

第六节　企业电子商务方案设计

一、企业电子商务系统建设阶段

电子商务系统是商务与技术结合的产物，因此企业在电子商务应用的全过程中都必须充分兼顾商务和技术两个方面的因素，以科学、合理的程序展开系统设计、建设和应用工作。如果按阶段划分，大致需要经过 5 个阶段。

（一）商务分析阶段

商务分析阶段是实现电子商务应用计划的第一步。这一阶段的工作主要是进行充分的商务分析，主要包括需求分析（包括企业自身需求、市场需求及客户需求等）和市场分析（包括市场环境、客户分析、供求分析和竞争分析等）两个方面。

在电子商务条件下，市场范围扩大，创新速度加快，竞争的压力越来越大，竞争的频率越来越高，因此必须对拟建的电子商务系统在未来可能面临的竞争中尽可能做出分析，最大限度地避免竞争失利。此外，还要对企业自身状况进行分析，包括对企业组织、管理、业务流程、资源、未来发展的分析等。要结合电子商务的特点，从供应链的角度重新审视企业组织、管理与业务流程，寻找与电子商务的最佳结合部。

（二）规划设计阶段

在完成商务分析的基础上，在掌握电子商务最新技术进展的情况下，充分结合商务和技术两方面因素，提出电子商务系统的总体规划、系统角色和总体格局，即确定电子商务系统的商务模式，以及与商务模式密切相关的网上品牌、网上商品、服务支持和营销策略 4 个要素。

电子商务系统设计工作由此展开，也即从子系统、前台、后台、技术支持、系统流程、人员设置等方面全面构架电子商务系统。此阶段工作完成的好坏，将直接关系到后续电子商务系统建设和将来电子商务系统运行和应用的成功与否。

（三）建设变革阶段

建设变革阶段的工作分为两条线：一条线是按照电子商务系统设计，全面调整、变革传统的组织、管理和业务流程，以适应电子商务运作方式的要求；另一条线是按照电子商务系统设计，全面进行计算机软硬件配置、网络平台建设和电子商务系统集成，完成电子商务系统技术支持体系的建设，从技术上保障电子商务系统的正常运作。

（四）整合运行阶段

建设变革阶段完成后，就可以将经过变革的组织、管理和业务流程，与已经建好的电子商务技术平台整合起来，进行电子商务系统的试运行，再经过必要的调整、改进以后，实现电子商务应用的工作，就可以进入整合运行阶段，开始实现电子商务应用。

企业电子商务系统建设绝不是一旦建成就可以一劳永逸的事情，必须在系统应用的过程中，根据企业商务和网络技术等方面的变化，不断创新、改进、完善，确保和提高企业电子商务系统的竞争能力。

二、企业网站建设

目前，许多企业利用电子商务手段进行营销活动，网站建设成为企业电子商务运作的主要手段。相应的，企业自己的网站开发与网站内容的管理成为信息管理部门的一项重要工作。为了激发人们的交易欲望，使网络营销取得成功，网站内容必须包括尽可能详尽的、有吸引力的产品信息、相关新闻、用户评估意见等，而且必须经常更新，不断提高可靠性和准确性。对于不少企业的信息管理部门来说，这是一项新的工作，意味着巨大的挑战。

（一）企业网站建设的一般要素

企业网站是一个可以发布企业信息、提供顾客服务，以及在线销售的渠道。而在开发设计人员看来，企业网站无非是一些功能模块，通过网页的形式将前台和后台结合起来。一个完整的企业网站，无论多么复杂或多么简单，都要划分为 4 个组成部分：结构、内容、服务、功能。这 4 个部分也就是组成企业网站的一般要素。

（1）网站结构。网站结构是为了向用户表达企业信息所采用的网站栏目设置、网页布局、网站导航、网址层次结构等信息的表现形式。

（2）网站内容。网站内容是用户通过企业网站可以看到的所有信息，也就是企业希望通过网站向用户传递的所有信息。网站内容包括所有可以在网上被用户通过视觉或听觉感知的信息，如文字、图片、视频、音频等。一般来说，文字信息是企业网站的主要表现形式。

（3）网站功能。网站功能是实现发布信息、提供服务等必需技术的支持系统。网站功能直接关系到可以采用的网络营销方法及网络营销的效果。

（4）网站服务。网站服务，即网站可提供给用户的价值，如问题解答、优惠信息、资料下载等。网站服务是通过网站功能和内容而实现的。

（二）网站内容与技术整合

对于一个良好的电子商务网站而言，内容和技术同等重要，首先需要技术先行，然后靠内容取胜，所以两者缺一不可，关键在于将技术与内容进行整合。技术人员在对网站进行建设时，企业为技术人员提供大量的产品介绍、企业理念、营销活动等方面的原始资料，这些资料构成了网页设计的基础部分。但是，网页设计绝不是技术人员对资料的原始堆砌，而是应当在信息管理人员的参与下进行再加工。也就是说，要根据网站形象策划与宣传、文化理念传播与打造的需要，对相关信息，主要是文字和图片进行加工。

（1）网站内容合理适度。网站的内容应既能达到网站设计目标，又能满足用户的期望，并且应该及时更新。网站不能为了实现某一个功能或只注意美观，内容上泛泛而谈，那么客户就不能很好地了解产品和服务。网页的文本内容应简洁，过长的页面需要更多的下载时间并容易使用户感到不耐烦。此外，文字要正确，不能有语法错误和错别字。

（2）提供一些在线帮助功能。为了及时了解用户对网站的看法，可以在网站上提供网站所有者的电子邮件地址、网上论坛、网络会议等功能，让用户能够发表观点和进行讨论。例如，用户输入查询关键字或根据索引目录就可以获得企业提供的在线帮助。

（3）避免过分使用新技术。有些设计人员为了展示自己的技术水平，在网站建设时采用许多新技术，甚至包括一些不成熟的技术。新技术可能吸引一小部分的技术工作者，但大多数用户更加关心的是网站的内容是否具有价值、是否能够为他们提供有效的服务。过分使用新技术常常会造成系统的不稳定，使用户丧失对网站的信心。

（三）网站维护

网站建设并不是一劳永逸的，建好网站后信息管理部门还需要精心运营才能发挥成效。

大致说来，企业网站建好之后，要做好以下几个方面的工作：

（1）网站内容的维护和更新。网站的信息内容应该适时地更新。如果现在客户访问企业的网站时看到的是企业去年的新闻，或客户在秋天看到“新春快乐”的网站视贺语，那么客户对企业的印象肯定大打折扣。因此，应注意适时更新内容。在网站栏目设置上，最好将一些可以定期更新的栏目（如企业新闻等）放在首页上，使首页的更新频率更高一些。

（2）网站服务与反馈工作。企业应设专人或专门的岗位从事网站的服务和反馈处理。客户向企业网站提交的各种反馈表单、购买的商品、发到企业邮箱中的电子邮件、在企业留言板上的留言等，企业如果没有及时处理和跟进，不但会丧失机会，而且会造成很坏的影响，以致客户不会再相信你的网站。

（3）网上推广与营销。要让更多的人知道企业的网站，了解企业，就要在网上进行推广。网上推广的手段很多，大多数是免费的。主要的推广手段包括搜索引擎注册、注册加入行业网站、邮件宣传、论坛留言、新闻组、友情链接、互换广告条、B2B 站点发布信息等。除了网上推广外，还有很多网上与网下结合的渠道。例如，将网址和企业的商标一起使用，通过产品、信笺、名片、企业资料等途径可以很快地将企业的网站告知客户，也方便客户从网上了解企业的最新动态。

（4）不断完善网站系统，提供更好的服务。企业初始建网站一般投入较少，功能也不是很强。随着业务的发展，网站的功能也应该不断完善以满足顾客的需要，此时使用集成度高的电子商务应用系统可以更好地实现网上业务的管理和开展，从而将企业的电子商务引向更高的阶段。

综合练习与实践

一、复习思考题

1. 信息的概念是什么？信息资源的定义是什么？它有何特点？
2. 信息资源规划的定义是什么？信息资源规划的作用有哪些？
3. 企业信息化的定义是什么？简述我国企业管理信息化存在的问题及措施。
4. 简述电子商务的概念及其功能。
5. 简述电子商务和企业信息管理的关系。
6. 企业网站建设需由哪几部分构成？

二、案例分析

联想信息化建设的历程

联想集团（以下简称“联想”）从 1984 年的 11 个人、20 万元投资的小平房企业发展到今天已是上万名员工、200 多亿元营业额、分支机构遍布全球的大型集团公司。是什么使它不断发展和进步的呢？主要是管理不断创新和持续的信息化应用。

联想的信息化建设是从 1991 年开始起步的，持续的信息化应用给联想带来了巨大的经济效益；2000 年仅 ERP 上线的头一个季度，联想的净利润就比 1999 年同期增长了 136%，高于 1999 年净利润的增长幅度近一倍；平均交货时间从 1996 年的 11 天缩短为 5.7 天；存货周转天数由 35 天下降到 19.2 天；应收账款周转天数由 23 天缩短为 15 天；集团多法人结账由原来的 30 天下降为 6 天，单一法人结账仅仅只需要 1 天。

联想的信息化建设并不是一蹴而就的，而是一个循序渐进、从基础到高端的发展过程。主要包含如下过程：构建企业的网络基础设施；实施网络办公；建设企业核心的业务管理和应用系统，这里最有代表性的就是 ERP。ERP 针对企业经营三个直接增值环节，涉及客户关系管理 CRM、供应链管理 SCM 以及产品生产周期管理 PLM。

联想通过多年的实践，理解了企业信息化的实质是：通过对先进的管理思想的消化，学习参照最佳行业实践，梳理、优化、再造业务流程，并应用 IT 技术，规范、集成、共享信息，从而达到提高效率、降低成本、提升客户满意度和企业运作管理水平的目的。

思考：联想的信息化过程给了我们一些什么样的启发？

三、实践训练

实训项目 1　实操训练。

把全班同学按 5 人一组进行分组，每组为一个企业部门，每个人担任不同的角色，模拟企业业务进行办公自动化操作。

实训项目 2　运用信息技术完善管理信息系统。

实训目的：了解管理信息系统的构成，学会使用企业资源计划管理信息系统进行管理。

实训内容：到就近的大型超市（如沃尔玛超市、家乐福超市、百佳超市）参观，了解其在商品管理、采购管理、库存管理、销售管理、客户管理方面的情况，分析各个环节上存在什么问题，可以采取哪些信息技术加以解决。

实训组织：

（1）由教师接洽，分批组织学生参观。

（2）分组完成调查任务。

实训考核：以组为单位，写出调查报告，设计进一步完善的方案。

理论目标：掌握创新与管理创新的内容。

第十三章
管理创新与国际化管理

学习目标

通过本章的学习，了解创新和管理创新的概念；掌握管理创新的内容和过程；熟悉管理创新的模式；掌握企业国际化经营的含义及其基本方式，了解经济全球化的主要表现及企业国际化经营的一般模式。

引导案例

本田的创新精神

1958 年，正当本田公司的产品在日本市场供不应求之时，本田宗一郎和藤泽的目光已转向了国际市场。本田公司的摩托车和汽车源源不断地销往美国，1959 年设立了美国本田公司，作为本田公司向美国出口的基地。

20 世纪 60 年代，西方国家爆发了反污染运动，国际汽车市场发生急剧变化。直到 20 世纪 70 年代初，汽车市场仍然不景气。这件事促使本田宗一郎去研究新型的发动机。1972 年，一种 CVCC 发动机被生产出来。它第一个达到美国制定的汽车排废标准，连福特汽车也自叹不如。这充分体现了本田宗一郎强烈的市场意识。

本田宗一郎的个性鲜明。他爱冒险，爱挑战，不会在传统思想面前畏缩不前。他是个企业家，但他并不关心利润，也不关心名誉。

本田宗一郎从很年轻的时候开始就一直喜欢赛车。也许在这种激烈的竞技活动中，他能体会到挑战的快乐。他一直亲自驾驶自己制造的赛车参加大赛，直到发生了严重的事故才不得不“挂靴”。但他的本田车，无论是汽车还是摩托车，却依然在赛场上驰骋。在世界方程式汽车大赛中，在世界香槟摩托车大赛中，在其他各种名目的世界大赛中，本田车都取得了很好的成绩。

本田宗一郎的个性还表现在他的穿着上。他经常穿着鲜艳夺目的衣服，有时甚至花哨得近乎俗气。他说：“如果你不惹麻烦，别人都不会计较。这种思维方式对发明家和艺术家非常重要，因为这表明他们有勇气有信心打破传统思想。”

“他对技术的追求永无止境，似乎是痴迷于无穷无尽的梦想。”藤泽在回忆他们的合作时说：“我们从不树立任何目标，每一次都是带着一种梦幻开始我们的事业。如果他开始谈论诸如‘下一年我们将创造多少利润’的话题，我可能会感到诧异，因为他从不关心个人的收入。”

第一节　管理创新

创新是现代企业在知识经济时代生存和发展的持久动力。在文化、技术和经济飞速发展的今天，任何企业都不可避免地会遇到一些不可预知的困难。要想在激烈的市场竞争中站稳脚跟，企业必须不断创新。

一、创新的含义

“创新”一词最早出自美籍奥地利经济学家约瑟夫·熊彼特的一本书。在该书中，他确定了创新的含义，并论证了创新在经济发展过程中的重要作用。

熊彼特认为，创新就是“新的组合”，它包括下列5种情况：

（1）采用一种新产品，也就是消费者还不熟悉的产品或一种产品的一种新的特性。

（2）采用一种新的生产方法，也就是在有关的制造部门中尚未通过鉴定的方法，这种新的方法绝不需要建立在新的科学发现的基础之上，也可以存在于商业上处理一种产品的新方式之中。

（3）开辟一个新的市场，也就是在国家的某一制造部门以前不曾进入的市场，不管这个市场以前是否存在过。

（4）获取或控制原材料或半成品的一种新的供应来源，也不管这种来源是已经存在的，还是第一次创造出来的。

（5）实现一种工业的新的组织，比如“造成一种垄断地位（如通过‘托拉斯化’）或打破一种垄断地位”。

熊彼特认为，创新就是生产手段的新组合。在他所述的创新活动的5种情况中，第一、二种情况可视为技术创新，第三、四种情况可视为市场创新，第五种情况可视为管理创新。

二、管理创新概述

（一）管理创新的背景

随着知识经济时代的来临，越来越多的企业发现，仅有良好的生产效率、足够高的质量甚至灵活性已不足以保持竞争优势。管理创新正日益成为促进企业生存与发展的不竭源泉和动力。

环境的动荡、竞争的激烈和顾客需求的变化都需要企业进行全方位的竞争，要以比竞争对手更快的速度响应顾客全方位的需求，这就不仅要求企业要进行技术创新，而且必须以此为中心进行全面、系统、持续的创新。

国外的许多创新型企业，如微软公司、惠普公司、3M公司、三星公司等，以及我国少数领先企业，如海尔集团、宝钢集团等，都已开始了转向创新管理新范式的实践探索。例如，韩国三星公司近年来实施全员劳动生产率创新/管理（TPI/TPM），使得自身有了脱胎换骨的变化；宝钢集团近年来开展了“全员创新”的实践，取得了良好效果。

（二）管理创新的含义

管理创新是指企业把新的管理要素（如新的管理方法、新的管理手段、新的管理模式等）或要素组合引入企业管理系统以更有效地实现组织目标的创新活动。管理过程就是创新过程，管理就是创新，创新是管理的基本职能。管理创新不是否定，而是加入。企业管理创新的发展是螺旋式上升的，每一个创新周期都以前一个周期为基础，又都为下一个创新周期的发展作铺垫和准备。管理创新只有不断处于这种“创新—稳定—凝滞—再创新”的周期性循环过程中，企业的管理水平才能不断地得以提高。

（三）管理创新的内容

1. 制度创新

企业制度是对企业基本方面规定的活动框架，是调节集体协作行为的制度。企业制度的创新包括企业组织行为规范的调整，各部门职权、职责的重新界定，信息沟通，命令服从关系的改变等。

2. 目标创新

特定的企业环境，要求相应的企业目标与之适应。企业只有通过对环境需求的满足，才能完成自身的发展，这也是现代管理与营销的重要思想。

3. 技术创新

技术创新包括生产要素创新、工艺及生产组织形式创新和产品创新。

4. 观念及文化创新

组织内外条件的变化，首先要求组织上下必须改变原有落后的观念。只有进行了正确的思想转变，组织的各项活动才能有正确的指导思想，并辅之以良好的组织文化环境，这样组织的其他几个方面的创新才能得以顺利实施。因此，从这一角度来理解的话，观念的创新是其他几个方面创新的先导。

作为重要的管理原理，创新已成为组织发展的重要保证，是组织的灵魂。在管理实践中，各种组织既要树立创新的思想，又要采取切实步骤进行创新活动；既要看到创新给组织发展提供了强大的动力，又要注意分析和防范创新的风险，没有无风险的创新。另外，还要将创新纳入组织制度体系中，使创新有章可循、获得保障。

三、管理创新的过程

无论从事什么行业的企业，在激烈的竞争中所面临的挑战的本质是相同的。企业如何通过创新获得竞争优势，如何通过创新在激烈的市场竞争中求得生存和发展，对企业来说是至关重要的。通常来说，企业的管理创新过程主要包括以下几个阶段。

1. 注意内、外环境变化

企业必须不断地审视和调查企业的内、外环境，并从中收集潜在的创新信息。这些潜在的创新信息可能来源于企业面临的市场多样化需求、其他研究活动所带来的新的机会、竞争对手的行为模式变化等。企业必须处理这些潜在的创新信息，对其做出快速有效的反应。

2. 注意对关键信息的评估并进行有效筛选

以企业的发展战略为基础，结合企业的现实状况，对潜在的创新信息进行评估，做出战略选择，将企业的资源投入到具有战略意义的创新项目中。任何企业的资源都是有限的，企业不可能对所有的创新项目都进行投入，因此企业必须做出正确的战略抉择，选择那些真正能够带来竞争优势的最佳机会。

3. 获得资源

企业在做出战略抉择之后，就需要投入资源（主要是知识资源）以开发这些创新项目。企业可通过两种方式获取知识资源，即研发和技术转移。技术转移可以使企业快速获得所需技术，但有时光靠这种方式不利于企业的长远发展，企业还需要通过自我研发来获取资源。

4. 创新验证实施阶段

经过多个阶段的发展，通过一系列具体的操作设计，将创新思想变成切实有助于企业资源配置的最终创新产物——外部市场新产品和新服务，或者是企业内部使用的新工艺和新方法，且确实在企业的管理过程中得到了验证。

5. 总结阶段

总结前面各个阶段成功和失败的经验教训，对其进行合理评估，从中获取相关知识，从而找出改进管理创新的方式。

四、管理创新的模式

在管理创新的实践中，我们应积极吸取国内外企业管理创新的成功经验，结合企业自身的实际，努力探索，建立适合本企业的管理模式。

1. 战略管理

随着我国国内市场的逐渐开放和与国际市场的接轨，我国企业必须从全球角度来统筹考虑、合理配置资源，建立一套真正适合本企业的跨国经营战略管理体系，逐步形成国际竞争优势。

2. 虚拟经营

企业的资源是有限的，为获得最大的竞争优势，企业应只保留其最关键的功能，而将其他功能虚拟化，使企业价值上升，从而更好地增强企业的市场竞争力。

3. 扁平化组织

实现组织结构向扁平化的网络结构转化，可以加强组织的灵活性、敏捷性和创造性，从而使企业更好更快地适应信息社会。

4. CIMS 管理

CIMS 管理是一种利用信息技术、计算机科学技术、网络技术和现代管理技术，改变传统的制造业，形成市场反应灵敏、产品质量好、成本低和服务好的局面，从而有效提高企业的市场竞争力的企业整体优化战略。

5. 柔性管理

柔性管理是指对企业外部因素变化具有相应能力，对企业内部变化具有应对能力。其特点是适应性强、灵活性高、系统性强、刚柔相济，且富有力度和弹性。

案例分析

上海通用汽车有限公司的柔性化生产

在上海通用汽车有限公司（以下简称“上海通用”）的发展历程中，柔性化管理也已经成为一道亮丽的风景。在中国汽车工业发展的初期，中国几乎所有的汽车工厂都是采用一种车型、一个平台、一条流水线、一个厂房的制造方式。唯有上海通用是另类。上海通用最多可以一条线上共线生产 4 种不同平台的车型。这种生产方式就是“柔性化”生产方式，它在国内汽车企业里是绝无仅有的。柔性化生产能为厂家和消费者最直接带来的就是时间和金钱。上海通用的别克 GS、别克赛欧就是很好的证明。

上海通用，以柔性化生产线为基础，严格而规范的采购系统，科学而严密的物流配送系统，以市场为导向高度柔性化的精益生产系统以及以客户为中心的客户关系管理共同构成了其柔性化生产管理的支撑体系，使上海通用成为通用公司（GM）全球范围内柔性最强的生产厂家，形成了企业柔性管理的经典范例。

6. 危机管理

危机管理是指企业为应对各种危机所进行的规划决策、动态调整、员工训练等活动的过程，其目的是消除或降低危机给企业所带来的风险。

案例分析

华菱集团的危机管理

华菱集团在中国还不能说是如雷贯耳，但在湖南却是威名赫赫。正是危机理念使华菱集团形成了独特的管理模式。

华菱集团董事长李效伟的第一个危机理念是“孙子哲学”。“在企业里我是董事长，但在外面我就是孙子！人家都是爷！这听起来不雅，但我为什么还要大张旗鼓地提出来？因为这就是针对我们国企普遍存在的自大心理得来的。我们总部当时大部分人都是从省冶金厅直接拨过来的，我必须要解决他们行为习惯中的架子、思想意识上的惰性。首先，你出去必须要放下架子，先当孙子！你要广交朋友。特别是企业上层要和人家的基层办事员交朋友。你想，我们上层都是老资格，而人家全是大学毕业生，结果他坐着听，我站着给他汇报，这时我靠什么支撑？就是靠‘孙子精神’。”

伴随着“孙子哲学”的是李效伟提出的“湘勇精神”，即曾国藩湘军的“屡败屡战”精神。企业上市以后，为了配合华菱薄板的项目，华菱集团做了一个“增发新股”的计划，并已经得到了上级的批准。忽然间证监会发文，说政策改了，增发要被取消。周围的人都认为既然板上钉钉，就肯定不行了。李效伟却马上来到北京，找到有关部门，从下午一直游说到傍晚，甚至连站在人家走廊堵人的招儿都使了，终于赢得了上级部门的支持。这种不达目的势不罢休的精神被李效伟渗透到华菱集团的每一个员工中，成为华菱集团的企业精神。“孙子哲学”和“湘勇精神”形成了华菱集团危机管理的雏形和基础。

第二节　企业国际化管理

一、企业国际化经营

企业国际化经营是指企业为了寻求更大的市场、寻找更好的资源、追逐更高的利润，而突破一个国家的界限，在两个或两个以上的国家从事生产、销售、服务等活动。

不同的企业走向国际化的具体原因千差万别，出于各种不同的考虑，受到各种不同因素的驱使。但是，无论出于何种原因，企业的国际化经营从根本上说都是出于整体战略的考虑，即为了获得更大范围的竞争优势。企业国际化的动因包括三个：一是为现有的产品和服务寻找新顾客；二是寻找低成本的资源；三是打造企业的核心竞争力。

二、国际经营环境的变化趋势

（一）经济全球化

1985 年，美国学者提奥多尔·莱维在其《市场全球化》一文中首次提出了“全球化”这个概念，来说明此前 20 年国际经济发生的巨大变化。国际货币基金组织则将经济全球化描述为“跨国商品与服务贸易及国际资本流动规模和形式的增加，以及技术的广泛迅速传播使世界各国经济的相互依赖性增加”。联合国贸易和发展会议（UNCTAD）认为：经济全球化是指生产者和投资者的行为日益国际化，世界经济是由一个单一市场和生产区组成，而不是由各国经济通过贸易和投资流动连接而成的，区域或国家只是分支单位而已。

经济全球化涉及的是今天世界体系的众多国家和社会之间各种联系的多样性。在这个世界，部分地区所发生的事件、所做出的决策和行动，可以对遥远的世界其他地区的个人和团体产生意义巨大的后果。越来越多的行业在演化为全球性行业。全球性行业要求其参与者在全世界范围内协调的基础上进行竞争。

（二）经济全球化的表现

1. 贸易自由化

截至 2006 年 12 月，已经有 150 个成员国的 WTO 多边贸易体制框架使得世界贸易进一步规范化。虽然贸易保护主义一直存在，但国际贸易障碍逐步消除，贸易自由化程度提高，国际贸易量迅速增长。国际贸易手段、商品标准以及合同样式逐步统一和规范，全球贸易规则逐步建立。

2. 资本流动国际化，对外直接投资在波动中高速增长

跨国公司的发展、各国对外资管制的放松以及由投资基金和养老保险基金高速成长导致的国际游资的形成，使得资本流动性进一步加大。对外直接投资规模不断扩大，对外直接投资增长比其他国际经济活动的增长迅速得多。

管理小知识

跨国公司

跨国公司是一种在多个国家进行直接投资，并设立分支机构或子公司，从事全球性生产、销售或其他经营活动的国际企业组织。

1974 年，联合国经济及社会理事会第 57 次会议的有关决议文件中，正式采用“跨国公司”这一名称。此后，联合国正式文件中均使用“跨国公司”。

联合国经济及社会理事会的有关文件对跨国公司是这样定义的：“跨国公司是指那些在两个或更多的国家进行直接投资，拥有和控制工厂、矿山、销售机构及其他资产的公司制企业。”

联合国经济及社会理事会的定义是广义的，既适用于发达国家的跨国公司，也适用于发展中国家的跨国公司；既指那些实力特别雄厚、规模庞大的跨国公司，也指那些实力相对较弱的中小型跨国公司。

3. 金融活动全球化

20 世纪 70 年代以来，以美国为首，各国相继放松金融管制，推进金融自由化，放宽了外资金融机构进入和退出本国金融市场的限制，拆除了不同金融业务的隔离墙，加快了金融业的整合。自由宽松的法律与政策环境，加上计算机、通信和网络技术的广泛应用，促进了金融市场的全球化，从而形成了时间上相互接续、价格上相互连动的统一国际金融大市场。

4. 各国商法体系的国际化

如前所述，经济全球化的产生来源于两大法系的趋同发展。与此同时，经济全球化的发展反过来又促进了世界各国商法体系的国际化。

5. 生产全球化

经济全球化趋势的另一个标志是，随着世界经济格局的变化，企业活动的范围越来越大，越来越多的行业正在演化成全球性行业。其主要特点是：市场全球化和“全球性工厂”“全球性公司”不断涌现。越来越多的产品成为“全球性产品”，生产和销售产品的国界显得越来越不重要。虽然各国的经济、技术水平、文化偏好、民族兴趣等差别仍然存在，但它们并不影响市场全球化、产品全球化趋势的发展。

（三）经济发展趋势——经济全球化趋势继续深入发展

近几年，全球化趋势继续深入发展，全球产业结构调整步伐进一步加快，国际分工不断向立体化方向发展，将带来许多新的国际贸易和跨国直接投资机会，有力地推动世界经济的增长。国际货币基金组织预测，2007—2010 年世界贸易量将年均增长 6.9%，增速不仅高于以往，也将高于世界经济的增长。联合国贸发会议预期，全球跨国直接投资预计未来几年将保持上升态势，年均有望恢复到甚至超过 1999 年的 1.4 亿美元的历史最高水平。

在要素流动更加自由化的今天，国际分工已不再是以产业和国家为边界的分工，而是围绕产业链体现各国要素或资源禀赋优势，形成了跨国公司主导的、以产品价值链为中心，体现各国优势、优化资源配置的国际分工格局。某种资源和要素禀赋优势成为相关国家参与国际分工的竞争优势，而且是具有垄断性的绝对优势或压倒优势。

三、企业国际化经营的模式

（一）企业国际化经营的一般模式

1. 出口进入模式

出口进入模式是企业进入国际市场的重要方式之一，主要包括间接出口和直接出口。间接出口的基本特征是通过中间商将国内生产商品出口到国际市场，企业没有直接与外商建立联系。间接出口的优点是：开业费用小，风险小，而且不会影响目前的销售创利。而且，企业出口是获得国际经验的有效途径。顺着这条途径，企业将开始考察直接出口模式，并逐步向直接出口转化。

直接出口要求企业直接处理自己的出口业务，而间接出口的厂商不可能有自己的进入国际市场战略。因此，直接出口的优点在于企业对国外营销规划有一定的控制权（如经销渠道的选择、定价、促销战略的制定和实施），能直接从目标市场获得更多的信息反馈，可以更好地对本企业的商标、专利、信誉等无形财产产权实行保护。但是，与间接出口相比较，其开办费用高，投资和风险较大。

2. 许可合同进入模式

许可合同进入模式是企业在一定时期内向东道国企业转让其专利、商标、产品配方、公司名称等各种有价值的工业产权的使用权，取得提成费用及其他补偿。许可合同贸易也是国际经营的一种简单模式。广义而言，国际许可合同包括本国企业（许可方）为取得使用费或其他形式的付款允许外国企业（被许可方）获得其各种无形财产的使用权（如专利、商标、公司名称、商业秘密等）的契约的安排。

企业出于不同的原因与外国企业签订许可合同，一是从本国已收回成本的技术中获得附加的收入；二是用于摄取外国企业的成果，即“交叉许可”；三是为便于目标国家的外汇管制红利支付时能汇回收入，而与本企业控制的海外子公司签订形式上的许可合同；四是为保护专利和商标在国外免遭不使用的损失或可能的侵权等。

一般情况下，企业与独立的外国企业签订许可合同是作为一种进入模式，以便能渗入外国市场。运用这种方式进入国际市场风险很小，但对海外市场不能进行有效控制，未来扩展的弹性也较小。

许可合同作为进入模式的明显长处有两个：一是可以绕过进口壁垒；二是政治风险比直接投资小。

许可合同模式进入的缺陷主要有：一是企业必须拥有外国潜在用户感兴趣的专利、商标或商业秘密，才有可能采用许可合同作为进入模式；二是许可方失去目标市场的营销规划和方案的控制。即使许可方选中了被许可方，他仍依赖于被许可方的市场经营，但他无法迫使被许可方更好地经营，除非合同条款允许终止许可合同；三是许可合同所得到的绝对收入量与直接投资或商品出口相比较小。

3. 合资经营进入模式

国际化企业与当地私有或国有企业分享位于目标国家企业的所有权，分担资本和其他资源，并共同管理、共担风险、共享利润的做法称为合资经营。

某些发展中国家禁止和阻止独资经营进入是合资经营进入模式产生的最主要原因。一般而言，合资经营是由东道国政府指定的进入模式，而不是商业政策的产物。不过，合资经营进入模式有利于分散各种与政治、经营、市场有关的风险，并使企业的组织结构和竞争行为发生有意义的变化。在一个高度竞争和不确定的环境中，这种进入模式无疑是具有吸引力的。例如，西方发达国家由于考虑到政治制度不同，在害怕中国政策多变的心理下，往往倾向于对中国采用合资经营进入模式。另外，对一些中小企业来说，面对飞速变化的技术和所需的大量投资，合资经营也是增强竞争地位的最有效的方式之一。

（1）合资经营的优点在于：

① 利用当地资本，可减少外国投资者的投资额和风险。

② 利用当地资本的关于东道国环境和商业实务的知识，以及与当地供货商、顾客、银行和政府官员的联系。

③ 利用管理、生产和营销技能。

④ 利用当地合伙人的信誉及其他资源，更为重要的是可利用当地合伙人关于当地环境的知识和在此环境中的应变能力。

（2）合资经营进入模式的缺陷在于：

① 合资经营会在诸如社会文化差异、零部件来源、转移价格、市场分配、产品定价、年金控制、研究和开发及管理方式等方面发生问题。

② 国际化企业对合资企业的控制权小于独资企业，特别是持股较小时。因此，如果当地合伙人的利益与外国投资商的利益相冲突，则合资经营会使外国投资商的战略规划落空。

4. 直接投资进入模式

对外直接投资是指直接参与国外被投资企业的投资活动，即投资者对国外企业不仅拥有所有权，而且对国外企业的经营活动拥有实标的控制权。跨国公司是对外直接投资的典型。

一般来说，国际化企业向外投资有3种类型：

（1）出口导向投资，即利用较低的劳动成本打入国外市场。

（2）市场开发投资，即投资外国是为了在未来的潜在市场取得立足点。这种投资短期收益甚微，主要期望长远利益。

（3）进口替代投资。即基本上由政府发起，以达到经济发展的自给自足。由于市场保护和东道国政府的补贴，这类投资赢利率较高。

直接投资有两种基本方式，即收购原有企业和创建新企业。收购是国际化企业购买东道国的企业的股权从而接管该企业。创建是建立新的工厂，或对其实际资产进行投资。收购原企业只是改变一家工厂的所有者，它具有有利于迅速进入市场、有利于国际化公司多样化经营、有利于管理等优点，但也存在很多诸如价值评估困难、组织控制的问题多等缺点，失败率也较高。而创建新企业会导致生产能力、产品和就业的增长，但筹建工作量大、周期长，有较长的不确定性。

企业在外国投资不外乎三个原因：获得原材料、降低成本和渗入当地市场。出于第三个原因对外投资的企业占绝大多数。他们的目的是通过在目标国家设立生产基地渗入目标市场，把对外直接投资当成一种进入模式。投资进入模式较其他进入模式的优点包括：

① 在当地投资生产能降低对外国目标市场的供货成本。因为它节省运费和关税，或投入要素的劳力、资源价格便宜。

② 创造营销优势。与在本国生产相比，在当地生产更有机会根据当地需要偏好和购买力调整产品。

③ 可以更迅速可靠地向中间商和顾客发货，提供更好的售后服务，并可借助子公司的营销力量直接经销，具有当地公司形象。

与其他进入模式相比，直接投资需大量的资金、管理和企业的其他资源。这种高资源投入意味着风险也大，而且由于投资进入在当地成功取决于许多政治、社会文化因素和市场因素，因此比其他进入模式所面临的风险范围更广。总之，对外直接投资，发展国际生产，以提高国际竞争能力，这是涉外企业成熟的标志。

5. 其他契约的进入模式

其他契约安排又称股权合同，是国际化企业在股权投资和人事参与外所采取的另一种手段。企业以承包商、经理商、经营管理和技术人员的身份，通过承包工程、经营管理、技术咨询等形式，取得利润和产品，开辟新的市场。这种进入模式不要股份投资，财务风险较小。下面是主要的几种合同安排：

（1）契约制造业务。它是许可合同进入模式和投资进入模式的交叉。涉外企业在外国目标市场寻找独立制造厂商的产品，然后在该国目标市场或别的国家销售该产品，即利用外国当地厂商现有设施，生产所规定的产品。涉外企业一般向其厂商转让技术及技术协助，并保留产品营销的责任。

契约制造业务主要的优点在于它要求的财政和管理资源投入量小，使企业能迅速进入目标市场，避免了当地所有权问题，并且与标准的许可业务不同，涉外企业仍然控制营销和售后服务。其不足之处是在当地找到合适的制造厂商十分困难，并有可能面临创造未来竞争者的风险。

（2）交钥匙合同。它是指国际化企业为东道国建设一个项目，承担全部设计、建造、安装等，并有义务使该项目能顺利投产或使用，然后将整个项目交给当地管理。承建企业还有义务在交付项目后提供管理、训练、技术援助等，称为“交钥匙另加”。

（3）管理合同。它是指某国一家企业以合同形式给予另一国家某涉外企业的日常经营的权利。一般而言，这类合同不授权该涉外企业作出新的资本投资、决策红利分配方针等基础管理或更改所有权安排，管理只局限于日常经营活动。管理合同提供低风险进入外国目标市场的途径，但从市场进入战略方面看，这种方式不可取，因为它不能为企业产品建立长期市场地位。其他不足之处包括洽商时间长，占用短期的管理精英。但若与其他方式相结合，管理合同有时能够创造双方都希望的“一揽子”许可业务。

（二）企业国际化经营的最新模式

1. 战略联盟：竞争的合作

案例分析

苹果公司与国际商用机器公司的战略联盟

当苹果公司总裁约翰·斯卡利和国际商用机器公司总经理杰克·库赫勒在一次记者招待会上宣布他们签订了结盟协议并且相互拍拍后背以示亲密时，这一情景使世界感到震惊。这两个长期竞争对手之间的合作，听起来就像可口可乐公司与百事可乐公司的合作一样，似乎是不大可能发生的事。恰恰就是这些不大可能的事发生了。苹果公司和国际商用机器公司将分享他们最先进的技术和他们藏得最深的秘密，他们在销售机器时仍旧是竞争对手，但是又希望通过合作完成两家公司都不能单独完成的项目：开发一系列将令人眼花缭乱的技术，从而将会引起计算技术的革命性变化，恢复需求，实际上使它们陷于困难的工业摆脱“麻烦”。苹果公司与国际商用机器公司的联盟不过是蓬勃兴起的战略联盟的一个典型。日本企业与欧洲企业之间、美国企业与欧洲企业之间的广泛的“跨国战略联盟”关系正在稳定向前发展。尤其是，在国际竞争最为激烈的汽车、半导体、信息电子、药品等尖端技术领域，这种联盟的趋势表现得似乎越来越强烈。直到目前为止，关于战略联盟，国际商务界和研究专家并没有一个明确的定义。从广义上说，通常包括从以兼并和收购为主的牢固联合方式，到以联合开发、生产、技术及市场合作，合资办厂等形式为主的松散联合方式以及企业之间或特定事业、职能部门之间的协同与合作。

跨国战略联盟的成功者信守以下 4 项原则：

（1）合作就是竞争。明智的公司进入联盟时既要有清醒的战略目标，又要考虑伙伴的目标。

（2）任何一方不可能在任何时候取胜，冲突将是导向互利的联盟的最好契机。

（3）合作是有限度的，公司要意识到这是竞争的妥协，因为他们有可能使对方获得技术的秘密，所以要仔细监督对方的行为。

(4) 向对方学习是十分重要的。最佳的公司都把合作视为向对方伙伴学习的机会，运用联盟学到那些合同上没有的东西。

2. 全球化与当地化

我们从日本公司的一些经验看全球化与当地化如何成为进入国际市场的有效选择。人们常常把国际化与全球化互换混用，视为同一概念的不同表述。其实，这是一个需要指出的不足。“世界”或“全球”不等于“国际”，“全球化”与“国际化”是两个不同的、但却是相互关联的概念。“国际化”一般指经济活动日益跨越国界而在地理上的延伸，它并不是什么新的现象。然而，“全球化”则不同，它是一个最近的现象。全球化意味着由于国际经济关系的不断扩张使得世界经济的各组成单元和经济主体的有机的一体化程度，是一个反映世界经济变化的重要概念。国际化是全球化的基础，全球化是超国际化的。与全球化相比，当地化则是实现全球化的手段和策略，是服务和服从于全球化的。

案例分析

日本电器公司的全球化与当地化

日本电器公司是成功地实现了全球化和当地化的跨国公司范例。30 多年前，日本电器公司第一次实行国际化经营时，其产品几乎完全在日本生产而后出口。现在，它仔细分析目标市场和产品需求，使市场和产品在最佳地区实现优化组合、网络全球化。例如，日本电器公司设在美国加利福尼亚州的工厂生产硅片，然后空运到新加坡组装成集成电路，而设在苏格兰的一家半导体工厂则向美国出口部件。计算机网络又把远距离的工厂和公司总部联系在一起，甚至设计也是通过联网实现的。1990 年财政年度，日本电器公司营业额达到 61 亿美元，其海外子公司之间完成的出口交易达 7.7 亿美元。不过，该公司本土出口与在当地生产销售的比例随不同国家而不同，在美国两者各是 50%，但在拉丁美洲则高达 70% 的产品是当地制造的。在亚洲许多发展中国家，大约 25% 的销售产品是在当地制造的，并且这一比例正在迅速提高，因为日本电器公司在亚洲有重要投资，已有 12 家制造公司、11 家销售公司和 9 个代表处，包括在中国内地的 3 家合资企业。正在开发开放中的越南和复兴中的柬埔寨也为它提供了机会。

全球化和当地化成为当今国际竞争的趋势。因为全球经济已经形成，企业过去生活于国别经济中，现在则处于全球经济中。所以，如果要进入和占领市场，就必须有全球的市场战略。例如，不放弃低份额的市场，因为从长远看潜力巨大；将公司在市场份额较高的国家的所得果断地投向有发展潜力的低份额市场；把在成本最低的地点生产的产品投向需求量最大的市场；当地的需求就是公司的利益，适应需求的变化才能稳定在所在国的市场。

为了实现全球化和当地化，跨国公司还特别注意环境保护、质量控制和灵活分销。他们认为：

(1) “环境眼光”比良好的公众关系强。环境问题是全球性问题，进入全球市场需要建立生产、营销与环境的协调机制。在这方面，CItoh 公司比较成功。CItoh 公司是日本一家巨型贸易公司，多年来在世界各地活动一直很积极，它不仅开发东道国市场，而且还注意保护环境。这听起来冠冕堂皇，实则是公司重要的发展策略。它向发展中国家政府建议使用世界银行贷款和其他外援手段来保护环境。现在不少发展中国家迫切需要引进日本的技术和资金用于环境，但日本先进的反污染技术的高昂价格却并不适用于发展中国家。针对这种情况，该公司提出了其他降低成本的做法来实现环保的目的。1990年该公司正式创设了全球环境保护部，环保已成为公司经营哲学的一部分，即实现优美环境与繁荣经济的和谐。作为这一哲学的行动体现，公司对遍及世界的 7 500 多名员工进行环境教育，举办环境研讨会，在东京大学设立气候系统研究中心，支持世界自然基金（WWF）等。公司相信，它努力保护所在国环境的行动将比最好的公众关系强百倍。事实上，面向 21 世纪的跨国公司如果没有意识到全球环境的危险是注定要失败的。

（2）质量控制。开拓全球市场，实施全球化和当地化经营，跨国公司最为关心的是质量控制问题。日本奥林巴斯公司为了对付制造业面临的重大挑战，严格质量管理，成功地实现了全球化与当地化。

今天，日本制造业在国内很难招募到合格工人和技术人员，许多大学毕业生涌入诸如银行、保险、旅游等服务业领域而非制造业。为了解决这一矛盾，奥林巴斯在中国等地开办了组装厂。这样，除经理和高级工程师需日方安排外，公司可以雇用到受过良好的技术训练、具有很强的适应性的当地工人。他们在目标式管理下，生产出比其他地区质量更好的相机。之所以要严格控制生产，是为了不至于因为全球化和当地化而丧失在世界市场的高质量声誉。

（3）灵活分销。全球市场结构由不同国家和地区市场组成。按不同的标准加人均国民生产总值可以把这些不同的市场分类成若干级别，在一国或一地区内又可做同样的分类。由于全球生产分销十分灵活，有的需要到当地直接销售，而有的则并不直接到当地销售，而宁愿选择良好的当地代理，因为代理熟悉了解市场，可以做到灵活地分销其产品。

四、目前我国企业进行国际化经营中存在的问题及对策

（一）我国企业进行国际化经营中存在的问题

（1）我国企业的规模和实力与国外大型跨国公司相比，仍然有很大的差距。

（2）我国目前关于企业国际化经营的法律法规还不完善、不健全，对涉外投资管理体制、涉外税收等规定不完全明确，行政审批多，干预多，企业无章可循。可海外投资项目和建立海外企业的审批手续繁多，效率低，期限长，大大影响了企业的积极性。

（3）金融服务滞后，企业缺乏宽松的融资环境。

（二）推进中国企业国际化经营的措施

（1）政府应当采取适当的倾斜政策，重点扶持一批优势行业和“龙头企业”，使他们能率先具备国际竞争力。

（2）企业要抓住经济全球化的机遇。重要的是创新，创新是企业生存发展的动力。

（3）要在国际化经营中发挥和保持比较优势。

（4）规范企业管理，满足国际化经营对企业的新要求。

此外，企业应熟悉走向国际市场的各种程序，少走弯路；要了解国际市场中各种文化的特征，使企业的销售工作适应国际化经营的需要；还要了解国际化经营中销售渠道特点，保障渠道畅通。

企业国际化经营通常有4个阶段，如表13－1所示。

表13－1　企业国际化经营的四个阶段

内　容	第一阶段	第二阶段	第三阶段	第四阶段
与国际市场的联系	间接、被动	直接、主动	直接、主动	直接、主动
经营的地点	国内	国内	国内与国际	国内与国际
公司的经营方针	国内	国内	先考虑国内	国际
国际经营的种类	商品和劳务贸易	商品和劳务贸易	贸易、合同、国外投资	贸易、合同、国外投资
公司的组织结构	传统的国内投资	国际组织	国际部门	全球性结构

综合练习与实践

一、复习思考题

1. 熊彼特的创新的五种情况具体内容是什么？
2. 管理创新的内涵如何？
3. 管理创新涉及哪些方面的内容？
4. 什么是企业国际化经营？企业国际化经营的模式有哪些？
5. 简述经济全球化的主要表现。

二、案例分析

宝钢集团跻身世界500强的管理创新

1995年，宝钢公司第一次提出进军世界500强的设想。1998年，新组建的上海宝钢集团公司确定争取2005年成为世界500强的目标。美国《财富》杂志2004年7月12日正式公布，上海宝钢集团公司（以下简称“宝钢”）进入2004年度全球企业500强，位列第372名。宝钢为什么能够提前跻身世界500强？除了受惠于近年来中国经济的高速增长和宝钢成功的战略重组及扩张，还有一个值得重视的原因就是持续推进管理创新。宝钢自建立以来，一直把提升管理水平作为提高企业综合竞争力的根本措施，始终把管理升级作为产业升级的基本工程。持续推进管理创新，对宝钢提前进入世界500强发挥了强大的支撑作用。

在我国从计划体制转为市场体制初期，宝钢确立了以全面预算管理为纲、以标准成本管理为基础、以现金流量控制为核心的财务体系，强调财务管理在企业管理中的核心地位。其通过树立用户至上的理念，实施用户满意工程、建立和发展适应市场竞争的营销体系、实行ISO 9001/QS 9000质量体系等一系列管理措施，保证公司的安全经营。我国加入WTO后，宝钢以满足用户需求为企业经营管理的出发点，并以此主导企业的资源配置，确立了以满足用户需求为中心，对外充分适应、快速响应，对内高效沟通、快速决策的管理理念。一方面，严格按现代企业制度运作，从而使国有企业同样可以在全球化的市场竞争中出类拔萃；另一方面，面向用户，以提升竞争力为中心，通过实施ESI工程，实施“面向用户”的系列营销举措，构建以用户需求为导向的技术创新体系，推行六西格玛精益运营，优化战略管理体系，实施以人为本的人才策略，倡导价值理念，追求价值最大化，培育创新型强势文化等一系列管理创举，提高了企业的运行效率。持续的管理创新，使宝钢很好地保持了竞争活力。

宝钢的先进管理，不仅体现了管理理念和制度的先进性，同时也体现了企业文化的先进性。

宝钢企业文化的发展历程，大致经历了4个阶段：

第一阶段是创业期文化。提出了“高质量、高效率、高效益，建立世界一流钢铁企业”的文化理念，注重“光荣感、责任感、紧迫感”的教育。

第二阶段是转轨期文化。提出了“建设一流的队伍、培养一流的作风、掌握一流的技术、实现一流的管理、生产一流的产品”的争创一流文化理念，确立了市场意识，建立了量化可考的职业道德规范。

第三个阶段是发展期文化。宝钢率先在全国普及用户满意理念，提出了全方位满意管理的运作模式，逐步形成了具有宝钢特色的用户满意文化。

第四个阶段是整合创新期文化。宝钢成功实现与上钢、梅钢的大联合后，围绕“建设全球最具竞争力钢铁企业”的目标，倡导“实现企业价值最大化”的经营理念，培育“忠诚、认真、严格、不断学习”的企业精神。

思考：结合本章知识分析宝钢是如何进行先进性管理使其跻身世界500强的。

三、实践训练

把全班同学按5人一组进行分组，模拟一家企业，制定该企业的全球经营策略。

参考文献

[1] 朱印岗，等．企业管理基础［M］．大连：大连理工大学出版社，2011.
[2] 姜真，等．现代企业管理［M］．北京：清华大学出版社，2013.
[3] 刘磊，等．现代企业管理［M］．北京：北京大学出版社，2014.
[4] 李启明，等．现代企业管理［M］．北京：高等教育出版社，2011.
[5] 井颖，等．企业战略管理［M］．北京：北京邮电大学出版社，2012.
[6] 赵越春，等．企业战略管理［M］．北京：中国人民大学出版社，2013.
[7] 顾峰，等．现代企业管理［M］．北京：电子工业出版社，2012.
[8] 王小兵，等．现代企业管理教程［M］．上海：上海交通大学出版社，2012.
[9] 胡建宏，等．企业管理实务与操作［M］．大连：大连理工大学出版社，2012.
[10] 赵曙明．人力资源管理与开发［M］．北京：北京师范大学出版社，2007.
[11] 刘磊，等．人力资源管理［M］．北京：中国电力出版社，2013.
[12] 傅卫平．现代物流系统工程与技术［M］．北京：机械工业出版社，2006.
[13] 陈荣秋．生产运作管理［M］．北京：机械工业出版社，2010.
[14] 郑煜等．现代企业管理：理念、方法与应用［M］．北京：清华大学出版社，北京交通大学出版社，2011.
[15] 赵晶媛．技术创新管理［M］．北京：机械工业出版社，2010.
[16] 戴文龙．现代企业管理流程体系［M］．广州：广东经济出版社，2003.
[17] 田淑波，等．现代企业管理［M］．北京：电子工业出版社，2011.
[18] 杜明汉，等．现代企业管理实务［M］．武汉：华中科技大学出版社，2009.
[19] 邸彦彪．现代企业管理理论与应用［M］．北京：中国林业出版社，2008.
[20] 方虹，等．国际企业管理［M］．北京：首都经济贸易大学出版社，2007.
[21] 加里·德斯勒．人力资源管理［M］．北京：中国人民大学出版社，2005.
[22] 王平换，等．企业战略管理［M］．重庆：重庆大学出版社，2004.
[23] 杨玉红，等．财务管理［M］．上海：立信会计出版社，2005.
[24] 严成根，等．财务管理教程［M］．北京：北京交通大学出版社，2006.
[25] 刘光明，等．中外企业文化案例［M］．北京：经济管理出版社，2002.
[26] 迈克尔·波特．竞争战略［M］．北京：华夏出版社，1997.
[27] 丁栋虹，等．企业家精神［M］．北京：清华大学出版社，2010.
[28] 贺登才，等．中国物流业发展的十大趋势［J］．物流技术与应用，2008（5）．
[29] 张涛，等．电子商务概论［M］．北京：机械工业出版社，2008.
[30] 张岩松，等．企业文化案例教程［M］．北京：清华大学出版社，2012.
[31] 季勇建，等．企业运作管理［M］．上海：华东师范大学出版社，2010.
[32] 冯根尧，等．生产与运作管理［M］．重庆：重庆大学出版社，2010.
[33] 付亚和，等．绩效管理［M］．上海：复旦大学出版社，2004.
[34] 菲利普·科特勒，等．营销管理［M］．王永贵，等，译．上海：格致出版社，2009.
[35] 王秀村，等．走出4P：市场营销的新概念［J］．北京工商大学学报，2005.